연봉 2억! "이대로만 하면 된다"

연봉 2억! "이대로만 하면 된다"

초판 1쇄 펴낸 날 | 2006년 8월 21일
초판 8쇄 펴낸 날 | 2008년 1월 7일
2판 1쇄 펴낸 날 | 2010년 7월 5일

지은이 | 이창원
디자인 | 임경선
펴낸이 | 임동선
펴낸곳 | 늘푸른소나무

출판등록 | 1997년 11월 3일 제 1-3112호
주 소 | 서울시 마포구 서교동 351-25 유창빌딩 401호
전 화 | (02)3143-6763~5
팩 스 | (02)3143-6762
이메일 | esonamoo@naver.com

ISBN 978-89-88640-85-2 13320
ⓒ이창원 2010. Printed in Seoul, Korea

· 저자와의 협의에 따라 인지는 붙이지 않습니다.
· 잘못된 책은 꼭 바꾸어 드립니다.
· 책값은 뒤표지에 있습니다.

연봉 2억! "이대로만 하면 된다"

이창원 지음

　　　　　2000년 4월에 보험업계에 입문한지 어느덧 10년 여의 세월이 흘렀습니다. 우리나라에서 가장 오래 FP를 하는 것이 제 목표였습니다만 FP일에 익숙해지자 저만의 팀과 지점을 만들어 보고 CEO도 해 보고 싶은 생각이 굴뚝같이 들면서 매니저로 Job Change를 하게 되었습니다. 저 혼자서 FP를 하는 것보다는 매니저가 돼서 '저의 경험과 노하우를 공유하는 것이 대한민국 보험업계의 발전에 더 도움이 될 것'이라는 나름대로의 명분이 있었는데요, 현재는 대한생명의 전문조직인 KLD(Korea Life Division) 한성지점장으로 매니저의 역할을 열심히 수행하고 있습니다. 지금은 비록 매니저 생활을 하고 있지만 이 세상 누구보다도 'FP'라는 직업을 사랑한다고 자부하기 때문에 언젠가는 다시 FP로 돌아가 평생동안 이 일을 할 계획입니다.

　직장생활을 7년 하다 처음 FP를 시작했을 때는 하루하루가 긴장과 경이로움의 연속이었던 기억이 납니다. FP Business에 대한 자신감과 열정으로 좌충우돌 하다 보니 웃지못할 추억들도 많았습니다. 활동하는 과정에서 때론 스트레스도 받고 멘탈이 떨어질 때도 있었지만 사람을 만나서 제가 알고 있는 노하우와 서비스를 통해 만족감을 준다는 것은 직접 해보지 않으면 느낄 수 없는 성취감일 것입니다.

저는 보험업계에 입문하기 전에 앞으로의 금융환경에 대해 곰곰이 생각해 보았었습니다. 인터넷의 발달과 금융환경의 통합 가속화 등으로 인해 기존의 보험설계사에서 미국처럼 재무관리나 재무설계 쪽으로 발전할 것이라고 확신을 가졌습니다. 보험업계에 입문한지 10년이 채 지나지 않았지만 벌써 제 예상대로 많은 변화가 생기고 있고 앞으로 그 속도는 더욱 빨라질 것으로 보입니다. 현재만 해도 은행에서 보험을 팔고 홈쇼핑에서는 하루 종일 광고를 합니다. 거기다 텔레마케팅은 얼마나 극성인지…

지금은 보험설계사의 시대에서 재정전문가의 시대로 넘어가는 과도기라고 생각합니다. 이제 일반적인 보험은 FP가 취급하기에는 점차 경쟁력을 상실해 가고 있습니다. 여기에 수익증권이나 생손보 교차판매 등이 허용되면 FP가 취급할 수 있는 상품의 영역은 계속 확대될 것입니다. 따라서 앞으로는 보험의 시대가 아니라 금융의 시대라고 해도 과언이 아닐 것입니다. 이러한 종합금융 시대가 본격화되면 은행이나 증권회사처럼 창구에 앉아서 고객을 기다리는 것과 FP처럼 고객이 원하는 시간과 장소에 직접 찾아가는 것 중 어느 것이 더 유리할까요? 제가 보기엔 지금이야말로 FP로 성공할 수 있는 절호의 기회라고 생각합니다. 성공에 대한 열정과 전문지식으로 무장해서 열심히 노력한다면 평생 고객과 더불어 살아가며 서로 Win Win 할 수 있는 재정전문가로 자리매김할 수 있을 것입니다. 지금이 좋은 기회인 이유는 앞으로 다만 몇 년 정도의 시간만 지나가도 기존의 전문가들이 대다수 고객을 흡수해 버릴 가능성이 많아서 FP가 되는 진입장벽은 미국처럼 점점 높아질 것이기 때문입니다.

이런 시대적 환경 속에서 그 동안 꿈꾸어 오던 저의 노하우를 담은 책을 펴

내게 되었습니다. FP 시절에 그리고 매니저로서 동행활동을 하며 만났던 수많은 고객들과의 경험과 노하우를 담았습니다. 제가 처음 FP를 시작했을 때 잘하는 분들의 노하우를 배우기 위해 무척 애를 썼던 기억이 있습니다만, 우리나라의 보험문화가 성숙한지 얼마 되지 않았기 때문에 상당수 노하우와 스킬을 스스로 개발할 수 밖에 없었습니다. 지금까지 보험세일즈에 대한 많은 책들을 읽어 보았지만 거의 대부분의 책들이 다분히 이론적인 부분들이 많았다고 생각합니다.

그래서 지식경영이라는 거창한 단어는 쓰지 않더라도 현재 보험업계에 종사하는 분들과 앞으로 도전하실 분들에게 보다 실질적으로 도움이 되길 바라는 마음에서 실제 영업현장에서 바로 활용할 수 있는 컨셉들을 담아 보았습니다. 보험업계에서 이제 10년 남짓 근무한 사람이 무슨 책을 쓰냐는 비판도 있었지만, 미국처럼 강연회나 토론회가 활성화되지 않은 우리나라 보험업계에서는 다른 사람의 노하우를 얻기 위한 가장 좋은 방법이 바로 책을 통하는 것이므로 그런 차원에서 너그럽게 읽어 주시면 감사하겠습니다.

현재 FP로 활동하시는 분들은 제가 쓴 이 책을 읽고 영감을 얻어서 한 건의 계약이라도 더 하게 된다면 그것으로 충분히 가치가 있다고 생각하며, 앞으로 보험업계 아니 종합금융업계의 전문가로 도전하고 싶은 분들이 읽고 결단을 내리게 된다면 또한 이 책의 가치가 충분히 발휘되는 것이라고 생각합니다. 만약 이 책의 내용을 습득해서 제가 제안하는 대로 꾸준히 활동할 수만 있다면 이 책의 제목처럼 '연봉 2억'은 누구나 다 달성할 수 있다고 확신합니다. 그만큼 이 책의 내용은 단순한 상품지식이나 스킬이 아니라 앞으로 세월이 흘러도 계속 통할 수 있는 FP Business 전반에 대한 컨셉들을 담고 있습니다. 한 구절 한 구절의 문장이 아니라 이 책 전반에 걸쳐 흐르고 있는 각종 컨셉들을 마음을 열고 받아 들인다면 많은 도움이 될 것입니다.

　이 책이 출판되기까지 도움을 주신 모든 분들께 감사 드리며 항상 저를 신뢰해 준 아내와 부모님, 그리고 가족들에게 지면을 빌어 사랑한다고 전하고 싶습니다.

　★ 이 책을 보험업계에 종사하고 있는 그리고 앞으로 도전하게 될 아름다운 사람들에게 바칩니다.

이창원

목 차

나의 FP 입문기

1
나의 FP 입문기

필자의 고향은 부산이다. 대부분의 친척들이 서울에 살고 있음에도 불구하고 20여년이 넘게 외항선을 타신 아버지의 직업적 특성 때문에 우리 가족만 내가 대학을 졸업할 때까지 부산에서 살았다. 주로 해운대에서 살았기 때문에 부산 바다는 실향민들이 고향을 그리워하듯 내 마음이 허전할 때면 마음속에서 파도를 치곤 한다. 올곧은 성격의 아버지와 여장부 스타일의 어머니 아래서 2남1녀 중의 장남으로 성장하면서 1년에 한 번씩 집에 오시는 아버지를 대신해서 어릴 적부터 가장의 노릇을 해서인지 지금도 가족에 대한 책임감은 다른 어느 감정보다 우선시되곤 한다.

꿈 많던 시절의 대학교를 졸업하고 ROTC 30기로 임관해서 강원도 양구에서 군 생활을 마쳤다. 그 때가 94년도 6월이었는데 우리나라의 경기가 무척 좋았던 시기여서 취직도 여러 회사를 골라가며 택하던 시절이었다. 그중에서 특히 내 마음을 끈 회사는 광고회사와 백화점이었는데 펄펄 뛰는 20대 후반의 나이였으므로 그런 회사에 들어가면 예쁜 여자를 사귈 기회가 많으리라는 막연한 설레임 때문이었던 것 같다. 그러다 결국은 아버지의 완곡한 설득으로 대학교 때 미리 입사를 결정지은 S그룹에 들어가게 됐는데 지금 생각해보면 우리나라 최고의 기업답게 많은 것들을 배울 수 있었던 바람직한 선택이었다고 생각한다.

대학 4학년 때 고 정주영 회장이 쓴 '시련은 있어도 실패는 없다' 라는 책이 베스트셀러로 한참 뜨고 있었는데 그 책이 이 그룹에서도 건설을 선택한 직접적 계기가 됐다. 92년도에 미리 입사할 회사를 선택할 기회가 있었는데 S전자는 전자회사라는 이미지상 경영학을 전공한 나에게 부담이 됐고, S생명은 그 어린 시절에도 보험이라는 막연한 선입관이 있어 결국 회사를 고르다 터프하면서도 사나이다운 이미지를 갖고 있는 건설을 선택하게 됐다.

고 정주영 회장의 "나는 현대건설 출신을 신뢰한다. 왜냐하면 언어와 풍습이 다른 나라에서 하나의 건축물을 완공하기 위해서는 다양한 방면에서의 입체적 능력을 갖추고 있어야 하기 때문이다." 라는 그 말 한마디가 왠지 건설에 가면 성공할 수 있을 것 같은 막연한 꿈을 품게 해 주었다.

S그룹에서의 생활은 많은 것들을 배울 수 있는 소중한 시간이었지만 반대로 시련의 시작이기도 했다. 막상 입사하고 보니 경영학을 전공한 내가 선택할 수 있는 직무가 무척 제한되어 있었기 때문이었다. 인사팀, 재무팀, 기획팀 등. 결국 외향적 스타일을 감안하여 인사팀에 배치됐는데 인사팀이라는 부서 자체가 간접부서이다 보니 아침 7시에 출근해서 저녁 9시가 넘어 퇴근하기가 예사였다. 인사팀 직원끼리 우스갯소리로 '7·4제는 아침 7시에 출근해서 새벽 4시에 퇴근하는 제도' 라는 농담을 할 정도로 근무시간이 길었고, 툭하면 휴일에 출근하는 상황까지 벌어지다 보니 체력적으로도 정신적으로도 무척 힘든 직장 생활이었다.

너무 바쁘다 보니 시간이 어떻게 흘러가는지도 모르게 7년이 흘러갔고 여자친구 사귈 시간도 없다 보니 결국 결혼도 CC(Company Couple)로 하게 됐다. 그러면서 직장생활에 대한 꿈도 점점 작아져 입사할 때만 해도 ‘꼭 사장이 되어야겠다’가 ‘웬만하면 임원이 돼 보자’로 줄어들었고, 나중엔 ‘정년까지 버티자’로 변해 버렸다. 그런 생활이 지속되던 어느 날 문득 ‘변화’가 필요하다는 생각이 들었다.

■ 전직의 계기

그 시기 인생에 대해 깊게 생각해 볼 수 있는 두 가지 계기가 생겼다. 하나는 예전에 인사팀에서 같이 근무하다 건설현장의 관리과장으로 일하던 모 과장이 간암으로 사망한 사건이었다. 삼성의료원 영안실에 찾아갔는데 40대 초반 나이에 갑작스런 일을 당하여 젊은 부인은 서럽게 울고 있었고, 아직 초등학생인 두 딸은 영문도 모르겠다는 듯이 흰 소복을 입고 하염없이 앉아 있었다. 이제까지 살아온 날보다 더 많은 날들을 살아가야 하는데 그 가족의 앞날엔 ‘희망’이란 단어가 갑자기 온데간데없이 사라져 버린 것만 같았다. 나중에 들은 이야기인데 6개월 시한부 암 판정을 받았지만 3개월 만에 유명을 달리했다고 했다. 그 이유인즉슨 경제적 사정으로 인해 그나마 갖고 있던 암보험을 판정받기 몇 달 전에 해약하는 바람에 치료비의 부담이 너무 커서, 얼마 되지 않는 재산마저 치료비로 써버리면 남은 가족들의 장래가 더욱 암담해질 터라 항암치료를 포기하고 집에만 있다가 일찍 돌아가셨다는 것이었다.

만약 내가 그런 상황에 처했으면 어땠을까. 항암치료를 포기한 그 과장의 심정을 충분히 이해할 것 같았다. 어차피 죽는 것은 예정되어 있는 일이었고 삶을 몇 달 연기하고자 남은 가족들의 마지막 보루를 무너뜨리기엔 가장으로서 아버지로서 차마 못할 일이었을 것이다. 그 날 영안실에는 인사팀에서 근무하는 과장급 이상 모든 간부들이 다 왔는데 마치 남의 일이 아닌 양 모두들 얼굴 표정이 무척 어두웠다.

　그 일 후에 직장생활에 상당한 회의감을 느끼게 됐다. 아침 일찍부터 밤늦게까지 스트레스 받아 가며 열심히 일했지만 결국엔 남는 것이 무엇인가. 직장생활하며 자기 시간을 충분히 가지고 건강관리를 잘 하는 사람은 거의 본 적이 없었다. 게다가 IMF라는 초유의 사태를 통해 이제 더 이상 조직이 나의 미래를 보장해 주지 않는다는 것을 뼈저리게 느꼈기 때문에 회의감은 나날이 커져만 갔다. 누구에게나 딱 한 번뿐인 인생. 과연 어떻게 사는 것이 다 늙은 다음에 후회하지 않을 인생일까. 이런 의문에 사로잡혀 있을 때 두 번째 사건이 일어났다.

　2월의 어느 날이었다. 직속상관으로 모시고 있던 인사부장이 어느 날 출근해서는 한숨을 내쉬며 표정이 무척 안 좋아 보였다. 지금이 내 주특기인 친화력을 발휘할 때라고 생각하고는 커피를 한 잔 타서 갖다 드리면서 무슨 일이냐고 여쭤 보았다. 그런데 부장님이 답변하시길 오늘이 자기 큰 아들 고등학교 졸업식이란 것이었다. 나는 깜짝 놀라며 오늘 같은 날 큰 아들이 아버지를 얼마나 기다리겠냐며 반월차(반나절만 쓰는 월차휴가)를 써서 다녀오시라고 권유를 드렸다. 그러자 부장님이 다시 한숨을 내쉬면서 하는 말. "너 같으면 이런 상황에서 갖다 올 수 있겠냐?" 사실 회사 상황은 부장 말 그대로였다. S그룹은 그룹 차원에서 3월 초에 인사발령이 이루어지기 때문에 그 시기는 바쁘다 못해 치열한 긴장감마저 감돌고 있는 상황이었다.

　답답해하는 부장을 뒤로 하고 자리에 와서 앉았는데 문득 의문이 들었다. 내가 이렇게 열심히 일하는 것이 결국은 내 가족을 위한 것인데 일 때문에 바빠서 자녀의 고등학교 졸업식 같은 중요행사에도 참석하지 못한다면 '과연 무엇을 위해 인생을 사는 것인가' 라는 의문이었다. 이와 함께 그 당시 사장께 들었던 사장학 개론이 떠올랐다. 그룹 내에서도 유명했던 그 분은 입사한 이후 추석과 구정명절을 단 한 번도 풀타임으로 쉬어 본 적이 없다고 했다. 3일 휴가면 이틀만 쉬고 나머지 하루는 회사에 나와서 연휴 이후에 해야 할 일들을 계획하고 점검하는데 시간을 보냈다는 것이었다. 그러면서 덧붙이는 말이 조직에서 성공하려면 조직에 미쳐야 된다고 했다. 즉, 일과 가정을 동시에 챙기기엔 주어진 시간이 너무 부족하므로 한군데로 집중해야만 성공할 수 있다는 요지였다. 그 말을 들었을 때는 너무도 열심히 살아온 그 사장님의 인생에 대해 존경심이 들었지만 지금 다시 생각해 보니 과연 그렇게 사는 것이 보람있고 만족할 만한 인생인가에 대해서는 아니라는 생각이 들었다.

두 가지 사건을 계기로 나 자신의 인생을 되돌아볼 시간을 가질 수 있었는데 아무리 생각해봐도 샐러리맨의 길은 나의 길이 아닌 것 같았다. 그 당시의 내 상황을 정리해 보면 다음과 같다.

첫째, 인사팀의 속성상 잦은 술자리와 늦은 퇴근으로 인해 건강이 점점 나빠지고 있었다.

둘째, 앞으로 5년 뒤, 10년 뒤의 내 모습인 과장급 이상 간부들의 삶이 샐러리맨의 한계를 극명하게 보여 주는 듯해서 비전이 점점 상실되어 가고 있었다.

셋째, 일상에 지친 나머지 가족들과 함께 하는 시간들이 점점 줄어들고 있었고 그 시간들마저 피곤하다는 핑계로 마음과는 달리 소홀해질 수밖에 없었다.

넷째, 주택대부금과 우리사주 대금 등 회사에 지고 있는 부채를 감안할 때 체감 월급은 무척 낮은 수준일 수밖에 없었고, 앞으로 발생할 주택마련과 자녀 교육비 등을 생각해보면 이런 식으로 가다가는 평생 굶어 죽지 않을 정도의 생활만 해야 할 것 같은 위기감을 느꼈다.

그러던 어느 날 친구와의 저녁 자리에 갔다가 우연히 기획팀에서 근무했던 모 선배를 만나게 됐는데 갑자기 P생명의 명함을 내미는 것이었다. 그 당시 몇 안 되던 잘 나가는 분 가운데 한 분이었는데 회사를 그만 두고 보험회사에 가다니…. 여러 가지로 고민이 많던 시기라 내 충격은 상당히 컸다. 놀라움에 휩싸인 채 전직동기를 물어보니 다음과 같은 대답이 돌아 왔다.

"네 말대로 큰 과오가 없는 이상 내 앞길은 무난하게 보장되어 있다고 생각했어. 앞으로 열심히 하면 10년 정도 뒤에는 팀장이 되어 있을 것이고 더욱 더 노력하면 임원도 바라볼 수 있다고 생각했지. 하지만 그것은 앞으로 10년 뒤의 비전이고 거기에 이르는 과정을 생각해보면 적어도 지금보다 더 많은 시간을 조직에서 성공하기 위해 바쳐야 하는 것이 전제되어 있다는 것이지. 그런데 어느 날 문득 그런 생각이 들더라. 과연 나에게 정말로 소중한 것이 무엇인가 하는 생각 말이야. 내가 내린 결론은 내 가족이었어. 사실 열심히 일하고 비전을 찾고 하는 것도 따지고 보면 가장 소중한 가족들을 위해 하는 거 아냐? 나에게는 10년 뒤의 비전보다 당장 오늘과 내일의 비전이 훨씬 소중하다는 것을 깨달았지. 지금 당장의 비전을 성취하는 직업 중의 하나가 지금 내가 속해 있는 P생명의 LP(Life Planner)이고."

놀라운 이야기였다. 내가 지금껏 고민하고 있던 부분들을 압축해서 표현한 것 같았다. 사실 그동안 보험에 대해서는 누구 못지않게 선입견을 많이 갖고 있던 터여서 놀라움은 더욱 컸는데 이와 함께 '도대체 어떤 직업이라서?' 라는 호기심 또한 구름처럼 솟아올랐다. 인생은 공교로움의 연속인지 며칠 뒤 평소 알고 지내던 I생명의 매니저로부터 전화가 왔다. 그 친구와는 ROTC 동기지간이라 가끔씩 연락하는 사이였는데 최근의 상황에 대해 이야기를 하자 그렇다면 자기 지점에 와서 CIS(Career Information Session)라는 직무소개과정을 한 번 들어보는 것이 어떻겠느냐는 제안을 하는 것이었다. 호기심 반 기대 반으로 퇴근 후 방문했는데 일단은 그 곳에서 일하는 사람들의 수준에 놀랐다. 학력이라든가 경력, 연령 등을 보더라도 전부 나보다는 훨씬 훌륭한 사람들인 것 같았다.

그 날 그 지점의 지점장으로부터 보험 비즈니스에 대한 여러 가지 내용을 들을 수 있었는데 선입견을 많이 갖고 있던 나로서는 충격의 연속이었다. 그 당시 나는 도합 일곱 개의 생명보험을 갖고 있었는데 대부분 사무실에 매일같이 찾아오는 설계사 아주머니들의 끈질긴 설득 반, 미안함 반에 가입한 것들이었다. 보험에 대해서 필요성은 인정하지만 설계사라는 직업 자체는 좋게 볼 수가 없었던 것이었다. 그런데 외국계 보험회사에서 일하는 사람들의 수준과 프로그램에 대해 자세히 들을수록 서서히 선입견이 무너지고 직업 자체의 매력에 푹 빠져 드는 것이었다. 그 중 가장 놀라웠던 것은 지금도 기억이 나는데 질병사망과 재해사망에 대한 내용이었다. 확률적으로 질병으로 사망할 가능성이 훨씬 높은데 대부분의 보험은 저렴한 보험료를 산정하기 위해 확률이 낮은 재해사망에 초점을 맞추고 있다는 것이었다. 내가 가입한 보험들을 분석해보니 확률이 낮은 재해사망에는 7억 원이 보장되어 있는 반면 확률이 높은 질병사망에는 7가지를 모두 합쳐 5천만 원이 채 안 되는 것이 아닌가. 세상에 이런 일이 있을 수가. 그동안 막연히 나에게 무슨 일이 생겨도 부모님과 아내에게 최소 몇 억 원 정도는 지급될 거라 생각하고 있었는데 5천만 원이라니… 기존의 보험에 대해 배신감이 들었다. 아울러 외국계 보험회사에서 취급하고 있는 종신보험에 대한 신뢰감이 생기며 어떠한 경우에도 약속된 보험금을 지급하는 종신보험 정도 되면 세일즈를 해도 승산이 있겠다는 생각이 들었다.

집에 돌아와 많은 것들을 생각해 보았다. 어차피 인생이란 자기 자신을 다른 사람에게 파는 세일즈라는 생각이 들었다. 아내에게 자신을 팔았기에 가정이라는 것이 생기는 것이고 조직생활에서 주변의 사람들에게 자신을 잘 팔아야 승진이라는 것도 할 수 있고… 이왕 인생이 그런 것이라면 프로답게 본격적으로 해 보자는 의욕이 솟구쳤다.

■ 전직의 결정 과정

하지만 쉽게 결정할 수 없었다. 기득권이라고 표현하기에는 다소 무리가 있지만 현재 회사에서 잘 생활하고 있고 앞으로도 큰 과오만 없으면 정년까지는 무난하게 생활할 수 있을 것이다. 아울러 S그룹은 우리나라에서 자타가 공인하는 최고의 회사가 아닌가. 네임 밸류도 무시할 수 없는 부분이다. 두 번째는 가족들의 반대였다. 전직에 대한 고민을 슬쩍 흘리니까 온 집안이 난리가 났다. 보험회사라니. 완곡하게 표현해서 미쳤다는 것이었다. 회사를 그만두고 그것도 보험세일즈를 하다니. 입장을 바꿔 놓고 생각해도 기가 찰 노릇일 것이다. 가족들 모두를 CIS과정에 넣을 수도 없고 무척 난감했다. 특히 장인어른은 한전에서만 30여 년이 넘게 근무하신 분이라 회사를 옮겨 다니는 것에 대해 색안경을 쓰고 계신 분이었다. 마지막으로는 두려움이었다. 과연 내가 잘 할 수 있을 것인가. 사람들에게 거절을 당하면 내 자존심은 여지없이 구겨질 텐데 그런 것까지 참아 가며 일을 했는데 만약 수입이 작다면 어떻게 할 것인가.

머리를 싸매고 고민해도 해답을 찾을 수 없던 중 문득 CIS과정이 끝나고 만났던 어느 선배 FP(Financial Planner)의 말이 떠올랐다.

"예전에 직장생활을 할 때는 길을 가다가 BMW나 벤츠 같은 고급 외제차들을 보면 동전같은 걸로 긁어 버리고 싶다는 생각을 많이 했어. 나는 죽어라고 일해도 먹고 살기 어려운데 도대체 어떤 인간이기에 저런 고급차를 굴릴까 하는 불만이 표출되곤 했지. 아마 분명히 땅투기나 불로소득을 올리는 사람들일 거라고 생각하고는 빈부의 격차가 심한 우리나라에 대해 저주를 퍼붓곤 했단 말이지. 하지만 FP생활을 시작하고 나서부터는 근본적으로 생각이 바뀌었어. 내가 열심히 노력한 만큼 그에 상응한 떳떳한 수입을 얻을 수 있기에 언젠가는 나도 저런 차를 살 수 있을 것이라고 생각하게 됐거든. 지금은 그런 차들을 보면서 다시 한 번 성공에 대한 의지를 불태워. 자기가 노력한 만큼 원하는 것을 이룰 수 있는 직업. 이것이 바로 FP Job의 진정한 매력이 아닐까?"

마음 깊은 곳에서 FP Job에 도전해 봐야겠다는 느낌이 들었다. 인생은 어차피 도전하는 것이다. 도전하지 않고서 지금보다 나은 삶을 바란다는 것은 바보

들이나 하는 생각 아닌가. 다시 처음부터 정리를 시작했다. 우선 내 인생의 목
표를 진지하고 솔직하게 적어 보았다.

> 첫째, 열심히 노력해서 돈을 많이 벌고 싶고 보람 있게 쓰고 싶다.
>
> 둘째, 가족들을 위해 좋은 집에서 살고 싶고, 좋은 차를 타고 싶다.
>
> 셋째, 사랑하는 가족들과 최대한 많은 시간들을 함께 하고 싶다.
>
> 넷째, 골프나 해외여행 등 수준 높은 여가생활을 보내고 싶다.
>
> 다섯째, 주변의 지인들과 친밀하게 어울리면서 돈독한 인간관계를 맺고 싶다.

성공 같은 추상적인 단어 말고 현실적이고 개인적인 삶의 목표를 세웠다. 다
음으로는 이러한 부분들을 달성하기 위해 군대에서 흔히 쓰는 후보 계획을 세
워 보았다. 후보 계획이란 예를 들어 내일 12시에 공격을 하기 위해서는 언제
까지 집결지에 도착해야 하고, 어떻게 물자를 배분하며 행군시간을 감안하여
언제쯤 주둔지를 떠나야 하는가를 역순으로 계획하는 것을 말한다. 현재의 직
장생활을 계속했을 경우와 FP를 할 경우에 대해 각각 기술해 보았다.

삼성에서의 직장 생활	FP 생활
장점 :	장점 :
단점 :	단점 :
목표달성 가능성 :	목표달성 가능성 :

개인적인 내용이라 구체적 내용은 생략했지만 답은 너무도 뻔하게 나왔다.
현재 회사에서의 생활은 안정감은 있을지 모르겠지만 내가 원하는 삶의 목표
를 이루며 살기엔 너무도 미흡했다. 반대로 보험회사의 FP생활은 불확실성이
상존하고 있지만 내가 노력하는 정도에 따라서 남보다 빠른 시일 내에 삶의 목

표들을 이루어가며 살 수 있을 것 같았다.

■ 결정 VS 결단

이 세상에서 후회 없는 결정이란 과연 있을 수 있을까? 앞의 과정을 거치면서도 미래에 대한 불안감이 너무 커서인지 결정을 내리기 무척 어려웠다. 수시로 생각이 바뀌는 걸 보니 스스로가 너무 나약한 인간이라는 자괴감도 들었다. 동화에서처럼 내 미래를 볼 수 있는 구슬만 있다면 얼마나 좋을까. 누군가와의 상담이 절실히 필요하다고 느끼고 있을 때 내 미래를 결정지어 줄 사람이 다가왔다.

그 사람은 나를 FP의 길로 이끌어 준 사람이자 입사한다면 앞으로 나를 관리해 줄 매니저. 허심탄회하게 소주 한 잔 하자는 그 친구의 손에 이끌려 들어간 어느 주점에서 내가 갈등하고 있는 모든 부분들에 대해 속 시원히 털어 놓았다.

진지하게 경청하고 있던 그 친구는 내 말이 끝나자 이야기를 시작했다.

"『상도(商道)』라는 소설 읽어 봤니? 그 소설에 '기회'라는 단어에 대해 이렇게 나와 있어. '기회'는 앞에만 머리카락이 있고 뒷머리는 대머리인 사람과 같아서 '기회'가 스쳐 지나갈 때 잡으려고 하면 뒷머리가 대머리기 때문에 잡을 수가 없다는 거야. 즉, '기회'는 지나가기 전에 잡아야 한다는 말인데 지금 네가 고민하고 있는 내용도 일종의 '기회'라고 생각하면 돼. 어느 책에는 사람은 누구나 일생에 세 번의 기회가 온다고 하는데 지금이 바로 그 중의 한 번 일지도 모르지."

"하지만 지금 이 순간이 네 인생에 있어서 진정한 '기회'가 될 지는 아무도 몰라. 다만 분명한 것은 이번 기회가 너 스스로의 힘으로 인생을 개척할 수 있는 중요한 계기가 될 수 있다는 점이야. 왜냐하면 지금까지 FP로 도전한 수많은 사람들이 너와 같은 심도 깊은 고민을 통해 인생을 바꾸게 됐고, 그 중 대다수는 자신이 내린 결정에 만족하며 인생을 살아가고 있기 때문이지. 어느 누구도 너의 결정을 대신해 줄 수는 없어. 누구에게나 인생은 가장 소중한 것이고 그런 만큼 자신의 인생에 대해서는 스스로 결정할 수밖에 없기 때문이야.”

“지금 내가 선 경험자로서 너에게 조언해 주고 싶은 부분은 ‘결정’과 ‘결단’의 차이에 대한 부분이야. 네가 심각하게 인생의 목표에 대해 고민하고 종이에 현재의 삶과 FP로서의 삶에 대해 여러 가지 차원에서 비교, 분석하고 최선의 방법을 택하려고 시도한 모든 부분은 바로 ‘결정’의 과정이야. 즉, 여러 가지 대안 중에서 최적의 대안을 찾기 위해 나름대로 다양한 Factor들을 분석하고 가중치를 매겨서 가장 합리적인 방법을 찾아내는 과정이 ‘결정’의 과정이지.

하지만 네가 고민하고 있는 인생이라는 것은 수학공식처럼 결코 수치화할 수도 계량화할 수도 없다는데 근본적인 문제가 있는 거야. 우리나라 4천 8백만 명의 인생이 모두 다 각각 다른 것처럼 말이야. 아울러 네가 FP로서 경험을 해 보지 않았기 때문에 막연한 생각으로 고민할 수밖에 없었을 테고 이 점이 또한 네가 내리려는 ‘결정’에 있어서 심각한 장애요인이 될 수밖에 없는 것이지.”

“지금 시점에서 네가 해야 되는 것은 ‘결정’이 아니라 ‘결단’이야. ‘결단’은 ‘결정’처럼 여러 가지 대안 중에서 가장 좋은 하나의 안(案)을 택하는 과정이 아니라 두 눈을 감고 마음속 깊은 곳에서 울리는 네 목소리에 귀 기울이는 것을 말하는 거야. 지금까지 있어 왔던 너의 모든 삶은 잊어 버려. 오로지 너의 내면에 숨겨진 자아에게 FP라는 직업이 진정으로 네가 도전해 보고 싶은 직업인지, 들러리 인생이 아니라 네가 스스로 주인공이 되어 인생을 가꾸어 나갈 수 있는 직업인지, 너와 네 가족의 미래를 보다 풍요롭게 만들어 줄 수 있는 직업인지, 마지막으로 하루하루의 삶에 대해 감사하고 스스로가 만족할 수 있는 직업인지에 대해 물어보고 대답을 들어 봐. 만약 ‘예’라는 대답이 들리면 더 이상 고민할 필요 없이 도전해서 열심히 일하면 되는 것이고, '아니오' 라는 대답이 들리면 지금까지의 고민은 싹 잊고 현재의 직장생활에 더욱 열심히 매진하면 되는 거야."

"……! 충고 진심으로 고맙게 생각한다. FP에 도전해 볼게."
내 나름대로 무척 어렵고도 중요한 '결단' 은 이렇게 내려졌다.

■ FP 활동 과정

2000년 4월. 정들었던 회사에서의 7년여에 걸친 생활을 접고 보험업계에 입문했다. 퇴직하면서도 갖가지 해프닝이 많았는데 나름대로 파워 있는 인사팀에서 근무하다 보험회사로 옮긴다고 하니까 사람들은 크게 두 종류의 반응을 보였다. 첫 번째 부류는 왜 좋은 직장을 그만 두고 불확실한 미래 속으로 뛰어드나 하는 측은한 표정이었고, 두 번째 부류는 도전은 젊을수록 좋다며 가서 열심히 해 보라고 격려해 주는 사람들이었다.(두 번째 부류의 사람들 중 일부는 나중에 자기한테 오면 옛정을 생각해서 보험 하나 들어 주겠다고 했는데, 그런 사람들 중에서 실제 계약한 경우는 거의 없었으니 묘한 아이러니다.)

모든 FP들이 그렇듯이 입사하여 한 달 과정의 입사 기초과정을 밟았는데, 한편으로는 새로운 세계를 접하는 설레임의 시간들이었지만 한편으로는 '내가 과연 잘 할 수 있을까' 하는 불안감이 뒤범벅된 시간들이었다. 낮에는 회사에서 시켜주는 각종 강도 높은 트레이닝을 통해 하루라도 빨리 나가서 이 좋은 내용들을 전파하고 싶다는 강한 의욕을 느꼈지만 막상 저녁에 집에 가서 자려고 하면 '만약 잘 안되면 어떻게 하지' 하는 불안감에 잠을 뒤척이기 일쑤였다. 지금 생각해 보면 웃음이 나오려고 하지만 그 당시 같이 교육을 받았던 신입 FP들의 심정은 다 비슷했을 것이다.

같이 교육을 받았던 2000년 4월 군번은 모두 50여명 가량 됐는데 하나같이 모두 훌륭한 사람들이었다. 학력은 모두 대졸 이상이었고 연령은 30대 초반부터 40대 초반까지 다양했으며, 보유하고 있는 경험 또한 대기업 출신부터 중소기업 대표, 자동차 세일즈맨, 연구원, 자영업, 변호사 사무장, 학원 강사 등등 마치 예비군 훈련장 같았다. 연령으로 보나 사회경험으로 보나 다른 사람들에게 꿀리는 듯한 느낌을 가졌었던 나는 마음속으로는 이 사람들과의 경쟁에서 꼭 승리하겠다고 다짐하고 있었다.

입사하자마자 자기소개 시간을 갖고 난 후 진행자가 이렇게 말했다.

"여러분은 모두 연령대도 다양하고 누구보다도 많은 경험들과 노하우를 갖고 있습니다. 하지만 FP라는 직업은 프로의 세계입니다. 여러분이 과거에 갖고 있던 모든 지식들과 경험들은 지금부터 잊어버리십시오. 지금부터는 나이가 많건 적건, 좋은 학교를 나왔건 그렇지 않건, 사회경험이 많건 적건 간에 모두 동등한 위치에서 출발합니다. 여기 계신 분들 중에 보험에 대한 지식을 갖고 있는 분은 아무도 없습니다. 한 달간의 교육과정을 거쳐 모든 분들이 똑같이 출발하게 됩니다. 열심히 배우고 익히십시오. 프로는 결과로서 자신을 증명합니다."

그렇다. 결과로 자기 자신의 존재가치를 증명하는 세계. 그것이 FP Job의 매력이었다.

2000년 5월 4일. FP 코드가 나왔다. FP 코드라는 것은 개인 사업자 등록번호와 비슷한 것으로 또 한 명의 프로 세일즈맨이 탄생했다는 것을 알리는 출생증명서 같은 것이었다. FP 코드와 노트북으로 중무장한 채 최초의 가망 고객을 만나러 갔다. 전 직장 후배였는데 만나자 마자 그 동안 배운 것을 어찌나 열정적으로 뱉어 냈는지 후배는 무척 놀란 표정으로 FF(Fact & Feeling Finding Interview) 용지를 작성해 주었다. 표정으로 봐서는 적어주지 않았다가는 한 대 얻어맞을지도 모른다는 두려움을 느끼는 것 같았다. 이틀 뒤 PC(Presentation & Closing)과정을 거쳐 이 후배는 내 최초의 고객이 됐다. 청약서를 작성하며 종신보험을 가입하는 가장 큰 이유가 무엇인지 물어 보았다.

"솔직히 선배님의 전화를 받았을 때는 부담감이 많이 들었습니다. 이미 서너 개의 보험을 갖고 있었고 저의 경제적 상황을 감안한다면 더 이상의 가입은 무리였기 때문입니다. 하지만 선배님을 만나서 이야기하는 동안 마음이 바뀌었습니다. 그 동안 몰랐던 보험에 대해 많이 알게 됐고 무엇보다 선배님의 확신에 가득 찬 모습에서 점점 이 보험에 대해 신뢰감이 들게 됐습니다. 지금은 오히려 제가 고맙다고 말씀 드리고 싶습니다. 가족들을 위해 제대로 된 보험을 가입하게 됐으니까요."

청약서를 작성하다 후배의 말을 듣는 순간 뭐라 형용하기 힘든 감정이 북받쳐 올랐다. 그것은 단순히 첫 계약을 했다는 성취감보다는 그 동안의 어려운 과정을 거쳐 FP라는 직업을 선택한 것이 올바른 결정이었다는 것을 증명해 주는 첫 멘트였기 때문이었다. 첫 계약 이후 지금까지 500명이 넘는 고객들과 계약하며 매번 느꼈던 것이지만 청약서를 작성할 때마다 이런 보험에 가입할 수 있게 해줘서 고맙다는 고객들의 말을 들을 때면 FP로서 진정한 만족감과 성취감을 느낄 수 있었다.

보험은 인간이 만들어 낸 가장 과학적인 상품이라고 한다. 상호부조의 정신을 바탕으로 여러 사람들이 조금씩 돈을 모아서 불행한 일을 당한 사람의 가족들을 보호하는 것. 세상에 이처럼 숭고한 상품이 또 있을까.

하지만 보험의 속성상 중간에 해약하면 손해를 보게 된다. 매월 내는 보험료는 누군가에 대한 조의금을 내는 것과 마찬가지여서, 중간에 관둔다고 해서 이미 주었던 조의금을 되돌려 받을 수 없는 것과 같은 이치이다. 그런 이유로 보험에 대한 깊은 이해가 없는 일반적인 사람들은 보험에 대해 선입관을 가질 수밖에 없다. 은행과 달리 원금손실을 입게 되므로 자신이 보험료를 내는 기간 동안 보장을 받았다라고 생각하기 보다는 괜히 가입해서 손해를 보게 됐다고 생각한다. 하지만 만약 보험을 가입해서 보험혜택을 받는 일이 생기게 된다면 어떻게 될까? 아마 정말 잘 가입했다고 생각할 것이다.

이처럼 보험이란 상품은 언제 가입해도 후회하는 상품이라고 한다. 일례로 보험을 가입하고 일찍 죽어서 보험금을 탄 사람도 후회하고, 반대로 오래 오래 장수해도 후회한다고 한다. 왜 그럴까? 일찍 죽은 사람은 진작에 더 큰 보험을 가입할 걸 하고 후회를 하고, 반대로 장수한 사람은 차라리 은행에 넣어둘 걸 하고 후회하기 때문이다. 하지만 보험을 가입하지 않은 사람은 더 큰 후회를 하게 된다. 정말 보험이 필요한 상황이 됐을 때는 가입할 수 없기 때문이다.

일반적으로 가장의 어깨에는 두 가지 짐이 있다. 가장으로서의 짐과 사회의 일원으로서의 짐 두 가지이다. 가장으로서의 짐은 가족 모두를 평생 동안 지켜 줘야 한다는 책임감을 말하는 것이고, 사회인으로서의 짐은 나름대로 성공적인 사회생활을 이루어 나가야 하는 짐을 말한다. 필자가 가망 고객들을 만나서 컨설팅할 때는 이런 부분들을 강조했다.

"매월 일정액의 보험료를 내고 가장으로서의 짐을 저희 회사에 넘기십시오. 정말로 고객님께 리스크한 상황이 닥친다면 고객님의 가족들은 저희 회사에서 책임져 드릴 것입니다. 지금부터는 오로지 사회적 성공을 위해 앞만 보고 달리시면 됩니다. 앞으로의 인생에서 고객님께 아무런 문제가 생기지 않는다면 고객님은 원하시는 만큼 충분한 성공을 이루실 것이고, 그렇지 못하고 혹시 중간에 어떤 문제가 생긴다면 적어도 고객님의 가족분들은 저와 저희 회사에서 보살펴 드릴 것입니다."

아울러 보험의 효과 중에서 가장 큰 부분이 '예방효과' 라고 한다. 즉, 어떠한 경우에도 보장받는 보험을 갖고 있기 때문에 늘 심리적으로 안정감을 갖게 되고 그러다 보면 아플 것도 안 아프게 되고 다칠 것도 안 다치게 되는 것이다. 이 부분은 보험도 없이 에어백도 없는 자동차를 운전하는 것과 종합보험과 듀얼 에어백을 갖춘 자동차를 운전하는 경우의 심리적 안정감을 생각해 보면 된다.

즉, 가망 고객은 매월 일정액의 보험료를 내고 각종 질병이라든가 암, 장해, 과로사 등의 위험으로부터 벗어날 수 있다는 심리적 안정감을 얻는 것이다.

지구상의 세일즈 중에서 가장 어려운 세일즈가 보험 세일즈라고 한다. 왜냐하면 앞서 언급한 대로 중간에 해약하면 손해 본다는 선입관이 강하고 다른 유형상품에 비해 오로지 세일즈맨의 설득에 의해 앞으로 있을지 없을지도 모를 위험을 담보하는 무형의 상품이기 때문이다. 따라서 보험세일즈의 성공 여부는 바로 고객들의 만족 여부에 달려 있다고 해도 과언이 아니다. 고객의 입장에서 보면 보험증권 한 장을 사기 위해 앞으로 장기간동안 매월 일정액의 금전적 지출(경제적 고통)을 감수해야 하기 때문이다. 그렇기 때문에 필자는 가망 고객들을 만나서 상담할 때 위에서 언급한 두 가지 이외에도 이 보험상품을 통해 고객들이 얻게 되는 보장 이외의 다양한 경제적, 심리적 효과에 대해 반드시 언급하려고 노력했다.(보험이 갖는 다양한 효과에 대해서는 판매 프로세스 7단계에서 상세히 기술할 예정이다.) 그런 노력이 주효해서인지 고객의 만족도를 나타내는 척도인 '계약유지율'이 아주 높고, 입사 3년차 이후의 계약 중 상당수가 기존 고객에게 재판매한 계약들이다.

첫 계약은 순조롭게 성사시켰지만 역시 세일즈는 내 예상대로 되는 게 결코 아니었다. 전 직장에서 형, 동생 하며 무척 친하게 지냈던 선배를 세 번째 가망 고객으로 만나게 됐는데 AP(Approach)면담에서는 무척 긍정적으로 반응했으나 PC면담에서는 무려 다섯 번의 약속을 펑크 내는 것이었다. 심지어는 전화를 걸었는데 다른 사람이 받아 돌려주려 하자 "나 없다고 그래" 라는 목소리가 전화기를 타고 들려오는데 정말 심한 배신감을 느꼈다. 다시 돌이켜 곰곰이 생각해 보니 AP 과정에서도 아는 안면 때문에 적당히 반응해 준 것 같았다.

보험업계에서는 이런 말이 있다. "고객이 부정적으로 반응하는 것은 보험 세일즈맨에 대해 그런 것이 아니라 보험이라는 상품에 대해 그런 것이다." 하지만 막상 당하고 나니 마치 나라는 사람에 대해 무시하는 것 같고 더구나 지인이기 때문에 더욱 심한 모멸감을 느낄 수밖에 없었다. 얼마 뒤에도 소개받은 사람이었는데 마찬가지로 AP 과정을 진행하고 PC 약속을 잡아 만나러 갔더니 도통 연락이 안 되는 것이었다. 불과 한 시간 전에 출발한다고 전화를 했었기 때문에 더욱 이상했다. 결국은 그 날 하루일과를 완전히 망쳐 버렸다. 처음에는 무슨 일이 있으려니 하고 기다리다 나중에는 오기가 나서 누가 이기나 하고 뒤의 약속까지 미뤄 가며 커피 한 잔으로 다섯 시간을 버텼다. 다음 날 통화해 보니 "만나면 보험에 가입하게 될 것 같아서 그랬다. 미안하다."라는 말을 하는데 정말 눈물이 나오려고 했다.

가끔씩 그런 일이 생기면 두 다리에 힘이 빠지면서 '내가 왜 사서 이런 고생을 하나' 하는 생각이 들었다. 가진 건 별로 없지만 그래도 자존심 하나 만으로 이제까지 살아온 게 내 인생인데 보험 세일즈를 하고 있다는 사실만으로 사람들에게 이런 대접을 받아야 하다니…. 물론 아주 가끔씩 있는 일이었고 그런 사람보다는 "좋은 프로그램을 소개시켜 줘서 고맙다."는 사람들이 훨씬 많았기에 꾹 참고 일해 올 수 있었지만 FP 생활을 하며 가장 힘든 것 중의 하나가 고객(특히 지인)들의 그런 유형의 '거절'이었다. 그럴 때마다 옆에서 가장 큰 도움을 준 사람이 바로 매니저였는데 그 매니저의 말로는 그래도 많이 나아진 것이라고 했다. 자기가 보험업계에 뛰어든 94년도부터 외국계 보험회사의 종신보험 프로그램이 본격적으로 알려지기 시작한 90년대 말까지는 두 사람이 입사하면 1년 후에는 한 명만 남을 정도로 영업환경이 좋지 않았다고 했다. 그래도 그 때에 비해 비교적 수월하게 영업을 하는 것이 그런 선배들의 희생이 있었기에 가능하다고 하니, 지면을 빌어 우리나라 보험세일즈의 수준을 높여 준 선배들에게 진심으로 감사를 드린다.

아무튼 열심히 뛰었다. 전화로 약속을 잡고 사람을 만나고 계약을 하고 또

전화를 하고 사람을 만나고…. FP 생활을 하면서 하루에 평균 4~5명을 만났다. 오전 또는 점심부터 시작해서 저녁까지. 한 사람 면담에 보통 30분 이상 걸리니까 이동시간까지 감안해서 하루에 4명 이상 만나려면 효율적인 시간관리가 필수였다. 그래서 가급적 지역별로 활동을 했는데 예를 들면 역삼동에서 첫 약속이 있으면 그 날은 강남 일대에서 활동한다는 식이다. 그렇게 내 계획대로 맞추려다 보니 고객들과 약속을 잡는 것이 무척 어려웠다. 또 가끔씩 고객들의 사정으로 인해 약속이 어긋나는 일까지 생기면 하루가 뒤죽박죽이 되는 날도 종종 생겼다. 하지만 '뜻이 있는 곳에 길이 있다'는 말처럼 '하루에 4명 이상 만나지 않으면 집에 가지 않겠다'는 각오로 하다 보니 평균 4명 이상을 꾸준히 만날 수 있었다.

2001년 MDRT 회장인 토니 고든은 다음과 같은 FP의 성공원칙을 제시했다. "일주일에 15명을 만나면 성공을 보증한다. 그보다 적게 만나도 성공할 수 있지만 15명이면 확실한 성공이 보장된다." 흔히 보험세일즈는 'Push Marketing'이라고도 한다. 즉, 가망 고객을 만나서 설득을 통해 잠재적 니즈를 끌어내어 계약을 체결한다. 그러기 위해서는 무조건 가망 고객을 만나야 한다. 대다수의 FP들이 영업을 어느 정도 하다보면 슬럼프에 빠지게 되는데 그 이유는 단 한 가지이다. 바로 '만날 사람'이 없다는 것이다. '만날 사람'이 줄어들지 않게 하기 위해서는 반드시 소개를 받아야 하고 그렇게 해서 Pool이 많아지게 되면 지속적인 성공의 발판이 마련되는 것이다.

내 경우엔 태생적 한계 때문에 '고액 세일즈'보다는 '양적 세일즈'를 할 수밖에 없었는데 지금 돌이켜 보면 당시에는 무척 힘들었지만 그런 노력의 결과로 누구보다도 오래 FP 생활을 지속해 나갈 기반을 구축할 수 있었다고 생각한다.

그렇게 1년을 보내고 나서 결산을 해 보니 246건의 계약을 체결했다. 1년이

52주니까 1주일에 평균 5건의 계약을 체결한 셈이다. 그 계약 중에는 몇 백만 원의 고액계약도 있었지만 몇 만 원의 계약도 많았다. 나에게는 모두 다 똑같이 소중한 내 고객들이다. 하루하루 열심히 일해서 고객의 수가 늘어 가는 재미는 세일즈맨이 아니면 도저히 느껴 보지 못할 즐거움일 것이다. 고객 수가 늘어난다는 것은 그만큼 '나'라는 사람을 신뢰해 주고 인정해 주는 사람들이 늘어난다는 뜻이고 또한 FP로서의 밝은 미래를 보장해 주기 때문이다. 그래서 보험업계 황금률에 이런 말이 있다.

"고객 수가 300명이 되면 기존 고객들만 관리해도 충분히 FP Job을 영위할 수 있다. 고객 수가 500명이 되면 자녀에게 FP Job을 상속시켜 줄 수도 있다."

이는 고객 수가 늘어남과 비례해서 '영업의 선순환'이 일어나는 것을 말하는데 '영업의 선순환'이란 예를 들면 이런 것이다. 미혼남성인 고객을 계약한 경우 어느 정도 시간이 흐르면 결혼을 하게 되므로 '본인 계약 증액'과 '부인 계약'을 체결하고, 또 자녀가 태어나면 '자녀 계약'과 함께 '교육비 마련 비과세 저축'을, 시간이 더 흘러 노후 준비에 대한 니즈가 생기면 '연금'을, 가족 구성원 변동과 인플레이션에 따라 '추가 보장 계약' 등을 지속적으로 체결할 수 있는 것이다. 즉, FP는 고객과 더불어 인생을 함께 살아가며 고객의 변화되는 재정적 니즈들을 지속적으로 해결해 준다는 것이 '영업의 선순환' 개념이라 할 수 있다. '영업의 선순환'은 평생 동안 FP를 할 수 있는 가장 강력한 근거가 되는 것으로 이러한 '선순환'이 잘 일어나게 하기 위해서는 '고객의 수'가 절대적인 비중을 차지한다. 그런 차원에서 1년 동안의 FP생활은 무척 힘든 나날이었음에도 불구하고 대단히 보람 있고 FP로서의 성공을 차근차근 다져 주는 의미 있는 기간이었다.

약 3년에 걸친 FP 생활을 하면서 나름대로 일정한 '기준과 원칙' 하에 일을 해 왔는데 간단히 요약하면 다음과 같다.

1) '신념'과 '용기'

　필자가 생각하는 FP 직업의 2대 필수요소는 바로 '신념'과 '용기'이다. '신념'이란 내가 하고 있는 FP라는 직업이 이 세상에 꼭 존재해야 되는 직업이라고 생각하고 또한 가망 고객을 만나서 면담하는 행위는 그 가망 고객 본인과 가족들을 위해 진정으로 필요한 과정이라고 생각하는 것을 말한다. 사람마다 성향이 다르듯 보험에 대한 인식도 다르기 때문에 보험에 대한 선입견은 영원히 존재할 수밖에 없다. 바로 이 선입견이 FP 생활을 힘들게 만드는 가장 큰 요인인데 이러한 부분들을 극복하려면 FP 스스로가 직업관을 투철하게 정립하는 방법 밖에 없다. 미국에서 30여 년간 FP생활을 해 온 토마스 김은 집을 나설 때부터 퇴근할 때까지 FP 명찰을 가슴에 달고 다녔다고 한다. 자신의 직업에 대한 긍지와 프라이드를 가지고 있었기 때문에 그토록 오랜 동안 FP생활을 할 수 있었을 것이다. 생각해 보자. 세상의 어떤 가망 고객이 자신의 일에 대해 확신이 없는 FP의 말에 귀 기울이겠는가.

　'용기'는 FP로서 하고 싶은 그리고 해야만 되는 말을 가망 고객에게 꺼내는 행위를 말한다. '용기'는 거절에 대한 두려움을 극복하는 힘의 원천이다. 소개받은 고객에게 전화를 했는데 '지금 바쁘고 보험에는 별 관심이 없다'며 일방적으로 전화를 끊었을 때 FP라면 누구나 다 기분이 좋지 않을 것이다. '용기'는 바로 그럴 때 소개받은 다른 고객에게 다시 전화를 걸 힘을 불어넣어 준다. 마찬가지로 가망 고객을 만났을 때 가망 고객이 부정적인 반응을 보이더라도 '당신은 가족들을 위해서 꼭 이 보험을 구입해야 한다'고 열정적으로 말할 수 있도록 해주는 것이 바로 '용기'이다. '용기'는 결과로써 그 가치를 증명해 준다. 일례로 필자의 경우는 전화접근이나 AP면담 시에 부정적인 반응을 보여 가입할 것으로 기대조차 하지 않았던 가망 고객들이 종종 내 고객이 되곤 했다.

　'신념'과 '용기'는 불가분의 관계이다. 이왕 FP Job을 선택했으면 FP Job에 미쳐야 된다. '내가 취급하고 있는 상품이 이 세상에서 가장 가치 있는 상품이다' 라는 '신념' 과 누구에게라도 내가 알고 있는 솔직한 내용을 말할 수 있는 '용기' 를 가지게 되면 우리나라 4천 8백만 국민 모두가 자신의 고객으로 보이게 될 것이다.

2) FP Ship *VS* Salesman Ship

FP Ship을 한 마디로 표현하자면 'FP의 존재의의' 쯤 될 것이다. 가망 고객들 중 상당수는 보험에 대해 별 관심이 없다. 자신은 현재 건강하고 지금 하고 있는 일에 별다른 애로가 없으며, 결정적으로 돈을 써야할 데가 많기 때문에 보험은 우선순위에서 밀려나고 있는 것이다. 그러나 만약 그 가망 고객에게 무슨 일이 생긴다면 본인은 고사하고 가족들은 갑자기 밀어닥친 경제적 고통으로 인해 삶의 기반이 송두리째 흔들릴 것이다. 이는 비단 가족을 가진 가장의 경우에만 해당되는 것이 아니다. 사람은 무인도에서 혼자 살아가는 것이 아니기 때문에 누군가와는 직간접적으로 인연을 맺으며 살아가고 있다. 그러한 사람으로서의 존재가치는 결코 계량적으로 측정할 수 없겠지만 보험이라는 상품을 통해 사랑하는 사람에게 전달할 수는 있는 것이다. 참고적으로 필자가 고객에게 보내는 증권파일의 첫 장에는 다음과 같은 글이 실려 있다.

보험에는 다이아몬드의 광채도 없고 자동차와 같은 편리함도 없습니다!
하지만 눈에 보이지 않는 이 상품에는 인간의 따뜻한 피가 흐르고 있습니다.
인간의 미래에 대한 애달픈 희망이 담겨져 있습니다!
"애정을 돈으로 살 수는 없습니다!"

하지만 돈에 애정을 담을 수는 있습니다.
만약 사랑하는 사람을 위하여 돈이 쓰여질 수만 있다면…!

FP Ship은 가망 고객들에게 '보험으로 포장된 사랑' 을 전달해 주는 것을 말한다. 그런데 현실적으로는 FP Ship의 실천이 그리 쉽지 않다. 이미 많은 가망 고객들이 단기 저축성 보험 같은 상품들을 갖고 있고 필요한 보장의 보험료 대비 가입여력이 낮은 사람들도 많기 때문이다. 바로 이럴 때 Salesman Ship이 필요하다. Salesman Ship은 가망 고객에게 어떻게 해서든 FP가 권유하는 보험상품을 구입하도록 만드는 것이다. FP는 아마추어가 아닌 프로의 세계이다. 하루에 3명씩 한 달 동안 열심히 만났다 하더라도 계약이 나와 주지 않으면 생존할 수 없는 것이다. 그렇기 때문에 가망 고객의 가입여력에 따라 적절히 상품을 포장할 줄도 알아야 되고 보장성 보험에 대해 부정적인 사람에게는 무조건 보장을 고집할 것이 아니라 저축성 보험을 판매할 줄도 알아야 한다. 어쨌든 일단 고객으로 확보하게 되면 시간의 경과 또는 니즈의 변화에 따라 추후 지속적인 컨설팅을 통해 FP Ship의 실천이 가능하기 때문이다.

FP생활의 초기에는 FP Ship에 불타서 열정적으로 활동하는 바람에 가망 고객과의 관계가 악화된다든지 또는 저축성 상품을 가입시킬 수 있음에도 불구하고 보장성 상품을 고집하다 가망 고객을 놓쳐 버리게 되는 일이 종종 있었다. 그러다 점점 경험이 늘어나면서 자연스럽게 상품을 조율하는 능력을 갖추게 됐는데 Salesman Ship을 발휘하는 부분에 대해서는 판매 프로세스 7단계와 보험상품별 세일즈 컨셉, 고객 계층별 접근 기법 등에서 자세히 기술하고자 한다.

3) 확률의 법칙

보험업계에 입문해서 가장 먼저 배운 원칙이자 FP로서 철저히 신봉하는 법칙이다. '확률의 법칙'이란 비단 보험뿐 아니라 모든 세일즈맨에게 있어 가망 고객들은 다음과 같은 3가지로 구분된다는 내용이다. 첫 번째 1/3은 '긍정형' 고객인데 일명 귀가 얇은 사람들로서 세일즈맨이 와서 무슨 말을 하면 "안 그래도 그거 하나 하려고 했는데…" 또는 "들어보니 정말 괜찮네요. 어떻게 하면 되죠?"라는 반응을 보이며 바로 구입하는 사람들이다. 필자가 여기 속하는데 실제로 지하철 안에서 종종 물건을 구입하곤 한다.

두 번째 1/3은 '부정형' 고객으로 세일즈맨 말이라면 '콩으로 메주를 쑨다'고 해도 안 믿는 사람들을 말한다. 만약 보험 세일즈맨을 만나면 "나 죽으면 그만이지 뭐." 또는 "차라리 은행에 저축하겠다." 등등의 거절로 FP의 사기를 꺾는 사람들이다. 이런 사람들을 만나면 100년 동안 FP를 해 온 사람도 어쩔 수가 없다. 빨리 포기하고 다른 가망 고객들을 찾는 방법 외에는.

세 번째 1/3은 '중도형' 고객으로 세일즈맨에 대해 신뢰가 가고 상품에 대한 필요성을 느끼면 구입하나 반대로 세일즈맨이 미덥지 않고 내용이 마음에 들지 않으면 구입하지 않는 사람들이다. 즉, 세일즈맨이 어떤 사람인가 또는 어떻게 하는가에 따라 구입할 수도 그렇지 않을 수도 있는 고객들을 말한다.

'확률의 법칙'은 FP에게 있어 대단히 중요한 의미를 갖는데 그 이유는 무조건 가망 고객들을 많이 만나다 보면 최소 1/3의 '긍정형' 사람들을 계약할 수 있고, 자신의 태도나 세일즈 스킬 향상 등을 통해 1/3의 '중도형' 사람들을 고객으로 확보할 수 있기 때문이다. 여기서 주목할 점은 '중도형' 사람들이다. 계약확률을 높이려면 '중도형' 사람들을 얼마나 많이 고객으로 확보하는가가 중요한데 그러기 위해서는 세일즈의 '기본과 원칙'을 준수해야 됨은 물론 FP로서의 각종 자질들을 함양해야 되기 때문이다.

필자가 근무하는 지점의 회의실 안에는 'Back to the Basic!'이라는 구호가 걸려 있다. 말 그대로 '기본으로 돌아가자'인데 일이 잘 안 풀릴수록 자기 자신을 되돌아보고 입사할 때의 초기 자세로 돌아가자는 이야기이다. 일반적으로 FP Ship이라던가 판매 프로세스 7단계 같은 '완전판매'의 기본 조건들은 신입 FP 교육과정에서 가장 원칙적으로 배우기 마련인데, FP 생활을 몇 개월 하다보면 많이 흐트러지게 된다. 그럴 때 'Back to the Basic!'을 통해서 자신을 진단해 보고 문제점을 파악해서 초심의 마음으로 돌아간다면 보다 효율적이고 충실한 영업활동을 할 수 있을 것이다.

'확률의 법칙'은 FP가 하루에 3명을 만났다고 해서 그 중 한 명을 계약한다는 뜻은 아니다. 모두 '부정형'의 사람들을 만났다면 당연히 계약하기 힘들기 때문이다. '확률의 법칙'은 6개월 또는 1년쯤 지난 시점에서 그 동안 자신이 만났던 가망 고객들의 숫자와 계약한 숫자를 계산해 보아야 어느 정도 이해할 수 있다. 참고적으로 필자의 경우는 계약확률이 50%를 조금 넘는다. 가망 고객 두 명을 만나면 그중 한 명을 계약했다는 뜻인데 필자가 아는 FP 중에는 60%를 넘는 사람도 있다. 따라서 '확률의 법칙'은 열심히 활동하면 반드시 결과가 나온다는 것으로 요약할 수 있다.

아울러 여기서 짚고 넘어가야 할 부분이 있다. 바로 '기록관리'의 중요성인데 프랭크 베트거는 매일 매일의 활동을 꼼꼼히 기록하여 전화 1통화당 경제적 가치, AP와 PC면담 1회당의 경제적 가치까지 계산해 냈다고 한다. 그러한 Performance Review를 통하여 자신의 활동량과 그에 따른 경제적 가치를 분석해 보고 더욱 열심히 영업을 전개할 수 있었다는 것이다. 예를 들면 이런 것이다. '내가 지금 가망 고객에게 거는 전화 1통화당 내 수입은 5천 원이다. 그렇다면 하루에 10통화를 걸게 아니라 20통화 30통화를 걸자. 그러면 내 수입은 5만 원에서 10만 원, 15만 원으로 올라갈 것이다.'

또한 Performance Review는 자신의 강점과 약점을 분석할 수 있도록 도와준다. 직업, 성별, 연령, 수입 등의 항목별로 계약확률이 높은 가망 고객군과 그렇지 않은 군들을 파악해서 좀 더 확률이 높은 가망 고객군을 자신의 타겟고객으로 선정하여 집중적으로 영업활동을 전개할 수도 있다.

4) 3W

ING나 프루덴셜 같은 보험회사에는 모두 다음과 같은 구호가 걸려 있다. '3W = Success!' 외국계 보험회사들의 문화는 보험 선진국인 유럽과 미국에서 건너 왔다고 해도 과언이 아닌데, 그렇다면 FP로서 성공하기 위한 방법 중에 전 세계에서 공인받고 있는 방법이 바로 3W일 것이다.

3W란 1주일에 3건의 보험계약을 체결하는 것을 말하는데, '3W를 쉬지 않고 하다 보면 반드시 성공한다.'는 것이 바로 '3W=Success!'의 의미이다. 필자의 경우는 입사해서부터 1년 동안, 정확하게 말하면 54주 동안 3W를 진행했는데 교통사고를 당해 활동이 끊어진 일이 없었다면 아마 더 오랜 기간 동안 진행할 수 있었을 것이다. FP활동을 하며 가장 크게 스트레스를 받은 것이 3W를 진행하는 것이었는데 보험계약이라는 것이 FP의 생각대로 되지 않고 뒤로 밀리는 경우가 허다하기 때문에 한 주 한 주 진행하기가 무척 힘이 들었다.

꾸준한 활동력과 치밀한 예측력, 게다가 높은 계약확률까지 필요로 하기 때문에 3W는 MDRT 회원자격이나 억대 연봉보다도 높은 가치를 지닌다고 생각한다. 단기적이 아니라 장기적으로 FP의 비전을 달성할 수 있는 가장 좋은 방법, 그것은 바로 3W를 진행하는 것이다.

5) 소개 확보

FP의 입장에서 고객은 X, Y, Z 시장으로 구분할 수 있는데, X시장은 지인을 말하는 것이고 Y시장은 X의 소개에 의한 시장, Z시장은 Y의 소개에 의한 시장을 말한다. FP를 시작하면 대부분 처음엔 X시장에서부터 출발할 수밖에 없다. 이 X시장은 FP가 매일 영업활동을 전개하므로 점차 줄어들 수밖에 없는데 대부분의 신입 FP들의 경우 길어야 6개월 정도면 소진된다고 한다. 그러다 보면 슬럼프라는 것이 오게 되고 슬럼프가 오지 않는다 하더라도 자신의 가망 고객 수가 줄어듦에 따라 심리적으로 위축될 수밖에 없다. 따라서 지속적인 FP 생활을 영위하기 위해서는 절대적으로 필요한 것이 가망 고객의 수를 늘리는 것인데 가장 효율적인 방법은 또 다른 가망 고객을 소개받는 것이다.

어느 보험회사에서 소개를 해주지 않은 고객들에게 '왜 소개를 해주지 않았는지'에 대해 설문조사를 했다고 한다. 고객들이 대답한 내용 중 1위는 무엇이었을까? 무려 60%의 고객들이 'FP가 소개요청을 하지 않아서'라고 답했다고 한다. 물론 소개에도 1/3 '확률의 법칙'은 적용된다. 하지만 소개는 계약과는 달리 한 번 해서 끝나는 것이 아니라 FP가 해 달라는 대로 해주는 경우가 많다. 실탄이 많아야 전쟁에 적극적으로 임하듯이 가망 고객의 수가 늘어날수록 안정적인 FP활동을 전개해 나갈 수 있는 것이다.

가망 고객의 수를 늘리는 가장 좋은 방법은 무엇일까?

간단하다. 만나는 고객들마다 소개를 받아 내는 것이다.

6) 공감적 경청

필자는 외향적인 스타일이어서 천성적으로 '듣기'보다는 '말하기'에 더 비중을 두어 왔다. 그러다 보니 가망 고객들과 만나서 그 사람의 말을 듣기보다는 내 이야기를 정신없이 쏟아붓곤 했는데 시간이 지날수록 뭔가 잘못 하고 있다는 느낌이 들었다. 곰곰이 돌이켜 생각해 보니 결정적인 순간에 가망 고객의 진실한 니즈를 파악하지 못했던 것이었다. 패착은 '듣기'의 부족에 있었다. 그 가망 고객의 입장에 서서 모든 부분들을 생각했어야 하는데 '말하기'에 치중하다 보니 내 이야기만 하고 있었던 것이다.

FP를 한 10년 이상 하다보면 '보신(保神)'의 경지에 이른다고 한다. '보신'쯤 되면 굳이 죽음이라던가 보험의 필요성에 대해 언급할 필요 없이 진실로 고객의 입장에 서서 대화를 들어 주다 보면 자연스럽게 그 사람의 인생에 대해 파악하게 되고 고객이 먼저 보험에 대한 니즈를 느껴 보험계약을 체결한다는 것이다. 아직 '보신'의 경지에 이르려면 한참 멀었지만 FP로서 경험이 늘어갈수록 '잘 듣는 방법'에 대해 많이 고민하게 됐고 지금도 계속 '듣는' 훈련을 하고 있다.

'듣기'에도 여러 가지 단계가 있는데 가장 매너 없이 듣는 방법이 바로 '침묵'이며, 그 다음이 눈을 맞춘다거나 혹은 끄덕거림, 다음 단계가 "음", "예" 같은 맞장구, 다음 단계가 "그래서요", "좀 더 얘기해 주세요" 같은 단어 사용, 다음 단계가 "바꿔 말하면"과 같은 요약 멘트 사용, 가장 높은 단계가 바로 상대방과 같은 느낌을 공유하며 새로운 질문을 던지는 공감적 혹은 적극적 경청의 단계이다.

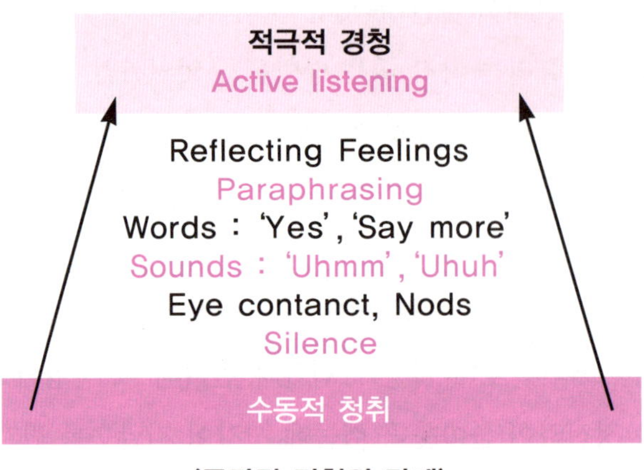

〈공감적 경청의 단계〉

공감적 경청의 방법은 의외로 단순하다. 먼저 가망 고객이 말하는 내용을 잘 들은 다음 요약해서 정리를 해 주고 다시 질문을 한다. '경청 → 요약 → 질문'의 순서를 계속 반복하면 가망 고객은 FP와 대화하는 재미에 빠져 시간 가는 줄 모를 것이다.

7) 질문의 예술

'공감적 경청' 못지 않게 중요한 것이 바로 효율적인 '질문'을 던지는 것이다. 예를 들어 난생 처음 보는 FP가 와서는 마치 호구조사 하듯이 "직무는 무엇입니까", "고향은 어디입니까", "가족은 어떻게 됩니까" 등등의 질문을 던지면 당하는 사람 입장에서는 무척 불쾌할 것이다. 아마 보험가입에 대한 니즈가 있다 하더라도 '차라리 다른 사람에게 하고 말지' 하며 불쑥 일어날지도 모른다. 따라서 질문은 무척 신중하게 던져야 한다. 만나게 될 가망 고객에 대한 개략적인 정보를 알고 있다면 어떤 종류의 질문을 어떤 순서로 할지를 미리 고민하고 방문하는 것이 가장 좋은 방법이다.

단편적인 질문은 고객이 단답형으로 대답할 수 있는 질문들이다. 앞에 언급한 질문들이 대표적인 예다. 이에 반해 효율적인 질문은 고객이 생각해 가며 대답해야 한다. "어떻게 이 일을 시작하게 되셨습니까?"라는 질문에는 최소 1분 이상의 답변이 필요할 것이다. 필자가 과거에 만난 사람들 중 무척 질문을 잘 하는 사람이 가끔 있었는데 그런 사람과 이야기하다 보면 거의 70~80%를 내가 말하게 되고 마는 것이었다. 한참을 이야기하다 보면 '내가 너무 말을 많이 했구나' 하는 생각과 함께 왠지 모를 미안한 마음이 들면서 오히려 그 사람의 이야기를 더 들어 주려고 노력했던 기억이 난다. 바로 이런 부분들이 효율적인 질문을 통해 얻을 수 있는 효과이다.

일반적으로 가망 고객을 처음 만났을 때는 '어떻게'라는 식의 질문을 던지는 것이 좋다. "직장 생활에서의 앞으로의 목표가 어떻게 되십니까?", "자녀는 어떻게 교육시키겠다는 계획이 있으십니까?"라는 식의 질문이면 무난하고, 거기에 덧붙이면 "왜"라는 단어도 상당한 효과가 있다. "왜 보험에 대해 관심이 없으신지 이유를 물어봐도 되겠습니까?", "왜 그렇게 생각하시는지요?" 등의 질문은 상대방의 생각에 대해 보다 세밀하게 접근할 수 있는 질문기법이다.

8) 'Yes'와 'Yes'의 화법

'Yes'와 'Yes'의 화법은 세일즈맨이라면 꼭 습득해야 되는 기술이다. 우리가 보통 살아가면서 나누는 대화는 "Yes" 혹은 "No"의 화법이다. "식사 했느냐"는 질문에 "했다" 또는 "안 했다"라는 식으로 대답하는 것인데, 이러한 "Yes" 혹은 "No"의 화법은 평상시에는 아무런 문제없이 활용할 수 있지만 세일즈맨의 입장에서는 곤란해지는 경우가 종종 있다.

예를 들어 가망 고객과 전화로 면담약속을 하면서 "내일 오후 2시 경이 어떠십니까?"라고 했을 경우 만약 가망 고객이 그 시간에 바쁘다면 "내일 오후는 무척 바쁜데요."라고 할 것이다. 그래서 다시 FP가 "그렇다면 모레 오후는 어떠십니까?"라고 다시 물었는데 그 때도 바쁘다면 약속을 잡기가 무척 힘들 것이고, 더더욱 리스크한 것은 가망 고객에게 거절할 시간을 자꾸 만들어 주게 되어 "이번 주는 바쁘니까요, 다음 주 쯤에 다시 한 번 전화주세요."라는 식으로 도망가 버릴 우려가 있는 것이다.

그래서 가망 고객에게 선택할 수 있는 기회를 주는 질문을 할 경우엔 반드시 'Yes'와 'Yes'의 화법을 사용해야 한다. 즉, 면담약속을 할 경우엔 "내일 오후 2시와 모레 오후 2시경 언제가 더 편하시겠습니까?", "내일 오후와 모레 오전 중 언제가 더 편하십니까?" 라는 식의 질문을 던지는 것이다. 이런 질문을 받으면 대부분의 가망 고객들은 '만날까 말까' 가 아니라 무의식적으로 '만나는데 언제 만날까' 라고 생각하게 된다.

이런 'Yes'와 'Yes'의 화법은 여러 가지 상황에 응용할 수 있는데 가장 대표적인 것은 Closing시 2가지 해결안을 준비하여 "1안과 2안 중에서 어떤 것을 하시겠습니까?"라고 Closing을 하면 가망 고객은 '이 보험을 가입하느냐 안하느냐'에서 '가입하는데 어떤 것으로 할까' 하는 갈등으로 무의식적으로 옮겨가게 되는 것이다.

9) Sit-Plan

과거의 보험설계사들과 현재 FP들의 세일즈 형태를 극명하게 비교해 주는 부분이 바로 Sit-Plan이다. 아니 Sit-Plan이 있었기에 남자 전문가들이 등장하게 됐는지도 모른다. 과거의 주된 보험영업은 설계사들이 사탕이라던가 작은 선물들을 한 꾸러미씩 들고 다니면서 무작위로 방문하는 개척 형태의 영업이었다. 사전에 아무런 예고 없이 방문하다 보니 어색함을 완화시키기 위해 선물공세를 펼칠 수밖에 없었고 가망 고객의 입장에서는 실로 부담스러울 수밖에 없었던 것이다. 그러다 보니 활동량에 비해 생산성은 현저하게 낮을 수밖에 없었고, 이런 이유로 인해 설계사 정착율 또한 낮아지게 되는 가장 큰 원인으로 작용했던 것이다.

보험세일즈의 핵심은 '판매 프로세스 7단계'라고 할 수 있는데 과거의 영업형태와 가장 큰 차이점은 가망 고객에게 미리 전화를 걸어 방문목적을 밝히고, 방문일정을 잡는 'Sit-Plan' 과정이 있다는 것이다. Sit-Plan은 말 그대로 모든 활동을 사전에 전화를 통해 약속을 잡아 진행하는 것인데 '확률의 법칙'에 나오는 1/3의 '부정형' 고객들은 대부분 전화접근에서 이미 걸러지기 때문에 보다 효율적인 영업을 진행할 수 있고, 아울러 가망 고객의 거절에서 오는 스트레스를 상당부분 줄일 수 있기 때문에 많은 FP들이 성공적인 영업을 진행할 수 있었던 가장 큰 바탕이 됐다고 생각한다.

필자가 근무하는 지점은 매주 화요일과 금요일 오전에 집중 Sit-Plan 시간을 운영하고 있다. 소개 받은 가망 고객에 대한 Sit-Plan은 사실 심리적으로 부담이 되기 때문에 동시에 전화약속을 진행함으로써 고조된 분위기 속에서 Sit-Plan의 효율을 높이자는 취지이다.

물론 현실에서의 Sit-Plan은 매일 진행된다. 확률적으로 가장 약속이 잘 잡히는 날은 내일 모레, 즉 이틀 뒤이기 때문에 매일매일 Sit-Plan을 해야 효율적인 활동을 진행할 수 있다. Sit-Plan에도 골든 룰(Golden Rule)이 있는데 효율적인 시간대를 활용해야 하고 상황별로 약속을 잡는 화법들을 적절히 구사해야 한다는 것이다. 골든 룰에 대한 구체적 내용과 그 외에 '활동메모지'를 활용하는 기법은 판매 프로세스 7단계에서 상세히 언급할 예정이다.

10) 표준활동

　FP활동의 핵심은 간단하다. '밖으로 나가서 가망 고객을 만나 자신의 생각을 솔직히 전달하는 것' 이 그것인데 사실 간단해 보이지만 1년 365일 내내 꾸준히 이러한 활동을 한다는 것은 생각 외로 무척 힘든 일이다. 어떤 날은 몸이 안 좋아서 쉴 때도 있고 어떤 날은 가망 고객에게 스트레스를 받아서, 또 어떤 날은 그냥 일하기 싫어서 등등. 이 밖에도 활동의 리듬이 깨질 위험은 수시로 발생한다. 그렇기 때문에 3W를 진행하는 것이 그만큼 힘들고 매주 실적을 기록하는 것조차 많은 FP들에겐 버거운 일이다.

　영업이라는 속성상 경기곡선처럼 누구나 리듬을 타게 된다. 어떤 달은 잘 되고 또 어떤 달은 힘들고… 그래서 꾸준한 영업실적을 달성하는 것이 모든 FP들의 목표라고 해도 과언이 아닌데 이러한 목표를 달성하기 위해 가장 전제되는 조건이 바로 표준 활동이다.

　표준 활동은 크게 두 가지로 나누어 볼 수 있다. 첫째는 자신의 스타일과 활동량을 감안하여 하루의 일과를 작성해서 실천하는것이다. 예를 들어 오전에는 고객에게 안부전화를 하고 가망 고객과의 Sit-Plan을 하며, 점심때부터는 최소 3명 이상의 고객 및 가망 고객과의 면담을 하고, 저녁에 돌아와서는 일과 정리 및 PC자료를 준비한다. 가망 고객 Pool이 많고 활동량이 많은 사람과 그렇지 못한 사람과는 차이가 있겠지만 중요한 것은 FP로서 스스로 판단해 보았을 때 최소한 이 정도의 일은 해야 한다는 것을 정립해서 실천해 나가는 것이다. 그래야만 약속이 어긋난다든지 또는 가망 고객에게 거절을 받았을 때의 스트레스와 상관없이 꾸준히 활동해 나갈 수 있다.

　두 번째는 일주일을 나누어 월요일부터 수요일까지는 PC위주의 활동을 진행하고 목요일부터 금요일까지는 AP위주의 활동을 진행하는 것이다. 이런 활동패턴을 지키는 것은 무척 중요한데, 영업이라는 것 자체가 심리적인 요인이 많이 좌우되는 것인 만큼 주 초반인 월요일부터 수요일까지 PC위주의 활동을 해서 계약을 체결하면 자신감이 붙어 더욱 열심히 활동할 수 있다. 또한 목요일부터 금요일까지 주 후반부에 AP위주의 활동을 하면 자연스럽게 다음주 초반에 PC약속을 잡을 수 있으므로 표준 활동을 꾸준히 이어 나갈 수 있다. 수요일까지 열심히 일을 했는데도 불구하고 한 건의 계약도 성사시키지 못하면 '이번 주도 그냥 지나가는구나' 라는 위기의식과 함께 심리적으로 위축되어 자신감을 상실할 가능성이 높다. 그런 식으로 몇 주가 진행되면 점점 정신자세가 해이해지면서 슬럼프에 빠지게 될 수도 있다. 따라서 주 초반엔 PC위주의 활동을, 주 후반엔 AP위주의 활동을 진행하는 것이 FP 생활을 안정적으로 해 나갈 수 있는 표준 활동이 된다.

이외에도 중요한 부분들이 많이 있지만 필자가 생각하는 FP로서 꼭 유념해야 할 10가지 항목에 대해 기술해 보았으며, 좀 더 자세한 사항들과 10개 항목 이외의 다른 부분들은 판매 프로세스 7단계에서 상세히 조명해 보고자 한다.

FP Ship이란?

FP Ship이란?

　　FP로 입사해서 X시장(지인고객)의 가망 고객을 만나다 보면 종종 듣는 말이 있다. "하필 너는 왜 보험회사에 갔냐?" 아는 사람이 보험회사에 가다 보니 보험가입에 대한 부담을 느껴서 하는 말인데 이런 말을 듣다 보면 의욕이 떨어지고 자신감도 상실되기 십상이다.

　　일반적으로 보험세일즈는 Push Marketing에 속한다고 한다. 왜냐하면 보험 상품의 속성상 기쁘고 좋은 이미지 보다는 아프거나 다치거나 심지어 사망하는 경우를 전제로 하기 때문에 가망 고객을 우울하고 슬프게 만들기 때문이다. 그래서 이러한 속성을 가진 보험 상품을 세일즈하기 위해서는 각종 설득기법을 다 동원해야 하고 때로는 고객에게 겁을 주기도 해야 하기 때문에 보험세일즈를 Push Marketing에 속한다고 하는 것이다. 그래서 많은 수의 FP들이 보험세일즈에 도전했다가 Push Marketing의 벽을 넘지 못하고 중도 탈락하게 된다.

　　그렇다면 수많은 성공적인 FP들은 어떻게 이런 한계를 극복했을까? 각각의

FP별로 여러 가지 방법들이 있었겠지만 공통적으로 갖고 있는 부분이 바로 'FP Ship'이라는 철학이다. 직업군인은 나라를 지킨다는 숭고한 애국심을 가지고 있고, 교사들은 이 나라의 꿈나무를 길러낸다는 직업적 자긍심이 있으며, 의사들은 히포크라테스 선서와 같이 아픈 사람을 다시 살려낸다는 사명감을 가지고 있기 때문에 존경을 받을 수 있는 것처럼 FP에게도 FP만의 직업에 대한 철학이 있는 것이다. 이러한 철학을 FP Ship이라고 표현하는데 FP Ship 이 강하면 강할수록 그만큼 성공에 가까이 다가갈 수 있다.

그렇다면 FP Ship은 과연 무엇일까? '가족사랑의 실천', '고객에 대한 봉사', '나눔과 베풂의 철학' 등이 지금까지 출간된 각종 보험세일즈 관련 책에서 FP Ship에 대해 집중적으로 다루고 있을 만큼 중요한 철학이다. FP로서 일을 하기 위해서는 반드시 머릿속에 FP Ship을 사상적으로 무장해야 한다.

FP Ship은 각각의 FP별로 조금씩 틀릴 수는 있겠지만 공통적으로 가지고 있는 생각은 바로 '고객 Focus'이다. 링컨 대통령이 그 유명한 게티스버그 연설에서 '국민의, 국민에 의한, 국민을 위한 정치'라고 했던 것처럼 FP들도 직업상의 모든 초점을 '고객'에게 맞추어야 한다. 필자의 경우 FP 시절에 약 600여 건의 계약을 체결했는데 나름대로 꾸준하게 활동해 올 수 있었던 원동력은 각각의 고객들을 상대하면서 FP Ship에 입각해서 상담을 진행했고, 그러한 상담에 만족한 고객들이 지속적으로 다른 가망고객들을 소개시켜줌으로써 이른바 '영업의 선순환'이 가능했기 때문이라고 생각한다.

세일즈 경험을 토대로 필자가 정립한 FP Ship은 '지금 내가 하고 있는 이 일을 통해서 고객에게 진정한 만족감을 줄 수 있다.'는 것으로 요약할 수 있다. 일반적으로 보험세일즈는 Push Marketing의 성격을 갖고 있기 때문에 그러한 한계를 극복하고 내 고객으로 만들기 위해서는 상담과정에서 가망 고객에게 반드시 신뢰를 주어야만 하고, 그런 신뢰를 통해 가망 고객은 그 동안 막연히 느껴 왔던 불안감을 해소하고 편안함을 느낌으로써 계약이 체결될 수 있는 것이다.

이러한 FP Ship의 요체는

첫째, 정직함이다.

어떤 FP라도 자신이 일하고 있는 회사가 대한민국에서 가장 좋은 회사이고 제안하는 상품도 우리나라에서 가장 좋은 보험 상품이라고 말할 것이다. 필자가 처음 FP일을 시작했을 때 이런 얘기들을 많이 하고 다녔는데 시간이 흘러가면서 가망 고객들이 그러한 이야기를 별로 좋아하지 않는다는 사실을 깨달았다. 입장을 바꿔놓고 생각해봐도 세일즈맨이 그저 자기 회사랑 자기가 취급하는 상품이 최고인 양 계속 떠들어대면 오히려 신뢰감이 떨어질 것이다.

솔직히 말해서 만약 한 보험회사의 상품이 대한민국에서 가장 보장내용이 좋고 보험료도 저렴하다면 가망 고객들이 미쳤다고 다른 보험회사에 가입하겠는가? 즉, '보험계리' 라는 부분은 비슷하기 때문에 각 보험사별로 장점도 있고 단점도 있기 마련이다. 그런데도 마냥 자기 회사의 상품이 최고라고 박박 우기는 것은 특히 요즘처럼 정보의 홍수 시대에 살고 있는 가망 고객들에게는 오히려 마이너스 요인으로 작용할 수도 있다. 따라서 무조건 최고라고 밀어붙이기보다는 내가 취급하고 있는 상품이 어떤 면에서 고객에게 도움이 되고 다른 회사랑 비교했을 때 어떤 점에서 장·단점이 있는지 솔직하게 설명하는 것이 가망 고객의 신뢰를 얻는 가장 좋은 방법이라고 할 수 있다.

아울러 민감한 부분 즉, 보장내용이라던가 납입기간, 보험료 등의 부분들에 대해서는 상담단계에서부터 정확하고 솔직하게 설명해야 나중에 고객에게 원성을 사는 일이 없게 되므로 FP의 모든 활동과 상담은 기본적으로 정직함에서 출발해야 한다.

둘째, 고객의 입장에서 보험상품을 설계하고 전달해야 한다.

월급이 200만원 가량 되는 가망 고객에게 종신보험을 어떤 내용으로 얼마의 보험료로 제안해야 할까? 요즘 세상에서 자녀가 있는 가장이 200만 원으로 가정을 꾸려 가기가 쉽지 않은데 그런 사람에게 주계약 1억짜리 종신보험(보험료 20만 원)을 권하는 것이 과연 바람직한 컨설팅이냐는 뜻이다. 그럴 바에야 정기특약과 가족수입을 활용하여 2억 5천만 원의 일반사망보험금(보험료 14만 원)을 보장받을 수 있는 집중보장형 종신보험을 권하는 것이 더 낫다는 이야기이다.

대부분의 보험회사들은 주계약 보험에 대해 더 높은 커미션을 지급해주기 때문에 종신보험 기 가입고객의 증권을 분석해 보면 주계약 5천5백만 원 또는 6천5백만 원 등의 납득하기 어려운 보장을 갖고 있는 경우가 종종 있었다. 이런 계약들은 다른 보험회사의 FP들에 의해 계약이 깨질 수도 있기 때문에 어느 회사의 어떤 FP가 보더라도 제대로 설계했다는 평가를 받을 수 있도록 철저하게 고객의 입장에서 상품설계를 진행해야 가망 고객이 지속적인 만족감을 느낄 수 있다.

셋째, 고객을 기다려 줄 줄 아는 여유가 있어야 한다.

FP들에게 있어 계약체결은 자신의 수입과 직결되기 때문에 각종 트레이닝을 통하여 고객에게 강한 클로징을 하는 방법들을 배우게 된다. 그래서 전통적 세일즈 기법에서는 클로징이 가장 강력한 무기로 소개되어 왔고 현재도 대부분의 FP들은 보다 강한 거절처리 기법과 클로징 기법들을 배우기 위해 애를 쓰고 있다.

하지만 지금까지의 계약 사례를 분석해 보자. 아마 가망 고객들과 계속적인 입씨름을 통해 계약한 케이스보다는 별다른 구매 저항없이 순조롭게 계약한 경우가 훨씬 많을 것이다. 즉, 클로징을 지나치게 강하게 하면 오히려 계약 확률이 떨어질 가능성이 있다는 뜻인데, 필자의 경우를 보더라도 구매저항을 어렵게 극복해 가며 계약에 성공한 경우는 그리 많지 않다.

그렇다면 클로징을 약하게 하면 어떨까? 클로징을 너무 약하게 해도 FP가 자신없는 이미지로 비춰질 가능성이 있기 때문에 마찬가지로 그리 좋은 방법은 아니다. 즉, 가장 좋은 방법은 고객의 반응을 보아가며 적절히 클로징을 구사하고 고객이 당장 계약하지 않는다 하더라도 조급해 하지 말고 고객을 기다려 줄 줄 아는 여유를 가져야 계약의 성공확률을 높일 수가 있다.

명심하자. 지나친 구매독촉은 설사 계약을 할 수는 있어도 그 고객으로부터 소개는 받아 낼 수 없다는 사실을….

넷째, 보험상품이 아니라 컨셉을 팔아야 한다.

흔히들 세일즈는 상품을 파는 것이 아니라 세일즈맨 자신을 파는 것이라고 한다. 보험세일즈에도 이 말은 어김없이 적용되는데 많은 수의 FP들, 특히 초보 FP들은 가망 고객에게 자신이 취급하고 있는 보험상품의 특성과 장점에 대해서 설명하느라 상담시간의 대부분을 허비하고는 한다.

이를 비유해보면 나는 보리쌀을 안 먹는데 보리쌀 세일즈맨이 와서 자기 회사의 보리쌀이 어떤 장점과 특성이 있는지 신나게 설명하는 경우와 같다. 거기에 다음 달부터 보리쌀 값이 10% 인상되기 때문에 지금 구매하라고 클로징을 하면 보리쌀을 먹지 않는 가망 고객은 어떻게 할까?

보나마나 계약체결은 물 건너 갈 것이다. 즉, FP는 가망 고객에게 보험상품이 아니라 그 상품이 갖고 있는 컨셉을 팔아야만 효율적인 세일즈를 전개할 수 있는 것이다. 이를테면 종신보험이 아니라 종신보험을 통해 얻을 수 있는 안정감, 만족감 등을 팔아야 구매 저항없이 계약확률을 높일 수 있다. 이렇게 컨셉을 파는 것이 곧 FP 자신을 파는 것이고, 계약 후 일정시간이 흘러서 고객이 보험 가입 내용은 잊어버려도 자신이 구입한 상품에 대한 컨셉은 계속 기억할 수 있게 되는 것이다. 보험상품별 컨셉에 대해서는 나중에 자세히 살펴보도록 하자.

사람마다 얼굴 생김새가 틀리고 팔자가 다 틀리지만 언젠가 한 번은 하늘나라로 가게 되는 것은 누구도 예외가 없다. 거기에 확률적으로 5명 중 1명은 60세 이전에 사망하기 때문에 성별, 연령, 직업 등을 불문하고 누구에게나 종신보험이 필요하다고 할 수 있다.

최근 들어 충실한 삶을 위해 일부러 돈을 주고 관에 들어가는 체험을 한다든지, 유언장을 작성해 보는 체험을 하는 사람들도 많다고 하는데 종신보험을 계약할 때는 반드시 유언장을 작성해 보도록 하자. 대부분 회사의 청약서 뒷면에 주민등록증을 붙이는 공간이나 소개를 받을 수 있는 공간들이 있는데 바로 이곳에 가족들에 대한 사랑을 전달할 수 있는 유언장을 쓰도록 유도한다. 공간의 제약상 길게 쓸 수는 없지만 짧은 순간 유언장을 쓰면서 가망 고객은 지금 가입하는 종신보험에 대해 무한한 가치를 느끼게 되고 이런 만족감을 통해 계약 유지는 물론 자연스럽게 소개가 나올 수 있는 것이다. 또한 FP Ship이 흔들린다는 느낌이 들 때면 복사해 둔 고객들의 유언장을 읽어 보자. 내 안에 잠자고 있던 FP Ship이 무럭무럭 솟아오르는 것을 느낄 수 있을 것이다.

일반적으로 거래관계를 '갑'과 '을'로 구분하는 경우가 있는데 보험세일즈로 본다면 처음에는 아무래도 FP가 '을'의 입장이 되는 경우가 많다. 가망 고객에게 필요성을 언급하고 설득해야 하기 때문에 언뜻 보기에 한 건의 보험계약을 체결하기 위해 '애원하는' 듯한 이미지가 연출될 수 있는데 FP Ship으로 철저히 무장을 하면 이러한 느낌을 받지 않으면서 당당하게 상담을 진행할 수 있다.

필자의 경험상 일단 내 고객이 되면 그 다음부터는 관계가 역전되기 마련이다. 지금까지 사망보험금을 포함해서 수백 건의 보험금을 지급해 보았는데 한 건 한 건 지급할 때마다 고객들이 어찌나 감사해 하던지…. 보험금 전달을 계기로 추가계약이나 소개를 받은 적도 많이 있다. 이렇듯 고객으로 확보하기만 하면 좋은 관계를 유지할 수 있고 지속적인 추가계약도 얼마든지 가능한 것이다.

결론적으로 FP의 성공은 많은 고객들을 확보함으로써 얻을 수 있는 것인데 많은 고객들을 확보하기 위해서는 해당 FP가 얼마나 투철한 FP Ship을 가지고 있는지가 가장 큰 관건이 된다.

이러한 FP Ship을 함양하는 방법에는 여러 가지가 있다. 가끔씩 영안실에 가서 젊은 미망인과 자녀들을 지켜보는 것도 하나의 방법이고 소년소녀 가장들이나 장애인들, 그리고 독거노인들에게 꾸준한 봉사활동을 하는 것도 좋은 방법이다. 그러기에 'FP Business'의 컨셉은 '나눔과 베풂의 철학'이 되는 것이고 이러한 '나눔과 베풂의 철학'을 통해 FP Ship을 고취함으로써 보다 성공적인 FP가 될 수 있는 것이다.

FP Ship으로 철저하게 무장되어 있으면 종신보험을 세일즈할 때 직접적인 화법을 쓸 수도 있다.

예를 들면 "고객님께 갑자기 리스크가 발생한다면 남은 가족들이 현재의 집에서 계속 살게 하고 싶으십니까? 아니면 전세나 월세집에서 살게 하고 싶으십니까?", "그렇게 됐을 때 자녀들이 적어도 원하는 대학교육까지 마치게 하고 싶으십니까? 아니면 고등학교만 간신히 나와서 직업전선에 뛰어들게 하고 싶으십니까?", "고객님이 안 계시더라도 작은 승용차 정도는 굴리면서 가끔씩 외식도 하고 여가생활을 할 수 있게 하고 싶으십니까? 아니면 콩나물시루 같은 지하철이나 버스만 평생 동안 타고 다니게 하고 싶으십니까?" 등등.

가망 고객에게 FP Ship에 입각한 직접적인 화법을 구사하는 것도 하나의 세일즈 스킬로 활용할 수 있다. 다만 유의할 점은 너무 FP Ship에 불타서 가망 고객의 기분은 아랑곳하지 않고 일방적으로 진행할 경우 오히려 역효과가 날 수 있다는 점이다. 따라서 이러한 직접적 화법은 사전에 충분한 Ice Breaking 과정을 거치고 난 후 활용해야만 효과를 볼 수 있다는 점을 명심하자.

FP Ship은 아무리 강조해도 지나치지 않지만 사실 FP라면 누구나 알고 있고 필요성을 느끼고 있기 때문에 이 정도로만 언급하기로 하고 마지막으로 '사랑하는 아내에게' 라는 유언장을 소개하고자 한다.

사랑하는 아내에게

나는 당신을 수익자로 하는 새로운 생명보험에 가입했소.

나와 당신과 아이들에 대하여 그 동안 여러 가지 생각을 해 왔었소.

우리들의 결혼 생활 중 힘들고 어려운 때도 있었지만 그 보다는 애정과 행복으로 가득 찬 것이었다고 믿고 있소.

그러나 여보, 이 편지를 읽을 때에는 나는 이 세상에 없을 것이오. 내가 이렇게 편지를 써서 생명보험 증권과 함께 보관해 둔 것도 그 때문이라오.

하지만 우리 가정을 지킬 책임은 당신보다는 내게 더 있다는 것을 잘 알고 있었소. 때문에 나는 이 보장 계획에 의하여 다른 방법으로는 해결할 수 없는 만족감과 안심을 얻을 수가 있었소.

당신이 알아주었으면 하는 것은 내게 어떤 일이 일어나더라도 경제적으로는 걱정 없이 살아 주었으면 하는 것이었소. 물론 남편과 아빠가 없는 빈자리야 무엇으로도 채울 수가 없겠지만 당신이 스스로 생계를 꾸려 나가는데 있어서 가장 합리적이고 간편한 방법이라는 것을 FP에게서 컨설팅을 받고 알게 됐소.

내게 경제적인 능력과 건강이 허락한다면 어떻게 해서든지 우리 가족을 책임질 수 있었겠지만 먼저 간 사람이 남은 사람들에게 해 줄 수 있는 것은 경제적인 배려뿐이라는 것을 알게 된 후, 이러한 보장을 받아야 한다고 책임을 느꼈고 힘든 재정상황에서도 이 계획에 참여하게 됐다오.

당신도 알다시피 나의 가장 큰 소망은 우리 부부가 영원토록 행복하게 지내는 것과 우리 아이들이 훌륭하게 성장하는 것이었소. 그래서 지금부터는 힘들더라도 당신이 우리 가정의 가장으로서 잘 이끌어 가기를 바라면서 경제적인 면에서의 운용 방안에 대해 알려 주겠소.

먼저 일시금으로 지급되는 2억 원 중 1억 원은 아이들 교육비로 사용하도록 하고 이것은 일시로 필요한 것이 아니기에 은행에 예치해서 이자와 함께 운용하면 우리 두 아이들 교육은 원하는 만큼 시킬 수 있을 것이오.

그리고 우리 가족을 위해 집안 일만 하던 당신이 직장을 얻기란 쉽지 않을 것이고, 얻는다 하더라도 많은 급여를 받기 힘들 것이기에 평소에 원하던 꽃집이나 가게 등을 경영하면 내가 없는 상황에서도 꿋꿋하게 살아갈 수 있을 것이오.

그리고 보금자리인 우리집에는 1,500만 원의 융자금이 남아 있소. 그것 또한 더 이상 갚을 필요 없이 준비를 해 놓았고 할부 및 미지불 카드 비용 청산용으로 1,000만 원을 별도로 준비해 두었소. 그리고 가장 시급한 생활비로는 매월 100만 원씩 내가 60세가 되는 시점까지 통장으로 입금이 될 것이오. 그 돈을 찾으러 갈 때에는 우리 아이들과 함께 가서 아빠가 매월 하늘나라에서 준다고 이야기를 해 주시오.

아이들이 많이 보고 싶을 것이오…

지금까지 보험금을 정리하면 다음과 같소.

   1. 아이들 교육비 및 결혼자금으로 1억 원

   2. 융자금 상환자금으로 1,500만 원

   3. 창업자금으로 1억 원

   4. 매월 생활비로 내가 60세가 되는 해까지 매월 100만 원

이상의 것이 복잡하게 생각될지도 모르겠지만 ○○생명보험의 훌륭한 계획과 좋은 FP를 만나게 된 것을 감사하게 생각하고, 나머지 보험금 처리문제라든가 여러 행정문제도 나의 FP가 도와 줄 것이오. 보험료를 내기 위해 하고 싶은 일을 못하고 많은 것들을 포기하고 생활했지만 이 글을 읽는 순간 고급 승용차도 대형 냉장고도 또한 어느 저축도 이것을 대신 할 수 없었다는 것을 알게 될 것이오. 살아서나 영혼이 되어서나 내 가족은 내가 지켜야 된다는 것이 나의 작은 소망이었소. 이제는 줄여야 할 때가 온 것 같소.

지금 나는 당신과 처음 만났던 날을 회상하고 싶소.

당신을 처음 본 순간 내 가슴이 얼마나 뛰었는지 당신은 모를 것이오. 마치 한 떨기 채송화 같은 당신의 모습을 나는 언제까지나 잊지 못할 것이오.

부디 하나님 나라에서 다시 만날 때까지 용기를 잃지 말고 살아가기 바라오. 사랑했었소.

당신의 사랑하는 남편이

Risk Management

　　보험에서 다루는 인생의 영역은 크게 두 가지로 나눌 수 있다. 이를 영어로 표현하면 'Die too soon, Live too long.' 즉, 너무 일찍 죽거나 아니면 너무 오래 살게 될 경우를 대비해 미리 준비하자는 취지이다. 일반적으로 남성의 경우 보통 55세나 60세까지 일을 하고 이후부터는 노후생활을 하게 되는데 이 장에서는 보험의 본질, 즉 자신의 예상보다 일찍 사망하면 어떻게 할 것인지에 대해 미리 고민해 보고 준비할 수 있는 보장상품에 대해 다루어 보고자 한다.

　아래 표에서 알 수 있듯이 어느 날 갑자기 가장이 사망하게 되면 일반적으로 그 가정의 수입은 끊어지게 된다. 하지만 수입이 끊어져도 지출이라는 것은 쉽게 줄일 수 있는 것이 아니므로 서서히 줄어들게 되고 배우자가 약간의 수입을 얻는다 하더라도 빨간 색으로 표시되어 있는 부분만큼의 경제적 고통을 피할 수 없게 된다.

〈만일의 경우 자금수지곡선〉

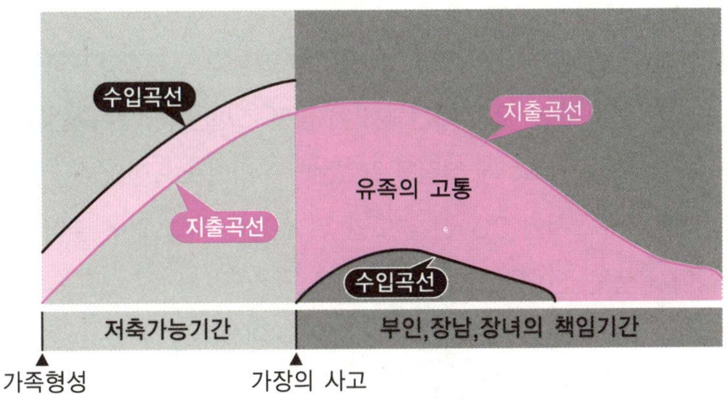

고통에는 정신적 고통과 경제적 고통이 있다. 아무리 큰 일이 생기더라도 사람의 뇌는 6개월 정도만 지나면 둔감해진다고 한다. 하지만 경제적 고통은 살아 있는 마지막 순간까지 끊임없이 괴롭히게 되고 그 고통이 극심해지면 '어린 자녀를 동반한 주부의 투신자살' 같은 기사가 신문의 한쪽 구석을 채우게 되는 것이다.

카드빚 독촉은 빗발치고… 세자녀 동반 투신자살 주부의 삶

[동아일보   2003년 7월 18일자]

'시도 때도 없이 걸려오는 카드 빚 독촉 전화, 딸 병원 치료비가 없어 남에게 아쉬운 소리를 해야 하는 신세, 아이들의 장래를 생각하면 잠을 이룰 수 없는 부모로서의 자괴감……' 17일 오후 자녀 3명과 함께 인천 부평구 청천동 고층 아파트에서 투신해 숨진 주부 손모(34·인천 서구 가정동)씨가 생전에 감내해야만 했던 생활 모습이다.

경찰은 수년간 생활고에 찌든 손씨가 마지막 선택으로 자녀들과 동반 투신한 것으로 보고 있다. 18일 오후 손씨와 자녀 3명의 시신이 안치된 부평구 청천동 세림 병원 영안실에는 손씨의 남편 조모(34)씨와 남동생 등 유족 10여명이 자리를 지키고 있었다.

유족들은 취재기자들에게 "나가 달라. 괴롭히면 경찰을 부르겠다"며 민감한 반응을 보였다. 소식을 듣고 이날 오전 대전에서 온 남편 조씨는 머리를 숙인 채 "어려운 여건 속에서도 집사람이 알뜰하게 살림을 꾸렸는데…"라며 흐느꼈다.

조씨는 다니던 가구회사가 3년 전 부도난 뒤 일정한 직업 없이 일이 있을 때마다 건설 현장에서 품을 팔아온 것으로 알려졌다.

남편이 실직한 직후 막내가 태어나자 손씨는 어린애 3명을 돌보느라 돈벌이도 할 수 없는 처지를 한탄했다. 생활비를 한 푼이라도 벌기 위해 틈이 날 때마다 식당에서 시간제 허드렛일을 했다.

손씨는 은행에서 1000만 원을 빌렸고 남편 명의 카드로 3000만 원을 대출했다. 신용카드 3개로 빚을 돌려 막다 남편과 자신이 모두 신용불량자로 분류돼 빚 독촉에 시달렸다.

손씨의 언니(36)는 "9일 전화로 애가 열이 심해 병원에 가야 하는데 돈을 빌려 달라고 해 5만 원을 부쳐줬다"며 "요즘 왜 전화를 안 받느냐고 물으니 '카드사의 빚 독촉 전화가 자꾸 걸려 와 전화기 코드를 빼놓고 산다'며 신세를 한탄했다"고 말했다.

손씨의 큰딸(8·1학년)이 다니던 인천 서구 K초교는 이날 비통함에 잠겼다.

큰딸은 이날 수영장으로 현장학습을 떠날 예정이었지만 가정 형편 때문에 참가비 3,800원을 내지 못했다.

이 학교 교무부장은 "비가 내려 현장학습을 취소했지만 가정이 그렇게 어려운지 모를 정도로 평소 친구들과 잘 어울리며 밝게 지냈다"고 말했다.

가끔씩 영안실에 가 보면 젊은 미망인이 하염없이 울고 있는 모습을 볼 수 있다. 심리학자들에 따르면 자녀가 아직 어린데 남편을 잃게 되면 처음에는 믿을 수 없다는 불신과 정신적 충격이 오지만, 약간의 시간이 흐르면 남편 없이 아이들을 키우며 거친 세상을 살아가야 한다는 강박감에 남편에 대한 원망의 감정을 느끼게 된다고 한다. 그래서 젊은 미망인의 울음소리는 날이 갈수록 더 커지게 되며 나중에는 극심한 공포감에 휩싸이게 된다고 한다.

그러한 상태에서 남편이 남기고 간 보험금은 액수의 크고 작음에 상관없이 남은 가족들의 비통한 마음을 따뜻하게 어루만져 줄 수 있을 것이다. '돈으로 사랑을 살 수는 없지만 돈에 사랑을 담을 수는 있다.' 는 말처럼…

가끔씩 보면 '나 죽으면 그만이지' 라고 말하는 사람들이 있다. 그 말은 자신의 가치를 스스로 낮추는 말이다. 평소 주변의 가족들과 지인들로부터 얼마나 사랑을 못 받았길래 죽어서도 애도의 마음조차 받을 수 없는 사람인가. 사람은 누군가와 인연을 맺으며 살아가기 마련이고 특히 남편이자 아빠이자 가장의 경우는 한 가정을 책임지고 있는 사람이므로 활동기의 Risk Management는 내집 마련이나 저축보다 훨씬 우선한다고 할 수 있다.

Risk Management는 부동산, 주식, 현금 등 여러 가지 방법이 있는데 절대 다수의 사람들이 보편적으로 선택하는 것이 바로 보험이다. 미국의 보험업계에 보험을 일컫는 말로 'Penny buying dollars, Dollar buying many dollars.' 라는 표현이 있는 것처럼 보험은 여러 사람들이 각자 적은 돈을 내서 구성원 중의 일부가 위기에 처했을 때 큰 도움을 받을 수 있는 구조인 것이다. 일례로 매월 10만 원의 보험료를 내다가 유사시 가족들에게 2억 원을 줄 수 있다면 어떤 부동산이나 금융상품이 보험을 따라올 수 있을 것인가. 특히 종신보험의 경우는 주계약 보험금은 사망의 원인에 상관없이 무조건 보험금을 지급해 주는 상품이어서 속칭 '반드시 당첨되는 복권(?)' 이라고도 한다.

1990년대 중반까지만 해도 우리나라는 사망의 원인과 관계없이 거액의 사망보험금을 받을 수 있는 보험상품은 거의 없었다. 그러다 IMF가 터지게 됐고 훌륭한 자질을 보유한 사람들이 외국계 보험사의 FP로 취업하게 되면서 공격

3

Risk Management

적 영업을 통해 국내에 종신보험의 붐이 일어나게 됐던 것이다. 짧은 기간에 종신보험이 활성화되면서 부작용도 많이 생기게 됐는데, 예를 들면 소득이 낮은 사람이 주계약 위주의 종신보험을 가입하여 실질적인 보장을 받지 못하는 경우도 종종 목격할 수 있었다.

아울러 경기불황이 지속되면서 보험료 납입능력에 문제가 생기게 되는 경우가 발생하게 됐고, 인플레이션도 보험금의 가치를 하락시키는 데 일조함으로써 최근의 Risk Management의 트렌드는 평생 동안 보장받는 종신보험보다 일정 기간 동안 보장받는 정기보험을 선호하는 분위기도 나타나고 있다.

하지만 필자는 건물을 지을 때도 기초가 중요한 것처럼 FP라는 직업에 도전하게 되면 가장 기초가 되는 Risk Management, 그 중에서도 종신보험에 대해 확실한 개념과 의미를 이해할 필요가 있다고 생각한다. 종신보험이라는 상품의 컨셉을 명확하게 이해할 수 있다면 정기보험이라든가 기타 다양한 보장성 상품들을 이해하는 데에는 큰 어려움이 없을 것이다.

1. Concept Sales란?

현대자동차 세일즈맨이 있었는데 어느 날 가족들과 함께 쏘나타를 구입하러 온 대기업에서 차장으로 근무하는 가망 고객을 만나게 됐다. 약 1시간의 상담 후 그 가망 고객은 자동차 구입계약서에 서명을 하게 됐는데 구입차종은 쏘나타가 아니라 그랜저였다. 어떻게 해서 그 세일즈맨은 쏘나타를 사러 온 가망 고객에게 그랜저를 팔 수 있었을까? 해답은 의외로 간단했다. 고객이 목표로 한 차량에 대해 한참 설명을 한 후 세일즈맨이 던진 한 마디. "차장님. 쏘나타도 물론 아주 좋은 차량이지만 차장님처럼 대기업에서 간부로 근무하는 분들이 타기에는 품격이 조금 떨어지지 않을까요? 보통 차장님 정도의 사회적 위치에 계시는 분들은 값이 다소 비싸더라도 그랜저를 많이 선호하시거든요. 어떠십니까? 가족 분들의 눈높이를 생각해서라도 그랜저를 한 번 검토해 보시지 않겠습니까?"

사실 그 가망 고객은 차를 사러 오기 전에 쏘나타와 그랜저를 놓고 한참 고민을 많이 했을 것이다. 그러다 가격문제로 쏘나타로 결정하고 방문을 했는데 세일즈맨이 고객의 아픈 부분을 정곡으로 찌른 것이다. 대기업의 차장이라는 사회적 위치 정도 되면 그랜저를 타야 한다고 말이다. 세일즈맨이 던진 한 마디에 가망 고객은 마음이 흔들리게 됐고 이왕 사는 차, 제대로 된 차를 사자라는 생각이 들면서 그랜저를 계약하게 됐던 것이다. 그 세일즈맨이 보다 많은 커미션을 받게 됐음은 물론이다.

그렇다면 이 세일즈맨은 그랜저라는 차를 팔았을까? 아니면 그랜저라는 차가 갖고 있는 이미지를 팔았을까? 그 세일즈맨이 그랜저를 팔고 싶은 욕심에 처음부터 가망 고객에게 그랜저를 보여 주면서 그 차가 갖고 있는 각종 성능과 편의장치들을 열심히 설명했다면 어떻게 됐을까? 아마도 그 가망 고객은 세일즈맨의 의중을 간파하고 부담을 느낀 나머지 다른 지점에 가서 계약하는 일도 벌어질 수 있었을 것이다. 하지만 그 세일즈맨은 고객의 욕구에 맞추어 일단 쏘나타에 대해 정성을 다해 설명을 했고 고객의 반응을 보아가며 '사회적 위치'라는 그랜저의 컨셉을 질문을 통해 던짐으로써 그 자리에서 계약하는 성과를 올릴 수 있었던 것이다.

보험은 무형의 상품이다. 자동차처럼 눈으로 볼 수도 없고 만져 볼 수도 없는 상품이기 때문에 보험세일즈를 '지구상에서 가장 어려운 세일즈'라고도 표현한다. 이렇게 어려운 상품을 취급하면서도 수많은 FP들이 억대 이상의 연봉을 받을 수 있는 비결이 무엇일까?

업적이 탁월한 FP일수록 자신이 취급하고 있는 보험상품의 특성과 장점을 고객들에게 일방적으로 설명하는 것이 아니라 그 상품이 갖고 있는 컨셉을 고객들에게 전달함으로써 계약을 이끌어 낼 수 있는 것이다.

종신보험은 평생 한 번은 사망보험금을 지급하는 주계약과 기간을 정해 보장하는 정기특약과 같은 사망특약, 그리고 암을 비롯한 질병의료비 등의 의료비특약으로 구성되어 있다. 예를 들어 주계약 4천만 원에 20년 만기 정기특약 6천만 원, 55세 만기 가족수입특약 1억 원, 재해사망특약 1억 원, 재해상해특약 1억 원, 암을 비롯한 의료비특약 등의 패키지 형태로 구성되어 있는 종신보험의 경우 특약과 보장내용 설명에만 많은 시간이 소요된다. 상품설명 위주로만 진행할 경우 가망 고객은 각종 특약들의 명칭에 머리가 혼란해지면서 가입에 대한 결정을 내리기 어려워 질 수도 있다. 아울러 20년 만기 정기특약이 왜 필요한지, 주계약과는 어떤 차이점이 있는지 등등의 궁금증이 증폭되어 이러한 궁금증이 설계내용에 대한 불신으로 이어질 위험성도 있는 것이다.

따라서 종신보험과 같이 보험상품의 구성내용이 복잡할수록 상품에 대한 설명보다는 이 보험을 가입하게 되면 어떤 도움이 되는지에 대해 초점을 맞추어 상담을 진행할 필요가 있다. 이를테면 앞으로 살아가면서 의료비 때문에 집을 팔아야 하는 경우는 생기지 않을 수 있다든지, 가장이 경제적 능력을 상실하는 경우가 혹시 생긴다 하더라도 남은 가족들이 길거리로 나앉지 않아도 된다는 등의 컨셉을 가망 고객에게 전달하면 보장내용이 다소 복잡하다 하더라도 가망 고객은 이 보험상품에 대해 훨씬 더 많이 이해하게 되는 것이다.

결론적으로 모든 보험상품은 그 나름대로 컨셉이 있다. 상품별로 숨겨져 있는 컨셉을 찾아내고 개발하는 것은 해당 FP의 몫이다. 예를 들면 한 회사에 1만 명의 FP가 있다면 종신보험이라는 상품의 컨셉 또한 1만개가 존재할 수 있다는 뜻이다. 즉, 고객과의 접점에 있는 FP가 다양한 경험을 통해서 자신만의 컨셉을 만들었을 때 그 FP의 성공확률은 비약적으로 높아지게 되는 것이다.

2. 종신보험의 컨셉

■ 종신보험의 3차원 컨셉

프랭크 베트거의 '실패에서 성공으로' 라는 책에 다음과 같은 일화가 있다. 1960년대 미국에서 있었던 일인데 그 시절에는 모든 세일즈가 가가호호 방문을 통해 이루어지는 이른바 'Frontdoor Sales' 였다. 가전업계의 경쟁이 치열한 상태에서 어느 회사에서 신제품 냉장고를 만들어 세일즈를 했는데 냉장고라는 상품의 가격이 비쌌기 때문에 평범한 세일즈맨의 경우 1주일에 한 대 팔기가 어려웠다고 한다. 그런데 어느 세일즈맨은 남들보다 그렇게 뛰어난 점도 없었는데 1주일에 3~4대를 계약하는 것이었다. 그래서 영업소 회의에서 다른 세일즈맨들이 그 사람의 영업에 대한 비결을 물어보게 됐는데, 그 사람이 마지못해 머리를 긁적거리며 성냥을 꺼내어 불을 붙이면서 이것이 자기의 비결이라고 말하는 것이었다.

주변에 모인 사람들이 '도대체 그게 무슨 뜻이냐' 라고 재차 묻자 그 세일즈맨은 아래와 같이 답변했다고 한다.

"우리 회사에서 만든 냉장고는 경쟁사 제품에 비해 디자인도 좋고 내용량도 더 커지고 전기료도 덜 들며 소음도 작은 등등의 다양한 장점들이 있습니다. 이렇게 장점들이 많이 있지만 문제는 세일즈맨이 가망 고객의 집을 두드렸을 때 대부분의 가망 고객들은 우리 냉장고의 장점에 대해 설명할 시간을 안 줍니다. 그저 얼굴 한 번 보고 문을 닫아 버리죠. 그래서 저는 어떻게 하면 짧은 시간 동안에 우리 회사 냉장고를 어필할 수 있을 지에 대해 고민하던 중 가망 고객들에게 설문조사를 한 결과, 기존 경쟁사의 냉장고에 대해 느끼고 있는 가장 큰 불만이 바로 소음문제라는 것을 알게 됐습니다. 그래서 이렇게 성냥을 들고 가서 초인종을 누른 다음 가망 고객의 면전 앞에서 바로 성냥을 켜면서 "우리

회사 신제품 냉장고의 소음은 이 성냥 켜는 소리 정도 밖에 안 됩니다"라고 말하면 상당수의 가망 고객들은 호기심을 갖게 됩니다. 이것을 발판으로 "이외에도 다양한 장점들이 있는데 괜찮으시다면 3분만 시간을 내 주시겠습니까?" 라는 질문으로 집안에 들어가서 본격적인 설명을 통해 계약의 확률을 높일 수 있었습니다. 이것이 바로 제 비결입니다"

'성냥을 켜서 냉장고를 판다' 이 책을 읽으면서 감동을 느낀 부분 중의 한 구절이다. 누가 봐도 성냥과 냉장고는 상관성이 없지만 컨셉이라는 거울을 통해 본다면 고개를 끄덕일 수 있을 것이다. 신제품 냉장고가 여러 가지 장점이 있지만 문제는 가망 고객들이 그러한 장점을 설명할 시간을 주지 않는 것이 세일즈업계의 실정이었는데 그 세일즈맨이 컨셉이라는 무기를 이용해서 가망 고객의 마음을 파고들 수 있었던 것처럼 보험세일즈도 복잡한 상품내용보다는 가망 고객에게 어필할 수 있는 '컨셉'을 세일즈하는 것이 훨씬 더 효율적인 것이다.

그렇다면 Risk Management의 기본이라고 할 수 있는 종신보험의 컨셉은 무엇일까? 종신보험처럼 복잡한 보험상품을 한 줄의 문장으로 요약해서 고객에게 설명하라면 어떻게 말할 수 있을까? 필자가 지금까지 여러 강의를 통해 질문해 본 결과 대부분의 FP들은 "종신보험은 가족사랑의 실천입니다", "종신보험은 평생동안 보장받고 꼭 한 번은 보험금을 수령하는 보험입니다", "종신보험은 모든 질병과 사고에 대해 보장받을 수 있는 종합보험입니다", "종신보험은 고객의 니즈에 맞추어 모든 것을 정할 수 있는 맞춤형 보험입니다" 등등의 답변을 했는데 모두 맞는 말이다. 종신보험은 패키지 형태의 종합보험이므로 FP가 생각하는 대로 컨셉을 만들어 낼 수 있다. 그렇기 때문에 FP의 숫자만큼 컨셉의 수가 존재할 수 있는 것이다.

참고로 필자가 세일즈 경험을 통해 정립한 종신보험의 컨셉은 아래와 같다.

먼저 가장 기본적인 컨셉으로서의 종신보험은 '가입한 고객이 하늘나라로 스카웃 돼서 가면 남은 가족들이 보험금을 수령하는 보험이다.'라고 정의할 수 있다.(가망 고객에게 직접적으로 사망이라는 표현을 쓰는 것보다 '하늘나라로 스카웃 돼서 간다'라는 등의 우회적 표현을 쓰는 것이 좋다.)

이제까지 대부분의 보험은 가입한 고객이 혜택을 받는 보험이었다. 암보험, 건강보험, 상해보험 등 모든 보험들은 위험에 노출됐을 때 본인이 직접 보험금을 수령하는 보험이었다. 하지만 종신보험의 사망보험금은 본인이 받을 수 없다. 물론 상해특약이나 의료비특약들은 가입한 고객이 혜택을 받을 수 있지만 종신보험에서 가장 중요한 주계약과 사망특약은 고객의 가족만이 보험금을 수령할 수 있는 것이다.(참고적으로 우리나라의 종신보험은 주계약과 각종 특약들이 혼합되어 있는 패키지 형태이지만 미국의 경우는 아직도 주계약 보험금만을 의미한다. 즉, 10만 달러짜리 종신보험을 가입했다면 가족들에게 상속되는 사망보험금 10만 달러를 보장받는 종신보험을 말하며, 암과 의료비특약에 해당하는 부분들은 별도의 건강보험을 추가적으로 가입하는 것이 일반적이다.)

이 첫 번째 컨셉은 무슨 의미일까?

어떤 FP가 재래시장에서 영업을 해 보려고 정육점 사장을 만나게 됐는데 그 정육점 사장한테 종신보험에 대해 한참 설명을 하고 있었다. "사장님. 이 종신보험으로 말씀드리면 기존의 보험과 달리 평생동안 보장받으실 수 있구요, 전체 질병과 사고에 대해 보장받을 수 있고 암에 걸리시면…" 한참 설명을 하던 중에 갑자기 정육점 사장이 고기를 썰고 있던 칼을 내려치며 "아참, 그 보험 되게 어렵네. 그래서 그게 무슨 보험이라는 말이요?"라고 물어 왔을 때 "아, 네. 사장님. 이 보험은 언젠가 한 번은 사장님이 하늘나라로 스카웃 돼서 가실 때 사모님과 자녀들에게 1억 원의 보험금을 드리는 보험입니다."라고 설명할 수 있다. 즉, 종신보험의 가장 기본적인 컨셉은 '유사시 내 가족을 보호할 수 있는 수단'이라는 의미다. 내가 만약 이 세상을 떠나더라도 내 가족들에게 계속 생활비를 전달해 줄 수 있고, 내 자녀들이 정상적인 교육을 받을 수 있도록 해 주는 '제 2의 아빠'인 것이다. 그래서 예전에는 종신보험을 가입한 고객들이 집에 걸어놓을 수 있도록 보험증권을 액자에 담아 전달하는 경우도 있었다. 보험증권을 집에 걸어둠으로써 어떠한 경우에도 가정 경제를 안정적으로 유지시킬 수 있다는 만족감을 얻을 수 있었던 것이다.

이상의 컨셉이 가장 기본적인 종신보험의 컨셉인데 차원을 좀 더 높여서 생각해 보면 두 번째의 컨셉을 얻을 수 있다. 종신보험의 두 번째 컨셉은 '사람은 누구나 한 번은 죽게 마련인데 내 생각보다 일찍 그런 일이 생기면 어떻게 할 것인지, 또는 내 생각보다 오래 살게 되면 어떻게 할 것인지를 미리 고민해 보고 준비할 수 있는 기회를 제공하는 프로그램'으로 정의할 수 있다.

사람마다 생김새도 틀리고 팔자도 틀리지만 인간인 이상 공통점이 한 가지 있다. 바로 언젠가는 죽는다는 것인데 절대 다수의 사람들은 마치 영원히 살 것처럼 생각하고 이러한 부분을 고민하지 않는다. 그러다 보니 보험이라는 상품에 대해서 불신하는 경우도 종종 있는데 나이가 많건 적건, 돈이 많건 적건 간에 이 부분에 대해서는 꼭 한 번은 생각해야 할 필요가 있다. 예를 들면 돈이 없는 사람은 가족들이 얼마나 힘들어질 것인지를, 돈이 많은 사람은 상속세로 재산을 빼앗기면 어떻게 될 것인지를 고민해 볼 필요가 있다는 뜻이다.

전통적인 우리 문화에서는 '죽음'이라는 단어를 입에 올리는 것을 불경스럽게 생각해 왔다. 먹고 살기 힘들다 보니 삶의 질이야 어떻든 간에 무조건 오래 사는 것이 최고라고 생각했던 것이다. 하지만 요즘에 와서는 세상이 복잡해지고 각종 사고 및 성인병으로 인해 갑자기 사망하는 경우가 많이 생기면서 '죽음'이라는 단어를 받아들이고 준비하는 사람들이 많아지게 됐다. 참고로 청교도 문화가 발달한 미국에서는 부모들이 잠자기 전에 자녀들에게 이러한 종류

3
Risk Management

의 기도를 해 준다고 한다 "사랑하는 주님. 오늘 하루도 무사히 보내게 해 주셔서 감사드립니다. 이제 사랑하는 우리 아이가 꿈나라에 갈 시간인데 오늘 밤도 좋은 꿈 꾸게 해 주시고, 만약 주님께서 오늘 밤에 우리 아이를 주님 곁에 데려갈 생각이시면 편안하게 잠든 상태에서 데려가 주시길 간곡히 부탁드립니다. 그렇지 않다면 내일 떠오르는 태양을 바라보며 또 다시 힘찬 하루를 시작할 수 있게 도와주시옵소서. 아멘."

우리나라에 있는 수천 가지의 금융상품 중에서 종신보험을 제외하고 또 어떤 금융상품이 죽음에 대해 생각해 보고 준비할 수 있는 이러한 기회를 제공해 줄 수 있을까? 내가 70살까지는 살 것이라고 생각했는데 만약 40세에 하늘나라로 가면 내 가족은 어떻게 할 것인가. 생활은 어떻게 할 것이며 애들 교육은 어떻게 할 것인지. 또한 연로한 부모님은 누가 돌봐 드릴 것인지. 우리나라의 어느 저축상품이 또는 주식, 채권, 부동산이 이러한 고민의 기회를 제공해 줄 수 있을 것인가. 오직 종신보험만이 이러한 부분들을 고민해 보고 준비해 둘 수 있는 기회를 제공해 줄 수 있는 것이다. 그렇다면 매월 10만 원을 은행에 저축하는 것보다 이러한 고민을 통해 매월 10만 원을 가족들을 위한 종신보험료로 지출하는 것이 훨씬 더 보람있고 만족스럽지 않을까?

마지막 세 번째의 컨셉은 '종신보험은 진정한 고객만족 프로그램'이라는 것이다. 여기에 종신보험의 모순이 있다. 첫 번째 컨셉에서 종신보험의 보험금은 본인이 아니라 가족들이 받는다고 했는데 그렇다면 종신보험을 가입하면 앞으로 보험금을 받게 될 가족들이 만족감을 느낄 수 있느냐는 것이다. 예를 들어 사망보험금 2억 원의 종신보험을 가입하고 집에 가서 배우자에게 "여보. 당신과 우리 아이들을 위해서 내가 사망하면 2억 원이 나오는 종신보험에 가입했어."라고 말했을 때 배우자의 반응은 어떠할까? 박수를 치면서 "옆집 똘이 아빠는 1억 밖에 안 들었는데 당신은 우리를 위해서 2억 원씩이나 들다니 정말 훌륭한 남편이군요."라고 할까? 아마 마음속으로는 좋아할 수도 있겠지만 절대 다수의 경우는 "당신. 미쳤어? 생활비도 없는데 무슨 보험을 그렇게 크게 들었어?"라고 할 것이다. 실제로 자신의 남편이 이 세상에 없다는 생각조차 못 해본 배우자들이 대부분일 것이다.

두 번째의 예로 초등학생 정도 된 자녀에게 "아들아. 아빠가 아무 문제만 없으면 너를 대학교육까지 시켜 줄 수 있지만 혹시 아빠에게 문제가 생기면 네 교육자금으로 5천만 원이 나오는 종신보험에 가입했단다."라고 말했을 때 그 자녀가 "와. 옆집 똘이 아빠는 그런 보험도 안 들어줬는데 우리 아빠 최고야!"라고 할까? 아마 아무 관심도 없을 것이다.

그렇다면 보험금을 수령하게 되는 가족들이 만족하지 못한다면 도대체 누가 만족할까?

정답은 바로 가입하는 고객이다. 자기가 보험금을 받을 수는 없지만 보험 가입을 통해 만족감을 느끼게 되는 것이다. 여기에 종신보험의 모순이 있다. 비록 내가 받는 보험금은 아니지만 그 돈을 가지고 생활하는 가족들의 모습을 그려보고 '가장으로서 남편으로서 아빠로서 최소한의 도리는 할 수 있겠구나' 라는 만족감을 느낄 수 있는 것이다. 매월 이체되는 자동이체 통장을 보면서 '이번 달에도 여러 가지로 힘들었지만 사랑하는 가족을 위해 이 정도는 하고 있구나' 하는 만족감, 나이가 들면서 건강에 적신호가 올 때 '가족들의 미래를 위해 들어둔 종신보험이 있었지' 라는 안도감, 주변에서 큰 병에 걸리거나 심지어 사망하는 경우를 볼 때마다 '나에겐 예전에 제대로 가입해 둔 종신보험이 있지' 라는 마음의 평화를 얻을 수 있는 것이다.

이러한 만족감은 시간이 흘러갈수록 점점 더 커져 간다. 나이가 들수록 컨디션이 안 좋아지게 마련이고 세상이 복잡해지면서 매일 아침 신문마다 각종 사건과 사고가 쏟아지게 마련이므로 그럴 때마다 이미 가입해 둔 종신보험에 대한 만족감은 커져 가는 것이다. 바로 이런 이유 때문에 기존 가입고객에 대해 지속적인 추가계약(Annual Review)이 가능한 것이다.

지금까지의 종신보험 컨셉을 정리하면 다음과 같다.

1차원 : 종신보험은 가입한 고객이 하늘나라로 스카웃 돼서 가면 남은 가족들이 보험금을 수령하는 보험이다.

2차원 : 사람은 누구나 한 번은 죽게 마련인데 내 생각보다 일찍 그런 일이 생기면 어떻게 할 것인지, 또는 내 생각보다 오래 살게 되면 어떻게 할 것인지를 미리 고민해 보고 준비할 수 있는 기회를 제공하는 프로그램이다.

3차원 : 종신보험은 진정한 고객만족 프로그램이다.

이상의 3가지 컨셉만 가지고도 종신보험 세일즈를 진행할 수 있다. 아니 오히려 종신보험의 각종 특약들에 대해 설명하는 것보다 이런 컨셉 위주로 상담을 진행하는 것이 더 효과적일 수 있다. 왜냐하면 가망 고객은 자신이 가입하고자 하는 종신보험의 내용보다 자신이 왜 가입해야 하는지 그 이유에 대해 더 궁금해 하기 때문이다.

■ 현명한 사람(Wise Man)

지금까지 종신보험의 컨셉에 대해 알아 보았는데 종신보험을 또 다른 표현으로 '재정안정보장계획'이라고도 한다. '재정안정보장계획'이란 어떠한 경우에도 가정의 재정을 안정시키는 계획이라는 뜻으로 활동기의 리스크 관리를 의미한다. 즉, 가장이 경제적 능력을 상실했을 때 가족들이 경제적 고통을 겪지 않도록 미리 준비하는 계획을 일컫는데 이러한 '재정안정보장계획'이 인생의 재테크에 있어서 가장 우선한다는 개념을 고객들에게 주지시킬 필요가 있다.

때로는 백 마디의 말보다 한 장의 편지가 의사전달에 효과적일 수 있는데 그런 차원에서 필자는 각종 컨셉들을 A4용지 한 장 분량으로 만들어서 가망 고객과의 면담시 활용해 왔다. '3분력'이라는 책에서 가망 고객과의 초기 면담시 3분 분량의 'One Page Proposal'을 강조하고 있는 것처럼 '재정안정보장계획(종신보험)'의 컨셉을 설명 위주로 전달하는 것보다 훨씬 더 효과적인 경우가 종종 있었다.

그 내용을 소개하면 다음과 같다.

현명한 사람의 인생에 대하여

인생은 망망대해를 헤쳐 가는 조각배에 탄 것과 같다고 합니다.

어떤 날은 햇볕이 화창하고 고기도 잘 잡혀서 편안한 항해를 하지만 또 어떤 날은 폭풍이 불고 파도가 높아 살아 남기 위해 처절한 노력을 필요로 하기도 합니다.

이러한 인생을 어떻게 하면 남들보다 좀 더 안정적이고 성공적으로 살 수 있을까요?

제가 주장하는 것은 '현명한 사람(Wise Man)'이 되자는 것으로서, 사전 계획을 통해 불투명한 미래를 대비하자는 것입니다. 그리고 그런 튼튼한 뿌리를 이용해서 보다 나은 장래와 가족들에 대한 사랑, 풍요로운 노후 등을 영위하자는 것이죠.

참고적으로 제가 권해드리는 현명한 사람의 인생 설계는 아래와 같습니다.

현명한 사람(특히 가장)은 자신의 인생설계를 함에 있어 기초가 되는 재정안 정보장계획을 먼저 수립하고, 그 다음에 중기계획으로 자녀의 교육, 재테크, 지식함양, 여가생활 등을 수립 및 진행하며, 마지막으로 노후와 상속에 대한 준비를 해야 한다는 것입니다.

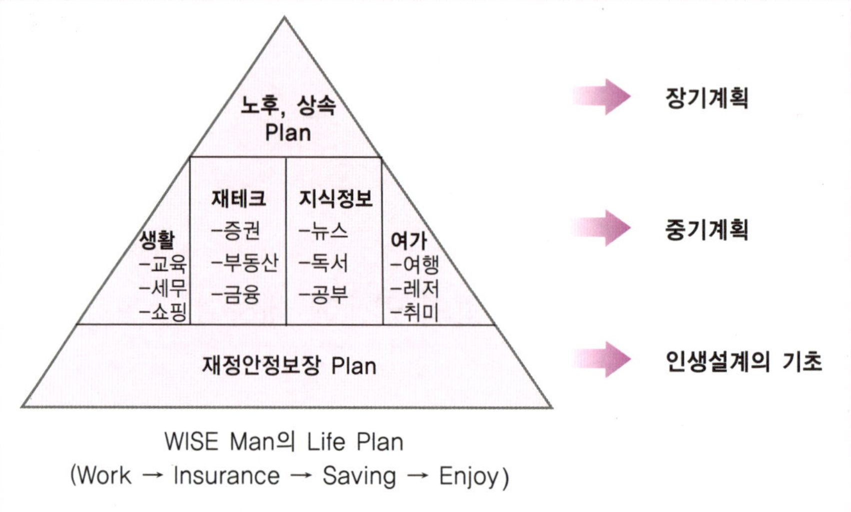

즉, 우선순위에 의거 자신과 가족들이 가장 필요로 하는 부분들을 먼저 해결한 후에 순차적으로 그 외의 부분들을 고민해서 해결방안을 세우고 실천하는 것으로 요약할 수 있습니다.

누구에게나 한 번 뿐인 인생! 어떻게 사시겠습니까?

이창원 FP(Financial Planner) 드림 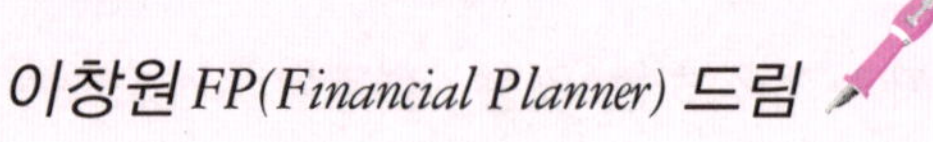

■ **종신보험에 관한 짧은 생각**

가망 고객을 만나다 보면 가끔씩 '자동차 보험은 들어도 종신보험을 들 여유는 없다.'는 사람을 만나게 된다. 실제로 자동차는 생활의 필수불가결한 요소이므로 자동차를 사면 당연히 보험부터 먼저 들게 된다. 빠듯한 살림에 자동차할부금과 보험료, 기타 세금을 지출하다 보니 종신보험을 들 여유가 없는 경우도 많다. 하지만 FP로서 이러한 가망 고객을 만났을 때 어떻게 코치해야 할까? 당연히 여유가 없으므로 나중에 소득이 올라서 가입할 여유가 생길 때까지 기다려야 할까? 아니면 자동차를 팔고 종신보험부터 들어야 한다고 설득해야 할까?

판단은 가망 고객의 몫이지만 FP는 FP Ship에 입각해서 '지출의 우선순위'에 대해 말해주어야 한다. 자동차가 필요하고 중요한 요소이기는 하지만 가장이 없을 때에도 과연 그러한 가치를 지니고 있을까? 가족들의 생활이나 자녀들의 교육보다도 우선할까?

이렇게 종신보험을 자동차보험과 비교해서 가망 고객들에게 리스크 관리의 필요성을 보다 쉽게 주지시킬 수 있다. 가망 고객과의 1차 면담에서 그냥 읽어보라고 주기만 해도 가망 고객은 종신보험의 컨셉을 백 마디 말을 듣는 것보다 훨씬 짧은 시간 내에 받아들일 수 있다.

그 내용을 소개하면 다음과 같다.

종신보험에 관한 짧은 생각

불과 20여년 전만 해도 자동차보험에 가입하는 것은 무척 어리석은 짓이었다고 합니다. 돈을 내고 한 번도 사고가 없으면 완전히 사라지는 보험이었으므로 차라리 그 돈으로 술을 진하게 한 잔 먹자는 분위기였다고 합니다. 만약 자동차사고가 난다면 그건 재수가 없었기 때문이라는 생각으로 자위를 하면서 말입니다.

그러나 지금은 자동차보험을 가입하지 않은 사람은 미친 사람이라고들 합니다. 무보험으로 운전하다 사고를 내면 자기 자신은 둘째치고 다른 사람에게 엄청난 피해를 입힐 수 있으니까 말입니다.

자동차보험을 가입하면서 일부러 사고 나서 몇 십 배의 보장을 받고 싶어서 가입하는 사람은 없을 것입니다. 그보다는 운전 중 피치못하게 사고를 내서 다른 사람의 신체나 재물에 피해를 입힐까봐서, 그래서 자신의 능력으로는 보상해주기 힘들까봐서 미리미리 가입하는 것입니다.

이렇듯 자기 자신보다 타인을 배려하는 것이 자동차보험의 속성이라고 할 수 있는데, 하물며 타인보다 더욱 소중한 가족들을 위해서 생명보험을 가입하는 것에 대해서는 보험은 손해라는 등, 자기가 죽으면 그만이라는 등 갖은 이유를 들어 망설이고 거부하려고 합니다.

생명보험은 인생이라는 고속도로를 달리는데 있어서 자동차보험과 같은 역할을 합니다.
생명보험에 가입하는 것은 자동차보험이 그렇듯이 사고나서 몇 배의 보장을 받고 싶어서 가입하는 것이 아니라 오히려 사고가 나지 않길 바라는 마음에서 가입하는 것입니다.

인생을 서울에서 부산까지 가는 고속도로라고 간주한다면 생명보험 중에서 암보험은 서울에서 수원까지, 상해보험은 청주에서 대전까지, 건강보험은 대구에서 울산까지만 보장해주는 보험이라고 할 수 있습니다.
왜냐하면 수많은 위험 중에서 보험약관에 규정된 위험만 보장해 주기 때문입니다.

이에 반해 종신보험은 서울에서 부산까지를 풀코스로 보장해주는 보험입니다. 종류를 불문하고 어떠한 위험도 다 보장해주며, 그것도 평생동안 보장해주기 때문입니다.

생각해 보십시오.

이 글을 읽는 분께서 서울에서 부산까지 차를 타고 고속도로를 운전해 가야 하는데 서울에서 수원까지 또는 서울에서 대전까지만 보장해주는 자동차보험만 가입한 채로 달려가야 한다면 어떤 기분이 들겠습니까?

또한 그 자동차 안에 사랑하는 가족들이 함께 타고 있다면 어떻게 하시겠습니까?

선진국인 유럽과 미국이 그랬듯이 앞으로 20년 후가 되면 종신보험을 가입하지 않은 사람을 보고 어리석다고 할 것입니다. 자기 자신 및 사랑하는 가족들에 대한 책임감과 사랑이 없는 무정한 사람이라고 할 것입니다.

타인을 배려하기 위한 자동차보험과 사랑하는 가족들을 보호하기 위한 종신보험. 과연 이 두 가지 중 어느 것을 우선순위로 생각해야 할까요?

이창원 *FP(Financial Planner)* 드림

■ 명품보험

■ 명품보험

'모든 제품에도 명품이 있듯이 보험에도 명품이 있다.'는 컨셉에서 출발한 것이 '명품보험'의 컨셉이다.

사실 보험상품은 각 회사별로 차이점이 있지만 예정위험률, 예정이율, 예정사업비율 등의 기준으로 계리(위험을 분석하여 보험상품을 구성하고 보험료를 결정하는 과정)된 것은 비슷하므로 상품의 컨셉이 동일하다면 보험상품의 구성 내용 또한 비슷하다고 할 수 있다.

1990년대 후반에 외국계 보험회사들이 '종신보험'을 앞세워 공격적인 영업을 구사하던 시절에는 국내 보험회사들에 이러한 상품이 없었기 때문에 거의 독점적 위치를 차지할 수 있었지만 요즘은 모든 회사들마다 종신보험이 있고 오히려 선진국의 상품인 '변액종신보험' 같은 상품을 국내 보험회사가 외국계 보험회사보다 빨리 출시하는 경우도 생기게 됐다.

따라서 방카슈랑스처럼 금융기관간의 영역이 허물어지고 있는 요즘 시대에는 모든 보험회사들의 상품이 비슷하므로 자기가 취급하고 있는 보험상품에 좀 더 멋진 포장을 할 필요성이 있다. 이 말은 한 박스의 사과를 파는 것보다 하나하나의 사과를 포장해서 팔았을 때 훨씬 높은 가격을 받는 원리와 같다.

그래서 생각해 낸 것이 '명품보험'의 컨셉이다. FP마다 자신이 취급하고 있는 상품의 차별점을 정리해서 활용할 수 있는데, 종신보험에 대해 정리해 둔 내용은 다음과 같다.

명품 보험이란?

귀하께서는 명품에 대해 어떤 생각을 갖고 계십니까?

일반적으로 명품이란 시대를 초월하여 사랑받는 제품으로써 소유자의 인격과 자존심을 대변해 주는 상징적 의미를 가지고 있다고 합니다. 대표적인 예로는

BMW나 벤츠같은 자동차, 롤렉스 시계, 몽블랑 만년필, 조르지오 아르마니 수트, 살바토레 페라가모 구두, 발리 핸드백 등을 일컫습니다.

하지만 이러한 명품들은 내구연한은 짧게는 몇 년에서 길게는 10년 정도라고 합니다.

그런데 길어야 십 년 정도 사용하는 명품들이 자신의 인격과 품위를 상징한다면 세상에서 가장 중요한 자신과 가족들에게 필요한 보험상품은 더 꼼꼼하게 살펴 명품보험을 선택할 필요가 있습니다. 왜냐하면 평생동안 따라다니며 가족들에 대한 사랑을 지켜줄 수 있고 자랑스럽게 다른 사람들에게 명품보험을 가입했다고 말할 수 있기 때문입니다.

평생동안 보장받을 수 있는 명품보험의 특징은 아래와 같습니다.

구 분	명품보험	○○회사 종신보험
보장범위	모든 종류의 질병과 사고에 대해 보장	
보장기간	평생 보장	
회사신뢰도	회사평가, 성장율 지표	
수 용 율	보험금 청구시 지급되는 비율	자신이 취급하고 있는 보험상품의 차별점을 요약해서 정리
의료비보장	질병과 사고의 보장 범위	
가족보장	배우자와 자녀 보장	
자금활용	노후기 자금 활용	

귀하는 어떤 보험을 선택하시겠습니까?

○○생명의 명품보험은 이미 많은 분들께 인정받고 있습니다. 건강검진 등 가입이 까다로운 반면 일단 가입하시면 어떠한 경우에라도 반드시 약속한 보장을 받으실 수 있기 때문에 전국의 수많은 의사, 변호사, 회계사 등 전문직 종사자와

기업체 대표이사, 자산가 등 우리나라의 사회지도층 인사들께서 선택하셨습니다.

　게다가 ○○생명에는 명품 종신보험 뿐만 아니라 45세부터 연금을 받으실 수 있는 명품연금과 금융소득종합과세 대비 각종 절세상품, 자녀교육비 마련 비과세저축, 상속/증여 프로그램, 단체보험 등이 다양하게 구비되어 있어 귀하의 높은 안목을 충족시켜 드릴 수 있습니다.

3. 판매 프로세스 7단계

'컨셉'의 개념이 이해됐으면 본격적인 판매과정으로 들어가 보자.

일반적으로 세일즈는 'Relationship Sales'와 'Process Sales'로 나눌 수 있다. 'Relationship Sales'는 전통적인 세일즈 기법으로 사람과 사람 사이의 관계를 기반으로 하여 세일즈를 진행하는 것으로 대부분의 세일즈가 여기에 포함된다. 반면 'Process Sales'는 사전에 준비된 세일즈 과정에 입각해서 체계적으로 세일즈를 진행하는 것을 말한다. 보험세일즈를 예로 들면 기존의 보험설계사들이 가망 고객들에게 사탕을 주거나 오늘의 운세 등을 뽑아 주며 'Relationship Sales'를 통해서 인간적인 면을 공략하여 계약을 해 왔다면, 'Process Sales'는 '판매 7단계 Process'를 통해서 니즈에 기초한 판매를 하고 이를 소개로 연결시켜 영업의 선순환 고리를 만들어 나가는 차별화된 판매과정이라고 할 수 있다.

물론 여기서 어느 영업방식이 더 좋다 나쁘다를 논하자는 것은 아니다. 내가 아는 FP 중에서는 인간관계를 통해 고액의 업적을 기록하는 경우도 많이 있다. 하지만 보험세일즈가 지인시장을 위주로 하는 것이 아니라면 이러한 'Relationship Sales'는 표준활동을 하기가 어렵고 그러다 보면 성과 또한 불확실해지므로 안정적으로 FP생활을 영위하기 어려워진다. 따라서 군인이 전투 프로세스에 입각해서 전투를 하고 의사가 진료 프로세스에 입각해서 진료를 하는 것처럼 FP도 세일즈 프로세스에 입각해서 활동을 하는 것이 가장 효율적인 방법인 것이다.

일반적인 판매 프로세스는 다음과 같이 7단계로 이루어진다.

① Prospecting Pool : 가망 고객 관리

② Telephone Approach : 전화접근

③ Approach : 초회면담

④ Fact & Feeling Finding Interview : 가망 고객에 대한 전반적 사항

⑤ Presentation : 해결안 제시

⑥ Closing : 가입 권유

⑦ Policy Delivery & After Service : 증권전달 및 사후관리

이러한 판매 프로세스는 선진국에서 수백 년의 시행착오를 거치면서 틀이 잡힌 것으로 비단 보험세일즈뿐만 아니라 모든 세일즈에도 적용할 수 있는 가장 표준적인 판매스킬이라고 할 수 있다. 일선 영업현장 사무실에 가보면 흔히 'Back to the Basic!' 이라는 구호를 자주 볼 수 있다. 영업을 오래 하다 보면 슬럼프가 오기도 하고 멘탈이 떨어지는 경우도 종종 생기게 되는데 그럴 때마다 자신의 활동이 판매 프로세스를 지키고 있는지 점검해 보고 다시 새롭게 시작할 수 있는 '판매의 기본' 이라고 할 수 있다.

판매 프로세스에 입각해서 활동하면 가망 고객과 총 세 번의 만남을 가질 수 있다. 물론 내 고객이 된 이후에는 지속적인 만남을 통하여 고객과의 관계를 얼마든지 밀접하게 만들 수 있지만 판매 프로세스상 세번의 만남만 가져도 가망 고객과 매우 친밀한 관계를 형성할 수 있다. 우선 전화접근을 통하여 가망 고객에게 마음의 준비를 갖도록 한 후 'AP(초회면담)' 에서 한 번 만나게 되고, 'PC(해결안 제시와 가입 권유)' 로 또 한 번, 마지막으로 'PD(증권전달)' 에서 또 만나므로 총 세 번을 만나게 되는데 어떤 스타일의 가망 고객이더라도 FP가 마음을 열고 세 번을 만나면 인간적으로 친밀해 질 수 있는 것이다.

따라서 판매 프로세스만 잘 지켜도 'CRM(Customer Relationship Management)' 의 기초를 잘 닦을 수 있게 되고 사후 서비스를 통해 지속적으

로 고객을 관리해 주면 '한 번 고객은 영원한 고객'으로 만들 수 있다. 그렇기에 고객 300~400명을 확보하면 평생 FP라는 직업을 영위해 가는데 큰 문제없이 재미있게 할 수 있는 것이다.

그만큼 판매 프로세스는 보험세일즈의 '기본 중의 기본'이라고 할 수 있는데, 지금부터 판매 프로세스의 과정별로 세부내용을 살펴보도록 하자.

1) 판매 프로세스 1단계 : Prospecting Pool(가망 고객 관리)

FP를 처음 시작하게 되면 가망 고객 Pool을 구성하게 되는데 영업의 첫 출발점은 대부분 '지인시장(X시장)'이 될 것이다. 이 지인시장을 통해 소개 받은 시장을 'Y시장'이라고 하고, Y시장에서 또 소개를 받은 시장을 'Z시장'이라고 한다.

모든 세일즈에 있어서 가망 고객은 당연히 'Y' 또는 'Z' 시장이 되는데 사실 처음부터 'Y'와 'Z' 시장으로 진출하는 것은 매우 어려운 일이다. 필자가 아는 FP 중에는 '주변 사람들에게 폐를 끼치기 싫다'는 생각으로 입사해서부터 소위 말하는 '돌입방문', '빌딩타기' 등 사전 예고 없이 일단 방문을 통해서 가망 고객을 확보하는 FP들도 있었다. 물론 그 중에는 그런 방법으로 성공한 사람들도 꽤 있었는데 그들의 무용담을 들어 보면 정말로 아무나 하기 힘든 그런 방법이라는 생각이 많이 들었다.

참고로 필자의 경우에는 그런 식의 영업은 해 본 적이 없는데 '돌입방문'에 대한 자신감도 없었으려니와 판매 프로세스상의 '소개'를 통해서 얼마든지 가망 고객을 발굴하고 계약해 나갈 수 있다는 확신이 들었기 때문이었다. 생각해 보자. 병원이나 약국, 기타 사무실 같은 데를 매일 100군데씩 돌아다니면서 수많은 거절을 극복해가며 영업할 자신이 있는 사람이 얼마나 될까?

'영업의 선순환'이라는 말이 있다. 판매 프로세스를 정확히 지켜 가다 보면 가망 고객들에게서 최소 세 번의 소개를 받아 낼 수 있는 기회가 있는데 그런 과정에서 얻어진 소개를 나의 가망 고객 Pool에 넣고 그 사람들을 대상으로 다시 판매 프로세스를 진행하다 보면 표준활동과 더불어 지속적인 성과(예를 들면 3W 등)를 얻을 수 있다. 이러한 과정이 반복되면 FP로서 영업에 대한 자신감이 계속 충만해 지면서 시간이 갈수록 좋은 성과를 나타낼 수 있다. 이러한 현상을 '영업의 선순환'이라고 한다.

반면에 판매 프로세스가 제대로 지켜지지 않으면서 소개마저 받아 내지 못하면 자신의 가망 고객 Pool이 점점 줄어들게 되는데 그러다 보면 조바심이 생기게 되고 고객을 기다려 줄 줄 아는 여유가 사라지면서 가망 고객에게 필요 이상의 압박을 가하게 되는 '영업의 악순환'이 오게 된다. 당연히 한 건의 계약을 체결하기가 점점 더 힘들어지게 되고 가망 고객 입장에서도 계약은 할지언정 소개는 해 주지 않는 현상이 발생하게 되는 것이다. 실제로 많은 수의 FP들이 처음에 입사교육을 받을 때는 의욕이 충만해서 열심히 하지만 몇 개월 정도 활동을 하면서 판매 프로세스가 흐트러지게 되면 '영업의 악순환'이 생기게 되어 슬럼프에 빠지게 된다. 슬럼프를 탈출하는 유일한 방법은 입사했을 때의 초심으로 돌아가서 판매 프로세스를 정확하게 지키는 것인데 그렇기 때문에 'Back to the Basic!'이 중요한 것이다.

'영업의 선순환'과 '영업의 악순환'을 가르는 가장 중요한 포인트는 '소개'이다. 소개를 잘 받아서 내가 만날 수 있는 사람이 점점 늘어나면 당연히 자신감도 생기고 일을 즐기면서 할 수 있지만, 소개가 없어서 내가 만날 사람이 점점 줄어들게 되면 점심때가 되어도 밥 먹고 싶은 생각도 별로 안 들고 일도 재미가 없어지게 되는 것이다. '소개'의 중요성에 대해서는 아무리 강조해도 지나치지 않는 관계로 별도의 공간을 할애하여 나중에 집중적으로 다루기로 하자.

'모든 일은 첫 단추를 잘 꿰어야 한다' 는 말이 있다. 무릇 어떤 일을 시작하려면 첫 출발이 좋아야 한다는 뜻인데 보험세일즈도 마찬가지다. 처음부터 잘하는 사람이 나중에도 잘 하는 법이다. 그래서 X시장이 중요하다. 이제 보험업계에 입문해서 경험도 지식도 일천한 사람이 Y시장에서 잘 할 수 있을까? X시장이 갖는 의미는 보험업계에 입문해서 교육받은 내용을 X시장을 상대로 트레이닝할 수 있는 기회를 제공하고 아울러 계약에 대한 성공을 경험함으로써 Y시장으로 나아갈 수 있는 토대를 마련해 주는 시장으로 이해할 수 있다. 그렇기 때문에 '주변 사람들에게 폐를 끼치기 싫어서' 라는 이유로 X시장을 외면할 필요가 없다. '어차피 내가 아니더라도 누군가에게는 보험을 들게 마련인데 그렇다면 내가 관리해 주는 것이 그 사람들에게 더 도움이 될 것이다.' 라는 생각을 가지고 더 적극적으로 임해야 한다. X시장의 가망 고객들에게서 제대로 된 소개를 얻어내는 것은 무척 힘들기 때문에 그야말로 열과 성을 다해 X시장을 내 고객으로 만들어야 한다. 그러한 과정을 통해 정상적인 소개를 많이 확보할수록 판매 프로세스를 제대로 진행할 수 있기 때문이다.

그렇다면 판매 프로세스의 첫 단추인 가망 고객 관리는 어떻게 하는 것이 좋을까?

사람은 인생을 살면서 누군가와는 인연을 맺고 살아가기 마련이므로 특별히 성격이 나쁘거나 남에게 해코지를 해 온 사람을 제외하고는 누구에게나 가망 고객 Pool은 있는 법이다. 세일즈업계에서 신화를 이룩한 조 지라드에 따르면 "한 사람의 가망 고객에게는 평균적으로 250명의 지인들이 있다."고 한다. 이를 '조 지라드의 법칙' 이라고 하는데, FP를 시작하는 사람에게는 그 정도의 가망 고객이 있고 각각의 가망 고객마다 그 정도 숫자의 소개를 받아 낼 수 있다는 뜻으로 해석할 수 있다.

물론 다분히 이론적인 이야기지만 필자는 수년간의 세일즈 경험을 통해 매우 공감하는 내용이고 '조 지라드의 법칙' 만으로도 열심히 노력한다면 누구나 성공할 수 있는 것이 바로 FP Job인 것이다.

　이러한 가망 고객은 크게 Key man, 영향력 있는 사람, 일반 가망 고객 등 세 종류로 분류할 수 있다. 어차피 영업이란 성과를 내야만 하는 직업이므로 아무 생각 없이 가망 고객에게 접근하기 보다는 가망 고객을 분류해서 특성에 맞는 접근방식과 관리를 하는 것이 훨씬 더 효율적이기 때문이다.

■ Key man

　Key man은 그 숫자가 미미하기는 하지만 FP 대신 영업을 해 줄 수 있는 강력한 파워를 가진 사람을 말한다. 로버트 기요사키의 '부자 아빠 가난한 아빠' 라는 책에 부자가 되려면 '내가 없어도 일이 굴러가는 시스템' 을 만들어야 한다고 역설하고 있는데 이 말은 '내 대신 일을 해주는 시스템' 을 의미한다. 즉, FP에게도 누군가가 FP를 대신해서 영업을 해 주는 사람이 있다면 영업에 큰 도움이 될 것이다.

　Key man의 가장 큰 특성은 무엇보다 보험에 대해 긍정적인 마인드를 가지고 있다는 것이다. 세상에는 보험에 대해 부정적 시각을 갖고 있는 사람도 많지만 반대로 보험을 좋아하고 꼭 필요하다고 생각하는 사람도 있게 마련이다. FP를 시작하는 사람에게도 이러한 부류의 지인들이 있게 마련인데 이런 Key man들을 적당히 트레이닝시켜 놓으면 Key man이 주변사람들과의 식사나 술자리에서 적극적으로 FP 대신 영업을 할 수 있다. 그러다 보면 종종 소위 '해피콜(Happy Call)' 이라는 것이 오게 되는데 이런 해피콜이 오면 FP는 청약서를 들고 가서 사인만 받으면 되는 것이다. 즉, Key man이 많으면 많을수록 영업은 쉽게 풀려 갈 수 있는데 문제는 이러한 Key man을 어떻게 찾느냐는 것이다.

　정답은 FP의 열정과 활동량에 달려 있다. 자신이 평소에 알고 있던 지인 중에서 누가 Key man이 될 지는 아무도 모르므로 일단은 모든 X시장을 만나 보아야 한다. 만나서 전직에 대한 이유를 설명하고 나의 성공을 위해 도와 달라고 열정적으로 설득하면 본능적으로 누가 Key man이 될 수 있는지 알게 된다. Key man이 내 고객이 되면 좋겠지만 그렇지 않다 하더라도 내가 취급하고 있는 상품에 대해 교육을 시켜야 한다. 그래서 Key man의 입에서 '참 괜찮은 상품이네' 라는 말이 나오면 절반은 성공한 셈이다. 거기에 상품에 대한 안내장과 장점과 특성이 요약되어 있는 제안서는 꼭 주고 와야 한다. 사람은 오늘 배운 내용의 80%는 내일 잊어버리게 되어 있으므로 문서화된 자료를 통해 계속 트레이닝 시킬 필요가 있다. 평소에 이런 노력을 지속적으로 해 두면 '변액유니버셜보험' 같은 신상품이 나왔을 때 기대 이상의 위력을 발휘할 수 있다. 필자의 경우에도 열 명 가량의 Key man들이 있는데 변액유니버셜보험이 처음 출시됐을 때 쏟아지는 해피콜에 즐거운 비명을 질렀던 경험이 있다. 요즘처럼 자고 일어나면 신상품이 쏟아져 나오는 시대에 Key man의 역할은 FP에게 큰 도움이 되는 것이다.

Key man이라는 생각이 들거나 Key man이 될 수 있다는 판단이 드는 사람은 특별히 관리할 필요가 있다. 별도의 리스트를 만들어 수시로 전화를 비롯해서 각종 애정공세를 펴야 한다. 본인의 생일이나 결혼기념일, 자녀 생일은 물론이고 설과 추석 같은 명절과 크리스마스 등에 카드라도 한 장씩 보내면 놀라운 효과를 경험할 수 있다. 물론 선물도 좋지만 굳이 선물을 하기 부담스러우면 한 달에 한 두 번씩 전화만 해도 지속적으로 가망 고객을 양산해 줄 수 있는 충분한 공감대를 만들 수 있다.

FP를 열심히 하다 보면 소개로 만난 고객들도 이러한 Key man으로 만들 수 있는데 이처럼 점점 Key man의 숫자를 늘려 나가면 시간이 지날수록 편안하게 영업을 할 수 있게 된다. 특히 경제적으로 여유 있는 사람들을 Key man

으로 만들 수만 있다면 모든 FP들이 꿈에 그리는 고액계약도 얼마든지 할 수 있다. 필자가 아는 후배 FP도 한 명의 Key man을 통해 몇 백만 원짜리 변액 연금을 계속 계약한 경우도 있다. 이처럼 Key man은 발굴하고 만들기 어렵긴 하지만 일단 만들어 놓으면 'FP 대신 영업하는 시스템'을 구축할 수 있기 때문에 발굴에 최선을 다해야 한다.

■ 영향력 있는 사람

Key man은 FP의 활동에 무척 도움이 되기는 하지만 생각보다 그 숫자는 그리 많지 않다. 필자도 보유계약이 600여 건에 달하지만 Key man의 숫자는 10여 명 정도 밖에 되지 않는다. 따라서 내 활동에 도움을 줄 수 있는 다른 형태의 가망 고객을 발굴할 필요가 있는데 나름대로 정의한 부류가 '영향력 있는 사람'이다.

필자가 FP를 시작한지 얼마 지나지 않았을 때 전 직장에서 상사로 모시고 있던 분을 만나게 됐다. 대기업 부장의 직책이었으니까 나름대로 기대를 하고 갔는데 만나자마자 대뜸 "나한테는 보험 얘기하지 마라. 들어둔 것도 많고 더 이상 보험에 대해 신경 쓰기 싫다."라고 말하는 것이었다. 처음부터 강한 거절에 부딪혀서 풀이 죽어 있는데 조금 있다 회의실로 부르는 것이었다. 회의실에 들어가니까 몇 명의 직원들이 모여 있었는데 그 부장 왈. "내가 아끼던 친구인데 ○○보험회사에 갔으니까 설명하는 거 들어보고 하나씩 가입해라."

반강제로 모인 자리였지만 그 부장의 영향력이 워낙 커서인지 그 자리에서 종신보험 세 건을 계약할 수 있었다. 물론 정상적인 계약과정을 거치지 않아서 걱정도 좀 됐지만 어차피 가입할 의사가 있던 사람들이었고 사후관리에도 신경을 썼기 때문에 지금도 잘 유지되고 있다. 그 이후에도 그 부장을 통해서 종종 소개를 받았고 계약도 할 수 있었다. 그 부장에 대해 각별히 신경썼음은 물론이다.

영향력이 큰 사람의 특성은 보험에 대한 관심 여부를 떠나 사회적 위치 만으로도 주변사람들에게 영향력을 행사할 수 있다는데 있다. 그런 사람들은 FP가 마음에 들면 가끔씩 좋은 가망 고객을 소개시켜 준다. 그래서 Key man에 준해서 관리할 필요가 있다. 가끔 전화를 하고 명절에 가벼운 선물을 보내는 정도의 노력만 기울이면 생각지도 않았던 훌륭한 가망 고객을 소개받을 수 있다. 따라서 지인 중에서 어느 정도 사회적 위치가 있는 사람들은 별도의 리스트를 만들어 관리하면 큰 도움이 될 수 있다.

■ 일반 가망 고객

Key man과 영향력 있는 사람을 제외한 가망 고객들이 일반 가망 고객 군이다. FP에 따라서 일반 가망 고객들이 많을 수도 적을 수도 있지만 한 번이라도 명함을 주고받은 사이는 모두 가망 고객으로 분류할 필요가 있다. 요즘에는 명함관리 프로그램 같이 전문적으로 가망 고객 관리를 할 수 있는 소프트웨어도 있지만 일반 가망 고객의 생일이나 가족현황 등을 파악하기는 한계가 있으므로 몇 가지 중요한 포인트만 엑셀파일로 관리해도 무방하다.

일반 가망 고객에 대해 알아두어야 할 요소는 크게 다음과 같은 내용이 있다.

① 성명
② 회사명
③ 부서명
④ 직급
⑤ 회사전화(또는 집전화)
⑥ 휴대전화
⑦ 회사위치

⑧ 이메일

⑨ 친밀도

⑩ 접촉여부

⑪ 접촉결과

⑫ 비고

①번에서 ⑧번까지는 가망 고객에 대한 일반적인 사항이다. 명함만 보고도 알 수 있는 내용들인데 여기서 중요한 것은 회사위치이다. FP로서 활동을 시작하면 자신이 움직이는 동선(動線) 관리가 중요한데, 예를 들어 점심 약속을 일산에서 하고 오후 약속을 수원에서 하면 하루에 기껏해야 두 명의 가망 고객을 만나는데 그칠 뿐이다. 누구에게나 주어진 시간은 동일하므로 이왕이면 동일지역 내에서 많은 수의 가망 고객을 만나는 것이 활동량 측면에서 유리할 것이다. 그래서 엑셀의 정렬기능을 활용하면 동일지역 내의 가망 고객을 집중적으로 만날 수 있다.

⑨번 친밀도는 일반 가망 고객을 분류할 때 있어서 FP의 주관적 판단으로 결정할 수 있다. 예를 들면 친한 지인들은 '상', 어느 정도 안면이 있는 지인들은 '중', 단순히 명함만 주고 받은 사람들은 '하'로 분류할 수 있다. 이왕이면 친밀도가 높은 사람들을 내 고객으로 만드는 것이 소개도 많이 받을 수 있고 영업에도 더 도움이 될 것이다. 이러한 친밀도 분류는 나중에 활동결과 분석에도 용이하게 쓸 수 있다.

⑩번 접촉여부는 가망 고객과 만남이 있었는지 여부를 기록하는 난으로 일단 만나 보았으면 결과와 상관없이 기록해야 한다. 기록하는 방법은 초회면담만 한 가망 고객은 'AP'로, 해결안 제시와 가입 권유까지 한 가망 고객은 'PC'로 기록하면 된다. 이렇게 해 두어야 가망 고객별로 진전내용을 파악할 수 있고 'AP'를 했는데 여러 가지 이유로 'PC'를 못해 가망 고객을 놓치는 일

이 생기지 않을 수 있다.

⑪번 접촉결과는 계약여부를 기록하는 난이다. 계약을 했으면 '계약' 이라고 기록하고, 하지 못했으면 공란으로 남겨 두면 된다. 이 난을 통해 계약을 못한 경우에 어떠한 이유로 계약을 하지 못했는지 분석할 수 있으며 시간적 여유를 두고 그 가망 고객에 대해 재접촉을 시도할 수도 있다.

⑫번 비고란은 그 가망 고객에 대한 특이사항을 기록하는 난이다. 예를 들면 친척이 보험회사를 다닌다든지, 다른 보험사에 어떤 보험을 가입했다든지, 가망 고객의 사정으로 나중에 다시 만나기로 했다든지 하는 등등의 내용을 기록하면 된다. 이러한 비고란을 통해 가망 고객 Pool을 정리할 수 있고 나름대로 다른 방식으로도 분류가 가능하다. 예를 들면 '내년에 다시 만나기로 한 가망 고객' 등으로 말이다.

지금까지 판매 프로세스의 첫 번째 과정인 Prospecting Pool(가망 고객 관리)에 대해 알아보았는데, 첫 단추가 중요한 것처럼 내 가망 고객을 최대한 세분화해서 관리할 필요가 있다. 예를 들면 이메일이 없거나 거의 안 쓰는 가망 고객들도 있는데 이런 가망 고객들은 따로 분류해서 'DM(Direct Mail)' 이나 전화를 직접 해 주어야 한다. 이렇게 분류해 놓은 리스트에 소개 받은 가망 고객들을 마찬가지 방식으로 지속적으로 업데이트를 해 주면 가망 고객 리스트만 보아도 배가 부른 느낌을 받을 수 있을 것이다.

지금까지 언급한 몇 가지 원칙에 입각해서 가망 고객들을 분류하고 관리방법을 모색하는 과정을 거치다 보면 나름대로 그림이 그려지면서 앞으로의 활동에 대해 자신감도 생기게 된다. 모름지기 첫 단추를 잘 꿰면 그 뒤의 일도 술술 풀려 가게 마련인 것이다.

2) 판매 프로세스 2단계 : Telephone Approach(전화접근)

　필자가 개인적으로 생각하기에 판매 프로세스 중에서 가장 귀찮고 어렵지만 또한 가장 중요한 과정이 'Telephone Approach(이후 줄여서 TA라 약칭)'이다. 이제까지의 전통적인 영업방식이었던 'Relationship Sales'와 외국계 보험회사가 성공할 수 있었던 'Process Sales'를 나누는 기준 또한 'TA'를 하느냐 안 하느냐의 차이였다. 보험설계사의 전통적인 영업방식인 '사전 예고 없는 방문'이 활동량 측면에서는 하루에 많은 수의 가망 고객들을 만날 수 있다는 장점이 있지만 활동효율 측면에서는 그다지 좋은 성과를 내지 못했던 게 사실이었다. 거기다 '가망 고객의 반감'이라는 부정적 효과까지 있었기 때문에 보험설계사라는 직업에 대해서도 많은 선입관과 거부감을 조장해 오기도 했다.

　하지만 '프로세스 Sales'에서는 반드시 TA과정을 거치기 때문에 세일즈의 많은 부분들이 달라지게 됐다. 가장 큰 장점은 이른바 '부정형 고객'을 만날 가능성이 대폭 줄어들었다는 사실이다. '사전 예고 없는 방문'은 가망 고객이 마음의 준비 없이 FP를 만나게 되므로 가망 고객 3분류 원칙에 있는 '부정형 고객'을 사전에 걸러 낼 수 없다. 경우에 따라서 이러한 '부정형 고객' 중에는 성격이 과격한 사람도 있게 마련인데 그런 가망 고객을 만나면 FP의 자존심에 큰 상처를 입을 수도 있다. 예를 들면 FP의 면전에서 상소리를 한다든지 눈빛이 마치 무슨 벌레를 보는 듯 하는 상황들이 얼마든지 연출될 수 있다. 이러한 상황들이 사실은 FP에게 있어 가장 큰 공포감을 유발한다.

　그렇기 때문에 판매 프로세스에서 가장 중요한 과정이 바로 TA이다. 가망 고객에게 사전에 미리 전화를 통해 방문목적을 밝히고 시간 약속을 잡음으로써 마음의 준비를 시키는 과정이 TA이다. 이른바 '부정형 고객'들은 TA과정에서 대부분 걸러진다. 필자의 경우에도 소개 받은 고객에게 전화를 했는데 관심없다며 일방적으로 전화를 끊는 경우가 종종 있었다. 만약 이런 사람들을 예고 없는 방문으로 만나게 됐다면 어땠을까 하는 생각을 해 보면 소름이 끼칠 때가 많았다. TA과정은 FP에게 전문가로서 자존심을 지켜 주는 보호벽이자 '긍정형 고객'과 '중도형 고객'을 찾아내 주는 길잡이기도 하다.

이렇게 중요한 과정이지만 막상 전화기를 들고 가망 고객의 전화번호를 누르는 것은 쉽지 않다. '또 어떤 거절이 나올까' 하는 막연한 불안감도 있고 매너 없는 사람에게 전화를 거는지도 모른다는 공포감 때문에도 그렇다. 하지만 눈을 질끈 감고 번호를 눌러야 한다. 많이 하다 보면 나름대로 요령도 생기고 자신감도 생긴다. 그런 경지까지 올라가는 게 힘들긴 하지만 성공에 대한 열정으로 극복해야 한다.

일반적인 TA 순서는 아래와 같다.

① 첫인사
② 자기소개
③ 전화통화에 대한 양해
④ 소개자에 대한 영향력 주입
⑤ 전화목적 언급
⑥ 시간약속
⑦ 약속 재확인 및 종료인사

그럼, 표준적인 TA 과정을 살펴 보자.

FP : 여보세요? 홍길동 과장님 좀 부탁 드립니다.
가망 고객 : 예. 제가 홍길동인데요.

FP : 홍 과장님. 안녕하세요? 저는 ○○생명에서 근무하는 ○○○ FP라고 합니다. 실례지만 잠시 통화 가능하실까요?

가망 고객 : 네. 그런데 무슨 일이신데요?

FP : 김철수 과장님 아시죠?(네.) 제가 얼마 전에 김철수 과장님을 뵙고 저희 ○○생명의 재정안정보장계획에 대해 설명을 드렸는데 대단히 만족해하시면서 가입을 하셨습니다. 그래서 제가 소개를 부탁드리니까 가장 먼저 홍길동 과장님을 소개 시켜 주셨습니다. 매우 훌륭한 분이니까 잘 말씀 드려 보라고 하시면서요.

가망 고객 : 아. 그래요.

FP : 홍 과장님. 혹시 저희 ○○생명의 재정안정보장계획에 대해 들어보신 적 있으십니까?

가망 고객 : 글쎄요. 들어보진 않았는데 그게 무슨 내용인가요?

FP : 네. 재정안정보장계획은 홍 과장님처럼 30대 초반의 가장들에게 무척 도움이 되는 프로그램인데요, 가장의 역할을 어떻게 하면 더 잘할 수 있을지, 또한 보유하고 있는 자산을 어떻게 하면 좀 더 효율적으로 활용할 수 있을 지에 대한 내용입니다. 보험상품에 대한 내용이 아니니까 부담 갖지 않으시고 한 번 들어보시면 많은 도움이 되실 겁니다. 이번 주 수요일과 목요일 중 언제가 편하시겠습니까?

가망 고객 : 글쎄요. 저는 별로 관심이 없는데요.

FP : 네. 소개시켜 주신 김철수 과장님도 마찬가지셨는데요, 제가 설명하는 내용을 들어보시고는 대단히 만족해 하셨습니다. 홍 과장님도 저를 일단 만나

보시면 많은 도움이 되실 겁니다. 보험가입에 대한 권유 같은 것은 전혀 없다는 사실을 다시 한 번 말씀 드리구요, 과장님께서 평소에 생각해 보지 못했던 부분들에게 대해 좋은 정보를 전달해 드리고 싶습니다. 이번 주 수요일과 목요일 중 언제가 편하시겠습니까?

　　가망 고객 : 그렇다면 수요일이 괜찮겠네요.

　　FP : 수요일 오후 2시와 오후 4시 중 언제가 더 편하시겠습니까?

　　가망 고객 : 오후 4시가 편하겠네요.

　　FP : 그러면 이번 주 수요일 오후 4시에 사무실로 찾아 뵙겠습니다. 혹시 지금 메모가 가능하신가요? 제 이름은 ○○○이구요, 이번 주 수요일 오후 4시에 찾아 뵙는 걸 메모해 주시길 부탁드리겠습니다.

　　가망 고객 : 네. 알겠습니다.

　　FP : 그럼, 수요일에 도착해서 전화 드리겠습니다. 안녕히 계십시오.

　표준적인 화법에서 알 수 있다시피 TA의 목적은 '면담약속'을 파는 것이다. 그렇기 때문에 전화상으로 보험상품에 대한 내용이나 방문목적에 대해 너무 자세한 내용을 언급하는 것은 금물이다. 가장 좋은 방법은 가망 고객의 호기심을 자극하는 것인데 요즘은 보험업계 말고도 각종 TM(Tele Marketing)이 극성을 부리기 때문에 이 또한 만만치 않은 실정이다. 그 때문에 아무래도 소개자의 영향력이 중요하고 이러한 영향력을 극대화해서 '소개장' 화법을 구사하는 것도 좋은 방법이 될 수 있다. '소개장' 화법은 나중에 '소개'를 다룰 때 다시 살펴보도록 하자.

　이처럼 TA과정이 어렵다 보니 나름대로 준비가 필요하다. 요즘에는 각 보험회사별로 TA화법에 대해 정리해 놓은 자료가 많은데 이를 적절히 활용하면 되고 전화상의 거절에 대해서도 자신감 있게 응대하는 것이 중요하다.

TA를 하기에 앞서 준비할 것은 일에 관련된 준비로
① 가망 고객 List
② 달력
③ 전화응대 화법
④ 거절처리 화법
⑤ 거울
⑥ 물 한 잔
⑦ 메모지 및 펜 등이 있다.

또한 TA에 임하는 정신자세에 관련된 준비로는
① 사전에 충분한 연습을 할 것
② 긴장을 풀 것
③ 자신감과 열정을 가질 것
④ 항상 미소를 지으면서 통화할 것
⑤ 보험판매가 아니라 면담약속을 얻어내는 전화라는 것을 상기할 것 등이다.

환경미화원이 거리를 깨끗하게 함으로써 사회를 아름답게 만든다는 사명감이 있을 때 그 모습이 아름다운 것처럼 똑같은 일도 어떤 마음을 가지고 임하느냐에 따라 결과가 달라 질 수 있다. 그래서 TA를 할 때도 긍정적이고 밝은 마음을 가지고 하는 것이 중요하고 바로 이 점 때문에 거울이 필요하다. 전화를 하면서 거울 속에 비친 자신의 모습을 보며 자연스레 미소를 지을 수 있는데 그 미소가 전화선을 타고 상대방에게 전달되어야 편안하게 약속을 잡을 수 있는 것이다.

프랭크 베트거의 '실패에서 성공으로'라는 책을 보면 가망 고객과의 약속을 얻어내기 위해 평균적으로 다섯번의 전화통화가 필요하고 이러한 전화 1통의 가치는 약 25,000원에 이른다고 한다. 즉, 거절을 두려워하지 말고 전화를 많이 할수록 약속을 많이 잡을 수 있고 그 약속이 계약과 연결되면서 결국 전화 1통화당의 경제적 가치는 점점 더 기하급수적으로 상승할 것이다.

프랭크 베트거처럼 노련한 FP도 1건의 약속을 얻어내기 위해 다섯번의 전화를 해야 했던 만큼 소개받은 가망 고객을 만나기는 쉬운 일이 아니다. 그래서 꾸준하게 전화하는 것이 중요한데 대부분의 FP들이 그렇게 못하는 이유는 고객으로부터 거절의 말을 듣는 순간 당황하고 좌절하기 때문이다. 한 번 그런 일이 생기면 또다시 전화기를 잡기가 더 힘들어지고 목소리도 힘이 없어지게 된다. 그렇기 때문에 TA를 잘 하려면 복싱에서 말하는 '맷집'이 필요하다. 가망 고객이 거절이라는 펀치를 계속 날려도 맷집이 좋은 복서처럼 다시 도전하는 끈기가 필요하다. '노련한 전문가도 다섯 번 만에 한 건의 약속을 잡았는데 그럼 나는 열 번은 해야겠구나'라는 각오로 꾸준하게 하다 보면 TA의 감을 잡을 수 있고 더욱 성공확률이 높아진다.

가망 고객이 전화상으로 거절을 했을 때 대응요령으로는 첫째, 거절을 일단 인정해야 한다. 가망 고객의 거절에 맞대응을 한다면 결국은 말싸움으로 끝나게 되고 이는 소개시켜 준 고객에게도 나쁜 이미지를 주게 되므로 무조건 인정을 하고 다음 화법을 진행해야 한다. 둘째, 거절의 내용을 정확하게 파악하고 다시 답변한다. 예를 들면 가망 고객이 "저는 보험상품에 관심이 없습니다"라고 했을 때 이미 많이 가입해서 그런 건지 아니면 보험을 싫어해서 그런 건지를 파악하고 응대해야 한다는 것이다. 그럴 때 유용한 화법이 'Yes', 'But' 화법이다. 일단 긍정을 하고 가망 고객의 진의를 파악한다. "아. 그러시군요. 그러면 실례지만 보험상품에 관심이 없는 이유를 여쭤 봐도 되겠습니까?" 등의 고객의 뜻을 존중하면서 실제로 가지고 있는 생각을 파악하는 화법이 가장 바람직한 화법이다. 셋째, 비유와 예시 화법을 구사한다. '사촌이 땅을 사면 배가 아프다'는 속담처럼 가망 고객들은 다른 사람의 사례에 대해 민감하다. "소개시켜 주신 이 과장님께서도 처음에는 그러셨지만 내용을 들어보시고는 대단히 만족해 하셨습니다.", "제가 말씀드릴 내용은 김 과장님처럼 30대 중반에 있는 가장분들에게 꼭 필요하면서도 도움이 되는 내용입니다." 등의 화법들이 가망 고객의 거절을 극복하고 호기심을 자극하는데 유용한 화법들이다.

판매 프로세스가 실제로 이루어지는 첫 과정이 TA이기 때문에 그 중요성에 대해서는 누구나 공감하지만 이를 매일 실천하기는 대단히 어렵다. 이러한 Telephone Approach를 다른 표현으로 'Sit Plan'이라고도 하는데 가망 고객과의 면담약속을 의미한다. 그래서 필자가 근무하는 지점에서는 개별적으로 진행하기 어려우니까 매주 화요일 오전과 금요일 오전에 지점 차원에서 모든 FP들이 동시에 집중적으로 Sit Plan을 실시하고 있다. Sit Plan이 잘 되어 있으면 '영업의 선순환'이 생기고, 반대로 잘 되어 있지 않으면 '영업의 악순환'이 생기게 된다. 내일 약속이 하나도 잡혀 있지 않은데 굳이 일찍 출근할 필요가 있을까? 그렇기 때문에 영업실적이 저조한 FP들의 Sit Plan을 살펴보면 일주일에 서너 건 정도가 고작인 경우가 많다.

그렇다면 어떻게 하면 Sit Plan을 효율적으로 할 수 있을까?

가망 고객이 내 고객이 됐을 때 필자는 그 고객과 보이지 않는 운명의 끈이 연결되어 있다는 느낌이 든다. 생각해 보자. 가망 고객이 처음 내 전화를 받았을 때 어제 저녁의 숙취로 머리가 아픈 상태일 수도 있고, 회의 준비를 하느라 정신이 없는 상태일 수도 있고, 업무상의 스트레스로 짜증이 많이 난 상태일 수도 있다. 반대로 전화를 거는 내 상태도 안 좋을 수 있다. 그런 여러 가지 경우의 수 범위에서 마침 상태가 괜찮을 때 서로 연결이 되어 계약에 이를 확률은 그리 높지 않다. 그렇기 때문에 운명의 끈이 서로 연결되어야만 내 고객이 되는 것이다. 가망 고객과 운명의 끈을 연결시키는 확률을 높이려면 나름대로 원칙이 필요하다.

■ Sit Plan Golden Time

하루 중에 언제 가망 고객에게 전화를 하는 것이 가장 좋을까? 아침 8시에 전화를 걸어 보자. 가망 고객이 출근 중일 수도 있고 출근해서 하루의 업무를 준비할 수도 있다. 그럴 때 보험회사 FP로부터 전화가 온다면 입장을 바꿔 놓고 생각해서 기분이 좋을까? 오후 1시반쯤 식곤증이 밀려올 때 또는 오후 5시쯤 퇴근을 준비할 때 전화하면 어떨까? 필자의 경험상 전화에 대한 가망 고객의 반응이 가장 좋은 시간이 있다. 바로 오전 10시부터 11시 30분까지, 오후 2시부터 오후 4시까지이다. 이 시간대가 TA의 성공률을 가장 높일 수 있다. 사실 이 시간대는 업무적으로도 가장 능률이 오르는 시간대이기도 한데 그만큼 맑은 정신에 활기 있게 통화할 수 있는 시간대이다. 여기에 하루 일과에 따른 신체적 리듬을 감안한다면 오전보다는 오후 시간대에 통화하는 것이 더 효과가 좋다.

그런데 이 시간대는 결정적 단점이 있다. 오전은 그렇다 치더라도 오후에는 대부분의 FP들이 활동을 나가게 된다. 활동을 나가서 시간 맞춰 전화하기는 쉽지 않을 것이다. 그럴 때 필요한 것이 '활동메모지' 이다. 활동메모지는 무슨 특별한 형식이 필요한 것은 아니고 그냥 일반메모지 상단부분에 그 날의 Sit Plan을 기록하면 된다. 대부분의 FP들이 가망 고객의 연락처 관리를 위해 PDA 같은 장비를 많이 활용하는데, 활동을 나가서 가망 고객에게 전화를 하려면 가방을 열고 PDA를 꺼내고 전화를 건 다음 다시 가방 속에 PDA를 넣어야 하는 불편함이 생긴다. 걸어가면서 이런 방식으로 전화를 하려면 큰 불편이 따른다. 그렇기 때문에 활동메모지에 그 날의 면담약속 일정과 연락처를 적어서 바지주머니에 넣어 두면 언제든지 편하게 활용할 수 있다.

필자의 경험에 의하면 약간 빠른 속도로 걸어가면서 Sit Plan을 하거나 또는 운전하면서 Sit Plan을 하는 것이 가장 효과가 좋았다. 걸어갈 때는 전신이 움직이고 있으므로 자연스럽게 기가 충만해서 저절로 목소리에 힘이 들어간다. 그리고 운전할 때는 조용한 차 안에 아무런 방해도 받지 않고 전화를 할 수 있기 때문에 편안하게 통화할 수 있다. 그리고 가망 고객을 기다리면서 전화를 하는 것도 좋은 방법이다. 이것은 두 가지의 효과가 있는데 첫 번째는 가망 고객을 기다리는 순간의 긴장감을 완화할 수 있고, 두 번째는 가망 고객이 처음으로 FP를 보는 순간에 아무 것도 안 하고 멍하니 앉아 있는 것보다는 열심히 전화통화를 하고 있는 모습을 연출하는 것이 이미지 메이킹에 많은 도움이 된다. 그래서 가망 고객을 기다릴 때는 전화를 하거나 아니면 적어도 책을 읽는 모습을 보여 주는 것이 좋다.

이렇게 활동하고 있는 시간대에 언제 어디서 전화를 하게 되더라도 주머니에 있는 활동메모지를 꺼내어 손쉽게 할 수 있으므로 PDA를 꺼내는 등의 사소한 스트레스를 받지 않을 수 있다. FP라는 직업의 특성상 안 그래도 다방면에서 스트레스를 많이 받게 되는데 사소한 스트레스라도 하나씩 없애 나가는 것이 FP 활동에 도움이 될 것이다.

이러한 활동메모지에는 크게 세 가지의 연락처를 기록할 수 있다. 상단부에는 그 날의 Sit Plan을 순서에 입각해서 기록하고, 중단부에는 전화를 해야 할 가망 고객들의 연락처를 기록한다. 마지막으로 하단부에는 만약의 경우를 대비해서 갑자기 가망 고객의 사정으로 약속이 어긋날 수 있으므로 동일지역에 있는 기존 고객이나 다른 가망 고객의 연락처 1~2군데를 기록한다. FP는 프로 세일즈맨이므로 갑자기 약속이 깨졌다고 해서 정처 없이 거리를 헤매서는 안 된다.

그럴 경우에 근처에 있는 기존 고객 또는 다른 가망 고객에게 연락을 해서 "갑자기 이 근처에 오게 됐는데 시간 되시면 커피 한 잔 하시죠?"라는 식으로

〈 O월 O일 O요일 〉

■ 금일 Sit Plan
① 12:00 김 모 과장 (위치 및 연락처)
② 14:00 이 모 대리 (위치 및 연락처)
③ 16:00 권 모 사장 (위치 및 연락처)
④ 17:00 박 모 과장 (위치 및 연락처)

■ 전화해야 할 가망 고객
① 김 모 과장 소개 (이름 및 연락처)
② 이 모 대리 소개 (이름 및 연락처)
③ 박 모 사장 소개 (이름 및 연락처)

■ 유사시 만나 볼 고객
① 김 모 고객 (위치 및 연락처)
② 이 모 고객 (위치 및 연락처)

한 명이라도 더 만나야 한다. 이러한 갑작스런 만남은 상대방에게 사전 준비를 시키지 않았기 때문에 일에 관련된 내용보다는 그냥 편안하게 대화를 나누는 것이 좋다. 갑작스런 만남이지만 편안하게 대화를 나누다 보면 의외의 소개가 나오는 경우도 종종 있다.

하루에 한 장씩 활동 메모지를 만들어 사용하고 그 다음 날에는 간단한 리뷰 후에 버리면 된다. 매일 오전에 활동을 나가기 전에 활동 메모지를 만들어 보자. 오늘 만날 가망 고객들을 쓰는 순간 오늘 하루의 그림이 그려지면서 마음이 뿌듯해지고 자신감도 생기게 된다. 그리고 이동하면서 또는 가망 고객을 기다리는 시간에 또 다른 Sit Plan을 해 보자. 프로 세일즈맨으로서 빈틈없이 시간을 활용할 수 있고 가망 고객과의 면담약속을 잡을 확률 또한 높아진다.

■ Sit Plan Golden Day

Sit Plan의 효율적 방법에는 Golden Time이 있는 것처럼 Golden Day가 있다. 그렇다면 가망 고객에게 오늘 오전에 전화해서 언제 약속을 잡는 것이 가장 좋을까?

① 오늘 오후   ② 내일   ③ 모레   ④ 글피 또는 그 이후

정답은 ③번이다. ①번 오늘 오후는 절대로 해서는 안 된다. 오늘 오전에 전화해서 오후에 만나자고 하는 것은 가망 고객의 스케쥴을 완전히 무시하는 처사다. 특히 소개받은 가망 고객의 경우는 더 말할 나위도 없다. 그리고 ④번 글피 또는 그 이후는 하늘도 모르고 땅도 모르는 일정이기 때문에 약속을 잡았다 하더라도 막상 그 날이 되어서는 여러 가지 이유로 만나지 못할 가능성이 높다. 그러면 ②번 내일과 ③번 모레가 남게 되는데 가장 좋은 일정이 바로 모레

이다. 일반적으로 대부분의 평범한 사람들은 보통 내일 정도까지는 일정이 잡혀 있다. 그래서 오늘 전화해서 내일 약속을 잡을 확률은 희박하다. 또한 낯선 사람에게 전화가 와서 내일 만나자고 하면 입장을 바꿔 놓고 생각해 봐도 부담을 느낄 것이다. 따라서 그러한 부담감을 완화하면서 가망 고객이 또렷하게 약속을 기억할 수 있는 모레가 가장 좋다.

그러므로 Sit Plan은 매일 해야 한다. 오늘 전화해서 가장 만나기 좋은 날이 모레이므로 매일매일 Sit Plan을 해야 약속이 펑크날 확률을 낮추고 가망 고객과의 면담을 원활하게 진행할 수 있다. 어떤 FP들은 하루에 일주일치의 약속을 다 잡는 경우도 있는데 그런 경우 약속은 잡았어도 실제로 지켜질 확률은 희박하다.

지금까지 효율적인 Sit Plan의 방법에 대해 알아보았는데 Sit Plan Golden Time과 Golden Day, 활동메모지 사용을 습관화해서 매일 매일 진행하면 시간이 흘러갈수록 가망 고객이 늘어나면서 영업이 잘 되는 '영업의 선순환'을 이루어 낼 수 있다.

3) 판매 프로세스 3단계 : Approach(초회면담)

가망 고객과의 첫 대면이 Approach(이후 줄여서 AP라 함)이다. 일반적으로 FP는 가망 고객과의 AP를 앞에 두면 가슴이 설레기도 하고 약간 흥분된 감정을 갖기도 한다. 지금 만나게 되는 가망 고객이 어떤 유형의 사람인지, 내가 어떤 도움을 줄 수 있을 것인지, 대화가 잘 되어 내 고객이 됐으면 하는 바람까지 여러 가지 생각을 하게 된다.

하지만 가망 고객의 심리상태는 어떠할까? FP처럼 가슴이 설레이거나 흥분된 감정을 가질 수 있을까? 대부분의 가망 고객은 낯선 사람을 만난다는 부담감과 번거로움 반에 소개자의 영향력이나 TA과정에 부담을 느끼면서도 일단

한 번 들어나 보자라는 약간의 호기심이 반일 것이다.

즉, 똑같은 만남에 있어서 FP와 가망 고객의 심리상태는 하늘과 땅 차이다. 가망 고객은 아무 생각 없이 만나러 나올 가능성이 크다. 어쩌면 소개자의 영향력 때문에 예의상 한 번 만나나 주자라는 생각으로 무장하고 있을 가능성도 높다. 그러한 심리상태의 가망 고객 앞에서 어떻게 대화를 진행하는 것이 가장 효율적일까? 여기에 AP과정의 핵심이 있다. 어쩌면 보험이라는 상품에 대해 선입관과 부담감으로 똘똘 뭉쳐 있을 지도 모를 가망 고객을 상대로 FP가 원하는 방향으로 원활하게 대화를 진행하려면 그만큼의 노하우가 필요하다. 이러한 노하우를 화법이라고 표현하는데 이러한 화법들은 다양한 과학적 근거(예를 들면 심리학, 통계학, 경제학 등)를 통해 개발됐으며 수많은 FP들의 실전경험들이 덧붙여지면서 보완되어 왔다. 필자도 한 달 과정의 입사교육으로 과연 가망 고객들을 설득할 수 있을까 하는 의문점이 많았는데 입사기초과정에서 배운 화법을 쓸 때마다 화법에 나와 있는 내용대로 가망 고객들이 똑같이 반응하는 것을 보면서 탄복하고는 했다. 앞으로 소개할 수많은 화법들도 기본적인 컨셉에 필자의 경험과 아이디어를 결합해서 만들어 낸 것이다.

AP화법을 쉽게 풀어서 설명하면 '그물망식 화법'이라고 할 수 있다. 가망 고객을 망망대해를 떠다니는 물고기로 비유한다면 그야말로 어디로 갈 지 모르는 것이 가망 고객의 심리상태라고 할 수 있다. 원양어선들이 물고기를 가운데 두고 큰 그물을 친 후 조여 가며 물고기를 잡듯이 가망 고객을 포위하는 그물(화법)을 친 후 서서히 FP가 원하는 방향으로 대화를 유도해 가는 화법이 바로 AP화법이다.

AP화법에 있어서 가장 유의할 점은 자신이 취급하고 있는 보험상품에 대해서는 가급적 언급하지 않는 것이다. 이것은 가망 고객의 심리상태를 역이용하는 것인데 가망 고객의 입장에서는 보험세일즈맨이 와서 분명히 보험상품에 대해 이러쿵저러쿵 세일즈를 할 것으로 예측하고 있기 때문에 오히려 그런 부분을 전혀 언급하지 않음으로써 가망 고객에 대한 주도권을 확보할 수 있다. 또한 TA과정에서 보험상품에 대해 세일즈하는 것이 아니라는 것을 이미 언급했기 때문에 그러한 약속을 지키는 차원에서도 보험상품에 대해서는 이야기를 꺼내지 않는 것이 좋다.

　TA(전화접근)의 목적이 약속을 잡는 것이라면 AP과정의 목적은 FF(Fact & Feeling Finding Interview, 가망 고객에 대한 전반적 사항)를 받는 것이다. 따라서 목적을 정확히 인식하고 불필요한 대화를 삼가야만 30분 이내에 AP를 끝낼 수 있다. 필자의 경험상 30분이 넘어가면 가망 고객은 시계를 쳐다보게 되고 쌍방의 마음이 조급해지면서 FF를 받지 못하고 AP를 끝내게 되는 경우도 종종 있었다. 그러므로 바쁜 가망 고객의 일정을 고려해서라도 30분 이내에 집중해서 AP과정을 진행해야 한다.

　　AP화법의 순서는 다음과 같다.
　① 첫인사 및 명함전달
　② 자기소개
　③ Ice Breaking 및 부담감 해소
　④ 재정안정보장계획 소개
　⑤ 동기부여화법
　⑥ 보장설계의 4원칙
　⑦ FF 작성 및 소개요청

　이러한 AP화법을 자기 것으로 만들기 위한 가장 좋은 방법은 통째로 암기하는 것이다. 필자도 입사기초과정에서 AP화법을 암기하느라고 고생한 경험이 있는데 판매 프로세스는 보험세일즈의 기본 중의 기본이므로 반드시 암기할 필요가 있다. 영업을 계속 하다보면 상황에 따라 판매 프로세스가 지켜지지 않는 경우가 종종 있는데 AP화법을 통째로 암기해 놓으면 어떤 상황 하에서도 자연스럽게 활용할 수 있다.

그렇다고 무턱대고 암기하기란 쉬운 일이 아니다. AP화법의 흐름을 먼저 숙지하고 계속 연습을 하는 것이 중요한데 이러한 연습방법 중에서 가장 대표적인 것이 RP(Role Playing)이다. RP는 말 그대로 두 명이 각자 역할을 정하고 실제로 화법을 전개해 보는 것인데 이를 비디오로 찍어서 스스로 점검해 볼 수도 있다. RP화법에는 AP화법 말고도 PC화법, 연금화법, 변액보험화법 등 다양한 종류가 있으며, 요즘에는 각 보험회사별로 표준 RP화법들을 보유하고 있으므로 열심히 연습하면 보험전문가로서의 기본을 탄탄하게 구축할 수 있다.

그러면 필자가 나름대로 정리한 AP화법의 전문(全文)을 먼저 보고 각 항목별로 세부적인 과정을 살펴보도록 하자. 형식적인 대화내용은 빼고 가망 고객에게 전달해야 하는 내용 위주로 정리하였다.

〈 Approach 화법 〉

※ AP시 마음가짐

　▶ 침착하라. 대화 시간 내내 열정적이면서도 냉정을 잃지 말자.

　▶ 꼭 이 말은 해야 되겠다는 클로징 멘트를 준비하라.

　▶ 가망 고객의 부정적 반응에 당황하지 말고 항상 질문으로 대처하라.

　★ 그렇게 생각하시는 특별한 이유가 있으십니까?

　그렇게 하려는(그렇게 생각하시는) 이유는 제가 보기에 ～한 이유인 것 같은데 제 생각이 맞습니까?

1. Ice Breaking

○ 서두 : 최근 정치, 경제, 사회, 국제적 이슈 및 날씨 등
○ 고객파악 : 직업, 업무, 최근 직장분위기, 가족사항, 칭찬 등

  - 자녀에 대한 꿈

  - 부모님에 대한 사랑, 해 드리고 싶은 것

  - 부인에 대한 사랑

  - 본인의 장래 포부

  - 신상내용(학교, 전공, 고향, 가족관계 등)

  - 기타 레저, 취미, 여가, 종교 등

■ 전직동기 언급 ⇒ 필요시

■ 부담감 해소

- 혹시 보험회사에서 찾아온다고 하니까 부담스럽지는 않으셨습니까?

  ⇒ 제가 지하철을 타고 오면서 고객님의 입장에서 생각해 보니까 보험회사에 있는 사람이 전화하고 온다고 하면 무척 부담이 되실 것 같았습니다.

- 일반적으로 보험을 가입하면서 다른 사람을 소개해 준다는 것이 정말 어려운 일이라는 걸 저희들은 더 잘 알고 있습니다. 하지만 두 분간의 관계가 불편해질 수 있는데도 불구하고 소개를 해주신 걸 보면 믿으실 만하지 않겠습니까? 정말 좋은 정보이고 한 번쯤 생각해봤어야 할 내용이기 때문에 소개를 해주신 겁니다.

- 지인의 경우 : 정말로 좋은 프로그램을 배웠는데 여러 사람을 놓고 고민

하다가 당신에게 가장 큰 도움이 될 것 같아서 왔다.

■ 회사소개 및 FP Job 소개

■ 보험에 대한 불만 과다시
- 그 밖에 보험에 대해 나쁜 기억이 있다면 더 얘기를 해 주시겠습니까?
그런 내용들은 저 같은 FP들에게 아주 도움이 되거든요.
- 현재 여러 가지 보험을 들고 계시는데 내는 돈에 비해 상당히 만족을 못
하시는군요. 바로 그런 이유 때문에 제가 온 것입니다.

■ 보험에 대한 의식 환기
- 보험이 필요하다고 생각하십니까? 왜 그렇게 생각하시죠?
 ⇒ 보험은 언제 가입해도 후회하는 상품이라고 합니다. 일반적으로 보험료는
자동차 보험이 그렇듯이 날아가 버리는 것이라고 생각하기 때문이죠. 일례로
보험을 가입하고 일찍 죽어서 보험금을 탄 사람도 후회하고, 반대로 오래 오래
장수해도 후회한다고 합니다. 왜 그렇다고 생각하십니까? 일찍 죽은 사람은 진
작에 더 큰 보험을 가입할 걸 하고 후회를 하고,반대로 장수한 사람은 차라리
은행에 넣어둘 걸 하고 후회한다고 합니다.
하지만 보험을 가입하지 않은 사람은 더 큰 후회를 합니다. 그것도 만약의 사태
를 당했을 경우 상상도 하지 못할 만큼 무지막지한 후회를 말이죠. 그렇게 후회
하게 되는 이유는 단 한 가지 때문입니다. 태어나는 건 순서가 있지만 데려가는
건 순서가 없다라는 단 한 가지 이유로 말입니다. 그런 점에 고객님이 어떤 보
험을 가입하셨는지는 모르겠지만 만약 가입하고 계시다면 그것은 정말로 잘한
일이라고 감히 말씀드릴 수 있습니다.

- 지금 내시고 있는 보험료가 아깝다는 생각을 해 보신 적은 없으십니까?

- 진정한 친구는 어려울 때 찾아오는 친구라고 합니다. 지금 고객님이 얼굴도 모르는 수 천, 수 만 명에게 조의금을 내고 있다고 생각해 보세요. 그러다 고객님이 만약 어려운 일을 당했다고 했을 때는 마찬가지로 그 동안 조의금을 받은 사람들이 고객님한테 조의금을 내게 마련인 것입니다.(인간관계적 측면)

- 보험을 가입하면서 보험료가 아깝다고 생각하지 마십시오. 일반적으로 가장의 어깨에는 두 가지 짐이 있다고 합니다. 바로 가장으로서의 짐과 사회의 일원으로서의 짐 두 가지 말입니다. 보험을 아깝다고 생각할게 아니라 돈을 내고 질병, 암, 장해, 과로사의 위험으로부터 벗어난다고 생각해 보십시오. 오히려 너무 적게 돈을 내고 있다고 생각하시게 될 겁니다.

- 지금 자동차를 갖고 계십니까? 그러면 자동차보험을 가입하고 계시겠네요? 자동차보험을 가입하고 계신 목적(이유)이 무엇인지 물어봐도 되겠습니까?
그렇다면 한 번 생각해 보시죠. 나하고는 아무런 상관도 없는 타인을 위해 1년에 수십만 원이나 되는 보험료를 내는 것은 전혀 아깝지 않은데, 자신이 사랑하는 가족들을 위해서 가입하는 생명보험은 보험료가 아까워 가입하지 않는 것이 과연 진정한 가장으로서의 역할일까요? 저 같으면 자동차를 끌지 않더라도 사랑하는 가족들을 위해 먼저 생명보험에 그것도 아무 보험이 아니라 우리 가족에 꼭 맞는 그런 생명보험에 가입하겠습니다. 그런 이후에 여유가 생긴다면 자동차를 끌든지 말든지 하구요. 제 말은 어떤 것에도 우선순위가 있다는 것입니다. 지금 한 번 생각해 보시죠.

과연 고객님의 입장에서 어느 것을 제일 먼저 해야 하는지를…

2. 방문목적

– 제가 오늘 말씀드리려는 내용은 한 가정에 대한 재정안정보장계획이라는 프로그램입니다. 이 프로그램은 한 가정의 가장이 어떻게 하면 가장의 역할을 더 잘할 수 있는지, 그리고 현재 가지고 계신 자금을 어떻게 하면 보다 효율적으로 운영할 수 있는지에 대한 내용입니다.

■ 선입견 제거 멘트

– 일반적으로 대화를 나눔에 있어 가장 어려운 점은 선입견을 갖는다는 점인데요, 제가 보험회사에서 왔으니까 분명 보험을 가입하라는 말일 거다, 분명히 보험얘기겠지 등등의 선입견을 갖고 계시다면 지금부터는 모든 걸 잠시 잊어버리시고 허심탄회하게 대화를 나누었으면 좋겠습니다. 제가 보험회사 직원이라기보다는 남자 대 남자로서, 한 가정의 가장 대 가장으로서 말입니다.

– 부담없이 제가 하는 이야기들을 들으시고 그 중 좋은 부분들만 취하시면 됩니다. 과장님을 소개해주신 김 과장님께서 꼭 한 번 들려주라는 말들입니다.

– 지금부터 저와 나누게 될 이야기는 지금껏, 그리고 앞으로도 어느 누구와도 나누기 힘든 이야기가 될 것입니다만 대화를 나누고 난 뒤에는 "정말 가장으로서 한 번쯤은 꼭 생각해 봤어야 하는 문제구나"라고 느끼실 것입니다. 시간은 약 30분 정도 소요되겠는데 진지하게 말씀을 나누신다면 정말 소중한 시간으

로 기억이 되실 것입니다. 그렇게 해 주실 수 있으시겠죠?

3. 고객의 보험가입상태 파악

- 김 과장님께서는 평소 보장이라는 것에 대해 어떻게 생각하고 계셨습니까?

※ 보장 : 가장이 경제적으로 책임을 다하지 못하는 상황, 즉 사망, 고도의 장해, 질병 등의 상황이 됐을 때 남은 가족이 경제적으로 곤란을 겪지 않도록 미리 준비해 두는 계획

※ 보장이 없을 경우 : 왜 보장이 없는지 질문. 다른 보장수단이 있는지, 보험 가입후 해약한 경험이 있는지, 보험에 대한 안 좋은 기억이 있는지 함께 질문.

- 그러시군요. 우리 일반인들이 가장 손쉽게 해결할 수 있는 방법은 바로 보험으로 해결하는 것이죠. 그러면 어떤 보험을 갖고 계십니까?

- 보험료는 얼마정도 납입하시는지요?

- 가입한 경로는 어떠십니까?

- 죄송하지만 왜 보험을 가입하셨는지 여쭤 봐도 되겠습니까?

- 노후를 위해서 연금보험, 보장을 위해 건강보험, 암에 대한 대비로서 암보험을 상당히 적절하게 가입을 해 놓으셨네요. 보통 제가 많은 분들을 만나 보면 가족을 사랑하는 마음이 지극한 분들이 보험을 많이 가입하고 있고, 또 친한 분들의 부탁을 거절하기 힘든 가슴이 따듯하신 분들이 많이

가입하셨더군요. 그렇지 않으십니까? 그러시면 가입하신 보험들의 보장
내용은 어느 정도 되는지 알고 계십니까?

- 그러면 이 보험들을 가입하고 계시면서 만족하십니까?
〈주의 환기 : 한 박자 쉬고〉

- 그러면 고객님께서는 이 세상에서 가장 소중한 게 뭐라고 생각하십니
까?(행복, 돈, 명예의 주체가 누굽니까? 그러면 함께 사시는 가족은 어떻
습니까?)

- 예, 고객님과 가족이 아마도 가장 소중하실 겁니다. 보험이라는 것은 세
상에서 가장 소중하게 생각하는 나와 가족들을 보호하기 위해 가입을 하
는데, 많은 분들이 보장내용에 대해 정확하게 알지 못하고 보험료를 얼마
나 내는지, 심지어는 어떤 상품에 가입했는지도 모른다는 겁니다. 한 달
에 10만 원이면 일 년에 120만 원이라는 적지 않은 돈인데 아깝지 않으십
니까?
(고객님께서는 다른 사람들에 비해 가족에 대한 사랑으로 보험을 많이 가
입하셨는데 본인이 어떤 보험을 가입하셨는지, 보장내용은 어떤지 잘 모
르시고 만족도 또한 떨어지시는 상황이군요.)

- 만약 내일부터 기름값이 리터당 100원이 오른다면 어떤 일이 생기는 줄
아십니까? 오늘 서울시내 각 주요소에는 다만 몇 천 원이라도 절약하기
위해서 수많은 사람들이 줄을 설 것입니다. 이렇듯 몇 천 원을 절약하기 위
해서라도 갖은 노력을 다하는 게 사람의 심리인데, 몇 만 원 아니 몇 십 만
원이라는 피땀 흘려 번 돈을 투자함에도 불구하고 그 반대급부를 전혀 느

끼지 못하고 계시는 것이 저희들 같은 전문가들이 보기엔 굉장히 안타까운 일이라고 생각합니다.

4. 동기부여

– 고객님은 장래에 있을지 모르는 위험에 대비해 보장이라는 그 자체가 필요하다는 생각은 드십니까?

– 저희들은 필요하다는 것과 절실하다는 것에 차이를 두고 있습니다. 어느 가장도 보장이 필요하다는 것을 인식하고 계시지만 막상 보험료라는 고통을 감수하고 행동으로 옮기는 것은 굉장히 어렵다는 것입니다. 그래서 보장이란 과연 어떤 것인지 쉽게 이해하실 수 있도록 한 가지 예를 들어 보겠습니다.

① 물가의 수지 이야기

– 고객님 자녀분 계시죠? 이름이 뭡니까? 나이는요?

– 고객님 혹시 수지를 데리고 물가에 가 보신 적 있으시죠? 아이를 안고 물 속 깊은 곳으로 점점 들어가면 아이들의 반응은 어떨까요? 아마 고객님과 떨어지지 않으려고 고객님 목을 꼭 움켜쥐고 놓치지 않으려고 할 겁니다.

– 이렇듯 고객님의 가족들은 고객님께 의지한 채로 살고 있는 것입니다. 그런데 불가피하게 잡고 있던 손을 놓아야만 한다면 그 때 고객님의 심정은 어떻겠습니까? 그리고 그 때 그 손에 뿌리쳐지는 수지의 마음은요?

이를 바라보는 사모님의 심정은 또 어떨까요?

- 물에 빠져 허우적거리는 수지를 바라보고 있을 수밖에 없는 상황에서 만약 누군가가 헤엄쳐 가서 수지를 무사히 육지로 데려올 수 있다면 그 분에게 어떤 마음이 드시겠습니까? 아마 하늘 아래 둘도 없는 은인이라고 생각하실 것입니다. 이렇듯 보장이란 사랑하는 가족들이 정말 어려운 상황에 처했을 때 따뜻하게 위로해 주고 보살펴 줄 수 있는 것을 말합니다.

② 다이빙보드 이야기

- 한 가지 더 예를 들어 보겠습니다. 아무도 없는 수영장에 2m 높이의 다이빙보드가 있는데 그 끝에 10만 원이 있다면 고객님은 어떻게 하시겠습니까? 아마 가서서 주워 오실 겁니다. 만약 미끄러진다 하더라도 밑에는 수영장이기 때문에 다치실 염려도 없겠지요.

- 그런데 상황을 바꿔서 63빌딩 꼭대기에 다이빙보드가 있고 그 끝에 3억 원이 있다면 어떻게 하시겠습니까? 돈보다 생명이 소중하니까 아마 가시지 않겠지요.

- 그러면 날씨가 춥고 강풍이 부는데 다이빙보드에 살짝 얼음이 덮여 있다면 어떠실까요? 당연히 가시지 않겠지요. 무조건 떨어질 테니까요.

- 그런데 만약 수지가 그 끝에 매달려 있다면 어떻게 하시겠습니까? 매달려 있는 팔에서 점점 힘이 떨어지고 구해주기를 간절히 바라보는 수지의 눈을 쳐다본다면 같이 떨어져 죽는 한이 있더라도 다이빙보드를 걸어가시

겠지요. 그런 심정이 바로 고객님께서 자녀를 사랑하는 마음일 것입니다.

- 그런데 고객님은 63빌딩 아래에 서 계시기 때문에 그저 바라볼 수밖에 없다면 어떤 기분이 드시겠습니까? 엘리베이터를 타고 올라간다 해도 시간이 걸리기 때문에 수지는 버틸 수가 없습니다.

- 만약 그런 상황에서 누군가가 뚜벅뚜벅 다이빙보드를 걸어가서 무사히 수지를 구해내 올 수 있다면 그 분에게 어떤 마음이 드시겠습니까? 아마 하늘 아래 둘도 없는 은인이라고 생각하실 것입니다. 이렇듯 보장이란 사랑하는 가족들이 정말 어려운 상황에 처했을 때 따뜻하게 위로해 주고 보살펴 줄 수 있는 것을 말합니다.

③ 열쇠아이(동아일보 98년 12월) 화법

- 철수와 영희라는 두 명의 자녀를 둔 단란한 가정이 있었습니다. 철수와 영희는 유치원을 다니고 있었는데 엄마가 매일 유치원에 데려다 주며 지극한 사랑을 받고 있었습니다. 그런데 어느 날 갑자기 아빠가 안보이면서 엄마가 슬프게 울고 있는 상황이 발생했습니다. 이모한테 물어 보니 아빠가 하늘나라로 가셨다는 대답뿐이었습니다. 철수와 영희는 아빠가 무척 보고 싶었지만 꾹 참을 수밖에 없었습니다.
그로부터 얼마 후 철수와 영희의 생활에 많은 변화가 생겼습니다. 유치원에는 똑같이 다니게 됐지만 이번에는 유치원 선생님이 데려다 주고 엄마는 일하러 나가게 됐습니다. 유치원에서 돌아오면 둘이는 늘 그렇듯이 아파트 복도를 뛰어 가며 무의식적으로 현관문을 두드리지만 아무런 반응이 없습니다. 그제서야 철수는 목에 걸려 있는 열쇠가 생각납니다.(그래서

열쇠아이라는 제목이 붙게 됐음)

- 목에 걸려 있는 열쇠로 문을 열고 들어가서 둘이는 신나게 놀았습니다. 예전에 엄마가 집에 있을 때는 간섭을 많이 했기 때문에 마음껏 놀기 힘들었지만 이제는 아무도 뭐라고 하는 사람이 없어서 편하게 놀 수 있었습니다. 하지만 며칠이 지나면서부터는 놀이도 지루해지기 시작했습니다. 그래서 다른 놀이를 찾다가 한 가지 재미있는 놀이를 찾아냈습니다. 그 놀이는 바로 달력에 있는 검은 색 숫자를 빨갛게 칠하는 놀이였습니다. 철수와 영희는 왜 그 놀이가 재미있었을까요?

- 달력의 빨간 색 날에는 엄마가 몹시 피곤한 모습이어도 예전처럼 함께 놀아주었기 때문에 어린아이 생각으로 '달력의 검은 색 숫자를 모두 빨갛게 칠하면 엄마가 매일 같이 놀아주지 않을까' 하는 마음에서 숫자 칠하기 놀이를 했던 것입니다. 즉, 철수와 영희는 부모님의 따뜻한 사랑이 절실히 그리웠던 것입니다.

- 자. 이번에는 다른 사례를 말씀 드리겠습니다. 철수와 영희에게 일어난 상황은 똑같습니다만 이번에는 엄마가 예전처럼 집에서 아이들을 돌봐 주고 있습니다. 변한 것이 있다면 아빠가 먼곳으로 가서 볼 수 없다는 것과 엄마가 예전보다 더 잔소리가 심해졌다는 사실이었습니다.

- 그리고 한 가지 더 변한 것은 매월 일정한 날이 되면 엄마는 철수와 영희를 데리고 근처의 은행으로 향합니다. 은행에서 돈을 찾은 후에 엄마는 철수와 영희에게 통장을 들어 보이며 이런 말을 합니다. "철수야. 영희야. 아빠는 먼 곳으로 가셔서 너희들을 볼 수는 없지만 이렇게 매달매달 엄마

와 너희들을 위해 월급을 보내 주고 계신단다. 그러니까 아빠가 없더라도 꾹 참고 더 건강하게 더 올바르게 잘 자라야 하는 거야. 알았지?" 이렇게 말하는 엄마의 두 눈에는 이슬이 맺혀 있었습니다.

- 고객님은 만약의 경우가 발생한다면 어떤 가정이 되길 원하십니까? 앞서 언급한 이 두 가지 삶을 극명하게 비교 하는 것이 바로 보장이라는 것이죠. 사랑하는 가족들이 정말 어렵고 힘든 상황에 처했을 때 따뜻하게 위로해 주고 보살펴 줄 수 있는 것, 그것이 바로 보장입니다.

④ 클리프 행어 화법 (자녀가 없는 신혼부부에게 적합)

- 고객님. 혹시 '클리프행어' 라는 영화 본 적 있으십니까?
그 영화는 까마득한 절벽 위 밧줄에서 실버스타 스탤론의 팔에 친구의 부인이 매달려 있는 장면에서 시작하는데요, 실버스타 스탤론이 친구의 부인을 구하기 위해 최선을 다하지만 팔에서 점점 힘이 빠져 결국은 친구의 부인이 떨어지고 맙니다. 떨어지는 순간 친구 부인의 얼굴이 클로즈업되는데 그 때의 얼굴표정은 지금도 잊을 수가 없습니다.

- 만약 고객님과 사모님이 똑같은 상황에 처해서 고객님은 팔에서 점점 힘이 빠져 가고 사모님은 제발 구해 달라며 애원하는 눈으로 쳐다보고 있다면 어떤 기분이 드시겠습니까? 인생의 동반자인 사랑하는 부인을 구하고 싶은데 팔에서는 점점 힘이 빠져 가고 사모님 또한 그것을 느끼고 있다면 어떻게 하시겠습니까?

- 바로 그 순간 누군가가 밧줄을 타고 넘어와 힘센 팔로 사랑하는 사모님

을 끌어올려 구해줄 수 있다면 그 분에게 어떤 마음이 드시겠습니까?
아마 하늘 아래 둘도 없는 은인이라고 생각하실 것입니다. 이렇듯 보장이
란 사랑하는 가족들이 정말 어려운 상황에 처했을 때 따뜻하게 위로해 주
고 보살펴 줄 수 있는 것을 말합니다.

⑤ JAL기 추락사건 화법

- 1985년 8월에 하네다에서 오오사카로 가는 JAL기가 일본의 최고봉인
후지산에 충돌해서 탑승한 520명 전원이 사망하는 사고가 발생했습니다.
일본처럼 안전을 중시하는 나라에서는 감히 상상도 못했던 사건이었는데
요, 탑승객 가족들 수천 명이 희생자들을 찾으러 후지산을 뒤지던 중 어느
부인이 한 장의 종이를 발견하고 오열하는 모습이 목격됐습니다.

- 그 종이에는 다급하게 휘갈겨 쓴 글씨로 '도모코. 미안해. 교오코를 부
탁해' 라는 글씨가 쓰여 있었습니다. 글씨의 주인공은 JAL기에 탑승하고
있던 남편이었는데 비행기가 추락하는 그 짧은 순간에 자신의 운명을 예
감하고는 사랑하는 가족에게 남긴 마지막 메시지였던 것입니다.
잠시 후면 추락해서 죽을 것임을 예감하는 짧은 순간에 떠오른 것은 은행
의 예금 잔고도 부동산도 아닌 사랑하는 가족들의 얼굴이었습니다. 특히
가장으로서 남편으로서 아빠로서 책임을 다하지 못하는 미안한 마음과 사
랑하는 딸을 보고 싶은 애절한 마음이 뒤섞여서 최후의 순간에 이런 글을
남겼던 것입니다.

- 보장이란 이처럼 절대 절명의 순간에서도 가족들을 생각하는 가장의 마
음을 담아 나에게 어떠한 경우가 생긴다 하더라도 사랑하는 가족들을 따

뜻하게 위로해 주고 보살펴 줄 수 있는 것을 말합니다.

⑥ 아침에 가족들에게 잘 다녀오겠노라 하고는 만약 다시는 집에 들어가지 못하는 경우가 생긴다면 가족들은 어떻게 살아갈까 하고 생각해 보신 적 있으십니까?

- 그렇습니다. 어떠한 환경 하에서도 가족을 생각하는 마음이 바로 가장의 마음인 것입니다. 또한 정말 어려운 상황에서 나와 내 가족들을 보호해 줄 수 있는 것이 바로 보장이라는 것이구요. 과연 살아 있을 때만 자식들에게 맛있는 피자를 사주고 부인에게 예쁜 옷을 사주는 것이 진정한 가장의 역할인지, 아니면 가장의 역할을 수행하지 못하게 된 상황에서도 가족들을 보호할 수 있는 것이 진정한 가장의 역할인지, 어떤 것이 진정으로 가치가 있는 것인지 깊이 생각해 봐야 한다는 것이지요.(이 말씀은 바로 제 가족이 아니라 고객님의 가족들을 생각해서 드리는 말씀입니다.)

- 물론 고객님도 이러한 점들을 모르시는 게 아니라 바쁘기 때문에 오로지 앞만 보고 달려가야 하기 때문에 자주 생각해 보시지 못하셨을 겁니다. 바로 그런 이유 때문에 제가 온 것이기도 하구요.

5. 보장계획 수립 유도

- 지금까지 왜 보장이 필요한지에 대해 이야기를 해 드렸는데 지금부터는 과연 보장계획을 어떤 관점으로 세워야 하는지에 대해 생각을 해 보겠습니다.

① 생명보험에서는 사망의 종류를 일반사망과 재해사망으로 구분하는데, 일반사

망은 질병으로 재해사망은 사고로 사망하는 걸 의미합니다. 지금 이 순간에도 우리 나라 30대 중반부터 40대 중반의 남자들이 누군가는 그런 일을 당하고 있을 텐데 요, 고객님이 생각하기에 우리나라 30대에서 40대의 남자들이 병으로 사망하는 확 률이 높을까요? 사고로 사망하는 확률이 높을까요?

- (보통 재해사망이 높다고 답변함) 그렇게 생각하시죠? 그런데 통계를 보면 일반사망이 65대 35로 훨씬 높습니다. 나이가 들수록 질병사망의 확률은 더욱 높아집니다. 그렇다면 왜 많은 분들이 재해사망이 많다고 생 각하실까요?
그건 아마 매스컴의 위력 때문이 아닌가 싶습니다. 사건이나 사고로 사망 하는 것은 매일 뉴스에 나오지만 옆집 아저씨가 고혈압으로 사망하면 뉴 스에 나오지 않는 것과 같은 이치입니다.

- 그러면 고객님이 현재 가지고 계신 보장들을 살펴보면 일반적으로 일 반사망시에 1천만~2천만 원 정도의 보장을 해줍니다. 확률이 낮은 재해 사망시가 되어야 1억~2억을 보장해주고 있죠. 이 말은 휴일 그것도 교통 사고로 죽어야만 높은 금액을 준다는 것입니다. 일부러라도 그렇게 죽기 힘든 경우가 되어야 준다는 것이죠. 그러면 만약 피치 못할 사정으로 내가 다른 사람에게 재해를 가하고 죽었다면 어떨까요? 아마 보험금은 보상비 로 써버리고 정작 필요한 가족들에게는 돌아가는 것은 한 푼도 없을 수도 있습니다.

- 그렇다면 이러한 보장을 가지고 있는 가장이 일반사망을 했다면 과연 남은 가족들은 실질적으로 현재의 생활을 유지해 나갈 수 있을까요?
지금 사모님이 직장을 가지고 계시지만 만약 그런 경우에 처했을때 사모님은 지속적으로 직장생활을 할 수 있을까요? 참고로 부부간의 경우 상대방을 잃은 충격을 회복하는데 적어도 3년 이상이 걸린다고 합니다.

– 가입한 보험의 수가 많고 보험료를 많이 내고 있는 게 중요한 것이 아닙니다. 정말 중요한 것은 내가 지금 가지고 있는 보장내용으로 사랑하는 가족들이 실질적으로 보장을 받을 수 있느냐 없느냐는 것입니다.

② 두 번째 질문입니다. 만약 30세 가장과 70세 가장이 동시에 사망했다면 과연 어느 가장의 가족들이 더 많은 보험금을 받아야 하겠습니까?

– 왜 그럴까요?

– 그렇습니다. 그렇다면 활동기에는 많은 보장이 노후기에는 상대적으로 적은 보장이 필요할 것입니다. 그러면 지금 고객님이 갖고 있는 보장들을 한 번 떠올려 보시죠. 아마 대부분의 보험들이 그런 필요와는 상관없이 획일적인 보장을 하고 있을 겁니다. 그것도 확률이 높은 질병사망시는 아주 적은 금액으로 말입니다.

그렇게 때문에 그냥 보험을 가입하는 것보다 인생에 있어서 필요한 시기별로 필요한 만큼의 보장계획을 세우는 것이 보다 합리적이지 않을까요?

– 만약 돈이 많아서 평생동안 큰 보장을 받을 수도 있겠지만 필요자금이상의 보장은 낭비가 되겠지요. 차라리 은행에 넣어 두는 것이 유리할테니까 말입니다. 또한 필요자금은 큰데 보장은 작은 보험들을 몇 개 가지고 있다면 유사시 가족들에게 경제적 고통을 안겨 주게 될 가능성이 있습니다. 그러므로 필요한 시기에 필요한 금액만큼의 합리적 계획 하나만 있으시면 인생을 편안하게 살아가실 수 있습니다.

③ 세 번째 질문은 보장기간에 관련된 것인데요, 고객님께서는 만약 지금 보장을 하나 가입하신다면 언제까지 보장받고 싶으십니까? 사모님은요? 자녀들은요?

- 네. 그렇습니다. 이왕이면 평생 동안 보장받고 싶으실 것입니다. 그리고 자녀들은 독립하는 시기까지만 보장 받으시면 만족하시겠죠.

- 하지만 이와는 반대로 기존의 보험들은 10년납 10년 보장, 길어야 10년납 20년 보장입니다. 즉, 10년, 20년 후 보험이 본격적으로 필요한 중년이 되면 보장기간이 모두 끝난다는 뜻입니다. 그 때 가서 보험이 필요 없을까요? 오히려 나이가 더 많아졌기 때문에 더 많이 필요로 할 것입니다. 하지만 나이가 많을수록 보험료가 비싸지는 보험의 속성상 자녀교육비 등 들어가는 돈이 많은 시기에 추가적으로 보험을 가입하기는 무척 어려울 것입니다. 그러다 질병이나 사고를 당하면 말짱 도루묵이 되는 것이죠.

- 그래서 보장기간은 무척 중요하게 고민해 보아야 할 부분입니다. 이왕이면 평생동안 보장받는 프로그램을 선택하시는 것이 가장 바람직할 것입니다.

④ 마지막 네 번째 질문입니다. 고객님께서는 오늘 아침 출근하시면서 사랑하는 사모님과 자녀들에게 "잘 다녀 오겠노라"고 약속하고 출근하셨을 텐데요, 만약 오늘 이 시점부로터 더 이상 집에 가지 못하는 상황이 발생하게 되면 사랑하는 가족들에게 얼마의 자금을 남겨주고 싶으십니까?

- 그 돈에 대한 근거는요?

- 그러면 현재 35세이신데 40세 때는요? 50세 때는요?

자! 이렇듯이 일일이 연령별로 내가 죽고 난 후 필요한 금액을 일일이 계산하면서 사는 사람은 없을 것입니다. 하지만 세상에서 가장 소중한 내가족들을 보호하는 계획이라면 그 금액을 구체적이고 정확하게 파악할 필요가 있다는 것이지요. 즉, 필요한 시기에 필요한 만큼을 구체적이고 정확하게 파악해서 보장계획을 수립하면 정말로 안심하고 사회생활을 영위할 수 있다는 뜻입니다.(나만의 보장계획)

6. FF 동기부여

– 자. 지금까지 진정한 가장의 역할, 보장의 목적과 합리적인 보장의 필요성에 대해 말씀을 드렸는데, 이러한 모든 부분을 충족시키면서 고객님 가족에게만 맞는 합리적이고 완벽한 보장계획이 필요하다는 생각이 드십니까?

– 지금까지 저와 여러 가지 대화를 나누셨는데 고객님이 생각하시기에 현재 스스로의 보장계획이 합리적이라고 생각하십니까?

– 만약 제가 고객님이라면 지금 현재 불입하고 있는 보험료로 가능하다면 보장시기, 보장금액별로 합리적인 보장계획을 세우고, 또한 여유자금이 있다면 사랑하는 사모님과 여유있는 노후를 보낼 수 있도록 준비하고 싶을 것입니다. 제 생각이 맞습니까?

– 그렇다면 지금 한 번 계획해 보십시오.
저는 지금 이 순간 이 세상의 어느 누구도 할 수 없는 일을 고객님을 위해 해드릴 수 있습니다. 바로 고객님의 재정안정보장계획과 노후에 관한 계획 수립을 도와 드리는 일이죠. (가족들에 대한 사랑을 실천하는 방법)

- 오늘 집에 가셔서 지금 저와 나눈 가족 사랑의 의미를 소중하게 다시 한 번 음미해보시길 바라며, 소중한 시간을 내 주셔서 감사합니다.(Closing Ment) 제가 자료를 준비하는 데 1~2일의 시간이 걸리는데 오늘이 화요일이니까 이번 주 목요일이나 금요일 중 언제가 더 편하시겠습니까? 네. 목요일이 편하시다구요. 그럼 목요일 오전과 오후 중 언제가 더 편하시겠습니까? 네. 그럼 이번 주 목요일 오후 2시경에 다시 찾아뵙고 고객님과 가족분들을 위한 보장플랜을 설명드리겠습니다.

지금까지 AP화법의 전반적인 내용에 대해 알아보았는데 전체적인 흐름을 보면 '그물망식' 화법의 전개과정을 이해할 수 있다. 가망 고객과 첫인사 후 간단한 Ice Breaking을 하면서 방문목적을 말하고 가망 고객의 부담감을 완화시킨 후 재정안정보장계획의 개념에 대해 설명한다. 이어서 보장에 대한 개념 및 기존 가입내역 파악, 그리고 주유소 화법을 통해 가망 고객의 불만을 고조시키면서 동기부여화법과 보장설계의 4원칙, 마지막으로 이러한 보장계획의 필요성에 대한 동의와 함께 FF를 작성하는 순서로 대화가 진행된다.

언뜻 보면 평범한 대화 같지만 AP화법은 치밀한 계산 하에 의도적으로 연출되는 화법이다. 큰 그물을 점점 조여서 물고기를 잡듯이 짧은 대화시간 동안 가망 고객의 마음을 흔들어서 FF를 적도록 유도하는 것인데, 이러한 화법을 잘 구사하려면 말의 강약과 음의 높낮이 조절을 잘 해야 한다. 예전에 부산 출신의 개그맨 이경규씨가 사투리를 고치기 위해 볼펜을 입에 물고 뉴스 앵커가 하는 말을 그대로 따라했다는 일화가 있는데 보통의 사람들은 평범한 말투가 입에 배어 있기 때문에 이경규씨 같은 노력이 필요하다.

특히 동기부여화법이나 보장설계의 4원칙을 말할 때는 약간 흥분한 것처럼 보일 필요가 있다. 매사에 열정적인 사람이 결국은 성공하는 것처럼 가망 고객을 내 고객으로 만들기 위해서는 AP화법의 한 구절 한 구절마다 최선을 다해야 한다. FP가 열정을 가지고 AP화법을 진행하면 비록 계약이 성사되지 않는다 하더라도 가망 고객은 그 FP에 대해 좋은 이미지를 간직할 수 있고 FP 또한 후회하지 않는 만남이었다고 자부할 수 있을 것이다.

그러면 AP화법의 세부 과정별로 자세한 내용을 살펴보도록 하자.

① 첫인사 및 명함 전달

사람은 첫인상이 90%를 좌우한다는 말이 있다. IFP(Insurance Financial Planner, 종합자산관리사)시험에서도 FP의 성공요인 중 가장 중요한 것이 바로 외모(Appearance)라는 시험문제가 있을 정도로 첫인상은 영업을 떠나 인간관계에 있어서 무시하지 못할 변수이다. 그렇기 때문에 FP는 외모에 신경 쓸 필요가 있다. 이를 전문용어로 이미지 메이킹(Image Making)이라고도 하는데 현대사회에서 성형열풍이 부는 현상과도 무관하지 않다. 잘 생긴 사람이 취업에 유리한 것처럼 FP도 타고난 외모는 어쩔 수 없다 하더라도 최대한 가꿀 필요가 있다. 여성 FP의 경우는 화장이라든가 의류를 통해서 변화를 줄 수 있지만 남성 FP는 보통 양복만 착용하게 되므로 액세서리에 신경을 써야 한다. 이를테면 넥타이핀이라든가 커프스 단추, 시계, 구두, 벨트, 넥타이 등 가망 고객에게 보여 줄 수 있는 모든 액세서리를 최고급으로 할 필요가 있다. 이른바 명품족이 되라는 것인데 단순한 사치가 아니라 영업을 위한 투자라고 생각하고 자신의 이미지 관리를 해야 한다. 물론 너무 오버해서 치장하면 역효과를 부를 수도 있으니 주변의 조언을 들어가며 자신의 스타일에 맞게 하는 것이 가장 좋다.

아울러 첫인사는 밝고 힘차게 해야 한다. 자신감 없이 쭈뼛하게 인사하는 것보다 밝은 목소리로 힘차게 인사하는 것이 가망 고객에게 훨씬 더 어필할 것은 자명하다. 가망 고객을 만나기 전에 항상 첫인사를 어떻게 할 것인지 연습을 하는 습관을 들이면 자연스럽게 자신감 있는 모습이 몸에 배일 것이다.

또한 명함은 자기 자신의 얼굴이라고 할 수 있다. 각 보험회사별로 명함의 디자인이 다르긴 하지만 획일적으로 되어 있기 때문에 가망 고객에게 어필하기 어렵다. 요즘에는 개성이 독특하면서도 차별화된 이미지를 줄 수 있는 명함들이 많이 나와 있다. 비용도 저렴한 편이므로 자신의 스타일에 맞게 만들면 되는데 단순히 회사명과 이름, 주소 같은 부분만 넣기 보다는 자신을 어필할 수 있는 구체적인 내용, 이를테면 출신학교, 전공, 경력사항 등의 프로필을 넣는 방법도 좋다. 프로필을 넣어 두면 우리나라처럼 학연과 지연을 따지는 민족도 드물기 때문에 종종 기대하지 않은 효과를 볼 수 있다. 또한 명함 뒷면에는 보통 앞면 그대로 영문을 넣게 되는데 외국인을 만날 일은 거의 없으므로 이곳에 자신이 취급하고 있는 상품과 상담내역을 넣어 활용하는 것이 훨씬 도움이 된다.

독특한 명함을 가지고 있으면 그것만으로도 화제거리가 될 수 있기 때문에 자신의 닉네임을 써 놓는 것도 좋다. '종합금융인', '대한민국 TOP FP', '대한민국 최고의 재테크짱' 등 가망 고객에게 어필할 수 있는 닉네임을 개발해서 써 넣으면 되고, 요즘에는 얼짱 사진관이 많이 있으므로 멋지면서도 신비롭게 사진을 찍어서 명함을 꾸미는 것도 좋은 방법이다.

② 자기소개

우리나라의 전통적인 관습에서는 겸손을 미덕으로 생각했지만 자본주의가 심화되면서 자신을 적극적으로 알리는 것이 일반화되고 있다. 많은 FP들이 명함만 주고 자기소개를 끝내는 경우가 많은데 필자의 경험상 자신을 적절하게 알리는 것이 상담에 효과가 있음을 알게 됐다. 자기소개는 딱딱하게 하는 것보다 포장을 잘 하는 것이 중요한데 이는 각각의 FP별로 얼마든지 만들어서 활용할 수 있다. 가장 효과가 좋았던 세 가지의 사례를 살펴 보자.

■ 암화법(짧게 순식간에 진행하는 것이 효과적임)

명함을 건넨 후,

고객님. 만약 고객님께서 암에 걸리셨다면 어떻게 하시겠습니까?

그 분야의 유명한 의사가 누구인지, 어디 병원이 좋은지 알아보러 다니실 겁니다. 즉, 고객님의 생명은 그 어느 것보다도 소중하기 때문에 우리나라 최고의 병원에서 최고의 의사에게 최고의 진료를 받고 싶으실 겁니다.

보험업계에서는 바로 제가 그런 사람이라고 자부합니다. 우리나라에 수많은 FP들이 있지만 가장 고객님께 적합하며 차별화된 서비스를 제공해 드릴 수 있습니다.

다시 한 번 인사 드리겠습니다. 저는 대한민국 최고의 FP, 홍길동 FP입니다.

※ 이 화법은 가망 고객의 기분을 상하게 만들 우려가 있기 때문에 당당하면서도 가급적 빠른 속도로 화법을 전개해야 한다.

■ 몸짱 아줌마 화법

명함을 건넨 후,

고객님. 몸짱 아줌마라고 아시죠?

40대의 주부임에도 불구하고 열심히 운동해서 처녀 못지않은 몸매를 가지고 있는데요, 아시다시피 꾸준하게 운동하는 것이 결코 쉬운 일이 아닙니다.

몸짱 아줌마도 처음부터 성공한 것은 아니었는데요, 몇 번째 만에 성공한 지 아십니까?

네. 6번째 만에 성공했다고 합니다. 5번째까지는 시도했다가 실패했는데 6번째에 성공한 이유가 뭔지 아십니까?

6번째 만에 지금의 몸짱 아줌마가 있게 만들어 준 트레이너를 만났기 때문입니다. 그 트레이너의 지시에 따라 꾸준하게 운동한 결과 몸짱이 될 수 있었던 것이죠.

저는 보험업계의 재테크짱 홍길동 FP라고 합니다. 몸짱아줌마의 트레이너처럼 고객님께서 재테크에 성공하실 수 있도록 좋은 정보를 드리러 왔습니다.

※ 이 화법은 여성 가망 고객을 만나거나 또는 여성 FP들이 활용하기 좋은 화법이다.

■ 금융전문가 화법

명함을 건넨 후,

고객님. 한 번 부자가 되면 계속 부자가 될 수밖에 없는 이유를 아십니까?

일단 부자의 반열에 올라서면 고객님이 싫다고 해도 각종 재테크 전문가들이 달라붙어서 "사장님. 이번에 좋은 땅이 나왔는데 한 번 보시죠?", "사장님. 이번에 5%짜리 정기예금이 한시적으로 출시됐습니다", "사장님. 원금손실을 최소화하고 수익을 극대화할 수 있는 해외펀드를 소개시켜 드리겠습니다" 등등 가만히 있어도 자산이 점점 불어나도록 도와줍니다. 물론 그 전문가들은 그런 대가로 커미션을 받습니다.

고객님. 혹시 지금까지 인생을 살아오시면서 이런 컨설팅서비스를 받아 본 적 있으십니까? 지금부터는 제가 그런 서비스를 제공해 드리겠습니다. 저는 보험뿐만 아니라 각종 금융상품과 세금 등 재테크 전반에 대한 노하우를 갖고 있습니다. 앞으로 시간이 흘러갈수록 '홍길동 FP를 만나길 정말 잘 했구나' 하는 생각이 드실 겁니다.

다시 한 번 인사드리겠습니다. 저는 대한민국 최고의 금융전문가, 홍길동 FP입니다.

금융기관간의 영역이 붕괴되면서 은행에서 보험상품을 판매하듯이 FP도 다양한 투자성 상품을 취급하게 됨에 따라 FP의 역할도 기존의 Risk management 분야에서 Wealth management 분야로 영역을 넓히고 있고, 이러한 현상은 시간이 흘러갈수록 가속화될 것으로 예측된다. 따라서 자기소개도 보험 고유의 업무영역보다는 재테크쪽으로 맞추어 진행하는 것이 가망고객의 부담감도 완화시키고 상담도 부드럽게 진행할 수 있다.

세 가지 자기소개 화법 이외에도 영화나 드라마를 통해 자신의 이미지에 맞게 얼마든지 만들어서 활용하면 된다. 21세기는 개성과 다양성의 시대이므로 밋밋하게 명함만 전달하기 보다는 이러한 독특한 자기소개 화법 하나쯤은 가지고 있어야 재미있게 FP생활을 할 수 있다. ('내 이름은 김삼순' 이라는 드라마가 히트했을 때 "보험업계의 삼순이 또는 삼식이 홍길동 FP입니다"라는 애교 섞인 자기소개도 좋다.)

③ Ice Breaking 및 부담감 해소

그러면 효율적인 Ice Breaking 방법에 대해 알아 보자.

〈 효율적인 Ice Breaking 방법 〉

○ **회사 소개**

　　– 대외적 평가 :

　　– 대내적 평가 :

○ **Open Mind**

　　– 선입관 및 거부감 제거 : 보험이 아니라 인생에 대해 논하러 온 것임.

　　– 가망 고객이라는 친밀감. 호의에 입각한 mind.

　　　(자신의 이익이 아니라 고객의 이익 때문에 이 자리에 왔음을 상기)

　　– 왜 자신이 이렇게 수많은 사람들을 만나며 이 일을 하는지에 대해 자신의 이야기를 먼저 하고 상대방에 대해 물을 것.

　　– 눈 앞에 보고 있는 사람을 상대로 이 일을 하는 것이 아니라 그 사람뒤에 숨겨진 부인과 자녀들을 위해 이 일을 하는 것.

　　　(주도권은 시간이 지날수록 FP가 가질 수밖에 없음)

★ 고객의 인생철학, 가족들에 대한 생각, 자녀에게 바라는 부분, 회사(사회)에 대한 목표, 비전, 가족들에게 해주고 싶었던 내용 등을 잘 알아야 유사시 보험금을 전달할 때 가족들에게 설명해 주고 남은 가족들이 꿈과 희망을 잃지않고 살아갈 수 있도록 도와줄 수 있다는 신념.

★ Ice Breaking의 철칙

⇒ 호의를 가지고 고객을 대하면 호의로 돌아오고 자신의 이익을 염두에 두고 대하면 거절이 돌아온다.

위에 언급한 컨셉을 가지고 Ice Breaking을 진행하면 되는데 필자가 수년간의 세일즈 경험을 통해 Ice Breaking 과정시 효율적으로 활용할 수 있는 질문들이 있다는 것을 알게 됐다. 이러한 질문들의 Key Point는 FP가 한 가지 질문을 하면 가망 고객이 최소한 여러 문장의 답변을 할 수밖에 없다는데 있다. 예를 들면 "어떻게 이 일을 시작하게 되셨습니까?"라고 질문하면 절대 단순하게 대답할 수 없다. 간략하게 답변한다 하더라도 자신의 적성이나 전공, 사회생활에 대한 생각들을 말할 수밖에 없는데 이러한 답변을 통해 FP는 가망 고객에 대해 좀 더 많은 것들을 파악할 수 있다.

〈 Ice Breaking 질문 화법 〉
① 지금 어떤 일을 하고 계십니까?
② 어떻게 이 일을 시작하게 되셨습니까?
③ 제일 갖고 싶은 것이 있다면 어떤 것입니까?
④ 재테크는 어떻게 하고 계십니까?
⑤ 지금 무엇이 제일 걱정 되십니까?
⑥ 지금부터 10년 전에는 어디에 서 계셨나요?
　　그 때 지금 여기에 계실 것으로 알고 계셨습니까?
　　10년 후에는 어디에 서 계실 것 같습니까?(미래에 대한 리스크 관리 언급)

※ 후보질문
▶ 부인과는 어떻게 만나게 되셨습니까?

▶ 미래에 대한 준비는 하고 있으십니까?

▶ 앞으로 자녀를 어떻게 키우겠다는 계획이 있으십니까?

▶ (미혼의 경우) 결혼계획은 어떻게 세우고 있습니까?

▶ 제일 기뻤을 때가 언제신가요?

▶ 큰 아이는 무엇을 제일 잘 합니까?

④ 재정안정보장계획 소개

Ice Breaking 과정이 어느 정도 마무리되면 지체없이 본론으로 들어가야 한다. 가망 고객도 FP가 왜 자신을 찾아왔는지 이미 짐작하고 있기 때문에 대화의 방향을 흩뜨리지 말고 바로 재정안정보장계획에 대한 소개와 보장의 정의, 기존 가입내역 파악 순으로 진행해야 한다. 이 과정은 AP화법에 나와 있는 대로 질문을 하면 되는데 빠뜨리지 않고 꼭 질문해야 하는 것이 바로 주유소화법이다. 주유소화법을 통해 가망 고객의 불만족을 끌어올려야 하기 때문에 기존 가입내역을 파악한 후 곧바로 주유소화법을 전개해야 한다. "기름값이 리터당 100원이 올라서 5천 원을 절약하기 위해 30분을 기다리는 것이 돈에 대해 갖고 있는 개념인데, 보험료를 몇십 만 원이나 내면서 만족감을 느끼지 못한다는 것은 저 같은 전문가가 보기에 무척 안타깝다는 것입니다." 반드시 써야 하는 화법임을 잊지 말자.

⑤ 동기부여화법

가망 고객에게 감동을 줄 수 있는 과정이 바로 동기부여화법이다. '미쳐야 미친다'라는 말이 있듯이 필자가 처음 FP가 됐을 때는 보험의 컨셉에 너무 공감한 나머지 만나는 가망 고객들마다 열정적으로 동기부여화법을 전개했던 기억이 있다. 그러던 어느 날 평소 알고 지내던 직장 상사에게 한참 다이빙보드화법을 전개하는데 갑자기 그 분의 얼굴이 붉으락푸르락 해지면서 책상을 꽝

내려치며 "지금 너 나하고 장난하냐?" 라며 고함을 치는 것이 아닌가? 순간 당혹감에 AP화법이 머리 속에서 마구 뒤엉키며 어떻게 상담을 끝냈는지도 모르게 뛰쳐나온 경험이 있다.

그만큼 동기부여화법은 가망 고객과 가족들을 최악의 상황으로 몰아가기 때문에 신중하게 사용해야 한다. 그러나 가망 고객의 반응을 걱정해서 동기부여화법을 쓰지 않을 필요는 없다. 보험세일즈를 '감동 비즈니스' 라고 표현하는 것처럼 이러한 동기부여화법이 있기에 무형의 보험상품에 '가족에 대한 사랑'을 담을 수 있기 때문이다.

필자의 경험상 간결하면서도 고객에게 가슴이 뭉클해지는 감동을 줄 수 있는 다이빙보드화법이 효과가 좋았고, 열쇠아이화법이나 무덤가소주화법(PC 과정에서 소개할 예정임) 등을 추천해 주고 싶다.

동기부여화법은 앞서 소개한 5가지 말고도 얼마든지 만들어 낼 수 있다. 영안실화법이라든지, 소년소녀가장화법, 가정의 울타리화법 등 나름대로 자신에게 맞는 화법을 구사하면 된다. 중요한 것은 그냥 설명하듯이 하면 오히려 역효과가 나기 때문에 감정을 실어서 동기부여화법을 끝냈을 때 FP의 눈가가 촉촉해질 정도로 열정적으로 구사해야 한다는 것이다.

⑥ 보장설계의 4원칙

보장설계의 4원칙은 가망 고객에게 전문가로서의 이미지를 보여 줄 수 있는 중요한 화법이다. 특히 첫 번째 질문에 대해서는 대부분의 가망 고객들이 재해 사망이 더 많다고 대답하는데 그러한 오해에 대한 설명과정을 통해 가망 고객과의 신뢰를 구축할 수 있다. 따라서 보장설계의 4원칙을 설명할 때는 그냥 말로 하는 것보다 고급 노트에 한 가지씩 써 가면서 하는 것이 좋다. 단순한 설명

보다는 도표나 도형으로 표현할 때 더 이해가 가는 것처럼 경험생명표와 같은
자료와 함께 각각의 원칙을 노트에 써 가면서 설명하는 것이 더 효율적이다. 이
왕 써 가면서 설명할 요량이면 무성의하게 A4지에 쓰는 것보다 고급 노트를
활용하는 것이 더 폼도 나 보이고 전문가로서의 이미지를 보여 줄 수 있다.

4) 판매 프로세스 4단계 : Fact & Feeling Finding Interview
(가망고객에 대한 전반적 사항 파악)

AP화법의 목적은 Fact & Feeling Finding Interview(가망 고객에 대한
전반적 사항)을 받는 것이다. 각 보험회사별로 FF용지가 준비되어 있는데 AP
과정을 성의 있게 진행했다면 FF를 받을 수 있는 확률을 높일 수 있다. FF는
크게 두 가지의 정보를 담을 수 있다. 하나는 가망 고객에 대한 전반적 사항,
즉 성명과 주민번호, 가족관계, 자녀교육계획, 주택마련계획, 월소득, 월지출,
기존 가입보험 내역 등 사실(Fact)에 관한 내용이고 두 번째는 인생 전반에 대
한 계획, 부모님에 대한 부담, 자녀에게 바라는 사항, 인생에 있어서 꼭 필요한
것, 지금 현재 경제적으로 가장 스트레스 받는 것 등의 느낌(Feeling)에 관한
내용이다.

여기서 중요한 것은 가망 고객에 대한 Fact 보다는 Feeling을 파악하는 것
인데 예를 들어 자녀가 피아노에 소질이 있어서 예술가로서 키워 보고 싶다는
것을 파악했다면, 나중에 제안서를 통해 만약 가장이 생각보다 일찍 사망한다
하더라도 사랑하는 자녀는 피아노를 계획대로 배울 수 있다는 것을 어필할 수
있다. 또한 현재 전세를 살고 있는데 내집 마련의 욕구가 강하다면 앞으로 어
떠한 일이 생겨도 사랑하는 가족들은 내 집에서 편안하게 살 수 있는 계획이라
고 무게를 실어 줄 수 있는 것이다.

이러한 Feeling은 가망 고객이 조목조목 설명해 주는 것이 아니므로 AP화법 전반에 걸쳐서 받은 느낌을 정리해서 얻어야 하며, FF를 작성할 때 몇 가지 질문을 통해 얻을 수도 있다.

그러면 FF를 작성할 때의 유의점에 대해 알아 보자.

1. 고객이 특히 관심을 갖는 부분은 무엇인가?
2. 자녀의 성비 : 아들/아들, 딸/딸
3. 자녀의 수 : 특히 세 명 이상의 경우
4. 남편과 부인의 나이 차이
 - 남편의 나이가 많은 경우 아내에 대한 미안함을 느끼고 있다.
5. 부모와 막내와의 나이 차이
 - 막내와의 나이 차이는 가장에게 있어서 적지 않은 부담이다.
6. 필요자금을 보고 교육의지 / 독립심 여부 파악
7. 납입능력 파악
 - 급여대비 생활비와의 차이 파악. 그 자금의 용도 파악
 - 주택자금 상환과의 연계
8. 주택 신규확대 / 이전의 현실성 제고
9. 생활비의 적절성 파악
 - 전체적인 부족자금 계산 : 생활비 조절
10. 내 집 마련에 대한 꿈이 큰 사람 / 목돈마련의 꿈이 큰 사람
 - 주택마련과 현 생활의 품위유지 중에서 어느 것에 더 비중을 두는가
11. 맞벌이를 하는지 여부
12. 국민연금 가입기간은?(88년부터 시작)
13. 기타

　– 지출기간이 짧거나 불규칙한 자금의 내역

　　(부모용돈, 자동차 할부, 대출금, 카드비용, 대학원 학자금 등)

14. 보험료 납입범위

15. 신청서 작성시 고객에 대한 전반적인 느낌(Feeling)을 메모

　이러한 사항들을 염두에 두고 FF를 작성하면 되는데 처음에는 힘들어도 경험이 쌓이다 보면 본능적으로 알 수 있는 부분들이 많이 있다. 예를 들어 "현재 경제적으로 가장 스트레스 받는 부분이 있다면 무엇입니까?"라는 질문만 던져도 해결안에서 그러한 스트레스를 가족들에게 남겨 주지 않고 해결할 수 있음을 강조함으로써 가입에 대한 욕구를 끌어올릴 수 있는 것이다.

　FF작성이 다 끝나면 PC약속을 잡고 헤어지면 되는데 경험이 풍부한 FP들은 소개요청과정을 진행한다. 가망 고객은 이미 보장의 정의와 동기부여화법, 보장설계의 4원칙 등을 통해 보장에 대한 니즈가 올라가 있는 상태이므로 FF를 다 작성하고 나면 자연스럽게 뒷면의 소개란을 보여 주면서 요청하면 흔쾌히 써 줄 가능성이 높다. 잊지 말자. 가망 고객 Pool을 넓히는 가장 좋은 방법이 바로 소개라는 것을……

　지금까지 AP화법의 세부과정에 대해 알아보았는데 AP과정을 잘 진행하면 반은 계약한 것이나 다름없다. 탤런트가 좋은 연기를 위해 대사를 밤새도록 암기하듯이 AP화법을 철저히 암기해 놓으면 언제 어떤 상황에 처하더라도 유연하게 대처할 수 있다. 여기에 세월이 흐르면서 각종 경험들이 덧붙여지게 되면 점점 내공이 쌓여서 모든 보험인들이 꿈에 그리는 '보신(保神)'의 경지에 다다를 수도 있다. 그런 경지가 되면 보험의 'ㅂ'자도 얘기하지 않고 계약을 할 수 있다고 하는데 어찌 됐건 모든 일은 첫 단추가 중요하듯이 판매 프로세스의

기본 중의 기본인 'AP화법' 만큼은 심혈을 기울여 암기해야 한다.

마지막으로 AP과정을 진행할 때의 유의사항 3가지를 끝으로 다음 단계로 넘어가도록 하자.

① '대화의 3:1 원칙'을 지키자

'대화의 3:1 원칙' 이란 가망 고객이 세 마디 말할 때 FP는 한 마디만 하는 원칙이다. 필자도 말이 많은 편이라 지금까지 노력해도 아직 실천하기 힘들지만 모름지기 세일즈맨은 가망 고객의 말을 많이 들어주어야 성공하는 직업이라고 할 수 있다. 필자가 알고 지내던 FP는 어느 중소기업 사장을 소개받아서 만나게 됐는데 첫 번째 면담에서 '어떻게 그 사장님이 성공하게 됐는지에 대한 인생역정'을 두 시간 동안 듣고 돌아온 일이 있었다. 며칠 후에 두 번째로 만났을 때도 마찬가지로 두 시간 이상 그 사장님의 말만 듣고 오게 됐는데, 이후 세 번째 만남에서는 자신의 말을 잘 들어주어 고맙다며 '내가 무엇을 도와주면 되지?' 라면서 즉석에서 큰 계약을 체결한 경우도 있었다.

상상을 해 보자. 내 말을 진지하게 경청해 주는 사람이 눈앞에 있다면 그 사람에 대해 싫은 감정이 들겠는가? AP화법의 특성상 질문이 대부분이지만 설명해야 할 내용도 많이 있다. 가망 고객이 한 마디 할 때마다 대응하려는 욕구를 누르고 허벅지를 꼬집어보자. '말 잘하는 것' 보다 훨씬 더 중요한 것은 '잘 들어주는 것' 이다.

② 가망 고객의 말을 필기하자

'대화의 3:1 원칙' 도 잘 지키면서 가망 고객의 마음을 사로잡는 비결이 바로 가망 고객이 말할 때마다 필기하는 것이다. 내가 말을 하는데 누군가가 그것을 필기한다면 존중받는 기분이 들어서 반대로 나도 그 사람을 존중해 주고 싶을 것이다. 이처럼 가망 고객의 호의를 받을 수 있으면서도 그 가망 고객에 대한 전반적인 사항을 메모함으로써 나중에 지속적으로 밀접한 관리를 하는데도 많은 도움이 된다. 예를 들어 '6개월 후에 새 집으로 이사할 계획' 이라는 말을 들었을 때 6개월 후에 전화를 걸어 이사한 집은 마음에 드는 지 물어본다면 '세세한 부분까지 신경 써 줘서 고맙다.' 며 뜻하지 않은 소개를 받을 수도 있는 것이다.

가망 고객의 말을 잘 메모하기 위해 고급 노트와 고급 펜에 대해 투자를 해야 한다. 이왕 필기하는 것 A4지에 보통 볼펜으로 하는 것보다는 가죽으로 표지가 되어 있는 고급 노트에 몽블랑 펜으로 하는 것이 자신의 이미지를 높일 수 있음을 상기하도록 하자.

③ 질문하고, 답변 듣고, 정리해서 다시 질문하자

'자기 말만 하는 사람은 어디 가서도 환영받지 못한다' 는 격언이 있다. 어디에서나 주변을 둘러보면 이런 스타일의 사람이 있게 마련인데 만약 그런 사람이 FP를 한다면 어떻게 될까? 몇 달 후에 다른 직업을 찾게 될 지도 모를 것이다.

프랭크 베트거의 '실패에서 성공으로' 라는 책에 '질문계획' 이라는 단어가 나오는데 이 말은 가망 고객과의 초회면담에서 어떤 컨셉으로 어떤 질문을 할 것인지를 사전에 계획해서 할 필요가 있다는 뜻이다. 30분이라는 시간은 금방 지나간다. 가망 고객에 대한 사전 정보를 통해 꼭 해야 할 질문계획을 수립해 보자. 설명 위주의 상담 진행보다는 질문 위주의 상담 진행이 200% 더 효율적이다. 질문계획이 세워지면 그 순서에 입각해서 질문하고, 답변 듣고, 정리해서 다시 질문하는 화법이 필자의 경험상 최고의 화법이라고 할 수 있다. 이러한 질문계획을 암기할 필요는 없다. 수첩에 미리 써 놓고 그 순서대로 하면 된다. '이 FP가 머리가 나빠서 수첩에 적어 놓고 말하는군' 이라고 생각하는 가망 고객은 거의 없다. 질문계획의 실제사례에 대해서는 주요 상품의 컨셉별로 책의 후반부에서 세부적으로 알아보도록 하자.

5) 판매 프로세스 5단계 : Presentation(해결안 제시)

Presentation(해결안 제시)과정과 Closing(가입 권유)과정은 동시에 연결되어 진행이 된다. 따라서 두 과정을 붙여서 'PC' 단계라고 하는데 가망 고객에게 가입권유를 해서 청약서까지 작성해야 하기 때문에 보통 AP단계보다는 시간이 더 필요하다. 그래서 PC를 시작하기 전에 시간에 대한 양해를 구하는 것이 꼭 필요하고 최소한 30분 정도는 확보하고 진행할 필요가 있다.

FP가 PC에 임할 때는 결연한 각오가 필요하다. '가망 고객이 청약서에 사인하는 순간까지 자리를 뜨지 않겠다'는 각오로 열정적으로 PC를 진행해야 한다. PC단계는 프리젠테이션 자료를 출력해서 그 자료를 바탕으로 진행하기 때문에 AP단계보다는 쉽게 진행할 수 있다. 하지만 일일이 자료를 설명하다 보면 금방 시간이 지나가고 가망 고객도 지루해질 가능성이 있다. 그래서 Presentation(해결안 제시)과정과 Closing(가입 권유) 및 청약서 작성 과정을 5:5 정도로 시간을 배분해서 앞부분의 Presentation과정은 최대한 빨리 진행해야 한다. 보통 신입 FP의 경우 Presentation만 30분 이상 걸리는 경우가 많은데 그러다 보면 정작 Closing과 청약서 작성 시간을 확보하지 못해 계약을 놓치는 경우도 있다. 가망 고객의 마음은 갈대 같아서 며칠이 지나면 또 다른 생각이 들기 때문이다. 그렇기 때문에 Presentation도 화법이 필요하다. AP화법처럼 달달 외워서 몇 번 하다보면 시간을 많이 단축할 수 있다. 하지만 자칫 잘못하면 급하게 진행하는 듯한 인상을 줄 수 있기 때문에 가망 고객의 마음을 흔들 수 있는 포인트는 꼭 짚고 넘어가야 한다.

PC단계는 AP에 이어 가망 고객과의 두 번째 만남이 된다. 판매 프로세스의 개념은 PC단계에서 계약을 체결하는 것이다. 필자도 처음에 FP 기초교육을 받을 때 장기적인 보험 상품을 과연 두 번째 만나서 계약할 수 있을까 하는 의문이 많이 들었다. 하지만 실제로 5년간 영업을 해 본 결과 대부분의 계약들이

PC과정에서 계약이 됐다. 필자의 경우 약 600여건의 계약을 보유하고 있었는데 그 중에서 70% 정도를 두 번째 만에 계약했고, 20% 정도는 첫 만남에서 (계약의사가 있는 가망 고객을 소개받은 케이스임), 나머지 10% 정도가 세 번째 이후의 만남에서 계약을 했다. 여기서 판매 프로세스의 위력을 실감할 수 있는데 오랜 세월동안 쌓인 노하우이기 때문에 교본대로만 진행해도 이와 유사한 결과를 얻을 수 있다. 거기에 FP의 열정과 활동량이 뒷받침되면 평범한 사람도 수억 원의 연봉을 받는 FP로 탈바꿈할 수 있는 것이다.

TA단계의 목적이 가망 고객과 약속을 잡는 것이고 AP단계의 목적이 FF를 작성하는 것이라면 PC단계의 목적은 계약을 체결하는 것이다. 즉, PC단계가 FP의 수입과 직결되는 것이다. 그래서 PC 약속이 많이 잡혀 있으면 흥이 나게 되어 있다. 늦게 일어나라고 해도 저절로 일찍 눈이 떠진다. 그렇기 때문에 업적을 상승시키기 위해서는 활동량 관리가 필수적이고 활동량이 늘어나서 업적이 올라가면 신이 나서 일이 더 잘 되게 된다. 이른바 '영업의 선순환' 이 시작되는 것이다.

'영업의 선순환' 이 되려면 PC과정에서 반드시 계약을 체결해야 한다. 가망 고객의 피치 못한 사정으로 '며칠 뒤에 다시 봅시다' 라고 연기되는 경우가 종종 있는데 이런 케이스가 자주 생기면 Sit Plan 일정에도 혼선이 생기게 되고 계약에 대한 기대감 때문에 새로운 Pool 확보에 소홀해 질 가능성도 있다. 보험업계에 있어서 '며칠 후' 는 없는 것과 마찬가지라는 생각을 가져야 한다. 필자도 그런 경험이 많이 있는데 며칠 후에 찾아가도 만나기 힘든 경우도 많고 시간이 지날수록 가망 고객의 마음에는 '지금 당장 가입 안 해도 되는 이유' 들이 쌓이기 때문에 계약할 확률은 시간에 비례해서 떨어진다고 보면 된다. 이런 경우가 자주 생기면 FP의 열정에 찬물을 끼얹는 것과 마찬가지여서 영업에 대한 의욕상실로 이어질 수도 있다. 그러므로 두 번째 만남인 PC단계에서 '반드시 계약을 하겠다' 는 굳은 각오로 PC과정을 진행해야 되고 만약 계약체결이 연기되는 경우에는 냉정하게 판단해 보고 버릴 가망 고객은 과감히 버려야 한다.

　필자도 FP를 시작해서 6~7개월 정도 지난 시점에 문득 과거의 활동일지를 보다가 PC가 연기된 가망 고객들이 수십 명 정도 되는 것을 보고는 그 뒤 약 1개월 동안을 연기된 가망 고객들만 만난 적이 있었다. 그러다 보니 그 달의 업적은 FP시절에서 가장 낮은 업적을 기록하게 됐다. 그 이후부터는 냉정하게 판단해서 아니라고 생각되는 고객은 아예 신경을 쓰지 않게 됐는데 그런 부분들이 가망 고객에게 편안하게 생각되어서인지 1~2년 후에 계약하게 되는 경우도 가끔씩 생기기도 했지만 기본적으로 '가망 고객 확률의 법칙'에 입각해서 버릴 가망 고객은 버려야 한다. 필자는 이를 나름대로 '버림의 미학'이라고 표현하는데 '아니라고 생각되는 고객을 과감히 버리면' 오히려 마음이 편안해지고 새로운 가망 고객을 찾는데 집중할 수 있기 때문에 FP의 활동에도 많은 도움이 된다.

　각 보험회사별로 Presentation 자료가 조금씩 틀리긴 하지만 일반적인 PC단계의 순서는 다음과 같다.

① 가망 고객의 재정현황
② 연령별 필요자금 분석
③ 누계 필요자금 분석
④ 준비자금 및 부족자금 분석
⑤ 해결안 제시
⑥ 세부 보장내용
⑦ 가입설계서
⑧ 보험금 및 해약환급금 예시표

그러면 각 단계별로 세부내용을 알아보도록 하자.

① 가망 고객의 재정현황

가망 고객의 재정현황은 FF 내용이 요약되어 있다. 본인 및 가족들에 대한 인적사항과 소득, 부채, 주택, 기존 가입보험내역 등이 한 페이지에 나와 있는데 이 장에서는 간단히 필요한 부분만 언급하고 넘어가면 된다. 다만 AP단계와는 달리 PC단계에서는 특별한 Ice Breaking 과정이 없기 때문에 그 가망 고객의 FF에서 느낀 Feeling, 즉 자녀에 대한 부분이라든가 주택, 소득, 부채 등 가망 고객의 관심사에 대해 다시 한 번 주지시킬 필요가 있다. 나중에 해결 안을 제시하는 과정에서 미리 언급한 관심사를 어떻게 해결해 줄 수 있는지를 설명해 줄 수 있기 때문에 PC단계 초반에서 미리 언급해 두는 것이 상담의 효율을 높일 수 있다.

② 연령별 필요자금 분석

연령별 필요자금은 가망 고객의 인생 전반에 걸쳐 시기별로 어느 정도의 자금이 필요한지를 나타내는 그래프이다. 표를 설명하는 순서는 밑에서 위로, 좌

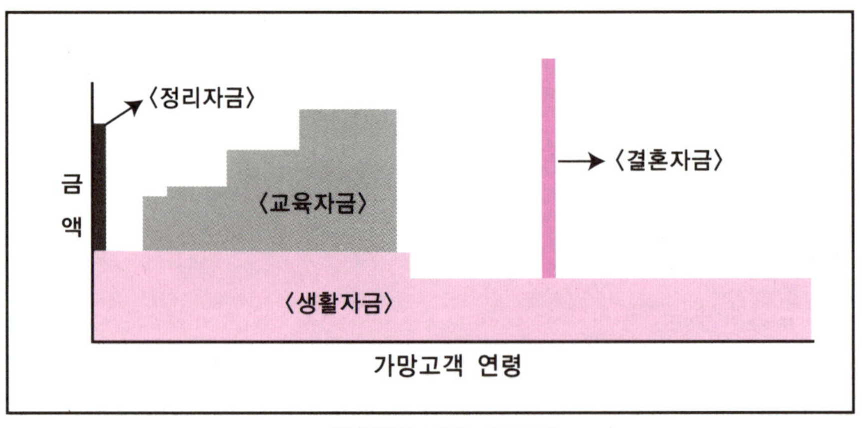

〈연령별 필요자금표〉

에서 우로의 순으로 하면 되며, 앞으로 나올 표도 같은 순서로 설명하면 된다. PC 자료는 자녀를 1명 둔 35세의 샐러리맨으로 설정해 보았다.

■ 연령별 필요자금 설명 화법

FP : 지난 번에 작성해 주신 자료를 바탕으로 앞으로 고객님의 가정에 어느 정도의 자금이 필요한지를 도표로 나타내 보았습니다. 표의 아랫부분은 고객님의 연령이 나와 있구요, 왼쪽부분은 만원 단위의 금액이 표시되어 있습니다. 필요자금을 보시면 맨 아래 길게 표시되어 있는 것이 가족들의 생활자금입니다. 생활비가 뚝 떨어지는 부분이 있는데 그 이유는 자녀가 독립하면 그만큼 생활비가 줄어들기 때문입니다. 생활자금 위쪽에 맨 좌측에 있는 그래프는 유사시 필요한 정리자금이며, 가운데는 앞으로 들어갈 자녀의 교육비를 나타내고 있습니다. 그리고 맨 우측의 그래프는 자녀가 30세에 결혼하는 것을 기준으로 한 결혼비를 의미합니다. 그럼, 제가 고객님께 질문을 하나 드리겠습니다. 이 표를 보시고 앞으로 고객님의 인생에서 '가장 집중적으로 돈이 많이 들어가는 시기'가 언제라고 생각하십니까?

고객 : 글쎄요. 우리 아들이 결혼할 때가 아닐까요?

FP : (어떤 답변이 나오더라도 탄력적으로 대응하면 됨.)네. 물론 결혼할 때 돈이 많이 들어가지만 가만히 살펴보면 지금부터 시작해서 자녀가 결혼할 때까지 계속 돈이 많이 들어갈 것입니다. 즉, 자녀가 결혼하는 시기까지는 '돈 버는 기계'로서의 역할을 차질 없이 수행하셔야만 된다는 뜻이지요.
고객님. 이 그래프는 단순한 그래프가 아닙니다. 사랑하는 가족들이 먹고 살아야 하는 생활비와 아드님의 유치원부터 대학교까지의 교육비, 그리고 결혼비까지…… 돈으로 표시되어 있기는 하지만 이 그래프 자체는 바로 고객님과 가족의 인생을 표현하고 있는 것입니다.

(볼펜을 표 가운데 부분에 놓으며) 그런데, 고객님. 만약 고객님이 40대 중반인 이 시점에서 만약 하늘나라로 스카웃돼서 가시면 그래프의 좌,우측 자금 중에서 어느 쪽 자금이 가족들에게 필요로 할까요?

고객 : 오른쪽 자금 아닌가요?

FP : 네. 맞습니다. 왼쪽은 이미 다 써버린 자금이고 오른쪽 자금이 가족들에게 필요할 것입니다. (볼펜을 오른쪽 끝으로 밀며) 그리고 오래오래 사셔서 이 시점에서 그런 일이 생기면 사모님의 생활비 정도만 필요하실 것입니다. 그런데 만약 지금 시점에서 <u>그런 일이 생기면 이 모든 자금들이 다 필요할 텐데 이 자금들을 다 합치면 얼마나 될까요?</u>

※ 밑줄 친 부분은 다음 페이지로 넘어가기 위한 Follow Up 멘트임.

③ 누계 필요자금 분석

누계 필요자금 분석은 앞장에 나와 있는 각종 필요자금을 모두 합쳐서 지금 시점부터 노후기까지 연령별로 표시해 놓은 그래프이다.

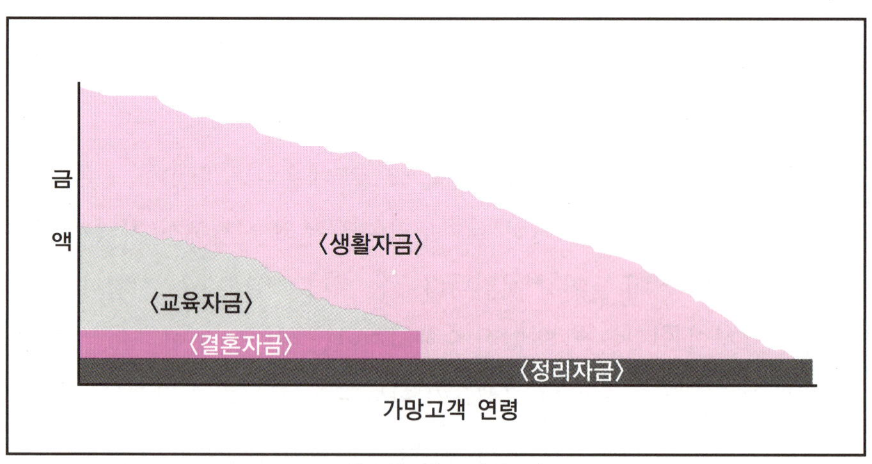

〈누계 필요자금표〉

■ 누계 필요자금 설명 화법

FP : 네. 현재 시점에서 필요한 총 자금은 5억5천만 원 정도 되시는군요. 느낌이 어떠십니까?

고객 : 많이 필요하네요.

FP : 그렇습니다. 하지만 5억5천만 원 정도는 고객님께서 앞으로 20년 정도만 일하셔도 무리 없이 해결해 나가실 수 있을 것입니다. 하지만 그 전에 만약 경제적 능력을 상실하게 된다면 가족들에게 커다란 경제적 고통을 안겨 줄 수밖에 없겠지요. 그렇기 때문에 반드시 필요한 것이 바로 보장계획이라는 것이지요. 그러면 이 그래프에서 가장 많이 필요로 하는 자금은 무엇일까요?

고객 : 생활비 아닌가요.

FP : 네. 맞습니다. 기본적으로 먹고 사는데 드는 생활비만 약 3억 원 정도가 필요하신데요, 혹시 3억 원은 준비되어 있으신지요? (대답의 여부와 상관없이) 여기서 이 계획의 절실함을 느낄 수 있습니다. 생활비조차 준비가 되어 있지 않은 상황에서 그런 일이 발생한다면 사랑하는 자녀의 교육이나 결혼을 제대로 시킬 수 있을까요? (잠시 뜸을 들이고) 고객님이 보시는 이 그래프는 단순한 그래프가 아니라 사랑하는 가족들의 꿈과 희망이 담겨 있는 그림이라고 할 수 있습니다.

누계 필요자금 그래프를 보시면 지금은 많이 필요하지만 시간이 흘러갈수록 필요자금이 줄어드는 것을 보실 수 있는데요, 지난 번에 제가 보장계획의 수립 원칙에 대해 설명드린 것처럼 필요한 시기에 필요한 금액만큼의 보장계획을 갖고 계시면 앞으로 보험에 대해서는 신경 쓰실 필요없이 편안하게 사실 수 있을 것입니다.

지금까지 필요자금에 대해 말씀드렸는데요, 이와는 별도로 이제까지 준비해 두신 준비자금이 있습니다. 한 번 보실까요?

④ 준비자금 및 부족자금 분석

준비자금 및 부족자금 분석은 앞장에서 보여준 필요자금과 현재 준비해 놓은 준비자금을 대비하여 부족한 부분인 부족자금을 산출해 내는 그래프이다. 부족자금의 명확한 크기를 쉽게 인식시키기 위해 부족자금 부분만 형광펜으로 미리 표시해서 설명하는 것이 더 효과적이다.

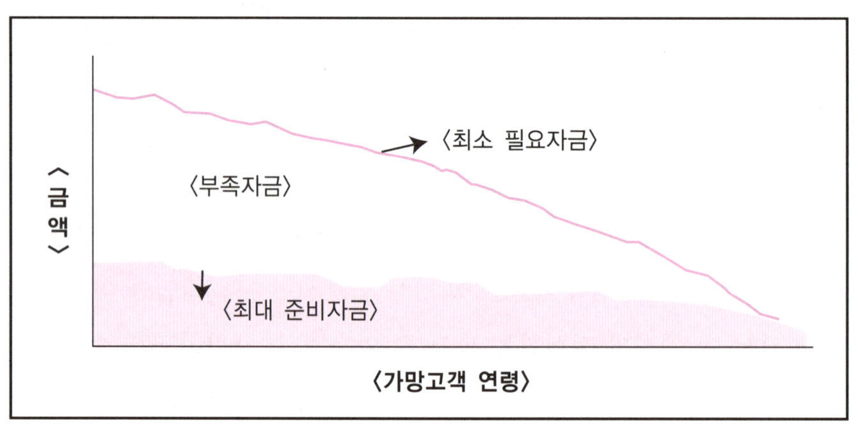

〈준비자금 및 부족자금 분석표〉

■ 준비자금 및 부족자금 분석 설명 화법

FP : 그래프를 보시면 위쪽의 그래프가 앞장에서 말씀드린 최소 필요자금이구요, 밑의 그래프가 현재까지 준비해 두신 최대 준비자금입니다. 준비자금은 예금이 2천만 원 정도 있으시고 퇴직금을 별도로 계산했으며, 국민연금을 가입하고 계신데 국민연금에도 유족연금이 있습니다. 그래서 준비해 놓은 것을 다 합치면 현재 시점에서 약 1억8천만 원 정도 됩니다. 최소 필요자금에서 최대 준비자금을 빼면 부족한 자금이 산출되는데요, 현재 시점에서 약 3억6천만 원 정도이고 이 부족자금 또한 시간이 흘러갈수록 줄어들게 되어 있습니다. 만약 이 부족자금을 고객님이 해결하지 못한다면 누가 해결해야 할까요?

고객 : 글쎄요. 제 와이프가 해야겠지요.

FP : 맞습니다. 사모님이 하셔야겠지요. 전업주부인 사모님이 이 자금을 해결하는 것은 쉬운 일이 아닐 것입니다. 운 좋게 취업을 한다 하더라도 자녀교육 문제 등 여러 가지 문제들이 생길 수도 있습니다.

고객님. 제가 단순히 빨간 그래프, 파란 그래프를 말씀드리려는 것은 아닙니다. (열정적으로) 형광펜으로 표시되어 있는 이 부족자금 그래프는 유사시 고객님이 가족들에게 남겨 주고 갈 수 있는 '경제적 고통'의 크기를 뜻합니다. 고통에는 정신적 고통과 경제적 고통 두 가지가 있는데요, 정신적 고통은 아무리 크더라도 시간이 흘러가면 줄어들게 되어 있습니다. 하지만 경제적 고통은 시간이 흘러갈수록 오히려 커지는 특성이 있습니다. 그러면 경제적 고통을 사례를 들어 말씀드리겠습니다.

※ 무덤가 소주 이야기 화법

만약 이러한 부족자금을 해결해 놓지 못한 상태에서 고객님이 하늘나라로 스카웃 돼서 가신다면 아마 사모님이 일을 하셔야 될 것입니다. 그런 상태에서 세월이 흘러서 아드님이 대학에 진학할 때가 됐는데 경제적 여건과 진학 사이에서 많은 고민을 하겠지요. 일단 시험을 봐서 합격을 했지만 합격자 발표가 있는 날 아드님은 소주 한 병과 오징어를 사 들고 아버지 무덤으로 갈지도 모릅니다.

소주를 한 잔 따라서 무덤에 붓고는 이렇게 말할 것입니다.

"아버지. 저 오늘 ○○대학에 합격했어요. 평소에 공부하면서 꼭 가고 싶은 학교였는데, 지금까지 고생하신 어머니를 더 이상 힘들게 해 드리지 못할 거 같아서 포기하기로 했습니다. 대신에 취직을 하려구요. 열심히 돈 벌어서 고생하신 어머니를 조금이나마 편하게 모시렵니다. 아버지만 계셨어도 대학에 갈 수 있었을 텐데 아버지가 원망스럽습니다. 하지만 편안하게 계세요. 제가 어머니를 잘 모실게요……"

이 말을 하는 아드님의 눈가에는 이슬이 맺혀 있을지도 모릅니다. (잠시 후에) 직접적인 예를 들어서 죄송합니다만 경제적 고통의 크기가 어떤 결과를 불러올지 말씀 드리고 싶어서 예를 들어 보았습니다.

※ 소년소녀가장 화법

고객님. 주유소에서 청소년들이 아르바이트 하는 걸 본 적 있으시죠? 저는 그런 아이들을 볼 때마다 그런 생각을 하곤 하는데 왜 학교에서 공부하고 있을 시간에 주유소에서 기름을 넣고 있을까요? 만약 정상적인 가정의 아이들이라면 그 시간에 그렇게 기름을 넣을 수 있을까요? 적어도 가족부양의 직접적 책임을 지고 있는 아버지가 계시다면 그런 일은 없을 것입니다.

만약 이러한 부족자금을 해결해 놓지 못한 상태에서 과장님이 하늘나라로 스카웃 돼서 가신다면 아마 사모님이 일을 하셔야 될 것입니다. 사모님의 수입이 충분치 못할 경우라면 아마 아드님도 주유소의 아이들처럼 공부해야 할 시간에 기름을 넣게 될 지도 모릅니다. 사랑하는 아드님이 공부를 포기하고 주유소에서 기름을 넣게 된다면 어떤 느낌이 드시겠습니까? 이렇게 절대로 생겨서는 안 되는 일을 생기게 만드는 것이 바로 경제적 고통이라는 것입니다.

※ 극빈층 화법

만약 이러한 부족자금을 해결해 놓지 못한 상태에서 고객님이 하늘나라로 스카웃 돼서 가신다면 아마 사모님이 일을 하셔야 될 것입니다. 요즘 같은 취업난에 아이를 둔 어머니가 직장을 구하기란 쉬운 일이 아닐 것입니다. 그렇다고 계속 놀 수는 없기 때문에 가장 쉽게 할 수 있는 일이 바로 식당 종업원입니다. 보통 토요일까지 일하고 월 100만원 정도를 벌 수 있는데 청소하고 설거지하는 육체적인 노동이기 때문에 계속 하기는 정말 어려운 직업입니다. 하지만 자녀를 키워야 하기 때문에 힘들어도 참고 하시겠지요.

그러던 어느 날 사랑하는 아드님의 생일이 왔습니다. 생일 날 맛있는 음식을 해 주고 싶어서 시장에 갔는데 아파트 관리비와 생활비로 돈을 다 써버려서 지갑에 천 원짜리 몇 장만 있습니다. 사모님은 콩나물 천 원어치랑 두부 한 모, 그리고 초코파이 한 상자를 사 들고 집으로 왔습니다. 콩나물 무침이랑 두부 요리를 해서 미역국과 함께 생일상을 차렸는데 이런 어머니의 마음을 아는지 사랑하는 아드님은 맛있다고 잘 먹습니다.

그리고 케이크를 대신해서 초코파이에 초를 꽂아 생일노래를 부릅니다. 아드님이 맛있다고 초코파이를 먹을 때 이를 바라보는 사모님의 얼굴에는 하염없이 눈물이 흘러내릴 지도 모릅니다.

제가 다소 극단적으로 말씀 드렸습니다만 실제로 이런 일들이 일어나고 있는 것이 현실입니다. 직접적인 예를 들어서 죄송합니다만 경제적 고통의 크기가 어떤 결과를 불러올 지 말씀 드리고 싶어서 예를 들어 보았습니다.

FP : 고객님. 가장으로서 남편으로서 아빠로서 이러한 부족자금을 해결해 놓고 싶은 생각이 드십니까?

고객 : 네. 듭니다.

FP : 고객님. 일반적으로 가장의 양 어깨에는 두 가지 짐이 있다고 합니다.

한쪽에는 가족에 대한 짐이, 다른 한쪽에는 사회적 성공에 대한 짐이 있습니다. 가족에 대한 짐은 저에게 넘기십시오. 그리고 사회적 성공을 위해 열심히 노력하시면 됩니다.

FP : 자. 그럼 제가 준비한 부족자금 해결안을 보여 드리겠습니다.

⑤ 해결안 제시

해결안은 FP가 다각도로 고민해서 가망 고객의 부족자금을 해결해 주는 제안을 말하는데, 주계약과 각종 사망특약들을 활용하되 가망 고객의 납입여력을 감안하여 준비하면 된다. 해결안은 가망 고객의 상황에 따라 다양하게 만들어 낼 수 있기 때문에 종신보험을 '맞춤형 보험'이라고 표현하기도 하는데 그렇기 때문에 가망 고객이 쉽게 이해하기 어려울 수도 있다. 따라서 각 특약별로 조목조목 알기 쉽게 미리 써 놓고 하나씩 짚어 가며 설명하는 것이 효과적이다.

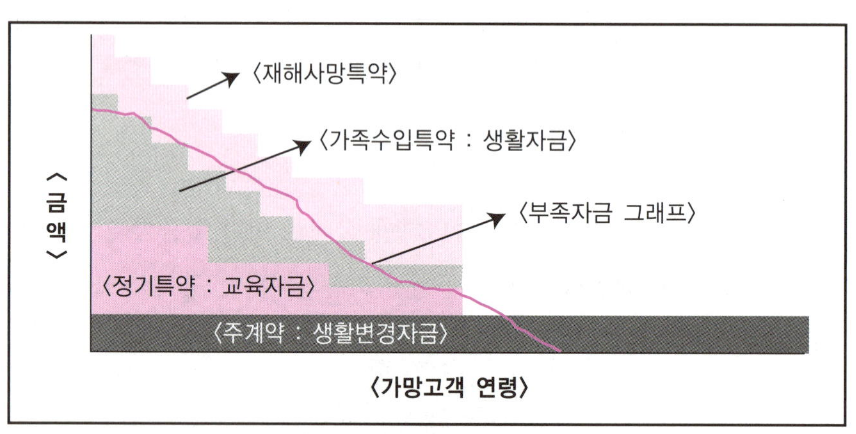

〈해결안 예시표〉

■ 해결안 설명 화법

※ 해결안은 PC단계의 핵심이므로 해결자금의 각 항목별로 '명칭→금액→

용도→그 돈을 쓰는 가족들의 마음' 순으로 설명하면 된다.

　FP : 제가 고객님을 대신해서 해결안을 준비해 보았습니다. 그래프의 가운데에 있는 선이 앞장에서 보셨던 부족자금 그래프이구요, 제가 준비한 해결자금들이 부족자금 그래프를 비슷하게 채우는 것을 보실 수 있습니다.

　맨 밑에 있는 자금은 평생 동안 지급이 보장되는 보험금으로 금액은 4천만 원입니다. 이 자금은 생활변경자금으로써 전문용어로 '즉각 확보되는 재산'이라고도 하는데요, 용도는 유사시 사모님이 가족들의 생계를 책임지기 위한 자금입니다. 전업주부인 사모님이 쉽게 취업을 하기는 힘들기 때문에 취업할 때까지 생활비로 쓸 수 있고, 아니면 평소에 하고 싶던 꽃가게 등을 차릴 수 있는 자본금으로도 쓸 수 있습니다. 만약 이 자금으로 사모님이 꽃가게를 차린다면 그 안에서 일하시면서 '내 남편이 마련해 준 가게'라는 것을 항상 느끼실 수 있고, 그러한 사랑을 바탕으로 앞으로 힘들고 어려운 때가 오더라도 충분히 극복해 낼 수 있을 것입니다.

　또한 고객님이 아무 일 없이 오래오래 장수하셨을 때는 사모님에게 남겨 주고 가는 '마지막 사랑의 선물'로 쓰실 수 있습니다. 일반적으로 남편과 부인의 평균수명은 8년 정도 차이가 나기 때문에 확률적으로 고객님이 먼저 하늘나라로 가실 가능성이 높다고 할 수 있습니다. 그런 일이 생겨서 사모님이 혼자서 남은 여생을 사실 때 사랑하는 남편이 남겨 주고 간 자금으로 보다 여유롭게 사실 수 있을 것입니다.

　FP : 두번째는 사랑하는 자녀를 위한 교육자금인데요, 앞으로 7년간은 9천만 원, 15년까지는 6천만 원, 그리고 고객님의 연령으로 55세까지는 3천만 원이 준비되어 있습니다. 이렇게 시간이 흘러갈수록 줄어드는 이유는 앞으로 7년 동안 고객님이 아무 문제없이 일하시면 많은 부분들을 해결하실 수 있기 때문에 시간이 흘러가면서 보험금이 줄어들게 설계를 했습니다. 지난 번에 말씀드린 것처럼 '필요한 시기에 필요한 자금만큼'의 원칙에 따라 설계를 했구요, 최소의 보험료로 최대한의 보장을 받기 위한 목적도 들어가 있습니다. 이 교육자금은 나중에 필요시 얼마든지 연장하실 수 있고 그에 따른 약간의 보험료를 추가로 부담하시면 됩니다.

이 자금은 유사시 사랑하는 자녀의 교육비로 쓸 수 있는데요, 교육비가 물론 많이 들어가기는 하지만 일시에 들어가는 것이 아니기 때문에 은행에 넣어 두고 필요할 때마다 조금씩 찾아 쓰시면 됩니다. 만약 이 자금으로 사랑하는 자녀가 교육을 받는다면 어떤 일이 생길까요? 또래의 편부모 아이들처럼 아버지가 안 계시니까 공부도 안 하고 술, 담배나 하면서 방황하는 삶을 살까요?

아닙니다. 하늘나라에 계신 아버지가 보내 주신 자금으로 공부한다는 것을 늘 생각하면서 아마 누구보다도 열심히 노력해서 남들보다 더 훌륭한 사람으로 성장할 수 있을 것입니다.

FP : 세 번째는 가족들의 생계를 위한 생활자금으로 매월 100만 원씩 고객님의 연령으로 55세까지 사모님의 통장으로 지급됩니다. 일시금을 많이 남겨 주시는 것도 좋은 방법이지만 보통의 주부들은 그렇게 큰 돈을 운용해 본 경험이 없기 때문에 안정적인 생활을 위해서 매월 일정액씩 주는 것이 전문가의 입장에서 훨씬 낫다고 생각합니다.

매월 사모님의 통장으로 들어오는 돈을 보면서 사모님은 사랑하는 자녀에게 '아빠가 하늘나라에서 매월 보내 주는 월급' 이라고 말을 할 것입니다. 금액이 많고 적건 간에 이러한 생활자금은 가족들에게 최소한의 삶의 질을 보장해 줄 것이며 험하고 힘든 세상을 이겨 나가는데 든든한 힘이 되어 줄 것입니다.

FP : 지금까지 말씀드린 생활변경자금, 교육자금, 생활자금은 어떠한 경우에도 반드시 지급되는 자금으로써 현재 시점의 총 금액은 약 3억5천만 원 정도 됩니다. 유족연금 등 준비자금에다 이 자금들을 보태면 사랑하는 가족들은 최악의 경우가 온다 하더라도 안정적인 생활을 영위할 수 있을 것입니다.

마지막으로 말씀드릴 자금은 재해 사망시 1억 원이 추가되어 지급되는 것인데요, 이 자금은 운 좋게 사고로 사망했을 때 더 받으라는 뜻이 아니라 만약 그러한 경우가 발생하면 치료비로 돈이 많이 들게 됩니다. 그럴 때 가족들에게 지급될 보험금에 손을 대면 안 되기 때문에 추가적으로 지급이 되는 것이구요, 또 하나는 운전을 하다 남에게 피해를 입혔을 때 마찬가지로 보험금이 피해보상금으로 나가면 안 되기 때문에 준비해 둔 자금입니다. 즉, 어떠한 경우에도 가족들에게 반드시 약속한 보험금이 지급될 수 있도록 안전장치를 마련해 놓았다고 생각하시면 됩니다.

어떠십니까? 고객님. 제가 지금까지 해결안에 대해 말씀 드렸는데 이해는 되십니까?

고객 : 네. 무슨 말인지 알겠네요.

FP : 다시 한 번 말씀드리면 지금까지 설명 드린 이 자금들은 단순한 돈이 아니라 사랑하는 사모님과 아드님이 꿋꿋하게 이 세상을 살아갈 수 있도록 희망과 용기를 남겨 주는 것이라고 할 수 있습니다. <u>그러면 가장으로서 남편으로서 아빠로서 사랑하는 가족들에게 이 정도의 보장계획은 꼭 필요하다고 생각하십니까?</u>

고객 : 네. 필요하다고 생각합니다.

⑥ 세부 보장내용

지금까지 필요자금부터 준비자금, 부족자금, 그리고 해결안에 이르기까지 순차적으로 설명해 왔다. PC과정도 AP과정과 마찬가지로 리듬을 타면서 진행할 필요가 있는데 필요자금부터 준비자금까지는 차분하게 설명하다가 부족자금과 해결안에서는 목소리를 높여서 열정적으로(다소 과하다 싶을 정도로) 이 제안서의 감동을 가망 고객에게 전달해야 한다.

부족자금과 해결안에서 가망 고객은 1차 감동을 받게 되고 세부 보장내용과 보험료 설명 과정에서 보장 대비 보험료에 대한 만족감을 느끼게 되며, Closing 과정에서 가입에 대한 결단을 내리게 되는 것이다. 이러한 일련의 흐름은 숙달된 연기자가 드라마에서 정열적인 연기를 통해 시청자들을 흡입하듯이 미리 정해진 각본에 따라 가망 고객의 마음을 흡입하는 과정이라고 할 수 있다. 따라서 AP과정 못지않게 화법에 대한 연습이 필요하며 연습과정을 비디오로 찍어서 스스로 보면서 약점을 보완할 필요가 있다. 연습한 화법에 나름대로의 FP Ship을 가미한다면 계약의 확률은 점점 높아질 것이다.

■ 세부 보장내용 설명 화법

종신보험은 사망보험금과 각종 생존특약(재해상해, 암, 의료비, 성인병 등)들이 혼합되어 있는 종합보장형 보험상품이다. 해결안까지는 사망보험금에 대해 언급하는 과정이었고 세부 보장내용은 사망보험금 뿐만 아니라 각종 생존특약까지 전체적으로 설명하는 과정이다.

FP : 그러면 이 보장계획의 전체적인 부분을 설명드리겠습니다. 먼저 사망보험금입니다. 현재 시점에서 질병으로 사망할 경우 일시금 1억3천만 원과 매월 100만 원씩 앞으로 22년 동안 지급되며, 사고로 사망할 경우는 1억 원이 추가되어 일시금 2억3천만 원과 매월 100만 원씩 22년간 지급됩니다.

그리고 앞으로 인생을 사시면서 혹시 다치게 되셨을 경우에 등급에 따라 재해 상해 급여금이 지급되며 일정 수준 이상(팔, 다리를 못 쓰게 되는 경우) 다쳤을 경우는 일하기가 힘들다고 판단되어 급여금과 함께 이후의 보험료 납입이 면제됩니다. 따라서 무척 인간적인 보장계획이라고 말씀드릴 수 있습니다.

그리고 가장 돈이 많이 드는 질병인 암의 경우는 진단시, 입원시, 수술시 마다 일정액씩 지급됩니다. 다른 암보험을 가입하시고 있는 경우에도 중복해서 지급됩니다.

아울러 살아가면서 가장 혜택을 많이 보는 부분이 바로 의료비 특약인데요, 3일 이상 입원시 매일 입원비가 지급되고, 수술의 종류에 따라 수술비가 지급됩니다. 이 정도 보장이면 실제로 들어가는 돈보다 더 많은 보험금을 지급받을 수도 있습니다.

마지막으로 성인병 특약인데요, 우리나라 40대 사망율 1위인 뇌출혈과 심근경색 진단시 암처럼 돈이 많이 들기 때문에 치료자금을 지급해 드립니다. 수술할 경우는 당연히 수술비가 별도로 지급됩니다.

※ 생존특약들은 각 보험회사별로 내용이 틀리고 보장범위도 상이하기 때문에 설명화법을 응용하여 제안서에 맞게 수정해서 진행하면 된다. 중요한 것은 사망보험금 뿐만 아니라 전체 질병과 사고에 대해서도 평생 동안 보장 받을 수 있다는 점을 강조하는 것인데, 너무 빠르지도 너무 느리지도 않게 조목조목 차분하게 설명하는 것이 가장 좋다.

FP : 어떠십니까? 가장으로서 이 정도의 보장계획이 필요하다고 생각하십니까?(가망 고객이 대답할 때까지 기다린다.)

고객 : 네.

■ 보험료 질문 화법

여기서부터 중요한 순간이 시작된다. 지금까지의 설명을 통해 가망 고객이 보장계획에 대한 감동을 느꼈다면 아마 마음속으로 보험료가 얼마나 될까하는 궁금증을 자연스럽게 가지게 된다. 그런 순간에 단순히 페이지를 넘겨 보험료를 보여 주는 것보다는 보험료 질문을 통해 가망 고객이 어느 정도의 감동을 받았는지 확인할 필요가 있다.

예를 들어 15만 원의 보험료를 준비했는데 보험료 질문에서 가망 고객이 "한 30만 원 정도 하지 않을까요?"라고 대답했다면 이미 계약한 것이나 다름 없다. 가망 고객은 이 보장계획이 자신에게 매월 30만 원의 가치가 있는 것이라고 생각하고 있기 때문이다.

반대로 "7만 원 정도 하지 않을까요"라고 대답했다면 PC과정상에 어떤 문제가 있다고 생각해야 한다. PC를 진행하면서 설명했던 내용들이 가망 고객에게 그 정도의 가치 밖에 주지 못했기 때문이다. 그런 경우에는 "농담이시죠. 암보험만 하나 들어도 4만~5만 원 정도 드는데 이 보장계획은 가족들에게 수억 원의 사망보험금을 줄 수 있고 암을 비롯해서 평생 동안 다치거나 아프실 때마다 보험금을 지급해 드리는데 다시 한 번 생각해 보시죠?"라고 재차 질문해서 적어도 비슷한 수준의 보험료를 대답할 수 있도록 유도해야 한다.

마지막으로 비슷한 수준의 보험료를 대답했을 경우는 "정말 예리하십니다. 비슷하게 맞추는 분이 별로 없으신데 안목이 대단하시네요."라고 칭찬하면서 다음 페이지로 넘어가면 된다.

이러한 확인과정을 통해 FP는 자신이 진행한 PC과정이 얼마나 충실했는지를 스스로 점검해 볼 수 있으며, 가망 고객에게는 적극적이며 자신감 있는 이미지를 연출할 수 있기 때문에 필수적으로 진행해야 되는 화법이다. 그러면 실제 화법을 보자.

FP : 그렇다면 고객님이 일반 암보험을 하나 가입하시는데 보험료가 얼마나 드는지 아십니까?

고객 : 글쎄요. 한 4만~5만 원 정도 하지 않을까요.

FP : 네. 그 정도 들 것입니다. 그렇다면 10대 질병에 대해 중점적으로 보장받는 건강보험이 있는데 그런 보험에 가입하면 얼마 정도 드는지 아십니까?

고객 : 잘 모르겠는데요.

FP : 한 7만~8만 원 정도 듭니다. 그렇다면 가족들에게 수억 원의 사망보험금을 줄 수 있고 암을 비롯해서 평생동안 다치거나 아프실 때마다 보험금을 지급해 드리는 이 보장을 가입하신다면 보험료가 얼마나 될까요?

고객 : 글쎄요. 한 20만 원 정도 하지 않나요.

FP : 네. 20만 원 정도면, 어떻게 가입하실 수 있겠습니까?

고객 : ……

⑦ 가입설계서

가입설계서는 주계약을 비롯해서 각종 특약들에 대한 보험가입금액, 보장기간, 납입기간, 보험료 등이 종합적으로 예시되어 있는 표를 말한다. 각각의 특약들이 합쳐져서 총 보험료가 산출되는데 이 총 보험료를 보여 주면서부터 본격적인 클로징이 시작된다고 할 수 있다.

"네. 보험료는 17만 원입니다"라고 말하면서 가망 고객의 표정을 살펴 보자. 말은 안 해도 가망 고객의 머리 속에는 '내용이 괜찮은 것 같은데 가입할까?', '내가 보험료를 계속 낼 수 있을까?', '지금 가입하고 있는 보험을 해약하고 이것 하나로 통합할까?', '다른 보험회사 것도 한 번 들어볼까?' 등등 오만 가지 생각들이 교차하고 있을 것이다.

본격적인 클로징에 앞서 먼저 진행해야 되는 화법이 '납입기간 선(先) 거절처리'이다. 거절처리는 고객의 거절에 대해 FP가 대응하는 화법을 말하는데 '후(後) 거절처리'보다는 '선(先) 거절처리'가 훨씬 효과적이다. 거절에 앞서 설명을 통해 거절 자체를 봉쇄하기 때문에 클로징 화법에 많은 도움이 된다.

■ 납입기간 선 거절처리 화법

FP : 네. 보험료는 17만 원입니다.(가망 고객 얼굴을 한 번 쳐다 본 후) 납입기간은 55세까지입니다. 납입기간을 길게 설정한 이유는

첫째, 종신보험의 특성상 보험료를 한 번만 내고도 모든 보장을 다 받을 수 있습니다. 그렇기 때문에 굳이 현재의 부담을 감수하면서까지 보험료를 일찍 내실 필요가 없구요.(납입기간을 줄이면 보험료가 큰 폭으로 올라감)

둘째, 보험료는 고정되어 있거나 시간이 흘러갈수록 떨어지게 되어 있는데 고객님의 연봉은 매년 조금씩 올라갈 것입니다. 따라서 부담이 점점 줄어드실 텐데요, 지금의 17만 원과 10년 후의 17만 원은 느낌이 틀리실 것입니다.(이렇게 설명했을 때 일부 가망 고객은 '보험금의 가치도 떨어지는 것 아니냐'는 질문을 할 수 있다. 그럴 때는 "정말 예리하시네요"라고 칭찬하면서 거절처리를 하면 된다. 세부내용은 아래에 별도로 설명해 놓았다.)

셋째, 종신보험은 평생 보장 프로그램이기 때문에 보통 일할 수 있는 정년까지 보험료를 납입합니다. 이 보험도 해약환급금이 있기 때문에 빨리 끝낼 경우 갑자기 돈이 필요할 때 해약하고 싶은 욕구가 생길 수 있습니다. 그렇게 되면

도로아미타불이 되기 때문에 보통 55세나 60세까지 납입하고 보장은 80세 또는 평생 동안 받는 시스템으로 되어 있습니다.

■ 보험금 인플레이션 거절처리 화법

고객 : 시간이 흘러갈수록 화폐가치가 떨어진다면 보험금도 마찬가지 아닌가요?

FP : 정말 예리하시네요.(고객의 이의제기에 대해서는 항상 칭찬을 해야 함) 사실 대한민국에서 인플레이션을 커버해 주는 금융상품은 없습니다. 저축을 해도 인플레를 감안하면 오히려 돈이 줄어드는 게 현실인데요, 종신보험의 경우는 증액이라는 시스템으로 보장이 줄어드는 것을 관리할 수 있습니다. 인플레가 생기면 고객님의 연봉도 매년 조금씩 올라가실 텐데요, 3~5년 마다 보장을 검토해 보고 부족하다고 판단되면 조금씩 올리실 수 있습니다. 기존의 보험은 정해져 있기 때문에 새로 가입해야 하지만 종신보험은 이미 가입해 있는 보장에서 주계약과 특약들을 조금씩 올리실 수 있기 때문에 경제적으로 큰 부담은 되지 않으실 것입니다. 이를 Annual Review라고 하는데요, 그런 점에서 고객님은 훌륭한 FP를 만나신 겁니다. 제가 앞으로 계속 사후관리를 잘 해 드릴게요…….

■ 최소 납입기간 확보

종신보험은 평생 보장받는 보험이기 때문에 일반 보험 대비 보험료가 높을 수밖에 없다. 따라서 가망 고객의 입장에서는 보장내용도 좋지만 지금 당장 매월 내야 하는 보험료가 신경 쓰일 수밖에 없는데, 보험료를 가망 고객이 부담할 수 있는 적정 수준으로 설계하려면 최소한 20년 이상의 납입기간을 확보하는 것이 필요하다.

보통 정년을 55세로 가정한다면 35세 미만의 가망 고객은 55세로 설정하면 되지만 35세를 초과하는 경우는 60세납이나 65세납으로 납입기간을 설정해야 하는 경우가 생기게 된다. 이런 경우 가망 고객 입장에서는 과연 정년 이후에 보험료를 낼 수 있는지 고민하게 되는데 이에 대한 효과적인 선 거절처리 화법이 두 가지 있다.

FP : 고객님. 보험료 납입기간은 65세까지입니다. 이렇게 길게 설정한 이유는 고객님의 연령을 감안해서인데요, 납입기간을 줄이면 현재 부담해야 할 보험료가 큰 폭으로 올라가기 때문에 적정보험료를 산출하기 위해서 납입기간을 65세로 했습니다. 그렇다면 노후기에 보험료를 내야 하는 경우가 생기는데요, 크게 두 가지로 해결하실 수 있습니다.

첫째는 은퇴하는 시점에서 남은 기간에 대한 보험료를 선납 처리하시면 됩니다. 은퇴하시게 되면 보통 퇴직금이 생기거나 아니면 그동안 모아 놓은 금융 자산들이 있게 마련인데요, 종신보험은 평생 동안 보장받는 보험이므로 노후기를 위해 한꺼번에 납입할 수 있습니다. 그런 경우에는 미리 내는 보험료에 대해 할인을 받을 수 있기 때문에 큰 경제적 부담 없이 선납하실 수 있습니다.

두 번째는 만약 선납하기 힘드시다면 자녀에게 남은 기간의 보험료를 내게 하는 방법이 있습니다. 종신보험의 주계약은 언젠가 한 번은 지급되는 보험금 이므로 남은 기간 보험료를 자녀가 내다가 보험금을 상속시켜 주시면 됩니다. 아시다시피 보험료 대비 보험금이 훨씬 많기 때문에 나이 드신 고객분들 중에 는 실제로 이렇게 하시는 분들이 많이 계십니다.

⑧ 보험금 및 해약환급금 예시표

납입기간 선 거절처리가 끝나면 뒷 페이지의 '보험금 및 해약환급금 예시표'를 설명해야 하는데 상황에 따라 탄력적으로 진행할 필요가 있다. 종신보험의 경우 특약들은 거의 해약환급금이 발생하지 않기 때문에 주계약 위주로 설계한 경우에는 납입한 보험료보다 돌려받는 해약환급금이 더 크지만, 특약들을 많이 넣어서 설계한 경우에는 납입보험료보다 해약환급금이 작을 수 있다. 따라서 해약환급금을 보여 주면서 이러한 설명을 진행해도 되고 경우에 따라서는 해약환급금 예시표를 보여 주지 않는 것이 계약확률을 높일 수 있기 때문에 융통성 있게 진행하는 것이 좋다.

참고로 해약환급금을 설명할 때는

첫째, 노후기에 사망보험금이 필요 없게 되면 주계약을 감액해서 해약환급금을 노후자금으로 활용해도 되고,(특약은 유지해야 함)

둘째, 굳이 보장이 필요 없다고 판단되면 매월 받는 연금으로 전환할 수 있고,

셋째, 해약환급금 보다는 사망보험금이 더 많기 때문에 해약환급금의 90%까지 약관대출을 받아 활용하고 이자는 자녀가 내다가 나중에 보험금을 상속시켜 줄 수도 있다는 순서로 설명하면 된다.

종신보험은 오래 살더라도 이렇게 다양하게 자금을 활용할 수 있기 때문에 매월 내는 보험료가 소멸되거나 또는 묶이지 않고 노후기에 얼마든지 활용할 수 있다는 것을 강조하는 것이 포인트이다.

6) 판매 프로세스 6단계 : Closing(가입 권유)

지금까지의 설명한 부분이 PC단계의 앞부분인 Presentation(해결안 제

시) 과정이다. 여기까지 상담을 잘 진행했으면 70~80% 계약에 성공한 것이나 다름없다. 하지만 프로는 냉정해야 하는 법, 지금부터가 중요한 순간이다. AP단계에서부터 Presentation까지 가망 고객에게 보장의 컨셉을 잘 전달해왔기 때문에 바로 가입을 할 수도 있지만 대부분의 가망 고객은 가입여부에 대해 마음속으로 혼란을 느끼고 있을 것이다. 그래서 가입에 대한 강한 권유가 필요한데 FP가 계약에 안달이 난 것처럼 보이면 오히려 역효과가 나기 때문에 강하지만 합리적으로, 이성적이지만 열정적으로 클로징 화법을 구사해야 한다.

클로징 화법은 크게 '선 거절처리' 와 '후 거절처리' (앞으로는 '거절처리' 로 함)로 나눌 수 있다. 선 거절처리는 클로징을 시작하면서 미리 가망 고객 마음속의 고민거리들을 제거해 나가는 것이고, 거절처리는 지금 당장 가입하지 못하는 가망 고객의 이유에 대해 하나씩 처리해 나가는 것을 말한다.

클로징의 시작은 "그렇다면, 지금 당장 시작하시죠?"라는 멘트인데 당당하면서도 자연스럽게 말하면 된다.

■ 클로징 화법

FP : 고객님. 지금까지 제가 고객님과 가족들을 위한 보장계획에 대해 말씀드렸는데요, 내용은 괜찮은 것 같으십니까?
고객 : 예. 괜찮은 것 같네요.

FP : 그렇다면, 지금 당장 시작하시죠?(잠시 시차를 두고) 조금 전에 고객님께서 남편으로서 아빠로서 이러한 보장계획이 필요하다고 말씀하셨는데, 어차피 보험은 언제 무슨 일이 생길지 몰라서 가입하는 것 아니겠습니까? 그렇다면 저 같은 전문가가 고객님을 찾아 왔을 때 고민해 보시고 '나와 가족들에게 필요하다'라는 판단이 서면 지금 당장 시작하는 것이 제일 좋지 않겠습니까? 어떠십니까?

고객 : 글쎄요. 조금 더 생각해 봐야겠는데요.

▶ 지금 당장 가입해야 되는 이유

FP : 고객님. 사람은 오늘 배운 내용의 80%를 내일 되면 까먹는다고 합니다. 만약 오늘 제가 그냥 돌아가면 고객님은 이 서류를 서랍 속에 넣어 두고, 내일 출근해서는 바쁘게 일하시기 때문에 아마 '어제 홍길동 FP란 사람이 왔었나' 하는 생각조차 나지 않으실 것입니다. 그렇게 시간이 흘러가면 사랑하는 가족들을 위한 보장계획을 준비할 시기를 놓치게 되시겠죠.(망각효과 화법)

FP : 그런데 그것보다 더 중요한 것은 나중에 저 말고 다른 FP가 고객님을 찾아와서 이러한 보장계획의 필요성에 대해 얘기한다 하더라도, 아마 고객님은 '지난번에도 안 했는데 나중에 하지 뭐'라는 생각이 드실 겁니다. 이런 현상을 '면역효과'라고 하는데요, 그러다 고객님께서 혹시 경제적 능력을 상실하는 일이 생기기라도 하면 가족들에게 예기치 않은 경제적 고통을 주실 수도 있는 것입니다. 그렇기 때문에 많은 분들이 저 같은 전문가가 찾아 왔을 때 제대로 된 보장계획을 가입하시는 것이지요.(면역효과 화법)

FP : 고객님이 이 보장계획에 가입하기 위해서는 저희 회사의 건강검진에서 통과하셔야만 됩니다. 건강검진을 통해 몸에 아무 이상이 없음을 증명해야 나중에 보장을 제대로 받으실 수 있습니다. 지금 컨디션은 괜찮으십니까? 가끔씩 겉으로는 멀쩡해 보이는데 건강검진에서 탈락하시는 분들도 많이 계시는데요, 간 수치라든가 혈압, 당뇨 같은 문제는 없으시죠? 건강할 때 제대로 된 보험에 가입하셔야 평생 동안 편안하게 사실 수 있습니다. 건강검진은 무료로 해 드리니까 한 번 받아 보시죠.(건강검진 화법)

FP : 고객님. 보험은 한 살이라도 젊을 때 가입해야 보험료가 싸다는 것 아시죠? 보험에서 정하는 나이는 일반적인 기준이 아니라 현재 날짜에서 주민등록상 생일을 역산해서 20년 6개월이면 21세로, 20년 5개월이면 20세로 정하고 있습니다. 고객님의 경우는 다음 달이면 1살이 더 많아지게 되어 보험료가 올라가는데요, 어떠십니까? 나이가 올라가서 보험료가 더 많아지기 전에 가입하시는 것이 유리하지 않을까요?(보험연령 화법)

※ 보험연령 화법은 모든 가망 고객에게 적용할 수 있으므로 가입을 미루는 고객에게 보험연령이 올라가기 전에 또 다시 접근할 수 있는 도구로 활용할 수 있다.

■ 증권분석 화법

가망 고객은 누구나 보험 한두 개 쯤은 갖고 있는 법이다. 필자의 경험상 세 가지 이상의 보험을 가입하고 있는 경우도 많았는데 AP과정을 충실하게 진행해서 가망 고객과의 신뢰관계를 형성하면 이미 가입하고 있는 보험증권을 받을 수 있다.

과거의 보험들은 암보험, 교통상해보험, 8대 질병 건강보험 등 보장의 범위가 좁고 보장기간 또한 짧은 경우가 많기 때문에 몇 가지 항목으로 분석해 보면 기존의 보장과 FP가 제안한 보장이 극명하게 대비되어 계약의 확률을 높일 수 있다.

하지만 증권을 받기란 쉬운 일이 아니다. 일단 가망 고객이 어떤 보험을 들고 있는지 본인도 잘 모르고 있는 경우가 많고, 증권을 찾아내서 FP에게 보내 준다는 것 자체가 귀찮기 때문이다. 그렇지만 이미 가입증권을 받으면 내 고객으로 만들 확률이 높아진다는 것을 명심하고 가능한 한 받을 수 있도록 최선을 다해야 한다.

〈표 : 증권분석표〉

기가입보험 증권분석표

구 분						합 계
일반사망						
재해사망						
암진단						
암수술						
암입원						
장 해						
입 원						
보험료						
총보험료						
납입기간						
보장기간						
만기환급금						
기 납입원금						
해약환급금						

※ 몇 가지 중요한 항목들만 표시하였으며 빠져 있는 보장은 추가해서 분석하면 됨.

■ 복수안(案) 제시 화법

복수안(案) 제시 화법은 필자가 개인적으로 생각했을 때 가장 파워풀한 클로징 화법이다. 각종 심리학 서적을 보면 사람을 설득할 때 'YES' 와 'NO' 의 선택보다는 'YES' 와 'YES' 의 선택을 제시하라고 되어 있다.

특히 종신보험처럼 보험료도 크고 납입기간도 긴 보험을 선뜻 가입하기란 쉬운 일이 아니다. 이렇게 가입에 대한 고민을 하는 시점에서 복수안을 제시하면 놀라운 효과가 생긴다.

지금까지는 '이 종신보험을 가입할까' 또는 '안 할까' 의 선택만 있었다. 그렇게 고민하고 있는데 복수안을 제시하면 가입하긴 하는데 '1안으로 할까' 또는 '2안으로 할까' 로 마음이 순간적으로 변해 버린다. 가망 고객은 이 사실을 눈치채지 못하지만 FP가 유심히 관찰해 보면 알 수 있다.

필자의 경험상 복수안을 제시하면 가망 고객은 크게 3가지의 반응을 보인다. 가장 많은 반응이 아무래도 보험료에 부담을 느끼는 경우가 많기 때문에 2안을 선택하는 경우였고, 그 다음이 2안보다는 1안의 보장이 더 좋기 때문에 그냥 1안을 선택하는 경우였다. 물론 마지막 반응은 1안도, 2안도 선택하지 않는 경우였는데 어차피 만나는 가망 고객을 100% 계약하는 것은 불가능하므로 받아 들여야 할 것이다. 하지만 결론적으로 2안을 선택한 경우가 제일 많았기 때문에 만약 복수안을 제시하지 않았다면 계약확률은 크게 떨어졌을 것이다.

이러한 복수안은 종신보험 뿐만 아니라 저축성 상품과 연금보험, 변액보험 등 모든 보험상품에 적용할 수 있다. 상품을 틀리게 해도 되고 금액을 틀리게 구성해도 된다. 중요한 것은 FP의 설득에 의해 가망 고객이 계약을 하는 것이

〈 표 : 복수안 제시 예 〉

홍길동 님 재정안정보장계획(案)

구 분	남편 보장내용		부인 보장내용		비 고
	I案	II案	I案	II案	
질병사망보험금	2억원+매월100만원 55세	1억원+매월50만원 55세	1억원	5천만원	※주계약은 반드시 지급
재해사망보험금	3억원+매월100만원 55세	1억5천만원+매월50만원 55세	2억원	1억원	※80세까지 보장
암진단시	2천만원	1천5백만원	2천만원	1천5백만원	※1회만 지급
암수술(회당)	4백만원	3백만원	4백만원	3백만원	※수술시마다 지급
암입원(1일당)	20만원	15만원	20만원	15만원	※3일 초과시부터
뇌출혈, 심근경색	3천만원	좌 동	3천만원	–	※각 1회만 지급
장해급여금	1억4천만원~2천만원	7천만원~1천만원	7천만원~1천만원	3천5백만원~5백만원	※장해등급에 따라 지급
수 술 비	300만원~100만원	180만원~60만원	240만원~80만원	180만원~60만원	※수술등급에 따라 지급
입 원 비	5만원	3만원	4만원	3만원	※3일 초과시부터
月 보험료					※자동이체 1% 별도 할인
납입기간	55세납		55세납		
건강검진	방문진단	무진단	무진단	무진단	

※ ○○생명 종신보험 장점
① 한가지 보장으로 모든 종류의 위험 보장(사망, 장해, 질병, 수술, 입원, 암, 사고 등 예측가능한 모든 위험 보장)
② 종신토록 보장(살아있는 마지막 순간까지 보장)하며 꼭 1번은 보험금 지급
③ 일반사망(질병) 집중 보장(재해시 추가 보장)
④ 선지급서비스(잔여수명 6개월 이전이라는 의사진단시 최고 1억 범위내 보험금 선지급)
⑤ 필요시 상황에 맞게 보장내용 조정 가능
⑥ 추후 자녀에게 상속자금으로 활용 가능

아니라 가망 고객 스스로가 선택해서 계약한다는 느낌을 주는 것이다. 이러한 과정을 거치면 가입에 대한 만족도가 커질 뿐만 아니라 본인이 선택해서 계약한 것이기 때문에 계약유지율 또한 높아진다.

모든 경우마다 복수안을 제시할 필요는 없다. 가망 고객이 이미 가입의사가 있는 경우 또는 AP과정과 PC과정을 잘 진행해서 해결안을 설명했을 때 바로 가입하겠다고 하는 경우에는 굳이 2안을 보여 줄 필요가 없다. 1안에 이미 만족하고 있는데 굳이 2안을 보여 주게 되면 또 다시 고민을 시작하기 때문이다. 필자의 경험상 1안과 2안의 차이는 보험료를 기준으로 20~30% 정도 차이를 두는 게 가장 효과적이었고 개인인 경우에는 두 가지 안을, 부부인 경우에는 각각 두 가지씩 총 네 가지 안을 한 페이지에 정리하여 준비하면 된다.

이렇게 복수안을 제시하고 가망 고객이 선택할 때까지 기다리면 되고, 계속 머뭇거리면 십중팔구는 보험료에 대한 부담감 때문이므로 2안을 권유해 주는 것이 좋다. "일단 2안으로 하시고 나중에 경제적 여건이 나아지시면 그 때 1안으로 업그레이드 하실 수 있습니다."라는 식으로 설명하면 된다.

■ '종신보험 미 가입시 장점' 화법

복수안까지 제시했는데도 불구하고 계속 망설이는 가망 고객들은 좀 더 강하게 설득할 필요가 있다. 이 시점부터는 가망 고객이 다소 불쾌한 느낌을 갖더라도 강한 어조로 자신감 있게 말해야 한다. 2번째 만남인 PC단계에서 계약을 하지 못하면 가망 고객을 놓칠 수 있다는 점을 상기하자.

FP : 고객님께서 이 보장계획에 대해 고민이 많으신 것 같은데요, 그렇다면 이 종신보험을 가입하지 않았을 때의 장점에 대해 말씀드리겠습니다. 매월 납입하는 보험료 17만 원을 써버리지 않고 은행에 저축하는 것이 가장 좋은 방법일 것입니다. 1년이면 원금 기준으로 204만 원 정도 될 것이고, 10년이면 2,040만 원, 20년을 모으면 4,080만 원, 요즘은 금리가 낮으니까 이자를 합쳐도 5~6천만 원 정도 밖에 되지 않을 것입니다.

FP : 지금부터 20년 후에 5천만~6천만 원으로 무엇을 할 수 있을까요? 집을 사기에는 턱없이 부족한 금액이고 차를 한 대 사거나 아니면 해외여행을 길게 다녀올 수 있을 것입니다. 종신보험을 가입하지 않고 할 수 있는 가장 큰 장점이 은행에 저축하는 것인데 보다시피 안 쓰고 모은다 하더라도 고객님께 큰 도움은 되지 않을 것입니다.

FP : 하지만 인생을 살아가는 동안의 불안감은 어떻게 하실 건가요? 나이가 들어서 컨디션에 이상을 느낄 때, 예기치 않은 질병이나 사고로 의료비가 많이 들어갈 때, 심지어 가족들에게 경제적 고통을 안겨 줄 때 같은 일이 생긴다면 아마 땅을 치고 후회하실 것입니다. 보험은 하루라도 젊을 때 그리고 건강할 때 가입해 두셔야 평생 동안 편안하게 인생을 사실 수 있습니다. 매월 납입하는 약간의 보험료로 가족들은 저희 회사에 맡겨 두시고 고객님은 앞만 보고 달려가십시오. 마음이 안정될수록 사회적 성공도 따라오는 법입니다.

FP : 자. 어떻게 하시겠습니까? 고객님과 가족들의 경제적 안정을 위해 은행의 저축상품보다 종신보험에 투자한다고 생각하십시오. 시간이 흘러갈수록 만족감이 드실 것입니다.

■ 폭탄 투하 화법(가망 고객의 감정 자극)

폭탄 투하 화법이란 지금까지의 순서대로 가망 고객에게 총도 쏘고 수류탄도 던지는 클로징을 했음에도 불구하고 계속 망설인다면, 가망 고객의 마음속에는 지금 가입하는 쪽보다는 '안 하는 쪽'의 비중이 크다고 볼 수 있기 때문에 마지막으로 폭탄을 던져 본다는 의미에서의 자극적인 화법을 말한다. 여러 가지 이유가 있겠지만 어쨌든 FP의 입장에서는 최선을 다해 볼 필요가 있다. '가망 고객의 마음이 비록 상할 수 있겠지만 가망 고객의 가족들을 위해 감수하겠다'는 각오로 비장하게 화법을 전개하면 된다. 설사 가망 고객이 지금은 기분이 나쁠 수 있지만 시간이 흘러서 돌이켜 보면 FP의 열정에 점수를 더 주게 된다. 폭탄 투하 화법은 자녀가 있는 30대 중반 이후의 가망 고객에 대한 것과 미혼 또는 30대 초반의 자녀가 없는 가망 고객에 대한 화법 두 가지가 있다.

〈 자녀가 있는 30대 중반 이후의 가망 고객 〉

FP : 고객님. 이 보장계획의 가입시기에 대해 한 가지 사례를 들어 말씀 드려도 되겠습니까? 고객님이 좀 더 생각해 보시겠다고 하고는 저를 돌려보낸 후 다시 사무실에서 열심히 일을 하실 것입니다. 저녁 회식까지 마치고 집에 돌아가셨는데 갑자기 배가 밤새도록 몹시 아픕니다. 한 숨도 못 자고 내일 출근해서 병원부터 가 보았는데 의사가 머리를 가로저으며 정밀검사가 필요하다고 하는 것입니다. 그래서 검사를 해 보았는데 글쎄, "미안하지만 6개월 남으셨는데요……"라는 결과가 나오게 됐습니다.

FP : 그래서 병원에 입원을 하시게 됐는데 병원에 누워 있으면서 어떤 생각이 가장 많이 드실까요? 네. 아마 가족들에 대한 생각이 제일 많이 드실 것입니다. '자녀들은 제대로 교육을 받을 수 있을 것인지', '이 험한 세상에서 아빠 없이 남편 없이 가족들이 제대로 살아갈 수 있을 것인지' 등등 여러 가지 생각이 드시겠지요. 마침 그런 생각을 하고 있는 순간에 제가 병문안을 가게 됐습니다. 그래서 제가 누워 있는 고객님을 보면서 "아이고. 고객님. 이게 어떻게 된 일입니까? 그래서 지난번에 저를 만났을 때 제대로 된 보장계획을 가입하셨어야죠. 지금이라도 안 늦었으니까 여기에 서명하시고 저에게 3백만 원을 보내 주시면 앞으로 6개월 후에 제가 사모님께 1억 원을 전달해 드리겠습니다"라고 한다면 가입하시겠습니까?

FP : (잠시 후에) 네. 당연히 가입하시겠죠. 그런데 문제는 제가 말씀드린 이런 일이 앞으로 영원히 안 생길 수도 있지만, 10년 후에 생길 수도 있고, 바로 내일 생길 수도 있는 것이 우리 인생 아니겠습니까. 그래서 이러한 가족들을 위한 보장계획은 필요성을 느끼는 즉시 시작하시는 것이 가장 좋은 것입니다.

〈 미혼 또는 30대 초반의 자녀가 없는 가망 고객 〉

※ 자녀가 없거나 젊은 가망 고객에게는 교통사고 화법이 더 효율적임.

FP : 고객님. 이 보장계획의 가입 시기에 대해 한 가지 사례를 들어 말씀 드려도 되겠습니까? 고객님이 좀 더 생각해 보시겠다고 하고는 저를 돌려보낸 후, 다시 사무실에서 열심히 일을 하실 것입니다. 저녁 회식까지 마치고 집에 택시를 타고 돌아가는데 하필 음주운전을 하는 택시를 타게 되신 겁니다. 택시 기사가 술에 취해서 시속 120km의 속도로 그만 전봇대를 들이 받아 버렸는데, 잠시 후에 고객님이 정신을 차려 보니까 문틈에 이런 자세로 끼여서 피를 철철 흘리고 있는 것입니다.

FP : 그 순간에 어떤 생각이 드실까요? 네. 아마 부모님 생각이 가장 많이 나시겠죠. '이제까지 애지중지 키워 주셨는데 효도도 못 해 드리고', '부모님의 슬픔을 어떻게 위로해 드릴 수 있을 것인지' 등등 부모님 생각을 하고 있는 순간에 제가 마침 그 옆을 지나가게 된 것입니다. 그래서 제가 이 모습을 보고는 "아이고. 고객님. 이게 어떻게 된 일입니까? 그래서 낮에 저를 만났을 때 제대로 된 보장계획을 가입 하셨어야죠. 지금이라도 안 늦었으니까 여기에 서명하시고 저에게 폰뱅킹으로 3백만 원을 보내 주시면 제가 내일 부모님께 1억 원을 전달해 드리겠습니다."라고 한다면 가입하시겠습니까?

FP : (잠시 후에) 네. 당연히 가입하시겠죠. 그런데 문제는 제가 말씀 드린 이런 일이 앞으로 영원히 안 생길 수도 있지만, 10년 후에 생길 수도 있고, 바로 내일 생길 수도 있는 것이 우리 인생 아니겠습니까. 그래서 이러한 보장계획은 필요성을 느끼는 즉시 시작하시는 것이 가장 좋은 것입니다.

■ 스웨덴 화법

앞의 '폭탄 투하' 화법은 가망 고객의 감정을 상하게 할 가능성이 높기 때문에 이를 보다 합리적이고 편안하게 클로징하는 화법이 '스웨덴 화법'이다. 알다시피 우리나라의 사회보장제도가 그렇게 높은 수준이 아니기 때문에 종신보험의 컨셉을 사회보장제도와 연계시켜 비유를 하는 화법인데 가망 고객의 'YES'를 지금 당장 끌어내는데 매우 효과적인 화법이다.

FP : 고객님. 이 보장계획의 가입 시기에 대해 한 가지 사례를 들어 말씀 드려도 되겠습니까? 혹시 지구상에서 복지제도가 가장 좋은 나라가 어딘지 아십니까?

FP : 네. 바로 스웨덴입니다. '요람에서 무덤까지'가 스웨덴의 슬로건인데요, 출산할 때 모든 비용이 무료임은 물론이고 교육비도 대부분 국가가 부담하는데, 만약 가장에게 문제가 생기게 되면 전액 무료교육은 물론 유가족의 생활비까지 다 지원됩니다. 그러다 노후기가 되면 충분히 먹고 살 수 있는 연금까지 지급받을 수 있지요.

FP : 그런데 내일 아침에 정부에서 이런 발표를 하게 된 것입니다. "국민 여러분께 중대한 발표를 하겠습니다. 오늘 이 시간 이후부터 각종 의료비를 실비로 지원하며, 만약 가장에게 문제가 생기면 자녀 교육을 대학까지 무료로 시켜주고 별도의 생활비도 지원을 해 드리겠습니다. 아울러 60세까지 아무 일이 없으면 기존에 낸 돈을 100% 되돌려 드려서 노후자금으로 활용할 수 있도록 하겠습니다. 대신 연 소득의 10%를 세금으로 내십시오." 라는 내용의 발표를 한다면 이 복지제도에 가입하시겠습니까?

FP : 아마 가입하시겠지요. 그런데 불행하게도 우리나라에서는 언제 이런 제도를 시행하게 될 지 아무도 모릅니다. 대신에 소득의 10%를 저희 보험회사에 세금으로 내십시오. 정부의 발표대로 똑같이 해 드리겠습니다. 어떠십니까?

■ 거절처리

지금까지 표준 클로징 화법에 대해 알아보았는데 이 순서대로 100% 다 구사할 수는 없겠지만 필요에 따라 적절하게 2~3가지 화법만 전개해도 가망 고객의 '구매욕구'를 크게 자극할 수 있다. 하지만 가망 고객별로 워낙 다양한 재정적 상황이 존재하고 성향 또한 각각 다르므로 일사천리로 상담이 진행되는 것은 드문 편이고, 여러 가지 거절에 부딪히게 될 확률이 높다. 그런 거절에 부딪혔을 때 어떻게 대처하는가 하는 부분도 계약확률에 상당한 영향을 미치게 되는데, 이러한 스킬을 통칭하여 '거절처리'라고 한다.

일반적으로 보았을 때 가망 고객의 거절사유가 굉장히 많을 것처럼 생각되지만 막상 거절유형을 정리해 보면 10가지 내외 정도에 불과하다. 따라서 미리 이런 거절유형에 대해 '거절처리화법'을 익혀 두면 언제 어떤 경우에 거절이 나오더라도 유연하게 대처할 수 있다.

가망 고객의 거절에 부딪혔을 때 가장 좋은 방법은 '일단 긍정'이다. 가망 고객의 거절에 정면으로 대응하면 말싸움으로 번질 확률이 높고 FP의 이미지에도 부정적인 영향을 주게 된다. 따라서 'YES', 'BUT'의 화법이 가장 좋고, 일단 무조건 칭찬하는 것도 주도권을 놓치지 않는 방법이 될 수 있다.

▶ 배우자(부인)와 상의 후에 결정하겠다.

- 가장 많이 발생하는 거절유형이다. 우리나라 전체 가정의 60% 정도가 부인이 일반적인 구매결정권을 가지고 있기 때문인데, 일단 3가지의 거절처리화법을 진행해서 최대한 설득을 해 보고 정 안되면 가정방문을 유도해야 한다. 필자의 경험상 가정방문을 하게 되면 100% 계약체결은 물론 자녀의 교육저축이라든가 노후연금 등의 추가계약도 많이 할 수 있었다.

① 똑같은 설명을 부인에게 한다면?

FP : 네. 고객님도 사모님을 끔찍이 사랑하는 스타일이시군요. 가족들을 위한 계획이니까 당연히 사모님과 상의를 하셔야겠죠. 그렇다면 고객님이 오늘 퇴근하셔서 사모님에게 제가 한 설명과 똑같이 토씨 하나 안 틀리고 설명하신다면 사모님은 뭐라고 하실까요?

가망 고객 : 글쎄요.(제일 많이 나오는 대답은 '당신이 알아서 하세요' 임)

FP : 이 보장계획이 평생동안 사모님과 자녀들을 보호하기 위한 계획이기 때문에 아마 '알아서 하세요' 라고 하실 것입니다. 그리고 더 큰 문제는 고객님은 저 같은 전문가가 아니기 때문에 정확하게 설명하는 것은 불가능하다는 것이지요. 아마 이 자료를 사모님께 던져 주고는 읽어보라고 하실 것입니다. 그래서 저는 자주 가정방문을 해서 자세하게 설명을 해 드리는데 어떠십니까? 제가 고객님의 댁으로 가서 사모님이 계신 자리에서 다시 한 번 설명 드릴까요?

② 종신보험의 3차원 컨셉 활용

FP : 고객님. 만약 고객님이 지금 보험을 가입하시고 오늘 저녁에 가셔서 사모님께 "여보. 내가 오늘 가족들을 위해서 2억 원의 사망보험금이 나오는 보험에 가입했어"라고 한다면 사모님이 뭐라고 하실까요? 아마 미쳤다고 하실 겁니다. 마음속으로는 좋아하실 수도 있겠지만 매월 나가는 보험료가 부담될 수도 있고 무엇보다 고객님에게 그런 일이 생긴다는 것은 생각조차 해 보지 않았기 때문입니다. 마찬가지로 자녀에게 그런 말을 하면 뭐라고 할까요? 아마 관심조차 없을 것입니다.

FP : 고객님. 이 보장계획은 자동차를 구입하거나 PDP TV를 구입하는 것이 아닙니다. 이러한 계획을 결정할 수 있는 권한은 남편이자 아빠인 고객님 밖에 없습니다. 만약 사모님이 다른 보험회사에 다니는 친구 설계사의 설명을 듣고는 2억 원짜리 종신보험 청약서를 들고 와서 가입하라고 한다면 어떤 기분이 드시겠습니까?

FP : 이 보장계획의 가입을 결정하는 것도 고객님이시고 이러한 계획에 대해 만족하는 것도 고객님 밖에 없습니다. 사모님이나 자녀들이 어떤 만족감을 느낄 수 있겠습니까? 앞으로 시간이 흘러가면서 컨디션이 나빠지거나 또는 신문이나 TV 등을 통해 각종 사건사고를 접할 때, 그리고 주변 지인들의 부고를 듣게 됐을 때 등등 그럴 때마다 '나에게는 홍길동 FP를 통해서 가입해 둔 보장계획이 있었지' 라는 안도감과 만족감을 느낄 수 있을 것입니다. 따라서 가입에 대한 결정권한은 고객님께 있는 것입니다. 어떠십니까?

③ 안전벨트 화법

FP : 고객님. 고객님이 차를 타고 운전을 시작할 때마다 사모님께 "여보. 나 안전벨트 맬까?"라고 물어 보십니까?

FP : 사모님과 자녀들을 태우고 인생이라는 고속도로를 달려가시는데 꼭 필요한 안전벨트가 바로 이 보장계획입니다. 그런데 사모님께 '안전벨트를 매야 하는지' 물어 보시는 게 과연 필요할까요? 고객님. 당연히 운전자인 고객님께서 안전벨트를 매셔야 되는 것입니다. 지금 시작하시죠?

▶ 내용은 괜찮은데 돈이 없다.

– 이런 거절의 경우는 정말로 가망 고객에게 경제적 여유가 없는 것인지 아니면 단순히 거절을 하기 위해 핑계를 대는 것인지를 먼저 알아봐야 한다. 만약 경제적 여유가 없다면 복수안 제시를 통해 2안을 권유해 보고 그것도 힘들다면 '지출우선순위' 화법을 통해 다른 비용을 줄여서라도 지금 시작할 것을 강하게 설득해야 한다.

FP : 고객님. 이 세상에서 여유있게 생활하는 분들이 몇 명이나 있을까요? 다들 빠듯한 생활을 하시는데도 가족들을 위한 보장계획만큼은 대부분 준비하고 있습니다. 월급을 300만 원 정도 받는다고 하셨는데 맞습니까? 월급을 받으면 가장 먼저 쓰는 비용이 뭘까요? 바로 의식주(衣食住)비용이겠지요. 그 이후의 순서로 자녀교육비, 각종 공과금, 저축, 경조사비, 외식비, 여가생활비, 용돈 등등의 순서로 쓰실 겁니다. 그런데 만약 회사에 문제가 생겨서 월급이 100만 원으로 줄어든다면 어떻게 쓰시겠습니까? 아마 의식주비용만으로 끝날 것입니다. 자녀교육비도 쓰기 힘들겠죠.

FP : 그렇다면 유사시 가족들을 보호하기 위한 보장비용을 어디에 놓아야 할까요? 쓸 거 다 쓰고 용돈 뒤에 넣어야 할까요? 어떠한 경우에도 가족들의 의식주 비용과 교육비를 보장해 주기 위한 계획이라면 최소한 현재의 의식주 비용 바로 뒤에 놓아야 되지 않을까요?

FP : 제가 고객님의 재정적 상황에 대해서 100% 알지는 못합니다만 한 가지는 자신 있게 말씀드릴 수 있습니다. 지금 당장 이 계획을 시작하시는 것이 제일 좋다는 것입니다. 고객님이 보시기에 앞으로 지출비용이 더 많아질 것 같으세요, 적어질 것 같으세요? 자녀가 성장할수록 돈은 더 많이 들어가게 됩니다. 지금 시작하시고 나머지 문제는 사모님과 의논해서 처리하시면 됩니다. 어떠십니까?

▶ 내가 죽고 나서 무슨 보험이 필요한가?

- 필자도 가끔씩 이런 성향의 가망 고객을 만난 적이 있는데 FP에게 있어서는 의욕을 떨어뜨리는 '부정형 고객'이다. 판매 프로세스를 정확하게 지키

면 TA나 최소한 AP단계에서 걸러질 수 있는데 활동하다 보면 어쩔 수 없이 만나게 되는 경우가 있다. 이런 유형의 가망 고객을 만났을 때는 계약의 여부에는 미련을 갖지 말고 FP Ship에 입각해서 설득할 수 있는 한 설득하는 것이 최선의 방법이다. 필자의 경험상 종신보험의 컨셉에서 언급한 '종신보험에 대한 짧은 생각'이라는 화법이 가장 효과가 좋았다. 이 화법을 통해 자동차보험과 비교해서 타인의 생명과 재산을 위해서 가입하는 보험은 당연하다고 생각하는데, 정작 자신의 가족을 위해서 가입하는 종신보험은 필요없다고 생각하는 것이 과연 바람직한지 화두를 던지면 된다.

▶ 기존 가입보험이 많은데 해약하면 아깝다.

– 기본적으로 FP Ship의 원칙은 가망 고객의 입장에서 모든 상담을 진행하고 해결안을 제시하는 것이라고 할 수 있다. 그런데 대부분의 가망 고객이 보험 한두 개쯤은 갖고 있기 마련인데, 종합보장형인 종신보험과 중복되는 보장(암, 재해상해, 의료비 등)이 있을 수 있다. 그러다 보면 종신보험에서 해당특약을 빼거나 아니면 기존 가입보험을 해약할 필요성이 생기게 되는데 기존의 보험은 보장기간이 짧은 경우가 많기 때문에 기존 가입보험을 해약하는 것이 유리한

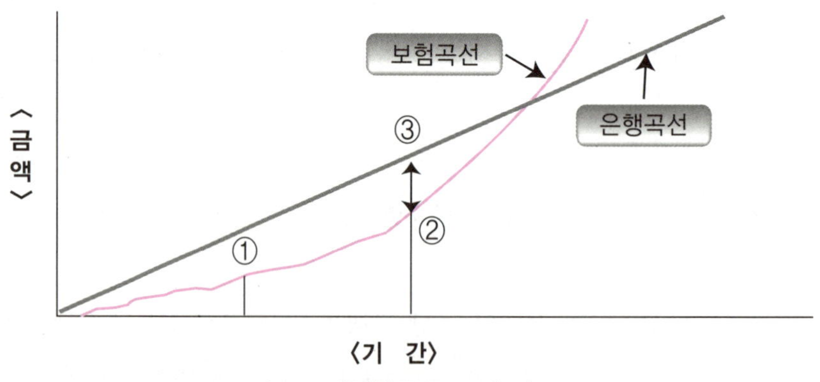

〈표 : 해약환급금 그래프〉

경우가 생기게 된다. 그런 경우에 FP입장에서는 해약을 권유하기가 어렵기 때문에 합리적인 설명을 통해 가망 고객이 판단하도록 유도해 주는 것이 좋다.

FP : 고객님. 제가 보험의 해약환급금 그래프에 대해 알기 쉽게 표를 그려보겠습니다. 지금 기존 가입보험을 해약하면 ①번처럼 손해를 보게 됩니다. 왜냐하면 보험은 많은 사람들이 조금씩 돈을 내서 위험이 발생한 사람에게 몰아 주는 시스템으로 되어 있기 때문에 중간에 관둔다고 해서 이미 다른 사람에게 준 돈을 돌려받을 수 없기 때문입니다. 그래서 앞으로 10여 년을 더 납입하면 만기가 되어서 원금을 받을 수 있는데 그 시점이 ②번입니다.

하지만 이 그래프를 은행과 비교해 보면 지금 해약한 해약환급금과 매월 내는 보험료를 은행에 넣어 두었을 경우는 ③번이 됩니다. ②번과 ③번은 작게는 몇 백 만 원부터 많게는 몇 천 만 원까지 차이가 날 수 있는데요, 은행은 보험처럼 위험보험료와 사업비가 빠지는 게 아니라 원금에다 오히려 이자까지 주기 때문입니다. 그렇기 때문에 아깝다는 이유만으로 계속 보험을 유지하는 것은 오히려 손해가 될 수 있습니다.

따라서 제가 제안해 드린 내용과 기 가입보험을 잘 비교해 보시고 가장 도움이 되는 방향으로 정리를 하는 것이 바람직하다고 말씀 드릴 수 있습니다.

▶ 타 보험회사와 비교해 본 후 결정하겠다.

－ 보험상품을 구성하고 보험료를 산출하는 기준에는 예정위험률, 예정이율, 예정사업비의 3대 요소가 있다. 예정위험률은 경험 생명표를 기준으로 사용하게 되고 예정이율과 예정사업비는 각 보험회사가 금융감독위원회의 감독 하에서 자율적으로 결정할 수 있다. 보험회사별로 상품명이 틀리고 보험료도 각각 다르지만 요즘처럼 금융기관간의 경쟁이 치열하고 금리가 낮은 상태에서는 실

질적으로 각 보험회사의 상품은 비슷하다고 할 수 있다. 그렇기 때문에 예전과는 달리 가망 고객이 보험상품을 비교한다는 것 자체가 어려울 뿐만 아니라 효율성이 떨어진다.

그런 시간을 허비하느니 차라리 FP를 믿고 지금 당장 시작하는 것이 더 좋을 수 있다는 뜻이다.(이런 경우는 금융상품이나 부동산을 선택할 때도 종종 생기는데 고민하다가 시기를 놓치게 되면 오히려 일찍 시작한 것보다 못할 수도 있다는 의미다. The second choice at the moment may be better than the first in the future.) 바로 이 점을 가망 고객에게 주지시키고 나름대로 내가 속해 있는 회사의 장점을 어필하면 된다.

FP : 네. 종신보험은 평생동안 보장받는 상품이기 때문에 고객님처럼 꼼꼼하게 비교해 보고 선택하셔야 후회가 없습니다. 하지만 종신보험은 복잡한 상품이고 보험회사별로 특약도 차이가 나기 때문에 비전문가이신 고객님께서 비교하시기는 어려움이 많으실 것입니다. 어쨌든 고객님께서 저희 회사를 포함해서 5개 정도 회사의 제안서를 받았다고 가정해 볼까요? 시간을 넉넉하게 잡아서 앞으로 6개월 동안 각 회사의 보장내용과 보험료를 면밀히 분석한 결과 하나의 회사를 선택하실 수 있을 것입니다.

FP : 그런데, 고객님. 그런 과정을 거쳐 선택한 제안서와 그냥 5개 회사의 제안서를 섞은 후에 눈을 감고 하나를 고른 것과 내용 면에서 비슷할 가능성이 매우 높다는 사실을 아십니까? 요즘처럼 금리가 낮고 금융기관간 경쟁이 치열한 상태에서는 모든 보험회사의 상품이 비슷하다고 할 수 있습니다. 만약 어떤 보험회사의 상품이 내용 면에서 가장 좋고 보험료 또한 저렴하다면 타 보험회사에 가입할 이유가 없겠지요.

FP : 그래서 이러한 보장계획은 비교해 보는 것도 중요하지만, 필요하다고 판단했을 때 바로 시작하는 것이 더 중요하다고 할 수 있습니다. 참고적으로 타 보험회사와 비교해 보았을 때 저희 회사는 이러이러한 장점이 있습니다. 어떠십니까? 지금 당장 시작하시죠?(어느 회사의 상품이든 타 보험회사 대비 장점이 있게 마련이므로 그러한 장점을 요약해서 설명하는 것이 좋은데, 말로 하는 것보다는 A4지에 간단하게 요약해서 보여 주는 것이 효과적이다.)

▶ 친척이나 지인이 타 보험회사에 근무한다.

– 가망 고객의 거절 중에서 가장 강도 높은 거절 중의 하나이다. 필자의 경우도 종종 이러한 경우를 만나게 됐는데 AP단계에서 이런 이야기가 나오면 차라리 '그런가 보다' 하고 포기하면 되지만 PC단계에서 이런 이야기를 하면 의욕이 상실되면서 가망 고객에게 서운한 감정이 들기도 한다. 그런데 곰곰이 생각해 보면 오히려 이런 경우가 더 계약의 확률이 높을 수 있다. 친척이나 지인이 타 보험회사에 있음에도 불구하고 나라는 FP에게서 상담을 받았다는 것은 그만큼 평소에 그런 친척이나 지인에 대해 만족감을 느끼지 못하고 있었다는 뜻이기 때문이다.

우리나라에는 수많은 FP가 일하다보니 대다수의 가망 고객들이 아는 FP 한 둘쯤 있게 마련이다. 그런데 친한 사이일수록 FP로서 대하기는 부담감이 커진다. 어떤 경우에 얼마의 보장을 받을 수 있는지 물어 보기도 어렵고 사후 관리 또한 제대로 받기 힘든 경우가 많다. 그렇기 때문에 종신보험처럼 지속적인 관리가 필요한 보험상품은 오히려 부담감이 없는 전문가에게 가입하는 것이 좋다. 바로 이 점을 가망 고객에게 어필하면 되는데 그렇다고 친척이나 지인에게 아무 것도 가입하지 않기는 곤란하므로, 연금이나 자녀 교육보험같은 저축성 보험은 친척이나 지인에게 가입하고 종신보험은 전문가에게 가입하도록 권해 주는 것이 필자의 경험상 제일 효과가 좋았다.

　FP : 고객님. 보험은 가입하는 것보다 사후관리가 중요하다고 합니다. 특히 종신보험 같은 경우는 인생을 살아가면서 수시로 보장혜택을 받을 수 있는데 그럴 때마다 친척이나 지인에게 연락하기에는 부담감이 많이 드실 것입니다. 또한 가족수의 변동이나 재정상황의 변화에 따라서 보장계획도 수시로 점검하고 보완할 필요도 생기는데 친척이나 지인같이 친한 사이일수록 세심하게 신경쓰기는 어려울 것입니다. 참고로 저는 평생 동안 이 일을 할 계획을 갖고 있는데요, 앞으로 고객님께서 이 보장계획에 대해 지속적인 만족감을 느끼실 수 있도록 제대로 관리해 드리겠습니다.

　FP : 그렇다고 친척이나 지인에게 아무 것도 가입 안 하기는 곤란하실 텐데요, 연금이나 자녀교육보험 같은 저축성 상품은 특별한 사후관리가 필요하지 않으므로 그런 저축성보험을 하나 들어주시고 종신보험은 저같은 전문가에게 가입하는 것이 유리할 것입니다. 어떠십니까?

▶ 내년에 연봉이 오르면 생각해 보겠다.

　- 이런 종류의 거절은 지금 시작할 절실한 필요성을 못 느끼거나, 하고는 싶은데 현재의 재정적 상태로는 도저히 어려운 두 가지 상황 중의 하나이다. 이럴 때는 적절한 질문을 통해서 보다 구체적인 거절사유를 파악해 보고 만약 전자의 경우라면 지금 당장 시작해야 하는 이유를 다시 한 번 설득하고, 후자의 경우라면 복수안 중 2안을 선택해서 지금 시작하도록 권유하면 된다. 아울러 보험연령이 올라가면 어느 정도의 추가보험료 부담이 생기는지 계산해서 보여주는 방법도 효과가 좋다.

FP : 내년에 연봉이 오르면 생각해 보신다고 하셨는데요, 혹시 지금 당장 시작할 필요성을 못 느껴서 그러십니까?

고객 : 아니요. 필요성이 느끼는데 지금 상태에서는 보험료가 너무 부담이 돼서요⋯⋯

FP : 네. 그러시군요. 그렇다면 혹시 내년에 나이가 한 살 더 많아지시면 보험료가 어느 정도 인상되는지 아십니까?

고객 : 모르겠는데요.

FP : 고객님의 연령으로 보았을 때 내년에 가입하시면 약 5천 원정도 보험료가 올라갈 것 같습니다. 5천 원이면 별 거 아닌 것 같지만 계산기를 두드려 보면 25년을 낸다고 했을 때 5천원 곱하기 12개월, 곱하기 25년이면 150만 원 정도 됩니다. 이 돈을 은행에 저축하시면 이자까지 붙으니까 대략 300만~400 만 원 정도 되시겠네요. 이 돈을 현재의 보험료로 나누어 보면 2년치 보험료 정도 됩니다.

즉, 내년에 가입하시면 추가적으로 2년치의 보험료를 더 내야 하는 상황이 벌어지게 되는데요, 연봉이 올라서 하시는 것도 좋지만 시간이 지남에 따라 그만큼 보험료 부담도 올라가게 되는 것입니다. 또한 보험은 언제 무슨 일이 생길지 몰라서 가입하는 것인데 내년까지 아무 일 없을 것이라는 보장도 없으실테구요, 만약 컨디션에 문제가 생기시면 가입하기 힘든 경우도 생길 수 있습니다. 그러니까 경제적으로 조금 어려우시다면 일단 2안으로 시작하신 다음에 내년에 연봉이 오르면 1안으로 업그레이드 하는 방법이 있습니다. 어떠십니까?

▶ 결혼 후 시작하겠다.

- 일반적으로 미혼 가망 고객의 경우는 보장에 대한 니즈가 작기 때문에 결

혼 후에 가입하겠다는 거절이 많다. 그래서 미혼들은 별도의 동기부여 화법이 필요한데 미혼자에 대한 자세한 화법은 '고객계층별 접근 기법'에서 알아보기로 하고, 여기서는 거절처리에 대해 알아 보자.

– 미혼자에 대한 거절처리 포인트는 첫째 젊기 때문에 보험료가 저렴하다는 것을 강조하고(납입기간도 20년 정도로 줄일 수 있음을 강조), 둘째 종신보험을 가입하는 것이 부모님에 대한 진정한 효도라는 것을 설명하며, 셋째 연말정산시 세제혜택을 받을 수 있기 때문에 재테크에도 많은 도움이 된다는 순서로 설득하면 된다. 아울러 보장금액을 크게 할 필요가 없기 때문에 주계약 위주(5천만 원 정도)로 제안서를 준비하고 해약환급금 예시표를 보여 주면서 노후기에 납입한 보험료 이상의 해약환급금을 노후자금으로 활용할 수 있다는 것을 강조해 주는 것이 좋다.

▶ Closing

– 거절처리가 끝나면 자연스럽게 청약서를 꺼내서 쓸 준비를 하면 된다. 필자의 경험상 거절처리까지 진행됐으면 가망 고객은 가입에 대한 마음을 어느 정도 굳힌 상태라고 볼 수 있다. 가망 고객에게 고민할 시간을 많이 줄수록 '지금 당장 시작하지 않아도 되는 이유'를 찾아내기 때문에 이 정도까지 오면 청약서를 꺼내서 작성하는 것이 좋다. 청약서를 꺼내서 작성할 때 좋은 몇 가지 화법을 소개하면 다음과 같다.

(수익자 화법)
FP : 수익자는 누구로 할까요?
고객 : 수익자가 뭔데요?

FP : 네. 유사시 이 보험을 수령할 권리를 가진 사람입니다. 보통 사모님이
나 자녀들을 많이 선택하시는데 누구로 해 드릴까요?

고객 : 와이프로 해 주세요.

(건강검진 화법)

FP : 최근 3개월 이내에 감기 말고 병원에 가신 적 있으십니까?

고객 : 아니요. 없는데요. 그런 일이 있으면 보험에 가입 못 하나요?

FP : 네. 물론이죠. 보험회사는 합법적으로 의료기록을 조회할 권리가 있기
때문에 현재 시점부터 5년 이내에 아프거나 다친 일이 있으시면 정확하게 고
지를 하셔야 됩니다. 경우에 따라서는 가입을 못 하실 수도 있습니다. 그래서
보험은 한 살이라도 젊을 때 그리고 건강할 때 가입하셔야 하는 것이지요.(청
약서 상의 고지내용을 순서대로 물어보고 체크하면 되는데 이렇게 진행하면
가망 고객은 당연히 가입하는 것으로 생각하게 된다.)

(자녀 화법)

FP : 종신보험은 사모님보다는 자녀들을 위해서 가입하시는 것입니다. 이
프로그램은 어떠한 경우라도 사랑하는 자녀들을 대학까지는 졸업을 시켜 드릴
것입니다. (청약서와 펜을 건네주며) 오직 자녀만 생각하고 사인하십시오. 여
기에 하시면 됩니다.

▶ 청약서 작성 및 1회 보험료 수령

- 예전에는 1회 보험료를 고객에게서 직접 수령했는데 요즘은 신용카드나
즉시이체를 많이 하기 때문에 정해진 방법대로 하면 된다.

▶ 유언장 작성 및 소개 요청

　- 청약을 하고 1회 보험료를 수령하면 '또 한 명의 고객을 만들었다'는 성취감에 FP의 마음이 붕 뜨게 된다. 필자의 경우도 상당히 큰 보험계약을 체결했을 때 흥분한 나머지 노트북을 놔두고 온 경험도 있는데(지하철역까지 걸어왔는데 고객에게 전화가 와서 다시 가서 찾아 왔음), 그러다 보면 정작 중요한 것을 잊어버리는 경우가 종종 생긴다. 바로 유언장 작성과 소개 요청이다.

　유언장을 작성하는 것과 하지 않는 것은 가망 고객의 만족도에 엄청난 영향을 끼친다. 단 한 줄이라도 유언장을 쓰게 되면 나중에 시간이 흘러서 보장내용에 대해서는 잊어버리더라도 유언장을 쓸 때의 느낌은 남아 있기 때문에 가망 고객은 지속적인 만족감을 느낄 수 있다. 따라서 아무리 바쁘더라도 유언장을 쓸 시간은 안배해야 하고 그 순간에는 잠시 자리를 비켜 주는 것이 예의이다. 또한 '밥이 익었을 때 바로 먹어야 한다'는 속담처럼 가망 고객이 보장계획에 대한 만족도가 최고조에 달했을 때가 바로 청약하는 순간이기 때문에 반드시 소개 요청도 빼먹지 않고 해야 한다.

　잊지 말자. 소개를 받아 내야만 이 일을 계속할 수 있다는 사실을…

7) 판매 프로세스 7단계 : Policy Delivery & After Service
(증권전달 및 사후관리)

　판매 프로세스의 마지막 단계는 증권전달과 사후관리이다. 보험에 가입하면 보험증권이 나오는데 예전에는 증권전달을 다소 소홀히 했던 경향이 있었지만 지금은 고급스러운 파일이나 바인더에 포장해서 감사의 선물과 함께 전달하는 추세다. 필자도 한 때 보험증권을 집에 걸어둘 수 있도록 고급 액자에 담아 전달한 경험도 있는데 보장계획의 컨셉을 생각하면 보험증권의 포장은 물론 증권 전달시에 작은 이벤트(청약서에 사인하는 고객의 모습을 찍어서 유언장과 함께 전달하는 등)도 FP를 어필하는데 많은 도움이 된다.

■ 고객관리(Customer Relationship Management)

새로운 가망 고객을 발굴하는 것 못지 않게 중요한 것이 바로 고객관리이다. 보험에 가입한 고객들이 FP에 대해 가지고 있는 가장 큰 불만은 '가입할 때는 뭐든지 다 해 줄 것처럼 살살 거리다가 막상 가입하고 난 뒤에는 코빼기도 안 비친다'는 것이다. 사실 필자도 이런 불평을 종종 들었는데 고객의 수가 많아질수록 관리하기도 그만큼 힘이 드는 게 사실이다. 하지만 보험 비즈니스에 있어서 가장 중요한 것이 유지관리인데, 고객관리를 제대로 못하면 소개가 나오지 않음은 물론 해약될 수도 있기 때문에 FP 에너지의 1/3 정도는 기존 고객관리에 쏟을 필요가 있다.

고객관리의 핵심은 '고객에 대한 관심'이다. 고객이 아무 문제없이 잘 살고 있는지 항상 관심을 가져 주어야 한다는 뜻인데 제일 효과가 좋지만 가장 하기 어려운 것이 바로 전화하는 것이다. 전화를 하면 고객도 반갑게 대해주고 이런 저런 살아가는 이야기를 나누기만 하면 되는데 막상 전화번호를 누르려고 하면 뭐가 그리 바쁜 일이 생기는지 실천하기가 무척 어렵다. FP의 일일계획표에 하루 5명, 오전에 30분은 꼭 기존고객들에게 전화를 하도록 되어 있는데 계획표대로 한 적은 별로 없는 것 같다. 그래서 선택한 것이 '좋은 생각'이라는 잡지 구독과 이메일이다. '좋은 생각'은 일상생활에서 일어나는 따뜻한 이야기들을 모아서 매월 발행하는 월간지인데 저렴한 비용으로 1년 동안 FP 이름으로 고객에게 보내 줄 수 있기 때문에 매우 효과가 좋았고, 이메일은 바쁜 고객을 대신해서 책을 읽고 요약한 내용이라든지 각종 재테크 정보, 마음이 따뜻해지는 각종 이야기들, 연말정산 정보 등 고객에게 도움이 되는 내용들을 2주에 한 번 꼴로 발송했다. 이메일은 너무 자주 보내도 스팸메일처럼 인식되는 단점이 있고 너무 오랜만에 보내도 관심이 없다는 불평이 있을 수 있기 때문에 2주에 한 번 꼴로 보내는 것이 가장 효과가 좋았다.

요즘에는 이러한 고객관리를 전문적으로 대행해 주는 CRM업체들이 많이 있는데 이런 회사의 프로그램을 이용하는 것도 좋은 방법이다. 고객의 생일이나 기념일에 FP를 대신해서 휴대전화 문자메시지나 이메일카드를 보내 주기 때문에 고객관리에 많은 도움이 된다. 하지만 뭐니뭐니해도 가장 좋은 고객관리방법은 직접 찾아가서 커피나 식사를 함께 하거나 적어도 1달에 한 번 정도는 직접 통화를 하는 것이 제일이다.

고객에게 보내는 이메일은 그때그때의 사회분위기나 여러 가지 재테크 경향, Inspiration Message(감동을 주는 글) 등 주제의 제한이 없다. 고객이 눈앞에 있는 것처럼 편안하게 작성하는 것이 좋고 분량은 A4용지 1~2페이지 정도가 적당하다. 꾸준히 이메일을 보내다 보면 고객들과 끈끈한 신뢰관계를 형성할 수 있고 이러한 FP의 노력에 고객들이 만족하면 기대하지 않았던 소개도 나오게 되는 것이다.

■ 판매 프로세스를 정리하며

지금까지 판매 프로세스 전반에 대해 알아 보았는데, FP의 주된 역할이 Risk Management이고 Risk Management의 주력상품이 종신보험(또는 정기보험)이기 때문에 종신보험의 판매 프로세스 위주로 설명했다. 세월이 아무리 많이 흐르고 모든 것이 다 변한다 하더라도 '가족사랑이 담긴 보험상품'의 가치는 퇴색하지 않을 것이다. 그렇기 때문에 지금까지 설명한 판매 프로세스의 기본에 충실하면 언제 어느 시점에서 FP를 시작하더라도 성공할 수 있다.

어떤 FP든지 일을 하다보면 슬럼프에 빠지게 된다. 사람은 기계가 아니기 때문에 컨디션이 안 좋아서 그럴 수도 있고, 멘탈이 떨어져서 그럴 수도 있다. 성공한 FP와 그렇지 못한 FP의 차이는 얼마나 빨리 그리고 효율적으로 슬럼프를 탈출하느냐에 달려 있다. 누구나 슬럼프에 빠지면 자기 자신을 되돌아보게 되는데 슬럼프의 원인을 분석해 보면 십중팔구는 기본을 지키지 않았기 때문이다.

'모든 일은 기본을 지키는 것이 가장 어렵다.'는 말이 있다. FP도 판매 프로세스를 지키면서 일하기는 무척 힘들다. 쉽고 편하게 일하고 싶은 유혹 때문인데, 이를 과감히 떨쳐 버리고 기본을 지켜야만 FP로서 롱런할 수 있다는 것이 필자의 신념이다.

3

Risk Management

4. Referral leads(소개)

한 보험회사에서 고객들을 상대로 설문조사를 했는데 'FP에게 소개를 해 주지 않는 이유는 무엇입니까?' 라는 설문항목이 있었다. 가장 많은 '소개하지 않은 이유'는 무엇이었을까? 무려 60%의 고객들이 'FP가 소개요청을 하지 않아서' 라는 항목에 체크를 했다고 한다. 이 결과를 뒤집어 보면 FP의 상담을 받고 계약을 할 정도면 고객은 이미 그 FP에게 신뢰감을 느끼고 있기 때문에 소개요청만 하면 고객은 얼마든지 해 줄 자세가 되어 있다는 뜻이다.

필자도 필드에서 상담을 하다 보면 소개요청을 깜빡하는 경우가 많았는데 나중에 그런 생각이 들 때마다 무척 후회가 되고는 했다. 고객의 소개는 아무 때나 얻어낼 수 없기 때문에 판매 프로세스상의 세번의 만남 때가 가장 소개를 받기 좋은 시기라고 할 수 있다. 이러한 만남 때마다 소개요청을 하면 조 지라드의 법칙을 감안하지 않는다 하더라도 적어도 Pool 걱정은 하지 않고 FP일을 할 수 있다.

아무리 아는 사람이 많다 하더라도 FP 일을 시작하고 6개월 정도가 지나면 X시장 Pool은 소진되게 마련이다. 처음에는 굳이 소개를 받지 않아도 만날 사람이 있고 또한 소개받은 사람을 만나기가 부담스럽다 보니 적극적으로 소개요청을 하지 않게 되는데, 세살 버릇 여든까지 가는 것처럼 소개를 받아 새로운 고객을 만들어 가는 '영업의 선순환 시스템'을 처음부터 구축해 놓지 않으면 슬럼프에 빠졌을 때 그만큼 벗어나기 힘들게 된다.

판매 프로세스는 Pool에서 시작해서 Pool로 끝나게 된다. 즉, 처음과 끝이 모두 사람인 것이다. FP일을 하다 보면 필연적으로 만날 수 있는 사람은 줄어들게 마련인데 소개를 통해 새로운 가망 고객을 채워 넣지 않는다면 그 FP의 미래는 불을 보듯 뻔할 것이다. 그렇기 때문에 아무리 강조해도 지나치지 않는 단어가 바로 '소개' 이다.

■ 소개요청 화법

필자가 생각하는 고객에 대한 가장 큰 서비스는 '이 일을 오랫동안 하는 것' 이다. 앞으로 언제인지는 모르겠지만 고객에 대한 약속을 지키는 것(보험금을 지급하는 것)이 고객에 대한 서비스의 요체라고 생각한다. 그러기 위해서는 당연히 FP 일을 잘 해야 하고 일을 잘 하기 위해서는 만날 사람이 있어야 한다. 고객들에게 이 점을 주지시키면 소개에 대한 당위성을 확보할 수 있다. 그러므로 소개요청을 하면서 머뭇거리거나 애원조로 말하기 보다는 당당하고 자신감 있게 요청을 해야 한다. 당당하고 자신감이 넘쳐야 소개해 주고 싶은 마음이 생기는 것이 인지상정이다.

〈 소개요청 멘트 〉

"형제가 어떻게 되십니까? 형제분들을 소개시켜 주십시오."

"당신에게 있어서 가장 소중한 분 세 분만 소개시켜 주십시오."

"당신에게 어려운 일이 생겼을 때 가장 먼저 달려올 사람 세 분만 소개시켜 주십시오."

"이런 상담이 필요하다고 생각되는 분 세 분만 소개시켜 주십시오."

"평소에 술자리를 같이 하는 세 분만 소개시켜 주십시오."

각각의 소개요청 멘트 후에 한 마디를 덧붙인다면

"그리고 이왕이면 보험료를 낼 수 있는 분을 소개시켜 주시면 감사하겠습니다."

위의 소개멘트를 잘 살펴보면 한결 같이 가망 고객의 영향력이 크게 작용하는 사람을 소개 요청하는 것을 알 수 있다. 즉, 소개받은 가망 고객에게 전화했을 때 소개자의 영향력으로 인해 쉽게 거절하지 못하는 연결고리를 만드는 것인데, 여기서 알 수 있는 것은 단순히 소개를 위한 소개를 받는 것은 활동에 별 도움이 안 된다는 사실이다. 소개자의 영향력이 강하게 작용해도 만나기가 쉽지 않은데 그냥 대충 이름과 전화번호를 적어주거나 주소록 같은 자료를 받아서 Pool을 넓히기란 무척 어렵기 때문이다.

따라서 가장 효과가 좋은 소개는 형제와 가족들 소개이다. 사실 웬만큼 만족감을 느끼지 못하면 소개해 주지 않기 때문에 형제와 가족을 소개 받았다면 매우 성공적인 상담이었다고 생각해도 무방하다. 일단 가족소개를 받아 내면 가족들의 정서상 동질감을 많이 느끼고 있기 때문에 한 명을 계약해서 일가족 전체를 계약하는 경우도 종종 있었다.

아울러 소개 받을 때 이왕이면 납입능력이 있는 사람들로 받는 것이 훨씬 도움이 된다. 필자의 경험상 그냥 소개 받아서 만났을 때보다 납입능력이 있는 사람을 소개받았을 때가 계약의 확률이 더 높았다. FP는 프로이기 때문에 소개받는 과정 자체도 치밀하게 준비해서 확률을 높이는 노력이 필요하다.

■ 소개에 대한 피드백 및 감사 선물 제공

필자가 처음 보험업계에 입문했을 때 그 당시 잘 나가던 고참 FP의 말을 듣고 감동했던 기억이 있다.

"FP로서 고객에 대한 가장 큰 서비스는 소개해 준 고객을 계약하는 거입니다. 모름지기 고객들은 자신이 내린 결정에 대해 과연 잘 했는지의 여부를 고민하게 되는데, 소개해 준 지인들도 같이 가입하는 것을 보면서 스스로의 결정에 대해 안도감과 만족감을 느끼기 때문입니다."

정말 멋진 말이라고 생각한다. 필자도 이러한 느낌을 가지고 활동했기 때문에 소개시장으로 성공적인 진입을 할 수 있었다고 생각되는데 소개 받은 가망 고객을 계약하면 꼭 해야 하는 일이 한 가지 있다. 바로 소개시켜 준 고객에게 감사의 선물을 보내 주는 것인데, 인지상정이라는 말이 있듯이 반드시 사례를 해야만 소개해 준 고객도 만족하고 FP도 부담 없이 또 소개요청을 할 수 있는 것이다. 선물은 계약의 규모에 따라 적절하게 하면 되고 이왕이면 본인보다는 가족들에게 선물을 하는 것이 더 효과적이다. 예를 들면 배우자인 아내가 쓰기에 좋은 선물이라든지 자녀 선물, 또는 놀이동산 이용권 등이 효과가 좋았다.

아울러 소개받은 가망 고객이 계약되지 않더라도 소개시켜 준 고객에게 피드백을 해 줄 필요가 있다. 소개해 준 고객은 내심 어떻게 될까 궁금해 하게 되는데 FP가 만나보고 나서 아무 말이 없으면 불쾌하게 생각할 가능성이 있기 때문이다. 비록 계약은 되지 않는다 하더라도 소개해 준 고객에게 전화를 걸어 진행사항을 얘기해 주면서 또 다른 소개를 요청하는 기회로 삼을 수 있다.

결론적으로 FP는 '소개'라는 단어를 입에 달고 살아야 한다. 누구를 만나든 자나 깨나 입버릇처럼 '소개 요청'을 해야 한다. 그러다 보면 처음에는 소개를 잘 해주려 하지 않는 고객도 언젠가는 소개를 해 주게 되고, 소개를 잘 해 주는 고객은 계속 소개를 해 주기 때문에 자연스럽게 Pool을 넓힐 수 있게 된다. 이렇게 하는 과정에서 자신감도 점점 배양되어서 '영업의 선순환'을 만들어 갈 수 있다.

명심하자. FP의 성공은 'Pool 확보'에 달려 있고 'Pool 확보'는 '소개 요청'에 달려 있다는 사실을…

■ 소개장 활용

소개를 잘 받는 방법 중에서 고전적인 방법이면서도 꽤 효과가 좋은 것이 바로 '소개장'을 활용하는 것이다. '소개장'이란 소개해 주는 고객이 자필로 써

준 것을 소개받은 가망 고객에게 보여 주면서 상담을 진행하는 것을 말하는데, 그냥 일반적인 소개보다는 효과가 훨씬 좋지만 사실 고객에게 일일이 소개장을 써 달라고 부탁하기는 쉽지 않은 일이다.

그래서 미리 일정 양식의 소개장을 준비해서 소개한 고객의 친필 서명만 받아 활용하는 방법이 좋다. 이렇게 친필 사인을 받아서 갖고 가면 가망 고객의 반응도 달라지게 되고 소개해 준 고객도 자신이 직접 사인을 했기 때문에 그만큼 신경을 많이 쓰게 되어 영업에 많은 도움이 된다. 따라서 가방 속에 항시 소개장을 휴대해서 고객에게 소개를 받을 때마다 꺼내서 사인을 받으면 된다.

소개장을 받은 가망 고객에게 전화는 방법은 아래와 같다.

"홍길동 과장님. 안녕하십니까? 김철수 과장님으로 소개를 받아 전화드리는 ○○○ FP라고 합니다. 제가 얼마 전에 김철수 과장님을 만나 뵙고 저희 ○○ 회사의 ○○프로그램에 대해 설명을 드렸는데 대단히 만족해 하시면서 홍길동 과장님을 소개시켜 주셨습니다. 소개해 주시면서 꼭 만나 뵈라며 소개장까지 써 주셨는데요, 소개장도 드릴 겸 저희 프로그램 소개도 드리고 싶은데 언제쯤 시간이 괜찮으시겠습니까?"

또는 사전에 가망 고객의 주소를 알 수 있다면 소개장을 먼저 우편으로 보내는 방법도 있다. 우편물 도착 후 하루 이틀 뒤 전화해서 소개장을 받았는지 물어 보고 '얼마나 괜찮은 내용이면 소개장까지 써 주셨겠느냐' 라고 강조하면서 약속을 잡으면 된다. 요즘처럼 텔레마케팅의 홍수 시대에는 마케팅 전화에 대한 알레르기 반응을 보이는 가망 고객들이 많기 때문에 오히려 이러한 고전적인 '소개장' 을 활용한 방법이 더 효과가 좋다. 필자가 활용한 소개장의 내용은 참고자료를 참고하기 바란다.

소 개 장

___________ 님께.

　이 소개장을 갖고 가는 ○○생명의 ○○○ FP는 믿을 만한 인품과 근면 성실함으로 최고의 FP라고 불러도 손색없기에 이 소개장을 써 드립니다.

　바쁘신 와중에서도 짬을 내어 상담을 해 보시면 많은 도움이 되실 것입니다. 저도 ○○○ FP를 통해서 정확한 보험상담을 받고 보장을 제대로 준비했음을 물론 골치 아픈 세금과 관련하여 합법적인 방법으로 은퇴자금을 마련할 기회를 얻을 수 있었습니다.

　○○○ FP는 보험분야 뿐만 아니라 재테크 분야로도 많은 지식을 보유하고 있기 때문에 믿고 맡겨 보시면 후회 없으실 것입니다.

　늘 건강하시고 매사에 건승하시길 기원합니다.

소개자 _______드림

5. 추가계약기법(Annual Review)

　보험선진국인 미국에 이러한 격언이 있다고 한다. "400명의 고객을 확보하면 대를 이어 FP 비즈니스를 할 수 있다." 즉, 고객 수가 400명이 되면 자녀에게 이 일을 물려줄 수도 있다는 뜻인데 어떻게 이러한 일이 가능할까?

　그 해답은 바로 추가계약(Annual Review)에 있다. 우리나라의 경우 보험업계의 태생적 한계(주부설계사의 대량 도입, 대량 탈락) 때문에 전문적인 사후관리 서비스가 보편화되지 않았지만, 미국이나 선진국에서는 FP를 평생직업으로 생각하고 수십 년씩 일하면서 고객들의 각종 재정문제들을 해결해 주고 있다.(MDRT 연차총회에 매년 참석하는 최고령 FP의 나이는 2006년 기준으로 93세이다.)

　이렇게 오랜 기간 동안 일하려면 그에 상응하는 수입이 필수적인데 400명의 고객으로 과연 가능한 일일까? 필자의 경험이 일천하기는 하지만 충분히 가능하다고 생각한다. 물론 여기서 말하는 고객은 적어도 중상류층 정도의 경제적 능력을 보유한 고객을 의미하는데, 이러한 고객들은 보험도 재테크의 일부라고 생각하기 때문에 투자에 대한 결과보고서를 받듯이 보험에 관한 부분도 '잘하고 있는지' 점검해 보길 원한다. 이러한 보험상품에 대한 보고서를 'Annual Review'라고 하는데 원칙적인 뜻은 고객의 가족현황이나 재정상황이 매년 달라지기 때문에 현재 가입하고 있는 보장계획을 수시로 보완해 가는 것을 의미하지만, 현실적으로 매년 보완하는 것은 어렵기 때문에 2~3년에 한 번씩 점검해 보고 보완하는 것이 좋다.

가장 쉬운 예를 들면 미혼의 고객에 대해서는 일차적으로 결혼하는 시점에 배우자에 대한 보장계획을 수립해 주어야 하고, 자녀를 낳으면 어린이보험을, 자녀가 커 가면서는 교육비 마련 프로그램을, 가족구성원이 많아지게 되면 가장에 대한 추가보장을, 나이가 많아지면 노후를 대비한 연금플랜 등을 지속적으로 컨설팅 해주어야 한다. 기타 이외에도 주택마련플랜이라든가 재테크 및 목적자금 마련에 대해서도 수시로 상담을 해 주다 보면 지속적인 계약을 창출할 수 있다.

이러한 Annual Review는 위에서 언급한 것처럼 보장성 보험에 국한된 것이 아니라 FP가 취급하고 있는 모든 금융상품과 서비스를 망라하여 얼마든지 진행해 나갈 수 있다. 일단 고객과 신뢰관계를 형성하면 그리고 그 고객이 재정적으로 여유가 있다면 400명의 고객으로도 지속적인 추가계약과 소개를 통해 일하고 싶을 때까지 FP Job을 영위할 수 있으며 대를 이어 자녀에게 물려 줘도 손색이 없는 가족 비즈니스가 될 수 있는 것이다.

필자의 경우 2~3년에 한 번씩 기존 고객에게 Annual Review를 진행했는데 재정상황이 어려운 고객들을 제외하고는 거의 대부분의 고객들에게서 추가보장 및 연금 계약 등의 추가계약을 만들어 낼 수 있었다. 심지어는 재정상황이 어려워서 해약한 고객에게 1~2년 후 재정상황이 나아져서 재계약한 경우도 종종 있었다.

이렇듯 Annual Review를 성공적으로 진행하기 위해서는 평소 철저한 고객관리가 선행되어야 한다. 계약한 후에는 코빼기도 안 비치다가 2년 후에 전화해서 추가계약을 권유한다면 그런 FP를 좋은 시각으로 바라보기는 힘들 것이기 때문이다.

① 보장성 보험 추가계약

Annual Review의 기본이면서도 가장 손쉽게 추가 계약을 체결할 수 있는 상품이 바로 보장성 보험이다. 일반적인 종신보험의 경우 시간이 흘러갈수록 인플레 효과로 인해 체감 사망보험금이 줄어드는 경우가 발생하게 되는데 이러한 리스크를 헷지하고, 소득의 점진적 상승에 따른 필요 보장금액의 증가에 대한 고객의 니즈를 해결해 주는 기법이다. 아울러 세상이 갈수록 복잡해지면서 신종 질병이나 예기치 못한 사고의 위험성이 증가하게 되는데 이러한 경향에 맞추어 보험상품도 발전하게 마련이므로 이런 부분들을 보완하는 것도 추가계약의 필수 요소라고 할 수 있다.

보장성 보험은 이미 필요한 대부분의 내용을 가입하고 있기 때문에 추가계약을 제안해도 보험료가 생각보다 그렇게 크지 않은 경우가 많다. 그래서 고객에게 추가계약의 필요성에 대해 적극적으로 준비해서 설득하면 이미 FP에 대해 신뢰감을 갖고 있으므로 쉽게 계약할 수 있다. 이렇게 하려면 기존의 보장과 추가로 제안하는 보장을 일목요연하게 정리해서 보여 줄 필요가 있는데, 가장 좋은 방법은 A4지 한 장에 기존 보장과 추가 보장 제안내용을 요약해서 한 페이지로 끝내는 것이다.(추가계약 제안서 사례 참조)

Annual Review를 진행하는 시기는 크게 두 가지로 나눌 수 있다. 첫째는 가입 후 2년 혹은 3년 주기로 감사의 편지를 보내면서 진행하는 방법이 있고, 둘째는 고객의 각종 이벤트 즉, 결혼이라든가 자녀 출산, 승진, 연봉 상승, 주택 마련, 해외 파견 등 신상에 변화가 생기는 순간에 진행하는 방법이 있다. 직접적인 효과는 두 번째 방법이 좋지만 첫 번째 방법처럼 꾸준하게 Annual Review를 진행하는 것이 장기적인 고객관리 및 추가계약 창출에 많은 도움이 된다.

아울러 추가계약 제안을 할 경우도 항상 복수안을 준비해야 한다. 보장성 보험 추가계약만 준비해 가는 것보다 거기에 자녀 교육저축이나 연금 같은 저축성 보험을 같이 가지고 가서 필요성에 대해 설득하면 고객의 니즈에 따라 한꺼번에 계약하는 경우도 있고, 적어도 FP의 정성에 감동을 느끼면 큰 부담없는 보장성 보험 추가계약은 무리없이 진행할 수 있다. 이외에도 납입능력이 부족한 고객의 경우에는 보장성 보험 추가계약을 두 가지 안으로 준비하는 것도 고객에게 선택권을 줄 수 있기 때문에 유용한 방법이라고 할 수 있다.

추가계약을 권유하는 제안서의 양식은 고객의 기존 가입보험에 따라서, 그리고 권유해 주고 싶은 보험상품에 따라 틀려지므로 해당 컨셉에 맞는 양식을 창의적으로 준비하면 된다.

② 저축성 보험(연금,변액보험 포함) 추가계약

대다수의 고객들이 보장성 보험보다 더 선호하는 것이 자녀교육비 마련이나 노후를 위한 연금 같은 저축성 보험이다. 보장성 보험은 힘들고 어려운 일을 당했을 때 도움이 되는 보험이지만 저축성 보험은 풍요로운 미래를 설계하는 데 도움이 되는 프로그램이기 때문인데, 그런 연유로 모든 고객들은 기본적으로 저축성 보험의 니즈가 잠재하고 있다고 생각하면 된다.

하지만 저축성 보험은 장기적인 미래를 위해 준비하는 것인 만큼 현재의 우선순위에서 밀리게 되는 경우가 많고, 준비해야 하는 금액 또한 보장성 보험보다는 크기 때문에 쉽게 시작하기 어렵다는 단점이 있다. 또한 시작했다 하더라도 중간에 재정적 상황이 악화되는 경우가 생기면 쉽게 해약하는 경우도 발생한다.

이런 이유로 저축성 보험에 대해 2~3년마다 Annual Review를 진행하기란 쉽지 않다. 저축성 보험에 대해 정기적으로 추가계약을 진행하려면 미국처럼 Financial Planning의 문화가 정착되어야 하는데 현재까지 국내에서는 이러한 금융문화가 정착되어 있지 않기 때문에 FP가 각종 설계 프로그램을 활용

〈표 : 추가계약 제안서 사례 〉

○○○ 고객님 재정안정보장계획 II(案)

구 분	기존 계약	1차 추가보장 (자녀 포함)	2차 추가보장(案)	합 계	비 고
일반사망	5천만원	5천만원	1억원	2억원	※주계약 반드시 지급
재해사망	1억5천만원	5천만원	1억원	3억원	※80세까지 보장
암진단시	1천5백만원	5백만원		2천만원	※1회만 지급
암수술(회당)	3백만원	1백만원		4백만원	※수술시마다 무제한 지급
암입원(1일당)	15만원	5만원		20만원	※3일 초과시부터 매일 지급
장해급여금	3천5백만원~5백만원	3천5백만원~5백만원	1천4백만원~2백만원	8천4백만원~1천2백만원	※장해등급에 따라 지급
수 술 비		120만원~40만원	60만원~20만원	180만원~60만원	※수술등급에 따라 지급
입 원 비		2만원	1만원	5만원	※3일 초과시부터 매일 지급
月 보험료	₩ 95,850	₩ 124,100	₩ 61,000	₩ 280,950	※자동이체 1% 별도 할인
납입기간	55세	55세	55세	55세	
총납입보험료	2,645만원	2,964만원	1,108만원	6,717만원	※장기저축의 효과

○○○생명 종신보험 장점
① 한가지 보장으로 모든 종류의 위험 보장(사망, 장해, 질병, 수술, 입원, 암, 사고 등 예측가능한 모든 위험 보장)
② 종신토록 보장(살아있는 마지막 순간까지 보장)하며 꼭 1번은 보험금 지급
③ 일반사망(질병) 집중 보장(재해시 추가 보장)
④ 선지급서비스(잔여수명 6개월 이전이라는 의사진단시 최고 1억 범위내 보험금 선지급)
⑤ 필요시 상황에 맞게 보장내용 조정 가능
⑥ 추후 자녀에게 상속자금으로 활용 가능

하거나 아니면 임의로 만든 재정지출양식에 의거해서 추진할 수밖에 없는 실정이다. 필자가 활용한 고객 연령의 증가에 따른 재정지출의 변화에 대해서는 후반부의 'Financial Planning의 이론과 실제'에서 자세히 알아 보도록 하자.

저축성 보험은 누구에게나 반드시 필요하다는 잠재적 니즈가 있기 때문에 필자의 경험으로는 재정적 상황이 나아질 때 즉, 주택 구입비용 상환이 마무리 되는 시점이라든지 소득의 증가 시점(승진, 전직, 맞벌이 등), 저축 종료시점 등의 시기에 집중해서 제안을 하는 것이 효과가 좋았다. 특히 대기업의 경우는 매년 연봉 인상이 이루어지고 회사의 성과에 따라 보너스 같은 예상 외의 수입 이 생기는 경우가 많기 때문에 대기업에 근무하는 고객들은 예의 주시할 필요 가 있다. 고객별로 이러한 타이밍을 맞추려면 그만큼 평소 고객관리에 신경을 써야 하고 원론적인 이야기 같지만 평소의 세심한 관리가 나중에 지속적인 계 약으로 보답이 되어 돌아오게 되는 것이다.

저축성 보험의 추가계약 기법은 2~3년 단위로 기존의 계약에 대한 적립현 황을 브리핑하고 앞으로 예상되는 기대이익을 보여 주면서 추가계약을 할 경 우 어떤 장점과 이익이 있는지 조목조목 설득을 하면 된다.(저축성 보험 추가 계약 제안서 사례 참조)

제안서에는 보장성 보험과 마찬가지로 항상 복수안을 준비해야 하는데 고객 에 대한 사전 정보를 토대로 납입능력에 맞는 제안을 준비하는 것이 좋다.

결론적으로 추가계약을 원활하게 진행하기 위해서는 무엇보다 고객의 납입 능력이 중요한 관건인데 바로 이런 이유 때문에 중산층 이상의 고객을 발굴하 는 것이 FP로서 롱런할 수 있는 핵심 포인트라고 할 수 있으며, 그러한 고객들 의 자산이 증가할수록 FP도 지속적으로 사후관리 서비스를 통해 상호 WinWin 할 수 있는 것이다.

〈표 : 저축성보험 추가계약 제안서 사례 〉

○○○ 고객님 연금계획 추가(案)

○ 현재연령 : 37세
○ 시기별,금액별 연금계획

(단위 : 만원)

월 납입금액		₩ 1,000,000 (기존)			₩ 2,000,000 (추가)			₩ 3,000,000 (추가)		
납입기간		13년	18년	22년	13년	18년	22년	13년	18년	22년
연금개시시기		50세	55세	60세	50세	55세	60세	50세	55세	60세
총납입액										
적립금액										
비과세이자										
월 연 금 액	종 신 형									
	10년 확정형									
	20년 확정형									
	상속연금									

■ Risk Management 단원을 정리하며

'보험은 자장면과 더불어 영원히 망하지 않는 2대 비즈니스'라는 우스갯소리가 있다. 인간의 삶이 계속 영위된다면 유한한 삶의 특성상 보장에 대한 니즈는 영원히 존속될 것이기 때문이다. 이런 이유로 우리나라보다 보험선진국인 미국과 일본, 유럽에서도 수많은 FP들이 지금도 일하고 있는 것이고 앞으로도 대를 이어 이 직업은 존재할 것이다.

흔히 보험세일즈는 매우 어려운 직업이라고들 한다. 하지만 필자가 보기엔 아무나 쉽게 하지 못하는 직업이기에 그만큼 성취감과 보람을 느낄 수 있는 것이고 또한 높은 수준의 보수도 뒤따라오는 것이라고 생각한다. 보험세일즈가 아무나 해서 다 성공할 수 있다면 우리나라 과반수의 국민들이 FP를 하고 있을 것이고, 소득 또한 형편 없어져서 전문직으로 부르기조차 힘들어질 것이다.

그렇다면 이렇게 어려운 일을 어떻게 하면 잘할 수 있을까? 비결은 의외로 간단하다. '미치지 않으면 미칠 수 없다(不狂不及)'라는 고사성어처럼 '보험'이라는 상품에 미치면 된다. 세상의 그 어떤 저축보다도, 그 어떤 투자보다도 Risk Management에 투자하는 것이 훨씬 더 가치 있는 재테크라는 확신을 가지면 된다. 아빠로서 남편으로서 가장으로서 술 한 잔 덜 마시고, 담배 피는 비용을 줄여서 자녀를 위한 종신보험을 가입하는 것이 우선순위로 먼저 필요하다고 스스로부터 생각하면 되는 것이다. 이러한 마인드가 FP로서 Risk Management를 바라보는 시각인 것이다.

이를 실천하기 위해서는 항상 고객의 입장에서 생각하고 행동해야 한다. 자녀가 2명 있는 고객은 어림잡아 현재가치로 최소 8억 원의 자금이 필요하다.(교육비 1억 원씩 2명, 결혼비 5천만 원씩 2명, 생활비 월 200만 원씩 20년) 인플레이션을 감안하면 훨씬 더 많은 자금이 필요할 것이다. 그런데 주계약 1억 원의 종신보험을 가입하고 있는 고객을 만났다면 과연 어떻게 컨설팅하고 행동하는 것이 바람직할까? 종신보험이 있으니까 연금보험을 권유하는 것이 바람직할까? Risk Management에 미쳐 있는 FP는 그 보험을 해약하고 정기특약과 가족수입특약을 활용하여 3억 원 이상의 보장을 받을 수 있는 보험으로 갈아타라고 권유할 것이다. 바로 이런 마인드가 진정으로 고객을 생각하고 고객의 입장에서 컨설팅하는 것이라고 할 수 있다. 이러한 FP Ship이 진정으로 FP를 전문가로 만들어 주는 것이다.

지금까지 컨셉세일즈의 의미와 종신보험의 컨셉, 그리고 보험세일즈의 가장 기본이 되는 판매 프로세스 7단계, 소개와 추가계약 기법 등에 대해 설명했는데, 어떤 일을 하더라도 기본이 가장 중요한 것처럼 Risk Management는 보험세일즈에 있어서 근간을 이루고 있기 때문에 FP라면 반드시 Risk Management에 대해 체계적으로 훈련받고 지식을 습득해야 할 필요가 있다.

저금리를 극복하기 위해 변액연금 및 변액 유니버셜보험 상품이 출시되면서 많은 수의 FP들이 보험의 트렌드를 외쳐 대며 이러한 변액상품에만 집중하는 경우를 볼 수 있는데, 세월이 흘러도 가치는 변하지 않는 것처럼 Risk Management(보장)에 대한 부분은 FP 고유의 전문영역으로 지속적으로 고객들에게 봉사할 수 있도록 꾸준히 노력하여야 한다. 그러기 위해 항상 'Back to the Basic!' 하는 자세로 FP Ship을 연마해야 하며, 고객의 재정상황 변화에 따른 최적의 보장계획을 유지해 갈 수 있도록 지속적이고도 세심한 사후관리에도 많은 신경을 써야 한다.

아울러 FP 활동의 근간이 되는 판매 프로세스는 비단 보장성 보험 뿐만 아니라 모든 유형의 보험상품과 세일즈에 대해 똑같이 적용되는 것인 만큼 항상 판매 프로세스에 입각한 활동관리를 할 필요가 있다. 보험세일즈를 시작해서 몇 달 정도 지나 슬럼프에 빠지는 FP들이 있는데 원인을 진단해 보면 십중팔구는 판매 프로세스를 지키지 않았기 때문이다. 판매 프로세스상에 분명히 두 번째 만남에서 해결안을 제시하도록 되어 있는데 첫 번째 만남에서 성급하게 계약을 추진한다거나 'Need Base Selling' 화법을 구사하지 않고 일방적 권유 위주의 컨설팅을 하는 태도들이 FP를 슬럼프에 빠뜨리는 요인들이다. FP로서 성공하고 롱런하고 싶다면 언제 어떠한 경우에도 판매 프로세스를 충실히 지켜야 함을 명심하자.

판매 프로세스는 다양한 보험상품의 세일즈에도 똑같이 적용할 수 있다. 가망 고객에게 전화해서 방문목적을 말하고 약속을 잡은 다음, FF를 받기 위한 초회면담을 진행하고 가망 고객의 니즈를 파악하게 되면 해결안을 준비해서 프리젠테이션을 진행하고 계약을 체결하면 된다. 이러한 과정은 연금이나 변액보험, 세테크상품 및 기타 모든 보험상품에 대해 똑같이 적용할 수 있기 때문에 앞으로 다룰 Wealth management에서는 판매과정보다는 상품에 대한 컨셉과 화법 위주로 진행하고자 한다. 운전면허를 취득하면 어떤 자동차도 운전할 수 있는 것처럼 판매 프로세스를 체득화하면 남은 것은 다양한 컨셉과 이를 효과적으로 전달할 수 있는 화법들을 배우는 것이기 때문이다.

Wealth Management

4

4

Wealth Management

　　최근 들어 평균수명이 증가하고 고령화 사회에 대한 불안이 가중되면서 Risk Management 보다는 Wealth Management 분야에 대한 관심이 높아지고 있는 추세이다. 아울러 인간의 본성에서 바라보았을 때에도 모든 사람은 슬프고 힘들고 괴로운 이미지가 전제되어 있는 보장성보험 보다는 기쁨과 즐거움과 희망을 그려 갈 수 있는 저축성보험을 선호하게 마련이다. 따라서 똑같은 금액의 보장성보험과 저축성보험이 있다면 상대적으로 저축성보험이 훨씬 더 세일즈하기 쉽다.

　이러한 저축성보험에는 여러 가지가 있는데 모든 저축성보험의 기조에 깔려 있는 것이 바로 '연금' 이라는 컨셉이다. 알다시피 제 1금융권인 은행과 제 2금융권인 보험을 가르는 기준은 취급하고 있는 상품의 기간이다. 일반적으로 5년 미만의 상품은 은행에서, 5년 이상의 상품은 보험에서 취급하는 것이라고 생각하면 된다. 이렇듯 최소 5년 이상의 기간이 필요한 장기적 상품의 목적은 무엇일까?

사람에게는 누구나 재정적인 면에서의 꿈이 있다. 돈을 많이 벌고 싶고, 좋은 집에서 살고 싶고, 좋은 차를 타고 싶고 등등. 이러한 꿈을 전문용어로 '경제적 독립'이라고 하는데 의미는 '돈으로부터 자유롭고 싶다'는 뜻이다. 사람의 고민 중 90%는 돈에 관련되어 있다는 통계에서 알 수 있듯이 '돈'이라는 것은 인생을 살아가면서 평생동안을 괴롭히는 나쁜(?) 존재라고 할 수 있다. 이러한 돈으로부터 해방되고 싶고 돈 때문에 신경쓰기 싫기 때문에 사람들은 무의식적으로 저축을 하고 부동산을 사고 주식에 투자를 하는 것이다. 또한 그러한 과정을 통해 남들보다 풍요롭고 안정된 삶을 누리고 싶다는 자연스런 욕망이 생겨나게 되는 것이다.

개인마다 다르겠지만 이러한 꿈들을 정리해 보면 크게 두 가지로 귀착된다. 첫째는 자녀를 잘 키우는 것이고, 둘째는 늙어서 편하게 사는 것이다. 개인별로 목표가 틀리고 가짓수가 많은 것 같아도 스무 고개식 질문을 해 보면 크게 이 두 가지로 압축할 수 있다. 바로 이러한 목표를 달성하기 위해 경제적 독립이 필요한 것이다. 따라서 이러한 경제적 독립을 최대한 앞당기기 위해서는 그만큼 재테크에 많은 관심을 기울일 수밖에 없다.

그렇다면 이러한 개인적 목표를 달성하는데 또는 그 시기를 앞당기는데 저축성보험은 어떤 도움이 될 수 있을까?

몇 년 전 유럽에서 연금에 대해 설문조사를 한 적이 있었다. 연금보험에 가입한 고객들을 상대로 실제로 연금을 수령하는 비율에 대한 조사였는데 연금으로 수령하고 있다는 답은 몇 퍼센트였을까?

약 40%였다고 한다. 즉, 100명이 노후기에 연금을 수령하기 위해 연금보험을 가입했는데 실제로 연금으로 수령하는 비율은 40%에 불과했다는 이야기이다. 그렇다면 60%는 어떻게 됐을까? 연금이라는 상품의 기본구조가 목돈을 만들어 가는 금융상품이기 때문에 필요한 시기에 필요한 자금으로 활용해 버린 것이다. 여기에 연금이라는 저축성보험의 포인트가 있다.

이 포인트의 진정한 의미는 '똑같은 금융상품이라도 누가 어떻게 활용하느냐에 따라 결과는 달라질 수 있다' 는 것이다. 똑같은 연금상품이라도 연금으로 활용하면 연금일 뿐이지만 목돈을 만들기 위해서 하는 사람도 있고, 자녀교육비 마련 목적으로 하는 사람도 있으며, 은퇴 후 창업자금을 목적으로 가입하는 사람도 있다. 즉, 똑같은 상품도 FP 컨설팅의 내용에 따라서 또는 가입하는 사람의 니즈에 따라서 다양하게 활용될 수 있다는 뜻이다.

하지만 자세히 살펴보면 가입 목적은 달라도 공통점을 발견할 수 있다. 바로 '기간의 장기성' 이다. 2~3년 후 결혼자금을 마련하기 위해서, 몇 년 후 내 집을 마련하기 위해서 연금보험이나 저축성보험을 가입하는 사람은 없다. 그러한 단기적 니즈는 원금의 손실이 없는 은행상품을 이용해야 하고 장기적으로 필요한 자금들 즉, 자녀교육, 노후자금, 은퇴자금 등을 마련하기 위한 방법으로는 보험회사의 상품이 더 유리한 것이다.

이 장에서는 보험의 2대 영역 중 하나인 '연금' 이라는 상품이 어떤 구조를 갖고 있으며, 사람의 인생에 있어서 어느 정도의 필요성이 있는지 그리고 컨셉에 따라 어떻게 도움이 될 수 있는지에 대해 자세히 알아보고자 한다.

1. 연금보험의 컨셉

종신보험의 컨셉처럼 연금보험도 컨셉을 정리할 필요가 있다. 연금보험은 단순히 노후기에 월 얼마씩 받는다는 컨셉이 아니라 기본적으로 장기저축을 바탕에 깔고 있기 때문에 금융자산의 컨셉으로 바라보아야 한다. 필자가 정의하는 연금보험의 컨셉은 '나날이 불어나는 나만의 금고'라고 할 수 있다. 금고는 돈을 담아 두는 그릇을 의미한다. 일반적인 금고는 돈이 불어나지 않지만 보험회사의 연금이라는 금고는 시간이 흘러갈수록 기하급수적인 속도로 돈이 불어나게 된다.

미국의 경우는 20~30대 시절에 소액으로 연금보험에 투자했어도 은퇴시점에는 상당한 금융자산을 손에 쥘 수 있기 때문에, 우리가 영화에서 보듯이 은퇴 후에는 하우스 트레일러를 끌고 전국일주를 하면서 풍요로운 여생을 보낼 수 있다. 이미 수많은 부모세대가 이렇게 생활하는 것을 보아 왔기 때문에 미국의 젊은 세대들은 많게는 수입의 50%까지 연금상품에 장기투자를 한다. 젊었을 때 투자한 돈이 늙어서 어떻게 커지게 되는지 부모의 사례를 통해 잘 알고 있기 때문이다. 이에 반해 연금을 본격적으로 수령해 본 적 없는 우리나라의 경우는 오히려 부모님들이 연금에 투자할 필요 없다고 말한다.

보험상품을 불신하는 인식이 팽배해 있기 때문인데 저출산 고령화의 벽을 넘으려면 연금보험을 외면해서는 절대 안 된다.

일반적으로 연금의 사이클은 20년 정도를 보는데 우리나라의 경우는 1994년도에 개인연금이 본격적으로 도입됐기 때문에 2014년 정도에 실질적으로 연금을 수령하는 시기가 올 것으로 예상된다. 그런 시기가 돼서 많은 사람들이 연금을 수령하면 연금보험에 대한 인식이 많이 달라지겠지만 불행하게도 우리나라 대다수의 국민들은 그 때까지 기다릴 여유가 없다. 2005년 세계 인구현황에 따르면 우리나라 국민들의 평균수명은 남자가 73.8세, 여자가 81.2세로 되어 있는데 앞으로도 무서운 속도로 평균수명이 늘어날 것으로 예상된다. 통계청의 조사에 의하면 우리나라는 2000년에 고령화 사회로 접어들었고, 2019년에는 고령 사회로, 2026년에는 초고령 사회로 접어든다고 한다. 2026년이 되면 우리나라 인구 5명 중 1명은 만 65에 이상의 노인들이라는 뜻이다.

이러한 급변하는 환경 속에서 인생을 좀 더 풍요롭고 안정적으로 영위하려면 어떻게 해야 할까? 필자가 제시하는 가장 좋은 방법은 장기적인 연금보험에 집중 투자를 하라는 것이다. 필자가 사회생활을 시작한지 십수년이 됐지만 만약 입사하자마자 이러한 장기 연금보험에 투자를 했더라면 십수년이 지난 지금 시점에서는 상당한 종자돈을 모을 수 있었을 것이기 때문이다. 부자가 되는 첫 번째 원칙이 종자돈을 모으는 것인데 은행의 상품으로는 종자돈을 모으기가 무척 힘들다. 이러한 점에 착안하여 연금상품을 세일즈하는 기법이 '종자돈 만들기 비과세 연금저축'인데 세부내용은 해당 페이지를 참조하기 바란다.

'나날이 불어나는 나만의 금고'라는 연금보험의 컨셉을 이해하는데 도움이 되는 법칙이 있다. 바로 '72의 법칙'인데, '72의 법칙'이란 복리의 마술을 잘 설명하는 법칙으로 일반인들에게도 널리 알려져 있다. 복리의 매력을 설명하기 위한 가장 쉬운 예로 흔히 인디언과 초기 미국 이민자들 간의 거래가 쓰인다. 1626년 당시 인디언들에게 지급한 맨해튼 섬의 대가는 겨우 24달러 상당의 장신구와 구슬이었다. 이를 두고 사람들은 현재 맨해튼 섬의 가치를 떠올리며 당시 헐값에 땅을 판 인디언들의 어리석음을 비웃었다.

하지만 미국의 유명한 펀드매니저 피터 린치는 당시 인디언들이 땅값으로 받은 물건을 현금으로 바꿔 연리 8%의 채권에 복리로 투자했을 경우 360여년이 흐른 1989년에는 그 가치는 32조 달러에 이른다고 그의 저서에서 설명했다. 이 사례는 복리투자의 매력을 잘 설명해주는 사례라 할 수 있다. 복리는 투자자가 시간을 자기편으로 만들 수 있는 매력적인 마술 지팡이인 셈이다.

'72의 법칙'은 복리의 마술을 설명해준다. 사실 복리계산은 계산기로도 한참 시간이 걸릴 정도로 어렵지만, 이 법칙을 사용하면 손쉽게 복리계산을 해낼 수 있다. 72의 법칙은 투자금액을 얼마 만에 두 배로 늘릴 수 있을 것인가를 계산할 때 쓰인다.

예를 들어 연간 12%의 수익률로 운용하게 된다면 72를 12으로 나눈 값, 즉 6년이면 투자금액을 두 배로 늘릴 수 있다는 이야기가 된다. 마찬가지로 3년 후, 5년 후에 현재의 돈을 두 배로 만들고 싶을 때 매년 몇 %의 투자수익률을 올려야 하는지를 알고자 할 경우에도 72를 각각의 예정 연수로 나누면 된다. 72의 법칙은 장기적으로 투자하면 큰 보답을 받을 수 있다는 교훈을 말해 준다.

■ 장기저축의 금리효과

장기적으로 투자했을 때 수익이 기하급수적으로 많아진다는 것을 고객들에게 쉽게 설명하는 자료가 있다. 제목을 '장기저축의 금리효과 분석'이라고 붙였는데 은행의 저축상품과 비교해서 수익성을 쉽게 이해시킬 수 있다.(자료 참조)

우선은 이자의 2가지 유형인 '단리'와 '복리'의 차이점을 설명한다. 은행의 경우 거의 모든 금융상품이 단리의 형태이고 보험회사의 연금보험은 '복리'의 형태이다. 즉, 이자에 이자를 더 주는 식이다. 참고자료에서는 고객의 이해를 돕기 위해 월 단위 이자횟수를 언급했다.(실제로는 연단리, 연복리임)

1년 저축의 경우 첫 달에 12번의 월 이자가 붙고 5년 저축의 경우 첫 달에 60번의 월 이자가, 20년 저축의 경우 첫 달에 240번의 월 이자가 붙는다는 식으로 설명하면 된다. 그렇게 되면 당연히 기간이 길어질수록 초기에 투자한 자금에 기하급수적으로 이자가 붙게 되는데 이렇게 초기 투자한 자금이 수익이 불어나는 것을 '기한의 이익' 효과라고 한다.

'기한의 이익' 효과는 눈덩이를 굴리는 것을 연상하면 되는데 처음에는 작은 것으로 굴리지만 언덕을 굴러내려가면서 점점 더 눈덩이가 커져가며 굴러가게 된다. 이러한 '기한의 이익' 효과 때문에 연금보험에 일찍 가입해야 하는 당위성이 생긴다. 언젠가는 쓴다는 전제조건(만기) 하에 저축을 시작한다면 한 살이라도 젊을 때 하는 것이 '기한의 이익' 효과를 극대화할 수 있기 때문이다. 이를 보다 쉽게 비유하면 30세 남자와 40세 남자가 은행에 똑같이 5년짜리 저축을 했을 경우 만기시 둘 다 똑같은 만기금액을 받게 되지만, 연금보험을 시작했을 경우는 60세가 된 시점에 30세 남자가 40세 남자보다 월등히 많은 수익을 받게 되는 이치다. 요즘처럼 낮은 금리로도 연금보험을 시작하고 15년 정도가 경과하면 매월 납입하는 금액보다 더 많은 이자가 쌓이게 되는데 언제 이러한 비과세 연금저축을 시작하면 좋은지는 고객이 스스로 쉽게 이해할 수 있다.

둘째로는 은행의 경우는 '비과세 장기주택마련저축'을 제외하고는 보통 5년 이내의 저축상품을 주로 취급한다. 이에 반해 보험회사의 연금보험은 최소 납입기간이 5년이고 70세, 80세까지 저축할 수 있다. 참고자료에는 20년의 경우만 예시했는데 기간이 늘어나면 수익도 급속도로 늘어난다.

마지막으로 은행의 경우는 5년 단위로 저축을 새로 시작해야 하지만 연금보험은 한 번 시작해서 장기적으로 꾸준히 가져갈 수 있기 때문에 실질적으로 종자돈을 모을 수 있다는 점을 설명하면 대부분의 가망 고객들이 쉽게 이해할 수 있다. 여기에 재테크의 3요소인 수익성(채권 투자로 은행 저축금리보다 높은 금리 적용), 안정성(향후 금리하락시 최저금리 보장), 유동성(중도인출 및 추가납입 가능)을 설명하면 연금보험이 장기적으로 어떤 장점이 있는지 임팩트 있게 브리핑할 수 있다.

여기까지 설명하면 고객이 '그럼, 은행과 비교해서 이자가 어떻게 차이가 나는지'를 물어보는 경우가 있는데 은행은 5년 단위로 저축하고 만기된 자금은 정기예금으로 운용했을 때의 수익률표와 연금보험에 계속 저축했을 때의 비교표를 만들어 설명할 수 있다. 이렇게 비교해 보면 연금보험의 복리효과로 인해 일정시기(10년 경과시)가 지나면 은행보다 이자가 많아지는 것을 알 수 있는데, 여기에 비과세 혜택까지 볼 수 있다고 덧붙이면 된다.

결론적으로 이자의 많고 적음을 떠나 5년 단위로 계속 저축하면서 만기된 자금을 정기예금으로 운용하는 사람은 없다. 사람은 돈이 생기면 본능적으로 쓰고 싶어 하기 때문이다. 여기서 장기적인 비과세저축상품, 즉 연금보험의 가장 중요한 특성을 발견할 수 있다. 바로 '강제성'의 원칙이다. 연금보험은 사업비가 공제되기 때문에 일반적으로 5년을 납입해도 원금 수준 밖에 안 된다. 그래서 연금보험에 가입했다 중도에 해지한 고객들은 보험회사 욕을 하게 되는데 이런 경우는 애초에 가입할 때부터 연금보험의 가입목적에 대해 충분히 고민하지 않고 가입한 대표적인 케이스라고 할 수 있다.

※ 참고자료

장기저축의 금리효과 분석

■ **장기저축이란?**

 - 현재 은행 등 제1금융권의 최장 저축기간이 5년이나 이를 초과해 20년 이상 장기간으로 운용할 수 있는 보험회사(제2금융권)의 저축 프로그램

■ **이자의 2가지 유형**

 - 단리 : 매월(또는 일시금)에 적립되는 이자
 - 복리 : 매월(또는 일시금)에 적립되는 이자 + 이자분에 대해 적립되는 추가 이자

■ 금리효과 분석(월 100만원, 적금금리 단리 4%)

① 1년 저축 : 1차월, 2차월, 3차월, 4차월, 5차월, ~ 12차월
　 이자 횟수 : 12회, 11회, 10회, 9회, 8회, ~ 1회
　 적립금액 : 원금 ₩12,000,000　이자 ₩260,000　세금 ₩37,700
　 실수령액 : ₩12,222,300

② 5년 저축 : 1차월, 2차월, 3차월, 4차월, 5차월, ~ 60차월
　 이자 횟수 : 60회, 59회, 58회, 57회, 56회, ~ 1회
　 적립금액 : 원금 ₩60,000,000　이자 ₩6,100,000　세금 ₩884,500
　 실수령액 : ₩65,215,500

　 → 만기 후 정기예금(3.5%) 또는 자금 활용

〈 비과세 연금저축, 변동금리 연복리 4.6%, 최저 2.5% 보장〉

③ 20년 저축 : 1차월, 2차월, 3차월, 4차월, 5차월, ~ 240차월
　 이자 횟수 : 240회, 239회, 238회, 237회, 236회, ~ 1회
　 적립금액 : 원금 ₩240,000,000　이자 ₩121,594,440　세금 無
　 실수령액 : ₩361,594,440

■ 장기저축의 가입시기

- 저축상품이므로 언제 가입하더라도 상관없으나 운용기간에 따른 기하급
　수적 이자 상승 효과를 감안시 최대한 일찍 시작하는 것이 유리함.

■ **기타 고려사항**
 - 중도인출을 통한 자금활용 가능 여부
 - 인플레이션 대비 추가납입 가능 여부
 - 목돈 및 연금 수령 등 자금활용의 다양성 여부

인생을 살면서 돈이 필요한 경우는 무수히 많이 발생한다. 그럴 때마다 은행에 돈이 있으면 대부분의 경우 주저 없이 써버리게 된다. 왜냐하면 원금손실이 없기 때문에. 하지만 인생을 길게 본다면 이러한 원금손실이 없는 은행상품이 결코 좋은 것만은 아니다. 돈을 쓰기 바쁘다 보면 그만큼 돈을 모을 수 있는 기회는 줄어들기 때문이다. (필자의 친구가 은행에 근무하고 있는데 자체적으로 조사해 본 결과 3년 만기 저축을 만기까지 갖고 가는 비율은 30%가 채 안 된다고 함)

일반적으로 연금의 복리효과는 최소 5년, 보통 7년 정도 후부터 비로소 시작된다. 이 정도 기간이 지나고 나면 은행보다 훨씬 많은 이자가 복리로 붙게 되는데 만약 이 기간까지 유지했다면 그 다음부터는 연금보험을 해약하라고 권유해도 계속 유지하게 된다. 은행보다 수익률이 좋은데 해약할 바보가 있을까? 필자의 경우 2000년 초반에 연금보험을 계약한 고객들의 만족도가 가장 높았다. 가끔씩 만나서 식사를 하면 고객이 스스로 "그 때 자네한테 가입해 둔 연금보험은 정말 잘 했던 것 같아. 그냥 은행에 넣어 두었으면 이미 다 써 버렸을텐데 꾹 참고 시간이 지나가니까 이젠 마음도 든든해지고, 은행보다 수익도 좋으니까 나중에 많은 도움이 될 것 같아."라며 고마워한다.

'해약하고 싶어도 원금손실 때문에 쓸 수 없는 장기 비과세저축상품. 그렇기 때문에 어떠한 경우에도 계속 저축을 해야 하고 그렇게 시간이 흘러가다 보면 자연스럽게 큰 목돈을 만들어 주는 나만의 금고'. 이것이 바로 연금보험의 컨셉인 것이다.

이러한 연금보험의 특징은 세제적격연금(연말정산 혜택을 받을 수 있는 연금보험)에서도 볼 수 있는데 매년 300만 원 한도 내에서 연말정산시 공제혜택을 받지만 중도해지시는 22%의 기타소득세를 납부해야 한다. 중도해지시엔 대부분의 경우 연말정산 혜택을 받은 금액보다 더 많은 세금을 내야 하는 일이 생기게 되는데, 이렇게 강제조항을 만들어 놓은 이유는 어떠한 경우라도 계속 유지해서 연금 본연의 목적인 노후생활자금으로 활용하도록 유도하기 위해서이다.

연금보험의 컨셉을 잘 이해한다면 여러 가지 세일즈 컨셉을 만들어 낼 수 있다. 즉, '똑같은 금융상품이라도 누가 어떻게 활용하느냐에 따라 결과는 달라진다'는 맥락 하에 이러한 연금의 강제성을 활용하면 인생의 중장기 필요자금을 만들어 가는데 아주 유용하게 활용할 수 있다. 앞으로 살펴 볼 대표적인 연금보험의 컨셉으로는 ① 종자돈 마련 비과세저축, ② 교육저축, ③ 비자금저축, ④ 기타 목적자금 마련 저축 등의 저축 컨셉과 연금보험 본연의 '노후 대비 연금컨셉'으로 나눌 수 있다.

아울러 비적격연금의 경우 '10년 비과세'라는 세제혜택이 있는데 자산이 많아질수록 세금에 대한 부담은 커지게 마련이므로 자산가들을 상대로 한 고액마케팅 컨셉으로 매우 유용하게 활용할 수 있다. 보험상품을 고액마케팅으로 활용하는 기법은 추후 '고액마케팅'에서 자세히 설명할 예정이다. 또한 펀드에 투자하는 변액보험의 경우는 이러한 컨셉들에 상품만 바꿔서 끼우면 되는데 Wealth Management의 하이라이트로 변액보험(변액연금, 변액유니버셜보험, 변액유니버셜종신보험)의 컨셉을 정리해 보았다. 그럼, 각각의 항목별로 연금보험이 어떻게 활용되는지 세부적으로 알아보자.

2. 종자돈(Seed Money) 마련 비과세저축

종자돈(Seed Money) 마련 비과세저축은 연금보험의 가장 기본적 기능인 장기저축의 금리효과를 이용해서 부자가 되기 위한 첫 단계인 종자돈을 만들 수 있도록 컨설팅하는 기법이다. '부자 아빠, 가난한 아빠'라는 책에는 부자의 단계가 (종자돈을) 모으고, (투자를 통해서) 불리고, (일을 안 해도 수입이 들어오는 임대소득이나 연금소득 같은) 비활성소득을 창출하기의 순서로 이루어진다고 했다. 그 첫 번째 단계가 종자돈을 모으는 단계인데 우리나라에서 종자돈이라 하면 보통 최소 1억 정도를 의미한다. 이 정도의 금액을 은행을 통해 중도에 쓰지 않고 모으기란 여간 어려운 일이 아니다. 그렇기 때문에 역발상을 통해서 중간에 돈을 꺼내 쓰면 손해 보게 되는 연금보험을 이용한다면 원하는 종자돈을 모을 수밖에 없다는 것을 역설하는 것이다.

종자돈 만들기 컨셉은 필자의 경험상 대단히 파워풀하다는 것을 강조하고 싶고, 그렇기 때문에 제일 먼저 설명하는 이유이기도 하다. 판매과정은 전화접근 단계에서부터 '재테크 정보'로 접근해야 하고, AP단계에서도 보험상품 이야기는 일절 하지 않는 것이 중요하다. AP 자료로는 장기저축의 금리효과 자료와 은행과 비교 자료, 그리고 종자돈 마련 저축의 참고자료 정도만 준비하면 된다. 그럼, 세부화법을 보면서 종자돈 만들기 컨셉을 어떻게 세일즈로 연결시키는지 알아보자.

■ 종자돈(Seed Money) 마련 비과세저축 화법

FP : 고객님. 안녕하십니까? 전화로 인사 드린 ○○생명의 홍길동 FP라고 합니다. 제 소개를 잠시 드려도 되겠습니까? (자기 소개 진행) 제가 방문한 목

적은 전화로 말씀드렸다시피 고객님께 도움이 되는 재테크 정보를 소개시켜
드리기 위함인데요, 시간은 20분 정도 소요되는데 괜찮으시겠습니까?

고객 : 네. 말씀해 보세요.

FP : 요즘은 인터넷이 발달하면서 정보의 홍수시대라고들 하는데요, 재테
크에 대한 정보도 넘쳐 나다 보니까 오히려 어떻게 하는 것이 좋은지 잘 모르
겠다는 분들이 많이 계십니다. 고객님은 재테크를 주로 어떻게 하십니까?

고객 : 그냥 뭐 남들이 하는 대로 하고 있지요. 주식도 좀 하고, 저축도 약간
하고…… 그런데 보험회사에서도 재테크를 취급하나요?

FP : 네. 요즘은 은행에서 보험상품을 팔듯이 보험회사에서도 각종 재테크
상품과 프로그램을 취급하고 있는데요, 고객님이 재테크 정보를 얻으려면 은
행에 가서 번호표를 뽑고 기다려야 하지만 저 같은 전문가는 고객님이 원하는
시간과 장소에 직접 출동해서 심도 있는 상담을 해 드립니다. 바야흐로 전문가
의 시대가 열린 것이지요.

FP : 고객님. 지금까지 나름대로 재테크를 많이 해 오셨을텐데요, 평소에
재테크가 뭐라고 생각하십니까?

고객 : 글쎄요. 돈을 불리는 것 아닌가요?

FP : 네. 정확하게 50점이십니다. 재테크에는 고객님이 얘기하신 대로 내 자
산을 불려나가는 '증식' 이 있구요, 또한 이제까지 애써 모아놓은 자산을 까먹지
않고 지키는 '보전' 의 두 가지가 있습니다. 많은 분들이 '증식' 에만 신경을 집
중하는 경향이 있는데요, 혹시 '한국의 부자들' 이라는 책을 읽어 보셨습니까?

고객 : 아니요.

FP : 그 책을 보면 한국에서 '부자' 소리 들으려면 부동산으로 20억, 금융자산으로 10억 합쳐서 30억 정도를 가지고 있어야 한다고 합니다. 우리나라에서는 약 5%의 인구가 여기에 속한다고 하는데요, 혹시 은행에서 이러한 부자들을 상대로 자산관리 컨설팅을 해 주는 프라이빗 뱅커(PB)라고 들어 보셨습니까? PB 서비스를 받으려면 최소한 금융자산이 10억 이상은 되어야 하는데요, 그렇다면 10억 이상의 금융자산을 맡기는 부자들이 '내 자산을 1년 동안 이만큼 불려 주세요'라고 하는 '연간 요구수익률'이라는 것이 있습니다. 혹시 얼마쯤 될 것 같으세요?

고객 : 글쎄요. 한 10% 정도 되지 않을까요?

　　　　(실제로 대부분이 이렇게 대답함)

FP : 네. 10%도 있고 20%도 있을 것입니다. 하지만 'High Risk, High Return'이라는 말을 들어보셨을 텐데요, 수익률이 높다면 그만큼 원금 손실의 가능성도 높다는 뜻이지요. 만약 10억을 20% 수익률이 가능한 상품에 투자했는데 그 다음해에 8억이 되어 있다면 아마 난리가 날 것입니다. 그래서 대부분의 부자들은 5% 정도를 요구한다고 합니다. 현재 금리가 3%대고, 인플레가 4%대 정도 되니까 그보다 조금 높은 5% 정도로 해서 안정적으로 원금손실 없이 운용해 주길 바란다고 합니다. 즉, 부자가 될수록 '증식'도 중요하지만 내 자산을 까먹지 않고 지키는 '보전'이 그만큼 더 중요해진다는 뜻인데요, 사실은 이러한 보전이 5%의 부자들보다는 95%의 일반인들에게 더욱 필요합니다.

FP : 5%의 부자들은 인생을 살아가다가 혹시 경제적 능력을 상실하는 일이 생긴다 하더라도 이미 모아놓은 재산으로 그럭저럭 살아갈 수 있지만 95%의 일반인들은 만약 그런 일이 생기면 집안 전체가 큰 타격을 받기 때문입니다. 수입은 끊어지고 지출은 그대로이기 때문에 자산을 까먹는 속도가 두 배로 빨라지기 때문이지요. 그래서 많은 분들이 혹시 그런 일이 생길까 봐서 저축도 하고 부동산 투자도 하고 주식투자도 하는데요, 일반적으로 가장 많은 분들이 손쉽게 선택할 수 있는 것은 바로 '보험'에 가입하는 것입니다. 보험이라는 상품은 평소에 저렴한 보험료를 내다가 리스크가 발생하면 큰 보험금을 받을 수 있기 때문입니다. 그런 차원에서 고객님은 어떤 보험을 가입하고 계십니까?(지금까지의 화법만으로도 종신보험 AP과정을 대체할 수 있다. 요즘은 보험시장이 갈수록 치열해지면서 전통적인 화법을 전개할 수 있는 경우가 줄어들고 있기 때문에 이렇게 간략하면서도 고객이 이해하기 쉬운 화법을 사용하는 것이 때로는 도움이 많이 된다.)

고객 : 보험이요? 암보험이 하나 있고, 연금보험도 있고 상해보험도 있는데요.

FP : 네. 필요에 따라서 여러 가지 보험을 가입해 두셨군요. 오늘은 재테크에 대해 말씀드리러 온 거니까 나중에 정확하게 어떤 보험을 가입하고 있는지 말해 주시면 전문가로서 최소의 보험료로 최대의 보장을 받고 계신지 무료로 점검해 드리도록 하겠습니다. 괜찮으신가요?

고객 : 네. 그렇게 해 주시면 고맙지요.

FP : 그럼 증식에 대해 본격적으로 말씀 드리겠습니다. 고객님은 '재테크의 기본은 저축이다'라는 말에 동의하십니까?

고객 : 재테크를 하려면 돈을 모아야 하니까 저축을 해야겠죠.(간혹 부동산이나 주식을 말하는 사람도 있는데 부동산이나 주식투자를 하려면 종자돈이 필요하고 종자돈을 모으려면 저축을 해야 되지 않느냐는 식으로 풀어 가면 됨)

FP : 그렇다면 주변에 혹시 저축 안 하는 분 계십니까?

고객 : 글쎄요. 대부분 다 하고 있는 것 같은데요.

FP : 네. 그러면 재테크의 기본인 저축을 대부분 다 하고 있으시니까 재테크에 성공한 분도 많이 계시겠네요?

고객 : 재테크에 성공한 사람은 별로 없는데요.

FP : 이상하지 않으십니까? 재테크의 기본인 저축은 다 하는데 정작 재테크에 성공한 분은 별로 없다니 말이지요. 혹시 저축에는 '돈을 쓸 수밖에 없는 저축' 과 '돈을 모을 수밖에 없는 저축' 이 있다는 이야기 들어보셨습니까?

고객 : 아니요. 처음 듣는데요.

FP : 네. '돈을 쓸 수밖에 없는 저축' 이 바로 제1금융권인 은행의 저축입니다. '돈을 쓸 수밖에 없는 저축' 의 특징은

첫째, 기간이 짧습니다. 은행에는 최장 5년까지 저축을 할 수 있는데요, 실제로는 2년 혹은 3년 단위로 저축을 많이 합니다. 이렇게 모으는 기간이 짧다 보니 매월 50만 원씩 저축하는 경우 요즘 같은 저금리시대에서는 이자가 거의 없다시피 하니까 2년을 해도 1,200만 원밖에 안 되구요, 3년을 해도 1,800만 원 정도 밖에 모을 수 없습니다. 만약 100만 원씩 저축을 한다면 2년후 2,400만 원, 3년후 3,600만 원 정도 되는데 이 정도의 자금으로 재투자를 할 수 있느냐는 것이지요. 부동산 투자도 힘들고 펀드에 투자하려 해도 최소 5천만 원 정도는 되어야 포트폴리오 구성이 가능합니다. 참고로 우리나라에서는 종자돈의 최소 규모를 보통 1억 정도로 보고 있습니다. 즉, 1억 정도를 모아야 돈이 돈을 불리는 선순환이 일어난다는 뜻인데, 은행권 저축은 기간이 짧기 때문에 종자돈을 모으기가 그만큼 힘들다는 뜻이지요.

둘째, 만기가 있습니다. 만기가 있다는 말은 딱 만기까지만 약정된 이자를

지급한다는 뜻인데요, 혹시 지금까지 저축을 해 오시면서 은행에서 '만기가 됐으니 돈을 찾아가라'는 전화를 받아 본 적 있으십니까? 은행 입장에서는 만기까지만 약정된 이자를 지급하고 그 이후로는 바로 보통예금으로 처리합니다. 보통예금의 이자는 연 0.1~0.2% 정도인데요, 가끔씩 주거래통장에 이자 몇 백원에 세금 몇 십원이 찍히는 것을 본 적 있으실텐데 보통예금은 이자가 거의 없다고 생각하시면 됩니다. 그래서 만기가 지난 적금을 그냥 보유할수록 은행은 유리하게 되기 때문에 고객이 직접 달력에 만기일자를 빨간 색으로 칠해서 반드시 찾아야만 손해를 덜 보게 되는 셈이죠.

그런데 만기가 된 저축을 찾아서 손에 쥐게 되면 머피의 법칙처럼 반드시 쓸 일이 생기게 됩니다. 갑자기 핸드폰이 고장나거나 새로나온 노트북을 사거나 아니면 해외여행을 가는 등 쓸 일은 무척 많습니다. 특히 남자들의 경우는 2천만~3천만 원 정도면 딱 차를 바꾸기 좋은 금액이기 때문에 사고를 저지르는 경우가 비일비재하죠.

이런 식으로 한 6개월 정도 지나면 저축을 해서 찾은 돈이 어디로 갔는지 온데간데 없이 사라지게 됩니다. 그리고는 다시 저축을 시작하는 것이지요. 이처럼 만기가 있다는 것은 돈을 반드시 찾아야만 하기 때문에 종자돈을 모으기는 커녕 중간에 계속 찾아서 써버리는 악순환을 불러 일으킬 가능성이 높습니다.

※ '지갑두께의 효과' 화법

수중에 돈이 생기면 반드시 쓸 일이 생긴다는 것을 '지갑두께의 효과'라고 하는데요, 고객님의 지갑에 100만 원이 있다고 가정하고 오늘이 만약 결혼기념일이라고 한다면 사모님과 10만 원짜리 저녁식사를 할 수 있겠습니까? 지갑에 100만 원이나 있으니까 아마 부담없이 하실 수 있을 것입니다. 하지만 지갑에 10만 원 밖에 없다고 한다면 어떠실까요? 네. 아마 그 돈을 다 쓰기는 부담스러우시겠죠. 이처럼 내 수중에 지갑이든 통장이든 여윳돈이 있으면 사람은 본능적으로 소비성향의 동물이기 때문에 돈을 쓰지 못해 안달하게 됩니다. 그래서 만기가 있는 저축은 미래를 위해 재투자를 하기 보다는 돈을 써버릴 확률이 높다는 것입니다.

셋째, 세금이 있습니다. 2010년 현재 이자소득세는 15.4%(주민세 1.4% 포함)인데요, 이자가 100만 원이면 154,000원의 세금을 내면 되지만 이자가 1억 원이면 무려 15,400,000원의 세금을 내야 합니다. 부자들이 가장 싫어하는 것이 바로 이 세금인데요, 만약 세금을 내지 않고 그 금액만큼 재투자를 할 수 있다면 내 자산을 불려 나가는데 많은 도움이 될 것입니다. 아시다시피 현재 은행권에서는 장기주택마련저축을 제외하고는 비과세상품은 거의 없구요, 기껏해야 세금우대저축 정도만 활용할 수 있을 뿐입니다. 만약 똑같은 저축을 한다면 세금이 없는 비과세저축이 훨씬 더 유리할 것입니다.

넷째, 정기예금으로 자동 전환이 안 됩니다. 만약 은행 저축상품에 3년 만기 후 자동으로 비슷한 금리를 지급하는 정기예금 상품으로 전환되는 저축상품이 있다면 어떨까요? 굳이 저축을 찾지 않아도 되기 때문에 돈이 부서질 염려가 없을 것입니다. 하지만 그런 상품이 없기 때문에 만기가 되면 일일이 은행을 방문해서 직접 정기예금으로 옮겨야 하는데 그런 과정에서 돈을 써버리기 쉽다는 것이지요.

다섯째, 비활성소득으로 전환이 안 된다는 것입니다. 일반적으로 소득에는 근로(사업)소득, 투자소득, 임대소득의 3가지가 있는데요, 부자들이 가장 좋아하는 소득은 무엇일까요? 네. 임대소득입니다. 임대소득은 이 달에 다 써버려도 다음 달에 또 나오고 건물을 팔지 않는 이상 지속적인 월수입이 보장되는 장점이 있습니다. 하지만 임대소득은 부동산 경기에 민감하기 때문에 임대소득이 들쭉날쭉하는 단점이 있고, 각종 세금이 있으며 부동산 수수료 등의 경비 문제와 시간이 갈수록 노후화되는 감가상각의 단점이 있습니다. 그래서 최근에는 많은 자산가들이 이렇게 귀찮은 임대소득보다는 아무 신경 안 써도 되는 연금소득을 선호하고 있습니다. 연금소득은 일단 개시하면 죽을 때까지 편안하게 매월 받을 수 있는 장점이 있기 때문입니다.

저축을 계속 해 왔는데 특별히 쓸 일이 없다면, 바로 이런 연금소득으로 전환이 가능하다면 도움이 될 텐데 은행 저축은 이런 기능이 없기 때문에 무조건 찾아서 쓸 수밖에 없다는 것입니다.

지금까지 돈을 쓸 수밖에 없는 저축에 대해 설명드렸는데요, 이해되십니까? 다시 한 번 요약해서 말씀 드리면 '돈을 쓸 수밖에 없는 저축'의 특징은 첫째 기간이 짧아서 종자돈을 모으기 힘들고, 둘째 만기가 있어서 반드시 찾아야 하다 보니까 흐지부지 써버리는 경우가 많고, 셋째 이자소득세를 내야하며 넷째, 정기예금으로 자동 전환이 안 되고, 다섯째 연금소득 같은 비활성소득으로 전환이 안 된다는 것입니다.

'돈을 모을 수밖에 없는 저축'은 지금까지 말씀 드린 것을 거꾸로 하면 됩니다. 첫째 최소 저축기간이 5년 이상이기 때문에 적은 금액으로도 종자돈을 만들 수 있고, 둘째 만기가 없어서 원하는 만큼 계속 저축을 할 수 있으며, 셋째 10년이 경과하면 이자소득세가 전액 비과세되며, 넷째 5년 혹은 7년 경과 후 저축을 중단할 경우 똑같은 수익률의 정기예금으로 자동전환이 되며, 다섯째 쓰다가 남은 돈에 대해서는 45세부터 매월 연금소득으로 죽을 때까지 받을 수 있습니다.

어떠십니까? 고객님이 지금 저축을 하나 시작한다면 '돈을 쓸 수밖에 없는 저축' 을 하시겠습니까? 아니면 '돈을 모을 수밖에 없는 저축' 을 하시겠습니까?

고객 : 돈을 모으는 저축을 해야겠지요.

FP : 지금까지 제가 말씀드린 상품이 바로 연금저축을 활용하는 것인데요, 이러한 종류의 상품은 보험회사에만 있는데 보험회사의 상품에는 사업비라는 비용이 포함되어 있습니다. 따라서 일정기간까지는 중도해약시 손해를 볼 수 있지만 연복리 상품이기 때문에 일정기간이 경과하면 금리가 단절되는 일이 없기 때문에(장기저축의 금리효과 설명) 은행상품보다 더 많은 이자를 받을 수 있습니다. 또한 10년이 경과하면 비과세혜택까지 누리실 수 있구요.

〈Closing〉

① FP : 지금까지 제가 종자돈 마련 비과세저축에 대해 설명드렸는데요, 고객님의 효율적 재테크를 위해서 이러한 종자돈 마련 프로그램이 꼭 필요하다고 생각하십니까? 그렇다면 지금 시작하시죠?

② FP : 전문가의 입장에서 볼 때 단기 은행저축은 티코로, 장기 종자돈 마련 저축은 그랜저에 비유할 수 있습니다. 많은 분들이 2~3년 단위로 티코를 계속 갈아타고 다니시는데요, 그것보다 5~10년 정도로 그랜저를 타고 다니는 것이 여러모로 훨씬 더 유리하지 않겠습니까? 티코에서 그랜저로 갈아타시죠?

③ FP : 어떠십니까? 보통 고객님 정도의 경제적 능력을 보유하신 분들은 보통 월 100만 원 정도 많이 하시는데 그 정도면 시작하실 수 있겠습니까?(종자돈 마련 저축의 클로징은 보장성 보험과는 달리 자연스럽게 그리고 당당하게 클로징을 하는 것이 더 효과적임)

종자돈(Seed Money) 마련 저축 비교

Ⅰ. 저축의 유형

- 단기저축 : 은행 등 제1금융권의 5년 이하 저축
- 장기저축 : 보험회사 등 제2금융권의 7년 이상 저축

Ⅱ. 부자의 과정

저축을 통한 종자돈 마련 ⇒ 투자 ⇒ 비활성소득 창출 ⇒ 부자

(근로소득 ⇒ 투자소득 ⇒ 비활성(연금,임대)소득)

구 분	돈을 쓰기 좋은 저축 (제1금융권)	돈을 모으기 좋은 저축(제2금융권)	비 고
저축기간	짧음(1년,3년,5년)	7년 이상	※ 종자돈의 최소 규모 (1억원)
만기의 유무	有	無	※ 만기도래시 이자 0.2% ※ 새로운 저축 시작(이자 효과의 단절)
이자소득세	有(이자 1천만원당 세금 154만원 납부)	無	※ 저금리시대는 비과세가 재테크의 핵심 포인트
예금으로 전환 여부	불가능	가능	※ 예금과 적금 금리차 : 평균 1% ※ 만기시 일일이 예금으로 전환해야 함
연금소득 전환 여부	불가능	가능	※ 비활성소득 증대

Ⅲ. 종자돈 마련 저축 비교

■ 부자가 되는 저축 제안

- 저축기간을 충분히 확보하여 종자돈의 규모를 최소 1억 원 이상 확보
- 만기를 설정하지 않으므로 지속적 저축 또는 필요한 시기에 재투자
- 비과세혜택을 통한 최대한의 이자 확보
- 7년 납입 후 예금으로 자동 전환 또는 연금소득으로 전환하여 비활성 소득 증대

▶ 종자돈 마련 비과세저축의 거절처리

① 지금 은행에 저축을 하고 있어서 필요성은 알겠지만 시작하기 힘들다.

⇒ 고객님. 옷을 입을 때 제일 먼저 끼우는 단추가 어느 단추입니까? 그것을 첫 단추라고 하는데요, 만약 첫 단추를 잘못 끼우면 어떻게 될까요? 네. 당연히 다음 단추도 잘못 끼우게 되고 그러다 보면 옷을 입는데 실패하겠죠. 재테크도 마찬가지입니다. 재테크의 기본이 종자돈을 모으는 것이라는 사실은 모든 재테크 관련 책에서도 공통적으로 강조하는 내용이고, 고객님 또한 잘 알고 계실 것입니다. 하지만 알고 있는 것과 실천하는 것은 하늘과 땅 차이입니다. 현재 하고 있는 저축이 만기가 됐을 때 과연 재투자가 가능할까요? 재테크에 성공해서 부자가 되고 싶은 마음이 있다면 저 같은 전문가를 만났을 때 종자돈 마련을 시작하셔야 됩니다. 종자돈을 만드는 과정이 비록 힘들고 어렵더라도 일단 만들고 나면 재테크가 훨씬 더 쉬워집니다. 지금 시작하시죠?

② 내용은 좋은 것 같은데 조금 더 고민해 보겠다.

⇒ 네. 물론 고민이 필요할 것입니다. 하지만 고객님. 이러한 종자돈 마련

저축은 아파트를 사거나 자동차를 사는 것과는 다릅니다. 아파트를 살 때는 입지여건이나 향후 시세상승 여부 같은 다양한 분석이 필요하고 자동차도 품질이나 중고차시세 같은 부분들을 비교 분석해서 최선의 선택을 해야 후회가 없을 것입니다. 하지만 저축은 그렇지 않다는 이야기죠. 고객님이 현재 하고 있는 저축을 시작할 때 각 은행별로 금리비교를 해서 가장 좋은 은행을 선택하셨습니까? 아마도 저축이 필요하다는 생각이 들었을 때 집 근처, 혹은 회사 근처의 은행에 가서 바로 시작하셨을 것입니다. 종자돈 마련 저축도 마찬가지입니다. 고객님이 재테크에 반드시 성공하기 위해 종자돈이 필요하다는 생각이 드신다면 저 같은 전문가를 만났을 때 지금 바로 시작하셔야 됩니다. 1억 정도면 괜찮으시겠습니까?

③ 기간이 너무 길다.

⇒ 기간이 길다는 것은 종자돈 마련 저축의 단점이자 장점이라고 말씀드릴 수 있습니다. 기간이 길어서 지루하고 괴롭기도 하지만 막상 종자돈이 모였을 때는 그 기쁨이 어떤 단기저축보다도 훨씬 더 큽니다. 왜냐하면 7년 이상의 정성이 모여 있기 때문이죠. 사람들은 흔히 돈에다 의미를 부여하는데요, 고스톱 쳐서 10만 원을 땄다면 그 돈은 고스톱 쳐서 딴 돈이기 때문에 그냥 아무 의미 없이 써 버리게 됩니다. 하지만 한 달 동안 야근해서 10만 원의 야근수당을 받았다면 소주 한 잔 마시면서 대충 써버리기엔 너무 아까운 돈이 될 것입니다. 이렇듯 똑같은 돈인데도 의미가 틀리게 되는데요, 저축도 마찬가지입니다. 1~2년 저축해서 모은 돈 보다는 7년 이상 장기저축으로 모은 돈이 훨씬 의미가 크고, 그렇기 때문에 재투자를 할 때도 그만큼 신중하게 또한 효율적으로 할 것입니다. 그런 과정을 통해 내 자산이 점점 불어날수록 진정한 기쁨을 맛 볼 수 있는 것입니다.

또 하나 염두에 두어야 할 것은 2년, 3년, 2년 세 번 동안 저축한 사람과

7년 동안 내리 저축한 사람 중 7년 후에 과연 누가 더 많은 돈을 모았을까 하는 점입니다. 물론 7년 동안 내리 저축한 사람이 훨씬 더 많이 모았겠죠. 단기저축을 반복하는 것은 이자효과도 단절될 뿐 아니라 중간에 자꾸 써버리기 때문에 종자돈을 모으기가 거의 불가능하기 때문입니다. 어떠십니까? 어차피 종자돈을 모으기 위해 7년이란 기간이 필요하다면 지금 시작하는 것이 훨씬 유리하지 않으실까요?

④ 내집마련, 자녀교육 등 단기자금의 수요가 많아서 하기 힘들다.
⇒ 실례되는 질문이지만 고객님은 언제까지 일할 수 있다고 생각하십니까? 전문용어로 일을 하는 시기까지를 활동기라고 하고 은퇴한 뒤부터 죽을 때까지를 노후기라고 합니다. 많은 분들이 노후기가 중요하다고 생각해서 노후자금이 필요하다고 말을 하지만 실제로는 활동기의 각종 이벤트, 즉 내집 마련이라든가 자녀교육, 부모님회갑, 해외여행, 결혼기념일, 각종 경조사 등 눈앞의 이벤트가 더 소중해 보이기 때문에 정작 노후자금 마련에는 소홀하게 됩니다. 그러다 노후기가 눈앞에 닥쳐오면 어쩔 줄 몰라 하다가 비참한 노후생활을 하는 분도 많습니다.

고객님이 재테크를 고민하는 것도 결국은 풍요로운 노후생활을 보내기 위해서 한다고 해도 과언이 아닐 것입니다. 바로 그런 목적으로 종자돈이 필요한 것이구요. 그런데 이러한 단기적인 이벤트 때문에 종자돈을 마련하는 시기가 늦어지거나 또는 아예 마련하지 못하게 된다면 앞으로 10년, 20년 후에는 어떻게 하실 겁니까? 그 때 가서 땅을 치고 후회한들 이미 지나간 시간을 되돌릴 수는 없을 것입니다.
매월 월급의 50%를 무조건 저축하는 사람과 쓰고 남은 돈을 저축하는 사람 중에서 앞으로 10년, 20년 후엔 누가 더 부자가 되어 있을까요? 고객님의 인생에 이러한 종자돈이 꼭 필요하다고 판단되면 저 같은 전문가를 만났을 때 일단 시작하십시오. 일단 시작하고 난 후 남은 금액으로 생활비를 어떻게 쓸 것인지 고민하면 됩니다. 사람이 굶어 죽으란 법이 없듯이 어떻게든 할 수 있습니다. 지금 시작하시죠?

⑤ 1~2년 후에 저축이 끝나면 시작하겠다.

⇒ 네. 물론 그 때 시작하셔도 됩니다. 5년 정도 후에 시작하셔도 되구요. 하지만 고객님이 지금 시점에서 고민해 보셔야 할 중요한 점은 '기회비용' 이라는 문제입니다. 일례로 강남의 아파트값이 오르기 전에 하나 사 두었으면 지금쯤 어떻게 됐을까요? 모든 투자는 기회가 중요합니다. 투자의 기회를 적절히 잡으려면 이른바 실탄, 즉 종자돈이 준비되어 있어야 합니다. 종자돈을 모으는데 7년이 걸린다고 가정하면 1년 뒤에 시작하면 8년 뒤에야 실탄을 마련하게 되구요, 2년 후에 시작하면 9년 뒤에야 실탄이 모이게 됩니다. 그런데 중요한 것은 투자의 기회는 기다려 주지 않는다는 사실이지요. 아시다시피 은행의 저축은 중도에 해약해도 원금 손실이 없습니다. 1~2년 후에 시작하는 것보다 지금 시작하고 그리고 은행저축을 해약해서 남는 금액은 추가납입을 통해 더 큰 종자돈을 모으는 것이 훨씬 더 유리하지 않겠습니까? 지금 시작하시죠?

⑥ 인플레이션 때문에 장기저축이 의미가 없는 것 같다.

⇒ 네. 좋은 지적입니다.(고객에 대한 칭찬) 하지만 인플레이션을 보전해 주는 금융상품은 존재하지 않는다는 사실도 아실 것입니다. 현재 4% 정도의 은행금리로는 사실 인플레를 따라가기도 벅찬 것이 현실입니다. 저희 회사에는 이러한 인플레 문제를 해결하기 위해 두 가지 옵션이 준비되어 있습니다.

첫째는 추가납입이 가능합니다. 인플레가 생긴다는 것은 그만큼 고객님의 소득도 올라간다는 것을 의미하는데요, 소득이 오른 만큼 조금씩 더 내면 인플레도 효율적으로 커버하실 수 있습니다. 현재 우리나라의 경우 매년 약 4% 정도의 인플레가 생긴다고 하는데요, 5년을 누적하면 약 30% 정도가 됩니다. 따라서 5년 정도 마다 30%씩 추가납입을 하시면 실질 화폐가치를 보전할 수 있습니다.

둘째는 살아있는 돈으로 활용이 가능하다는 것입니다. 혹시 돈에는 '죽어 있는 돈'과 '살아 있는 돈'이 있다는 이야기 들어보셨습니까? '죽어 있는 돈'은 대표적으로 부동산에 묶여 있는 돈을 의미하는데요, 1억짜리 아파트를 갖고 있는데 갑자기 돈이 필요하면 얼마까지 대출받을 수 있을까요? 공식적으로는 40%인데 보통 60%까지는 받을 수 있습니다. 6천만 원을 활용하는 것은 좋은데 여러 가지 비용이 따라 붙습니다. 설정료, 증지대, 인지대 등 제반 수수료와 중도에 빨리 갚으면 중도상환수수료라는 황당한 비용도 있지요. 거기에 구비서류도 여러 가지를 준비해야 되기 때문에 무척 귀찮습니다. 그래서 몇 달 쓰려고 부동산 담보대출을 하는 분은 거의 없을 것입니다. 바로 이러한 돈을 '죽어 있는 돈'이라고 부르는데요, 내가 필요한 시기에 손쉽게 활용하기 힘들기 때문에 생긴 명칭입니다.

반대로 '살아 있는 돈'은 장기저축에 들어가 있는 돈을 말합니다. 연금저축의 경우 중도에 돈이 필요하면 해약환급금의 90%까지 언제든지 돈을 활용할 수 있는데요, 오전에 신청하면 오후에 바로 쓸 수 있고 대출이율은 공시이율 + 1.5%로 은행과 비슷하며, 수수료는 없습니다. 따라서 연금저축을 하고 있는 동안 갑자기 돈이 급하게 필요할 경우 언제든지 활용할 수 있음은 물론, 다시 갚을 때도 중도상환수수료 같은 비용도 전혀 들지 않습니다. 그러므로 인생을 살면서 좋은 투자기회가 온다면 언제든지 투자가 가능하기 때문에 이러한 투자를 통해서 부가적인 수입을 창출할 수 있다면 즉, 대출이자 이상의 수입을 얻을 수 있다면 그런 수입을 통해 인플레를 커버할 수 있다는 뜻입니다.

일례로 저의 경우는 용산의 씨티파크와 부천의 대형 주상복합아파트에 청약할 때 3천만 원의 청약금을 대출받아서 신청을 했던 적이 있는데요, 비록 당첨은 안 됐지만 청약금을 돌려 받아 갚을 때 몇 만 원 정도의 이자를 냈던 기억이 있습니다. 이처럼 몇 만 원의 이자로 좋은 재테크 기회를 활용할 수 있다면 도움이 되지 않겠습니까? 정 대출이자를 내는 것이 부담스럽다면 중도인출을 통해 이자 없이 쓸 수도 있는데요, 그런 경우엔 투자원본이 줄어들기 때문에 전문가 입장에서는 별로 권해 드리고 싶지는 않습니다.

지금까지 추가납입의 방법과 대출(혹은 중도인출)로 투자하는 방법으로 인플레를 보전하는 것을 말씀드렸는데요, 지구상 어느 나라에도 인플레는 있기 마련입니다. 인플레가 무서워서 저축을 안 하는 사람은 없겠지요. 만약 고객님이 지금부터 7년 전에 장기저축을 시작해서 오늘 만기가 됐다고 가정해 보겠습니다. 오늘 1억 원을 찾을 수 있는데 그동안의 인플레를 생각해 보니까 너무 마음에 안 들어서 홧김에 그냥 차나 한 대 사고 남은 돈으로 해외여행이나 다녀오시겠습니까?

아마 주변에 금융권에 있는 지인들에게 전화해서 "요즘 1억으로 투자할 만한 것이 뭐가 있습니까?"라고 물어보실 겁니다. 이런 게 바로 종자돈의 위력인 것이지요. 1억 원을 재투자하는 순간부터 고객님은 부자의 출발점에 서시는 겁니다. 인플레를 해결하는 방법은 제가 지속적으로 상담해 드리겠습니다. 지금 시작하시죠?

(변액보험으로 인플레를 커버하는 컨셉은 변액보험에서 설명)

⑦ 현재 쓰는 돈(생활비)이 많아서 저축여력이 없다.

⇒ 네. 그러시군요. 고객님, 혹시 '새는 돈'이라는 단어 들어보셨습니까? 고객님은 매월의 수입과 지출 중에 어느 것이 더 많습니까? 아무래도 수입이 조금은 더 많으시겠지요. 그렇다면 매월 평균적으로 어느 정도의 금액이 남는다고 생각하십니까? 네. 아무리 못해도 10만~20만 원 정도는 남을 것입니다. 매월 20만 원 정도 남는다고 가정하면 1년이 지나서 연말이 됐을 때 240만 원이 남아있어야 되는데 그러십니까? 아마 통장에는 똑같이 20만 원 정도만 남아 있을 것입니다. 이런 돈을 일컬어 '새는 돈'이라고 하는데요, 매월 약간씩 남아서 몇 달이 쌓이면 통장에 돈이 있기 때문에 부모님 생일에 과한 선물을 한다든가 아니면 여행이나 술값으로 또는 경조사비로 다 써버리게 되는 것이지요. 그러다 보면 결국 연말에 가서는 똑같은 금액만 남게 되고 돈이 다 새는 일이 생기게 됩니다. 고객님도 이런 경우가 종종 있으셨나요?

현재 지출이 많아서 부담되시면 일단 고객님의 통장에서 '새는 돈'부터 시작하시죠. 일단 그렇게 시작하시고 향후 수입이 늘어나면 다시 본격적으로 고민해서 조정하는 것을 도와 드리겠습니다. 어떠십니까?

⑧ 결국 연금보험에 가입하는 것 아닌가?

⇒ 네. 정확히 말씀 드리면 비과세 연금저축입니다. 혹시 '흑묘백묘론'이라고 들어 보셨습니까? '흑묘백묘론'은 등소평이 중국을 대외시장에 개방하면서 '검은 고양이든 흰 고양이든 쥐만 잘 잡으면 된다'라고 역설한 것을 말하는데요, 고객의 니즈에 맞출 수 있다면 은행상품이든, 증권상품이든, 보험상품이든 구분할 필요가 없다는 뜻입니다. 요즘은 금융기관의 통합화가 가속화되면서 점점 영역구분이 없어지고 있는데요, 연금저축은 연금으로 활용할 수 있는 장점이 있지만 가장 기본적으로 목돈을 만들어

주기 때문에 많은 분들이 재테크의 기본수단으로 활용하고 있습니다. 단기 은행저축보다는 종자돈 마련이 가능한 장기저축으로 그리고 연금 등 다목적으로 활용할 수 있는 연금저축이 훨씬 더 도움이 되지 않겠습니까? 지금 시작하시죠?

⑨ 저축보다는 부동산(아파트, 땅, 상가 등)에 투자하겠다.

　　(우리나라만큼 부동산 열기가 높은 나라는 세계적으로도 찾아보기 힘들다고 한다. 좁은 땅덩어리에 많은 사람들, 그것도 수도권에만 2천만 명 이상이 모여 있으니 오죽할까? 하지만 장기적인 시각으로 본다면 21세기 대한민국의 가장 큰 2대 리스크, 즉 저출산과 고령화로 인해 부동산은 그리 전망이 밝지 못하다. 부동산을 구입할 능력이 있는 사람들이 점점 줄어들기 때문이다. 따라서 FP들은 이러한 부분들을 고객들에게 교육시키고 보다 합리적인 재테크 포트폴리오를 구성하도록 도와줄 필요가 있다.

　　필자의 경험상 고객들이 다른 재테크 수단보다 유독 부동산에 관심이 많다 보니 부동산과 관련된 거절이 가장 많았던 것 같다. 그래서 연금저축을 부동산에 비유해서 만들어 낸 화법이 바로 '아파트저축' 화법인데 거절 처리용으로 사용해도 좋지만 호기심 자극 차원에서 AP 화법으로 활용해도 손색이 없다고 생각한다.)

※ "아파트저축" 화법

고객님. 부동산에 관심이 많으신 것 같은데 몇 가지 질문을 드려도 되겠습니까? 10억짜리 타워팰리스가 5년 후에는 얼마로 뛸 것 같으십니까? 10년 후에는요? 확신하십니까? 최근의 부동산 활황이 앞으로도 자주 있을 것 같으십니까?

10억의 아파트가 있는데 5년 후에 14억이 되고, 10년후에는 18억, 20년 후에는 30억, 50년 후에는 100억이 된다면 그것도 확실하게 보장된다면 투자할 의향이 있으십니까? 그럼 지금 계약하시죠. 10억 있으신가요? 없으시면 제가 빌려드릴테니까 할부로 사시죠. 7년할부면 월 1,200만 원입니다. 1억짜리 아파트는 120만 원입니다. 얼마짜리로 하시겠습니까?

이 아파트의 장점은 이렇습니다.

① 절대 돈이 묶이지 않습니다.

지금 아파트 담보대출이 40%인데요, 이 아파트는 90%까지 대출이 가능합니다. 대출이율은 6.2%구요(공시이율 4.7% 기준), 당일 대출이 가능하며 인감도 필요없고 설정비도 없으며, 감정료, 인지대, 기타 번거로움이 전혀 없습니다. 중도상환 수수료도 없기 때문에 대출과 상환이 언제든지 가능합니다.

② 만약 월세를 받는다면 월 500만 원이 가능합니다.

10억의 타워팰리스에서 월세 500만 원이 가능할까요? 일본의 경우 10년이 넘는 경기침체로 15억짜리 아파트가 3억으로 떨어졌습니다. 우리나라는 현재 부동산 활황이라고 하지만 앞으로도 과연 그럴까요? 모든 사람이 그렇지는 않습니다. 하지만 이 아파트는 일반적으로 확실하게 올라갑니다.

저를 만나서 고객들이 목돈 마련 저축을 시작합니다. 그나마 목표가 있는 저축을 하게 되고 저축 범위 내에서 투자도 가능합니다. 은행은 해약해도 손해가 없지만 보험은 손해 봅니다.

그래서 악착같이 모을 수 있습니다. 지금 시작하시죠?

부동산 임대소득 *VS* 연금소득

I. 아파트형 연금상품이란?

- 가장 인기있는 투자상품인 부동산을 모델로 하여 부동산투자와 유사하게 시세차익 및 월세(연금)소득을 얻을 수 있는 비과세 금융상품

II. 아파트형 연금상품의 특징

① 10억 아파트의 경우 명의 이전부터 5년 후 14억, 10년 후 17억, 20년 후 28억, 50년 후 100억 가량의 시세차익 예상(현재 금리 비과세 4.7% 기준)

② 5천만 원에서 10억까지 다양한 아파트 선택 가능

③ 무이자 할부 구입 가능(할부이자 없음)

④ 취·등록세(2.5%) 및 종합부동산세 면제
(건강보험 및 국민연금 과표 미반영)

⑤ 최초 계약일로부터 10년 경과시 양도소득세 전액 면제

⑥ 담보대출비율 90%까지 가능(설정비, 인지세, 중도상환수수료 면제)

⇒ 대출금리 현 6.2%이나 원금에 대한 4.7%의 적립 감안시 실제 1.5%로 이용

⑦ 일정기간 경과시 5%대의 월세수입 가능
(임대의 번거로움 및 유지보수비용 없음) ⇒ 임대소득세 미 부과

III. 아파트형 연금상품의 장점

▶ 향후 부동산 경기를 예측할 수 없으나 이 상품은 안정적 시세차익 가능

▶ 마이너스 통장 대비 플러스통장으로 이용 가능

⇒ 1억을 10%로 20년간 마이너스통장 이용시 : 이자 2억 원,

잔고 마이너스 1억 원

⇒ 1억을 6.2%로 20년간 플러스통장 이용시 : 이자 1억2천4백만 원,

잔고 3억 원

▶ 인플레이션 감소 효과

① 시중 인플레보다 높은 수준으로 자산 증식

② 6.2%로 수시로 자금 운용이 가능하므로 시기적절한 투자 가능

Ⅳ. 타 금융상품 대비 수익성, 안정성, 유동성 비교

▶ 비과세를 통한 수익성 제고 : 108억 *VS* 18억

▶ 향후 금리저하 대비 안정성

① 10년까지 최저 2.5% 보장, 이후 최저 2% 보장

② 금리저하시 대출이율도 같이 낮아지기 때문에 부담없이 자금운용 가능

▶ 유동성 : 은행처럼 이자도 적고 세금도 내야되는 죽어있는 돈이 아니라

계속 불어나며 비과세혜택까지 주는 살아움직이는 돈

(수시 자금활용 가능)

⑩ 아파트 대출을 갚아야 되기 때문에 여유가 없다.

⇒ 고객님께 두 가지 사례를 말씀 드리겠습니다. 똑같은 아파트를 똑같은 조건에 구입한 갑과 을이 있었는데요, 갑은 10년동안 원금과 이자를 합쳐서 상환하기로 했고 을은 기간을 20년으로 늘려서 원금과 이자를 상환하되 남은 금액을 종자돈 마련 저축에 투자했습니다. 10년 후에 두 사람은 어떻게 됐을까요? 갑은 드디어 부채를 청산했는데 저축이 한 푼도 없어서 그제서야 새로 시작한 반면에, 을은 부채상환 기간이 10년 남았지만 10년 동안 해 온 종자돈 마련 저축에 상당한 투자자금이 모여 있었습니다. 만약 그 시점에서 좋은 투자기회가 찾아온다면 어떻게 될까요? 갑은 하고 싶은 마음이 굴뚝같지만 주택담보대출을 일으키기 두려워서 머뭇거리다 투자

기회를 놓친 반면에, 을은 이미 종자돈을 모아 놓고 있었기 때문에 부담 없이 투자할 수 있었습니다. 그로부터 또 10년이 지나면 어떻게 될까요? 갑은 그때서야 종자돈을 모을 수 있었지만 이미 나이가 많이 들어서 공격적인 투자를 할 엄두가 나지 않아 그냥 그렇게 평범하게 살 수밖에 없지만, 을은 그동안의 다양한 투자를 바탕으로 이미 상당한 자산가가 되어 있을 가능성이 매우 높을 것입니다.

선진국인 미국과 일본의 재테크 전문가들도 부채를 모두 상환하기 보다는 종자돈을 빨리 모아서 재투자를 하는 것이 훨씬 더 유리하다고 합니다. 부자가 되는 가장 빠른 지름길은 좋은 투자기회가 왔을 때 놓치지 않고 잡는 것이기 때문입니다. 아파트 대출 기간을 연장하고 지금 종자돈 마련을 시작하는 것이 고객님께 더 도움이 되지 않겠습니까? 지금 시작하시죠?

지금까지 종자돈 마련 저축의 거절처리에 대해 알아보았다. 단언컨대 우리나라 국민의 남녀노소를 불문하고 이러한 프로그램이 필요 없는 사람은 단 한 명도 없다고 확신한다. 그런 만큼 매우 파워풀한 화법이라고 다시 한 번 강조하는 바이며, 화법을 충분히 암기해서 상담을 진행하면 많은 효과를 볼 수 있다. 여기에 '보전'의 중요성을 다시 한 번 인지시켜 보장성보험 컨설팅도 병행하면 아주 훌륭한 FP라고 인정받을 수 있을 것이다. 또한 다음 장에서 설명하는 변액연금보험과 변액유니버셜보험을 종자돈 마련 컨셉으로 활용하면 더욱 더 퍼펙트한 상담을 진행할 수 있다.

3. 교육저축

연금저축은 다양한 컨셉으로 활용할 수 있는데 종자돈 마련 다음으로 효과적인 컨셉이 바로 교육자금 마련 컨셉이다. 우리나라 국민들의 교육열은 세계에서 둘째가라면 서러워할 정도인데 자녀가 있는 부모들은 누구나 다 교육비 마련이 가장 큰 고민거리 중 하나일 것이다. 그래서 자녀 이름으로 은행에 저축을 하는 사람들이 많은데 문제는 은행저축은 부담 없이 시작할 수 있는 장점이 있는 반면에 단기 금융상품이다 보니 정작 자녀가 고등학교 혹은 대학교에 입학할 때쯤 되면 어디로 갔는지 돈이 없다는 것이다. 시작은 자녀 교육비 마련 목적으로 했지만 내집 마련이라던가 긴급의료비, 창업자금 등 긴급하게 돈이 필요한 경우가 생기면 손쉽게 꺼내 써버리는 것이다. 따라서 자녀의 성장과 함께 10~20년에 걸쳐 발생하는 교육자금은 그 어느 금융기관보다도 보험회사의 금융상품이 그 목적에 딱 부합하기 때문에 결혼해서 자녀가 태어난 가정이라면 주저없이 방문해서 컨설팅을 진행하면 된다.

과거에는 이러한 교육자금 마련 상품을 특화해서 '교육보험'이라고 했는데 교육보험을 들지 않는 부모는 부모의 자격이 없다는 말까지 나올 정도로 많은 국민들이 너도나도 앞 다투어 가입하던 시절이 있었다. 그런데 급격한 인플레이션으로 인해 정작 자녀가 성장했을 때는 별로 도움이 되지 않았다는 것이다. 어느 나이 든 부모님의 경우 '자녀가 어렸을 때부터 매월 쌀 한 가마니 값을 투자했는데 자녀가 대학갈 때가 되니 쌀 스무 가마니 값 정도 밖에 되지 않았다.'며 분통을 터뜨린 일도 있었다고 한다.

이렇게 혜택이 적었던 이유는 인플레이션도 원인이 있지만 교육보험의 기본 구조에도 문제가 있었다. 일반적으로 보험료는 위험보험료, 저축보험료, 사업비의 세 가지 구조로 되어 있는데 교육보험의 경우는 자녀가 아프거나 다쳤을 때 보장해 주는 보장성 비용이 상당액 포함되어 있다 보니 교육자금을 마련해 주는 저축 보험료의 비중이 적을 수밖에 없었고, 거기에 인플레이션이 더해지니 실제로 체감하는 혜택은 더더욱 줄어들 수밖에 없었던 것이다.

이런 과거의 경험 때문에 요즘에는 교육보험을 별로 선호하지 않는 추세이다. 하지만 교육보험을 가입하지 않는다고 해서 자녀 교육비 마련에 대한 부담이 사라지는 것은 결코 아니다. 오히려 어떻게 준비해야 하는 것이 좋은지 고민만 늘어나게 된 셈이다.

이런 부모들에게 연금저축을 자녀 명의로 가입하는 것을 권해주는 것이 바로 '교육저축'의 컨셉이다. 연금저축의 기본적 컨셉인 종자돈 마련을 자녀 교육비 마련으로 전환해서 설명하면 된다. 연금저축의 경우는 위험보험료가 거의 미미하고 장기간의 복리효과로 인해 자녀가 성장했을 때 은행 대비 더 많은 학자금을 모을 수 있다. 아울러 쉽게 꺼내 쓸 수 없기 때문에 가입할 당시의 본래 목적인 '교육비'로 실질적으로 활용할 수 있다. 거기에 계약자, 수익자를 자녀로 하기 때문에 '교육저축'으로서의 의미를 확실하게 부여할 수 있어 부모인 고객들의 만족도 또한 매우 높다.

교육저축을 컨설팅하는 화법은 교육자금이 많이 필요하다는 사실은 누구나 알고 있기 때문에 너무 진지하게 말하기 보다는 다소 유머스러우면서도 감동을 줄 수 있는 화법이 보다 효율적이다.

▶ 교육저축 화법

FP : 고객님. 자녀 교육비가 많이 든다는 것은 잘 알고 계실텐데요, 앞으로 고등학교와 대학교 학자금을 어떻게 준비하고 있습니까?

고객 : 특별하게 준비하고 있지는 않구요, 캥거루 통장에 여윳돈이 생길 때마다 아이 앞으로 적립해 두고 있는데요.

FP : 네. 그러시군요. 고객님도 교육비가 많이 들기 때문에 미리 준비할 필요성이 있다고 생각하시는군요.

고객 : 그래서 걱정입니다.

FP : 일반적으로 자녀의 교육비가 공식적으로는 1억 정도 든다고 하지만 사교육비와 인플레이션을 감안하면 자녀 한 명당 최소 2억 이상이 소요된다고 합니다. 이 정도 규모의 교육자금을 월급으로 충당하기에는 거의 불가능하다고 보시면 되는데요, 혹시 '학자금 대출'이라고 들어보셨습니까?

고객 : 들어본 것 같은데요.

FP : 학자금 대출이란 대학교육자금이 워낙 많이 들어가니까 정부가 특별금리로 지원을 해 줘서 자녀가 학자금을 대출받고 부모님이 보증을 서 주는 것을 말합니다. 일전에 TV에서 보니까 보증을 서 주는 어머니가 "이 어린 자녀에게 벌써부터 빚을 지게 해서 너무 미안하다"며 눈물을 흘리는 모습이 나왔었는데요, 교육자금을 미리 준비하는 것은 비단 경제적 부담뿐만 아니라 실질적인 자녀의 인성교육에도 꼭 필요합니다.

FP : 제가 한 가지 사례를 말씀 드리겠습니다. 실제로 있었던 일인데요, 초등학생 자녀 2명을 둔 부모님이 있었는데 어느 날 큰 아이가 친구집에 놀러 갔다가 '플레이 스테이션2'라는 게임을 하게 됐습니다. 게임이 너무 재미있어서 시간 가는 줄 모르고 놀다가 집에 와서 엄마한테 "엄마. 그 게임 너무 재미있던데 우리도 하나 사자."라고 말하니까 엄마 왈, "야. 이놈아. 너희 둘 교육시키려고 아빠가 얼마나 고생하는 줄 아니? 아빠 월급으로 너희 둘 교육비 대기도 힘들어 죽겠는데, 뭐 플레이게임기? 나중에 커서 플레이보이가 될 놈아. 그 시간에 공부나 더 해라."라고 막 꾸중을 했답니다. (이 대목에서 약간 유머러스

하게 화법을 전개하는 것이 효과적임)

FP : 이렇게 교육비 마련에 치여서, 자녀가 사교육을 받으면서 부모님께 미안하다는 마음을 가지면서 교육을 받는 자녀랑, 자녀가 태어났을 때부터 미리 준비해 둔 교육자금으로 여유 있게 교육을 받는 자녀랑 어느 자녀가 더 교육효과가 높을까요?

교육자금을 미리 준비해 두는 것은 자녀의 인성교육을 위해서도 꼭 필요한데요, 요즘 아이들은 조숙해서 사춘기 전에 삼춘기라는 현상이 온다고 합니다. 초등학교 2~3학년 정도 되면 온다고 하는데요, 특징은 방문을 닫아걸고 혼자 있고 싶어 한다고 합니다. 품 안의 자식이라는 말처럼 어느 정도 성장하면 부모 자식간에 대화도 없어지고 조금만 신경을 못 쓰면 반항기까지 오게 되는데요, 그런 시기에 교육자금 마련 증서를 보여 주며 부모님의 사랑을 느끼게 해주면 자녀의 인성형성에도 많은 도움이 됩니다. 그래서 교육저축을 하시는 분들은 이 프로그램을 왜 하는지에 대해 편지를 써서 같이 넣어 두는 것이죠.

※ 통장편지 화법(이 사례는 실제로 있었던 케이스로 고액 컨셉에도 직접적인 연관이 있는 화법임)

FP : 제가 아는 분 중에 강남 테헤란로에 큰 빌딩 두 채를 갖고 있는 분이 있습니다. 월 임대료만 몇 억씩 들어온다고 하는데요, 그 분이 출근하면 제일 먼저하는 일이 있습니다. 그 분에게는 아들이 두 명 있는데 출근하자마자 자녀 앞으로 매일 각각 1만 원씩 비서를 시켜서 은행에 입금한다고 합니다. 그렇게 부자인 분이 자녀 앞으로 통장을 만들어서 만 원씩 입금하는 이유가 무엇일까요?

이 사장님이 어느 날 문득 그런 생각이 들었답니다. 자기는 젊어서 실패도 해 봤고, 돈의 소중함도 알며, 부단히 노력해서 오늘날의 성공을 만들어 냈는데, 자녀들은 태어나면서부터 제일 좋은 집과 제일 좋은 음식, 그리고 최고의 환경에서 성장하다 보니까 인생이 원래 그런 거라고 생각하더란 것입니다. 게다가 주변의 친구들도 비슷하니까 인생을 바라보는 시각 자체가 편협해지고 청소년기의 인성교육에도 많은 문제점이 생겼습니다. 부자가 망하면 3대를 못 간다는 속담이 있는데 갑자기 자녀들의 앞날이 몹시 걱정이 됐다고 합니다. 그래서 생각해 낸 것이 바로 '통장편지'를 쓰는 것이었습니다. 은행의 통장을 보면 적요란이 있는데요, 그 난에는 8자까지 입력할 수 있다고 합니다. 큰 아들, 둘째 아들 앞으로 미리 편지를 써서 매일 만 원씩 입금하며 통장에 편지를 써 내려 갔습니다. '사랑하는 큰 아들에게. 사랑하는 둘째 아들에게. 아빠가 이 편지를 쓰게 된 이유는……'

매일 매일을 사랑하는 마음을 담아서 쓴 통장편지는 자녀들이 사회생활을 시작할 때 선물로 줄 계획이라고 합니다. 앞으로 자녀들의 인생이 어떻게 펼쳐질지 모르겠지만 아버지의 매일 매일의 정성이 담겨 있는 통장편지들은 자녀들에게 든든한 버팀목이 되어 줄 것입니다.

이렇듯 자산가들도 가장 걱정하는 부분이 바로 자녀교육 문제이고 특히 청소년기의 인성교육이 제일 중요하다고 합니다. 그래서 자녀가 어릴 때부터 미리미리 교육저축을 준비해 둬서 고등학교나 대학교에 입학했을 때 보여 주면 그런 것들이 바로 살아 있는 인성교육이 아닐까요?

FP : 제가 지금까지 간단하게 교육비 마련의 필요성에 대해 말씀드렸는데요, 사랑하는 자녀를 위해 준비해야겠다는 생각이 드십니까?

고객 : 여유가 된다면 그렇게 해야지요.

FP : 그래서 많은 부모님들이 자녀가 어렸을 때부터 준비를 많이 하시는데요, 예전에는 교육보험이라는 교육비 마련 상품이 있어서 많이들 가입하셨는데 이러한 교육보험은 일단 준비금액이 턱없이 작고 위험보험료라는 사업비가 있어서 실제로 자녀 교육자금으로 활용하기에는 많은 어려움이 있었습니다.(위험보험료에 대해 간략히 설명)

또한 캥거루통장 같은 은행권 금융상품은 수시로 여유자금을 자녀 이름으로 준비할 수 있는 장점이 있지만 인생을 살면서 갑자기 긴급자금이 필요하게 되면 찾아 써 버리기 때문에 실질적인 교육자금으로 활용하기 어렵다는 단점이 있습니다.

그래서 저희 회사에는 이러한 단점들을 보완한 '교육자금 마련 비과세연금저축'이라는 상품이 있는데요, 자녀가 어릴 때부터 준비하시면 나중에 교육자금으로 충분히 활용할 수 있습니다.(장기저축의 금리효과 설명)

FP : 교육저축의 계약자와 수익자는 자녀로 하시구요, 피보험자는 부모님으로 하면 됩니다. 보통 많은 분들이 자녀 1인당 20만~30만 원 정도 하시는데, 그 정도면 시작하실 수 있겠습니까?

지금까지 교육저축의 화법에 대해 알아보았는데, 교육비가 워낙 많이 발생하고 또한 매월 살아가면서 드는 생활비도 만만치 않다 보니 대부분의 가망 고객들은 교육자금을 준비할 여유가 그리 많지 않다. 실질적으로 교육저축을 통해 모든 교육비를 해결하려면 자녀가 태어나자마자 월 50만 원씩 20년 정도 투자를 하면 되는데 이 정도의 금액을 투자하기란 쉽지가 않다. 그래서 교육자금이 가장 많이 들어가는 시기, 즉 고등학교와 대학교 시기에 활용하는 것을 권해주어야 한다. 필자의 경험상 교육자금을 일찍 꺼내 쓰고 싶어하는 고객들이 있었는데, 연금저축의 속성상 몇 년 지나지 않은 상태에서 투자원본에 손을 대면 정작 돈이 많이 필요한 시기에 활용할 수 없기 때문에 계약서에 사인할 때 '최소 10년 이상은 꺼내 쓰면 안 된다'는 사실을 반드시 주지시켜야 한다.

자녀 교육비 마련에 대한 니즈가 가장 높을 때가 언제일까? 정답은 자녀를 막 출산했을 때이다. 연약하고 가냘파 보이는 아기가 새근새근 자는 모습을 보면 어느 부모라도 보호본능이 치솟을 것이다. 그래서 필자는 고객이 임신했다는 소식을 들으면 축하의 메시지와 함께 출산예정일을 달력에 표시해 놓고 분만사실을 확인 후, 시기적절하게 축하선물(아기앨범 등)을 들고 방문해서 자연스럽게 어린이보험과 교육저축을 같이 계약하고는 했다. 요즘은 산후조리를 조리원에서 많이 하는데 즉석에서 소개를 받아 계약한 경우도 종종 있었다.

우리나라 국민의 정서상 교육열이 식는 일은 결코 일어나지 않을 것이다. 그렇기 때문에 각 금융기관별로 이러한 교육자금 마련 상품이 다양하게 준비되어 있는데 교육자금은 장기적으로 발생하는 자금이기 때문에 단연코 보험회사의 상품이 최고의 경쟁력을 갖고 있다고 생각한다. 이러한 장점을 잘 정리해서 컨설팅을 하면 가망 고객이 주변에 널려 있다는 사실을 깨달을 수 있을 것이다. 매일같이 수많은 신생아들이 태어나기 때문이다.

4. 비자금 저축

비자금 저축의 타겟은 미혼여성이다. 간혹 맞벌이 하는 기혼여성도 컨설팅할 수 있지만 남편이 있는 관계로 미혼여성만큼 확률이 높지는 않았다. 비자금이란 말 그대로 배우자 몰래 보유하고 있는 자금을 의미하는데, 배우자와 상의 없이 쓰고 싶은 시기에 활용하기 위해 준비해 놓는 돈이라 할 수 있다.

언젠가 설문조사를 해 보니까 우리나라 주부들의 비자금 규모는 강북이 평균 1천만 원 정도였고, 강남이 평균 3천만 원 정도였다고 한다. 비자금도 강북과 강남이 차이가 난다는 요지의 신문기사였는데 중요한 것은 가정주부들이 그만큼 비자금의 필요성을 느끼고 있다는 사실이다.

그렇다면 주부들은 이러한 비자금을 왜 필요로 할까? 여러 가지 이유가 있겠지만 가장 큰 이유는 가족들에게 쓰기 위해서이고 좀 더 구체적으로 말하면 친정 식구들에게 쓰기 위해서라고 할 수 있다. 가부장제 성향이 강한 우리나라에서는 여자가 결혼하면 남의 집 식구라고 하면서 호적을 옮기기까지 하는데, 오죽하면 '죽어서도 시댁 귀신이 되어라' 는 악담(?)까지 할 정도니까 결혼한 여성에 대한 인식이 전통적으로 낙후되어 있다고 볼 수 있다. 시대가 발전하면서 많이 개선되고는 있지만 '일부종사(一夫從事)' 라는 전통적 의식이 지배적인 관계로 '시집 가면 남의 식구' 라는 사고는 아마 계속 남아 있을 것이다.

미혼여성들은 이러한 관습적 사고에 대해 불평을 많이 하지만 막상 결혼해서 몇 년 지나면 어쩔 수 없이 처가보다는 시댁 쪽에 가깝게 생활할 수밖에 없다. 그러다 보면 친정부모님께 소홀할 수밖에 없게 되고 그런 현실들이 마음 한 구석을 아련하게 만들게 된다. 기뻐해야 할 결혼식 날에 친정 부모님을 바라보며 눈물을 흘리는 신부의 모습이 이러한 관습적 사고 때문이라면 너무 지나친 비약일까?

이러한 현실 때문에 만들어진 것이 바로 '비자금 저축' 컨셉이다. 사람이기 때문에 시댁쪽 식구들 보단 처가쪽 식구들이 더 소중할 수밖에 없고, 살다 보면 남편의 동의 없이 처가쪽 식구들에게 돈을 쓰고 싶은 일이 반드시 생기게 마련이다. 그러한 자금을 결혼하기 전에 준비하라고 권유해 주면 되는데 미혼 여성을 만나서 상담을 해 보면 비자금에 대한 욕구가 대단히 높다는 것을 금방 알게 된다.

미혼남성도 그렇지만 미혼여성은 접근방식을 다르게 하는 것이 필요하다. 지금까지 언급한 여러 가지 컨셉도 좋지만 인생 전반에 걸친 심도 깊은 고민을 하는 시기가 아니기 때문에 최대한 심플하게 컨설팅 하는 것이 좋다. 대표적으로 '부모님 화법'을 들 수 있는데 종신보험과 연계해서 동시에 진행하면 상당한 효과를 볼 수 있다.

▶ 미혼여성 종신보험 화법

FP : (Ice Breaking 후) 오늘 방문한 목적은 사회생활을 시작한 고객님이 인생의 출발선상에서 꼭 한 번 생각해 보아야 할 정보를 전달해 드리고자 합니다. 부모님은 두 분 다 계시죠? 고객님의 부모님들은 아마 눈에 넣어도 안 아플 정도로 고객님을 사랑하고 또 지금까지 잘 키워 주셨을텐데요, 만약 지금 시점에서 부모님이 아프거나 다치신다면 어떻게 하시겠습니까?

이제까지 키워 주신 부모님의 은혜를 생각해서 아마 달러빚이라도 내서 치료해 드릴 것입니다. 그런데 만약 고객님이 아프거나 다쳐서 일을 못하게 된다면 부모님은 어떻게 하실까요? 아마 두 분의 노후를 위해 애써 준비해 둔 자금까지 탈탈 털어서 치료해 드릴 것입니다. 왜냐하면 두 분께는 너무너무 소중한 딸이니까요.

FP : 이 말은 대학교까지는 부모님의 그늘에서 보살핌을 받으며 살아왔지만 사회생활을 시작하고 나서는 사회적, 경제적 독립체로서 스스로에 대한 리스크 관리를 해야 한다는 뜻입니다. 만약 실제로 그런 일이 생겨서 부모님께 정신적 고통을 주게 되는 것도 큰일이지만 경제적 고통까지 안겨 드리게 된다면 어떻게 하시겠습니까? 그래서 선진국의 경우 대학교를 졸업한 후 취업을 하게 되면 제일 먼저 종신보험을 가입한다고 합니다. 바로 부모님을 위해서 그렇게 하는 것이죠. 언제 어떠한 일이 생긴다 하더라도 부모님께 경제적 고통을 안겨 드리지 않겠다는 부모님에 대한 사랑의 표현이라고 할 수 있습니다.

(종신보험에 대해 간략하게 설명 : 평생동안 모든 리스크에 대해 보장)

이러한 프로그램은 첫째, 한 살이라도 젊을 때 가입해야 보험료가 그 만큼 저렴하구요, 둘째, 건강상에 이상이 있으면 가입하기 힘들기 때문에 건강할 때 가입하셔야 제대로 혜택을 볼 수 있습니다. 마지막으로는 사망보험금에 대해 수익자 지정을 할 수 있는데요, 친정어머니 앞으로 50% 혹은 100%를 지정할 수 있습니다. 확률적으로는 고객님보다 고객님의 부모님이 먼저 하늘나라로 스카웃 돼서 가실텐데요, 인생을 살다 보면 반대의 경우도 생길 수가 있는데 만약 그런 일이 생긴다면 부모님 심정은 어떠실까요? 애지중지 금이야 옥이야 키운 딸이 부모님의 가슴에 못을 박고 하늘나라로 간다면 가슴이 찢어지실 것입니다. 사망보험금은 그런 심정의 부모님께 돈의 많고 적음을 떠나 따뜻한 위로를 해 드릴 수 있습니다. 평소에 부모님을 생각해 둔 딸의 사랑을 느낄 수 있는 것이지요. '돈으로 사랑을 살 수는 없지만 돈에다 사랑을 담을 수는 있다'는 말처럼 말입니다.

FP : 이 사망보험금은 고객님이 오래오래 살 경우 노후자금으로 활용할 수도 있습니다. 국민연금과 더불어 연금으로 받을 수도 있구요. 이처럼 종신보험

은 젊었을 때는 부모님을 위해서 그리고 향후 태어날 자녀들을 위해서 사망보
험금을 설정해 두고, 노후기에는 노후자금이나 연금으로 활용할 수 있기 때문
에 많은 미혼여성분들이 선호하는 것입니다. 아울러 각종 건강특약들은 80세
까지 충분히 보장 받으실 수 있습니다. 어떠십니까? 보통 고객님과 연령이 비
슷한 분들이 주계약 5천만 원 정도로 많이 시작하시는데 그 정도 금액이면 괜
찮으시겠어요?

▶ 비자금저축 화법

FP : 또 한 가지 꼭 생각해 보아야 할 것이 있습니다. 바로 '비자금'이라는
것인데요, 고객님이 인생을 살아가면서 가슴 한 구석을 아련하게 만드는 분이
있다면 누구실까요?
고객 : 친정부모님이겠지요.

FP : 네. 친정부모님 중 어느 분이 더 그럴까요?
고객 : 친정엄마요.

FP : 네. 친정어머니가 가장 신경이 많이 쓰이실 것입니다. 지금은 미혼이
니까 부모님 생일 같은 때에 사 드리고 싶은 것을 사주실 수 있지만 결혼하면
어떻게 될까요? 해외여행을 보내 드리고 싶어서 남편과 상의했는데 남편이
"우리도 힘드니까 동해안 여행만 다녀 오시는게 어때?"라고 한다면 기분이 어
떨까요? 혹시 부모님이 편찮으셔서 치료비를 보태 드리고 싶은데 남편이 "우
리도 먹고 살기 힘든데 조금만 보내면 안 될까?"라고 한다면 기분이 어떠시겠
습니까?

FP : 고객님. 고객님은 앞으로 결혼도 하고 예쁜 자녀들도 낳아서 행복하게 사실텐데요, 앞으로 인생을 살면서 남편의 동의없이 친정부모님께 돈을 쓰고 싶은 경우가 생길 것 같으세요, 안 생길 것 같으세요?

고객 : 생길 것 같은데요.

FP : 반드시 생기실 것입니다. 비단 친정부모님 뿐만 아니라 형제자매들이 어려운 경우에도 도와 주고 싶으시겠죠. 하지만 맞벌이를 계속 하면 그나마 좀 낫지만 전업주부로 살아갈 경우에는 남편 눈치를 볼 수밖에 없을 것입니다. 그래서 많은 미혼여성들이 결혼 전에 비자금을 준비하는데요, 일반적으로 은행에 넣어 두다 보니까 결혼할 때 신랑의 전세자금이 부족하면 보태주거나 혼수를 준비하면서 써 버리는 경우가 많습니다. 용하게 안 쓰고 갖고 있다 하더라도 남편의 친구 중에 은행에 근무하는 친구가 있으면 어느 은행에 얼마가 들어 있는지 금방 알 수 있습니다. 그래서 긴급자금이 필요하면 꺼내 써 버리기 때문에 비자금 본연의 목적인 친정부모님을 위해 쓰기 힘들다는 것이지요.

FP : 그런데 저희 회사에는 고객님이 가입하면 지구상에서 3명 밖에 모르는 비자금 저축이 있습니다. 가입한 고객 본인과 회사, 그리고 가입시킨 FP 3명 이죠. 인터넷 뱅킹이 안 되기 때문에 누구도 알 수 없습니다. 그래서 일단 준비해 놓으면 평생동안 친정부모님을 위해서 필요할 때마다 조금씩 꺼내 쓰실 수 있습니다.

이 비자금 저축은 연금저축을 비자금 목적으로 활용하는 컨셉이구요, 납입 기간은 5~7년 정도이며 중도인출 및 수시 추가납입이 가능하고 10년 경과하면 이자소득세가 전액 비과세됩니다.(가입설계서를 보여 주면서 장점을 설명) 친정부모님을 위해 쓰다가 남을 경우 고객님의 노후자금으로도 활용할 수 있습니다. 이해가 되십니까?

고객 : 보험회사에도 이런 상품이 있었네요.

FP : 은행에서 보험상품을 파는 것처럼 앞으로 금융상품도 점점 통합화될 것입니다. 어떠십니까? 보통 고객님 연봉 정도 되는 분들이 월 30만 원 정도 많이 시작하시는데 그 정도면 괜찮으시겠습니까?

〈거절처리〉

▶ 최소 납입기간이 5년인데 그 전에 결혼하면 어떻게 되나요?

FP : 네. 가끔 그런 경우가 생기는데요, 첫째 결혼하면서 보통 퇴직하는 경우가 많은데 퇴직금으로 먼저 내실 수 있습니다.(선납제도가 없으면 퇴직금으로 CMA나 MMF 계좌를 만들어서 자동이체를 시키면 됨) 둘째 방법은 비자금 저축 말고도 또 다른 저축을 하고 있기 때문에(다른 예금 등) 그런 자금으로 충분히 납입을 끝낼 수 있으며, 마지막으로 자금의 여유가 전혀 없을 경우는 아예 부모님께 드리는 방법이 있습니다. 어차피 부모님을 위해 쓰려고 준비한 프로그램이기 때문에 금액적으로도 큰 부담이 없으므로 나머지는 부모님이 내셔서 같이 활용하는 방법이 있습니다.

필자의 경우는 미혼여성 고객들이 별로 없는 편이지만 필자가 만난 미혼여성들은 100% 비자금저축을 가입했다. 종신보험은 니즈가 없어도 친정부모님을 위한 비자금은 그만큼 니즈가 많다는 뜻이다.

고객을 여러 가지 계층으로 나누어 보았을 때 필자가 생각하는 가장 좋은 고객계층이 바로 '미혼여성' 고객이다. 통계상으로 보았을 때 구매결정권의 60% 정도가 아내에게 있다고 한다. 일단 미혼여성을 고객으로 만들면 결혼할 때쯤 되면 전화가 와서 남편의 종신보험 계약을 하고, 자녀를 낳으면 어린이보험과 함께 교육저축을, 소득이 올라가면 종자돈 마련 저축과 보장성보험 업그레이드를, 나이가 좀 더 많아지면 연금보험을 계속적으로 계약할 수 있다. 따라서 미혼여성 고객을 많이 확보해 놓으면 FP로서 Pool 걱정 없이 재미있게 일할 수 있다. 어떻게 하면 미혼여성을 고객으로 많이 확보할 수 있을 것인지만 고민해 보면 된다.

5. 기타 목적자금 마련 저축

지금까지 연금상품을 종자돈 마련 비과세저축, 교육저축, 비자금저축의 컨셉으로 세일즈하는 기법에 대해 알아보았다. 필자가 연금보험의 컨셉을 '똑 같은 금융상품이라도 누가 어떻게 활용하느냐에 따라 결과는 천차만별이다'라고 했는데, 다양한 고객의 니즈를 연금보험 하나만으로도 충분히 충족시켜 줄 수 있다. 평균수명이 점점 늘어나고 있는 추세에서 장기적인 보험상품의 가치가 그만큼 올라갈 수밖에 없다고 한다면 생명보험 상품이 그 어느 금융상품보다도 훨씬 더 경쟁력이 있다고 할 수 있다.

이러한 상품경쟁력에 '맞춤형 컨셉'라는 양념을 버무리면 '귀에 걸면 귀걸이, 코에 걸면 코걸이' 식으로 무한대로 응용할 수 있는데, 각기 다른 고객의 니즈를 발굴해서 해결해 주는 것은 이 책을 읽는 FP의 몫으로 남겨 두고 이 장에서는 대표적인 3가지의 컨셉만 추가적으로 알아보기로 하자.

1) 효도저축

효도저축은 말 그대로 부모님을 위해 준비하는 저축이다. 이 화법은 주로 20대 후반에서 30대 초반의 고객들에게 활용하는 것이 효과가 좋은데 언젠가는 부모님들께 생활비나 용돈을 드려야 되니까(혹은 긴급의료자금 필요) 미리 준비하자는 컨셉이다.

30대 중반 이후의 고객들은 대부분 부모님의 연세가 많은 관계로 취지에는 공감하나 준비하기 어렵기 때문에 30대 초반 이하의 고객들, 특히 형제가 있는 고객들에게 부모님을 위해 일인당 얼마씩 준비하자고 권유하는 화법이다.

FP : 고객님. 혹시 효도저축이라고 들어 보셨습니까? 고객님을 낳아 주고 키워 주신 부모님을 위해 준비하는 저축인데요, 혹시 부모님을 위해 별도로 저축하고 있으신가요?

고객 : 아니요. 그런 건 없는데요.

FP : 지금은 부모님이 경제적 능력이 있다 하더라도 앞으로 점점 연세가 들어갈수록 일하기는 어려우실 것입니다. 그러다 보면 예기치 않은 자금들이 많이 필요하게 되는데요, 우선은 노후생활자금이 필요하고 긴급의료자금이나 요양자금 등이 필요하게 됩니다. 이렇게 향후 부모님께 발생할 자금들을 자녀들이 미리 준비하자는 것이 효도저축인데요, 고객님은 혹시 나이 드신 부모님들의 가장 큰 걱정거리 두 가지가 뭔지 아십니까?

고객 : 모르겠는데요.

FP : 네. 설문조사 결과 첫째는 늙어서 생활비를 충당하기 위해 자녀들에게 손 벌리는 것이구요, 둘째는 중풍이나 치매 같은 병으로 며느리나 사위에게 대소변을 받아 내는 일이 생기는 것이라고 합니다. 사실 입장을 바꿔서 생각해 봐도 충분히 공감이 가는 말인데요, 효도저축의 핵심은 이런 부모님들의 걱정거리를 덜어 드리는 것에 있습니다. 부모님이 일을 못한다 하더라도 일정 수준의 생활비가 나오고, 중풍이나 치매 같은 급성질환이 생겼을 때 시설 좋은 요양원에서 보살핌을 받을 수 있다면 평소 얼마나 마음이 편안하실까요?

이런 부분들을 해결하기 위한 상품이 연금저축입니다. 계약자를 자녀로 피보험자를 부모님으로 해서 자녀들이 갹출해서 보험료를 납입하고, 이렇게 모인 자금은 부모님의 노후생활비로 쓰거나 일정액의 목돈은 긴급의료자금으로 활용할 수 있습니다. 보통 형제분들 일인당 10만 원 정도 많이 하시는데 그 정도면 괜찮으시겠습니까?

(효도저축의 핵심화법만 언급했으며 뒷장의 연금화법 내용들도 경우에 따라 섞어서 활용하는 것이 효과적임)

2) 세계일주저축

핵가족화가 심화되면서 부모나 자식보다는 부부간의 애정을 더 소중하게 여기는 경향이 높아지고 있는데 열심히 고객을 만나다 보면 가끔씩(?) 서로를 끔찍이 사랑하는 커플을 만날 수 있다. AP 과정상에서 그런 분위기가 감지되면 세계일주저축을 권해볼 만한데, 은퇴해서 혹은 결혼 20주년, 30주년 기념으로 부부가 함께 세계일주여행을 하는 모습을 그려 주면 상당히 관심을 보이게 마련이다.

비교적 인플레이션이 약한 분야 중의 하나가 여행업인데 몇 년 전에도 그랬지만 요즘도 세계일주여행을 하는데 1인당 1억 정도면 가능하다고 한다. 기간은 6개월 정도 소요되고 부부와 함께 가이드 1명이 같이 동행해서 세계여행을 하기 때문에 편안하고 재미있게 여행할 수 있다. 그래서 세계일주여행자금으로 2억 정도 모아 놓으면 부담없이 편안하게 다녀올 수 있고, 언젠가는 모두들 하늘나라로 갈 텐데 세계일주여행 동안 쌓아 둔 부부간의 사랑을 소중한 추억으로 가져갈 수 있을 것이다.

은퇴 후에 가는 여행이므로 20~30년 후에 간다고 가정하면 큰 부담없이 준비할 수 있고 펀드형 상품의 수익률을 감안하면 젊었을 때 약간의 비용을 적립해서 충분히 세계여행을 다녀올 수 있다.

※ 돼지저금통 화법

이 화법은 실제로 많이 활용하는 돼지저금통을 이용해서 부부간의 애정을 높이는 사례로 세계일주여행 돼지저금통을 만들어 보자는 컨셉이다.

FP : 혹시 집에 돼지저금통을 키우고 있습니까? 제가 아는 분 중에 부부간의 애정이 돈독한 분이 계신데 그 분은 매일 남는 동전들을 돼지저금통에 꼬박꼬박 모아 놓습니다. 이렇게 모여진 돼지저금통을 매년 결혼기념일에 배를 따는데요, 동전이라도 1년 동안 모으면 상당한 자금이 됩니다. 이렇게 모여진 자금은 결혼기념일날 오직 부부만을 위해서 쓴다고 합니다. 선물도 사고 맛있는 외식도 하고 여유가 되면 호텔에서 숙박도 한다고 합니다. 결혼기념일에 하는 행사는 모두 비슷하겠지만 중요한 것은 정성일 것입니다. 1년 동안 매일 돼지저금통에 동전을 넣으면서 배우자를 생각할 텐데요, 이런 사랑을 모아서 결혼기념일 행사를 하면 더없이 소중한 날이 될 것입니다.

FP : 고객님도 사랑하는 배우자를 위한 돼지저금통을 만들어 보시겠습니까? 제가 제안해 드리고 싶은 것은 동전으로 하는 것은 쉽게 할 수 있기 때문에 그냥 하시면 되구요, 부부가 함께 세계일주여행을 할 수 있는 돼지저금통을 만들어 보자는 것입니다. 어차피 딱 한 번 사는 인생인데 은퇴 시점에서 사랑하는 배우자와 함께 세계일주여행을 한 번 해 보면 얼마나 보람있는 인생이 되겠습니까?(2억을 모으는 제안서 설명)

3) 창업저축

설문조사를 해 보면 우리나라 샐러리맨의 대부분은 항상 창업을 꿈꾸고 있다고 한다. 그만큼 직장생활에 대한 스트레스가 많다는 뜻이지만 또한 속박에서 벗어나 자유롭게 인생을 살고 싶은 욕망의 표출이라고도 할 수 있을 것이다. 아울러 높은 실업률과 수시로 발생하는 기업의 구조조정 등으로 인해 '사오정, 오륙도'라는 단어가 남의 일이 아닌 것이 요즘의 현실이다.

이런 현실 속에서 많은 사람들이 '창업'을 꿈꾸는데 창업을 하려면 가장 기본적으로 준비해야 할 것이 바로 창업자금이다. 업종에 따라 틀리지만 하다못해 식당을 하나 차려도 보통 2억~3억 정도의 자금이 필요한 게 현실이다. 창업저축의 컨셉은 창업자금 준비를 통해 이러한 샐러리맨의 '인생에 대한 자신감'을 높여 주고자 하는 것에 있다. 언제 잘릴지 몰라 전전긍긍하는 사람보다는 창업자금 준비를 통해 유사시 제 2의 인생을 시작할 수 있다는 자신감을 심어 줘서 보다 성공적인 직장생활을 영위해 보자는 것이다. 많은 샐러리맨들이 자신의 수입을 생활비와 자녀 교육비로 다 써버리는 현실에서 본인의 미래를 위해, 학창시절에 가졌던 꿈과 희망의 실현을 위해 창업자금을 준비해 보자고 설득하는 화법이다.

창업자금은 규모가 크기 때문에 단기저축으로는 준비가 거의 불가능하다. 설령 준비한다 하더라도 만기시 찾아서 창업과 상관없는 용도로 사용할 가능성이 높다. 그렇기 때문에 언제 필요할지 모르는 창업자금을 준비하기에는 연금저축이 가장 적합하고, 여기에 펀드의 수익률을 가미하면 고객의 희망찬 미래를 그려 주는 아주 좋은 도구가 될 수 있다.

창업저축의 컨셉은 심플하다. 창업을 꿈꾸고 있는 고객을 만났을 때 권해 주기만 하면 된다. "언제까지 직장생활을 할 수 있다고 생각하십니까?"라는 질문에 정년까지 할 수 있다고 자신감 있게 대답을 하지 못하는 고객은 창업저축이 필요한 고객이다. 즉, 얼마든지 고객을 발굴할 수 있다는 뜻이다. 보통의 경우 2억 원 정도를 목표로 해서 퇴직금으로 50%를, 창업저축으로 50%를 준비하자고 권해주는 것이 일반적이다. 창업 시기를 향후 10년 전후로 잡으면 적은 금액으로도 충분히 창업자금을 준비할 수 있다.

창업저축을 시작한다고 해서 그 고객이 꼭 창업을 하는 것은 아니다. 생각보다 능력을 인정받아서 정년까지 아니 그 이상 직장생활을 할 수 있으면 더 좋을 것이다. 그렇게 되면 창업자금은 자연스럽게 노후자금으로 활용하면 된다.

결론적으로 창업저축은 창업자금을 마련하는 것이 목적이지만 그러한 준비과정을 통해 인생에 대한 자신감을 배양하고, 그 자신감을 바탕으로 충실하게 직장생활에 임하도록 도와 주는 역할을 하는 것으로 정의할 수 있다.

지금까지 연금보험의 기본기능인 장기저축의 컨셉을 실전에서 어떻게 활용할 수 있는지 알아 보았다.(핵심 화법 위주로 소개를 했는데 실전에서는 다양한 통계자료나 신문기사 등을 활용하면서 컨설팅을 진행하는 것이 효율적임)

의사나 변호사, 세무사 같은 전문직종도 각자 전문분야가 있는 것처럼 FP도 전문분야가 필요하다. 필자의 경험상 지금까지 설명한 장기저축의 컨셉은 고객들에게 깊은 만족감을 줄 수 있다. 이러한 컨셉을 보완, 발전시킨다면 얼마든지 재테크 전문가, 교육비 마련 전문가, 비자금 마련 전문가, 창업자금 마련 전문가 등이 될 수 있다. 최근 들어 금융기관간의 영역파괴가 가속화되면서 IFP, AFPK, CFP 등 각종 자격취득 열풍도 거세지고 있는데, 다양한 금융상품에 대한 지식을 섭렵한다면 FP 혼자서도 고객의 여러 가지 니즈를 얼마든지 해결해 줄 수 있다.

사람들이 돈을 모으는 이유가 비슷할 것 같지만 개인별로는 조금씩 니즈가 틀리다. 가망 고객을 만나서 그 고객이 돈을 모아야 하는 이유를 파악할 수 있다면 연금상품은 그런 고객의 니즈를 채워 줄 훌륭한 솔루션이 될 수 있다. 그렇기 때문에 가망 고객의 니즈를 파악하는 것이 가장 중요한 키워드라고 할 수 있고, 가망 고객의 니즈를 파악하기 위해서는 말 그대로 컨설팅(고객의 어려움을 해결해 주는 상담)이 필요하다. 설명식 위주의 상담으로는 고객의 니즈를 파악하는데 한계가 있기 때문에 질문식 위주의 상담을 진행해야 하며, 질문 위주 상담의 효율적 도구인 '질문 화법' 에 대해서는 9장을 참조하길 바란다.

또한 연금상품의 경우 조기 해약시 원금손실을 볼 수 있는데 이러한 점 때문에 가입을 꺼려하는 고객들이 많다. 여기서 중요한 것은 이런 단점 때문에 목돈을 모을 수밖에 없다는 '연금상품의 모순(강제성)'을 고객에게 정확하게 인지시키면 된다.

　계산기를 두드려서 10년 이상의 기간만 확보되면 은행보다 유리하다는 것을 보여 주고, 여윳돈의 추가납입과 필요자금의 중도인출이 가능하다는 장점을 부각시키면서 자신감 있게 세일즈를 하면 된다.

6. 노후 대비 연금

이 장에서는 연금보험 본연의 컨셉인 노후자금 마련에 대해 본격적으로 다루고자 한다. 연금의 필요성에 대해서는 대한민국 국민이면 누구나 필요성을 느끼고 있을 테지만 노후자금의 속성이 먼 미래의 자금이기 때문에 얼마가 필요한지, 어떻게 준비하면 좋은지 고민해서 준비하는 사람은 거의 없다. 그렇기 때문에 노후자금을 준비하기 위해서는 반드시 전문가의 도움이 필요하며, 다 늙어서 은퇴한 후에 필요한 자금이기 때문에 은퇴시점, 준비기간, 향후 예상 금리, 물가상승률 등의 다양한 변수를 고려해서 최대한 세심하게 준비하여야 풍요로운 노후생활을 영위할 수 있다.

노후자금을 마련하는 수단에는 여러 가지가 있다. 은행에 목돈을 넣어 두고 이자를 받아 쓸 수도 있고, 각종 수익성 부동산에서 매월 임대료를 받아 사용할 수도 있다. 이 밖에 각종 펀드나 채권형 상품에 투자하고 매월 일정액씩 꺼내 쓰는 방법도 있다. 하지만 평생 동안 죽을 때까지 써야 되는 돈의 특성상 이 달에 다 써도 다음 달에 또 나오는 '연금' 이 노후자금으로 쓰기에는 가장 적합하다. 그 이유는 나이가 들수록 판단력이 흐려지게 되고 의지력 또한 약해지게 마련인데 목돈이나 부동산의 경우는 언제 어떤 일이 생겨 다 날리게 될지 아무도 모르기 때문이다. 그냥 편안하게 아무 신경 쓰지 않아도 매월 매월 삶의 질을 유지할 수 있는 연금이 늙어서는 최고인 것이다.

주변을 돌아보면 젊어서는 사업도 잘 하고 자산관리도 잘 해서 부유하게 살았는데 막상 늙어서 이리 저리 돈을 다 날리고 비참하게 사는 노인들을 많이 볼 수 있다. 따라서 FP로서 '연금' 이라는 상품에 대한 컨셉을 '노후기에 최소한의 삶의 질을 보장해 주는 어떠한 재테크 상품보다 더 유리한 상품' 이라고 정의하고 만나는 가망 고객마다 열정적으로 세일즈를 해야 한다. '연금' 만이 본격적인 고령화 시대를 앞두고 있는 우리나라 국민들을 비참한 노후에서 구원해 줄 수 있는 유일한 상품이기 때문이다. 특히 은행권이나 손해보험업계의 '확정형 연금' 보다는 생명보험업계의 '종신형 연금' 이 필요함은 두말할 나위 없다.

노후 대비 연금은 공적연금인 국민연금의 부실화와 관련해서 수시로 정부에서 필요성을 강조해 왔기 때문에 대한민국 국민이라면 연금의 필요성에 대해서는 굳이 니즈를 자극하지 않아도 누구나 공감하고 있을 것이다. 정부의 예상대로라면 현재의 국민연금은 2047년 경에 고갈될 것으로 예측되지만 국회예산처에서 2005년의 인구추계로 예상하기에는 이보다 7년이 빠른 2040년경이면 적자로 전환될 것이라고 한다.(2006년 3월 2일 이데일리 기사 참조) 국민 대다수의 노후를 책임져야 할 국민연금이 이런 실정이라면 스스로 준비하는 것만이 비참한 노후생활에서 벗어날 수 있는 유일한 수단이라고 할 수 있다.

연금의 필요성을 언급하는 자료는 무수히 많다. 각종 신문기사도 넘쳐 나고 미디어의 발달로 이에 관한 동영상도 얼마든지 찾아낼 수 있다. 따라서 그러한 자료들을 활용해서 브리핑하는 것은 이 글을 읽는 각자의 몫으로 하고 본 장에서는 가망 고객의 니즈를 자극할 수 있는 핵심화법과 필자가 만들어서 활용한 자료 위주로 설명하고자 한다.

■ 21세기 대한민국의 2대 Risk

필자가 학창시절부터 우리나라에 대해 끊임없이 배웠던 것이 '대한민국은 부존자원이 빈약하기 때문에 사람이 재산이다. 그래서 열심히 공부해야 한다' 라는 내용이었다. 사실 우리나라는 수출입 의존도 90% 이상의 전형적인 무역 국가이며, 21세기에 살아남기 위해 '금융, 서비스, IT' 라는 3대 핵심산업 육성에 사활을 걸고 있다. 자세히 살펴보면 이러한 업종에서 가장 중요한 것이 바로 '사람' 임을 알 수 있다. 그래서 교육부장관을 부총리급으로 대우할 만큼 교육에 대해 많은 투자를 한다.

그런데 이렇게 중요한 우리나라의 자산인 '인구' 가 저출산으로 인해 점점 줄어들고 있다. 게다가 일할 능력을 보유한 65세 미만의 인구도 급속한 고령화로 인해 마찬가지로 줄어들고 있는 실정이다. 필자가 비록 국가경제 전반을 연구하는 전문가는 아니지만 국민의 한 사람으로서 보기에도 향후 대한민국의 미래에 닥칠 리스크는 그 어떤 것보다 '고령화, 저출산' 의 리스크가 클 것이라고 생각한다. 부존자원이 빈약한 나라에서 일할 사람마저 줄어든다면 동해 앞바다에서 대규모 유전이 발견되지 않는 한 우리나라의 미래는 암담해질 것이다.

이러한 현실은 현재 30~40대에 있는 사람들이 특히 치명적이다. 50대 이상의 사람들은 그나마 국민연금도 기대할 수 있고, 우리나라 고성장기의 과실을 함께 나누었기 때문에 부동산이나 금융자산도 어느 정도 보유하고 있다. 또한 자녀들에게 부양을 받을 수 있는 마지막 세대이기도 하다. 즉, 나름대로 삶의 질을 유지하면서 어떻게든 노후생활을 할 수 있는데, 30~40대는 스스로 준비하지 않는 한 대단히 위험한 노후기를 맞이할 가능성이 크다. 저금리와 인플레이션으로 인해 수입의 대부분을 사교육비와 생활비로 쓰다 보니 노후를 준비

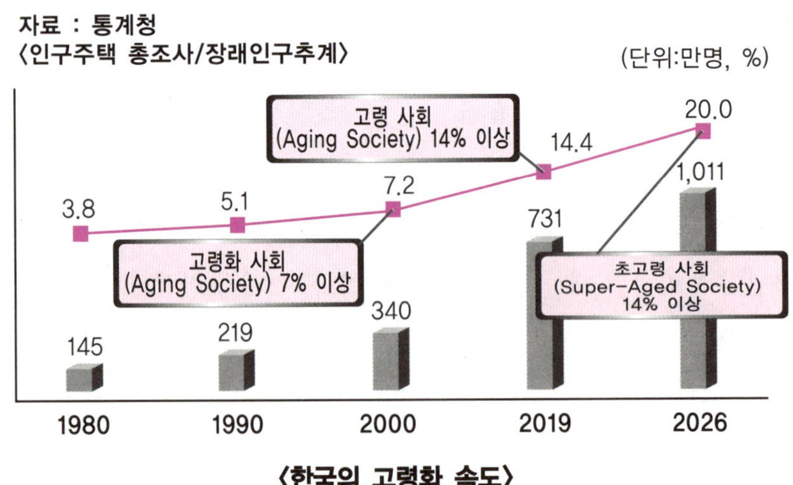

〈한국의 고령화 속도〉

하기 힘들고, 급격한 의식 변화로 인해 자녀들에게 부양받는 것도 기대하기 힘들다. 지금부터 준비하지 않으면 늙어서 새벽에 재활용품을 수집하러 다니거나 공짜 점심을 먹기 위해 서너 시간씩 줄을 서야 하는 운명에 처할 수도 있는 것이다.

통계청의 표를 보면 2026년이 되면 만 65세 이상의 인구가 전체인구에서 차지하는 비중이 20%를 넘을 것이라고 한다. 이러한 상태를 '초고령사회'라고 하는데 우리나라 국민 5명 중 1명이 일을 못하는 노인이라는 뜻이다. 초고령사회가 되면 경제인구 5명이 노인 1명을 부양하는 일이 생기게 되는데 이는 단순히 국민소득(GNI)의 감소를 떠나 국민연금, 노인의료비, 각종 노인복지비용 등 엄청난 사회비용의 증가로 이어져 국가경제에 심각한 악영향을 끼칠 것으로 예상된다.

※ 참고자료

[한국, 고령화 속도 세계 1위]

인구 고령화를 미래의 재앙으로 보는 시각들이 많다. UN이 최근 펴낸 세계 인구 고령화 1950~2050 보고서에 따르면 오는 2050년이 되는 60세 이상 노인인구가 14세 이하의 아동인구를 추월하는 대역전 현상이 빚어질 것이라고 경고했다. 이것이 사실이라면 한국이 가장 불행한 나라가 될지 모른다. 현재 우리의 고령화 속도가 세계 1위를 달리고 있기 때문이다.

연도	0~14세 인구 구성비	15~64세 인구 구성비	65세 이상 인구 구성비	유년 부양비	노년 부양비	고령화 지수
1996	22.9	71.0	6.1	32.2	8.6	26.9
2000	21.1	71.7	7.2	29.4	10.1	34.4
2002	20.6	71.5	7.9	28.7	11.1	38.5
2010	17.2	72.1	10.7	28.7	14.8	62.0
2019	14.1	71.4	14.4	19.8	20.2	102.3
2050	10.5	55.1	34.4	19.0	62.5	328.4

자료 : 통계청, 「장래인구추계」 2000~2050 2001.12(%)

　　노인인구(65세 이상)를 생산연령인구(15~64세)로 나눈 노인부양비는 2002년 현재 11.1%로 대략 9명이 노인 1명을 부양하는 계산이 나온다. 하지만 2019년이 되면 노인부양비는 20.2%로 늘어나 5명이 1명을 책임져야 한다.

　　▶ 국제통화기금(IMF)은 2001년 7월 '한국경제의 주요이슈'란 보고서를 통해 "한국은 빠른 고령화로 인해 연금수급자가 늘어나면서 30년 안에 재정위기에 직면할 것"이라고 경고했다.

　　▶ '저출산, 고령화'로 노인부양비 증가, 노동구조 노령화되나 국민연금 및 의료보험 불안, 노인복지정책이 미약함.

이에 대한 대비책은 무엇일까?
또한 우리나라 여성들의 평균 출산율도 세계 최저 수준이다. 2004년 기준으

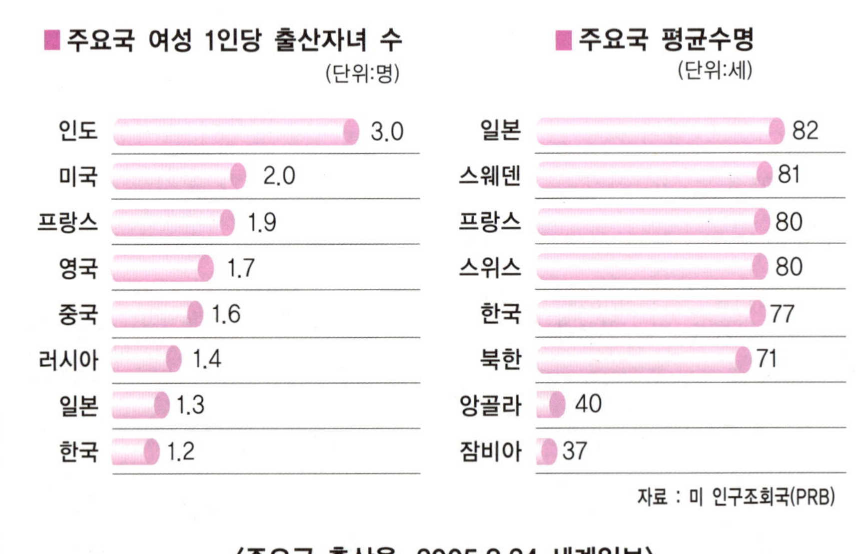

〈주요국 출산율, 2005.8.24 세계일보〉

로 가임 여성의 평균 출산율은 1.16명을 기록했는데 이로 인해 2050년 경에는 2005년에 비해 전체인구가 12% 가량 감소할 전망이라고 한다. (2005년 세계 인구통계표 참조)

각종 육아비용 및 사교육비로 인해 출산율은 점점 더 떨어질 것으로 예상되는데, 거기에 경제인구의 급속한 고령화까지 겹쳐 21세기 대한민국의 미래를 어둡게 하고 있다. '고령화 쇼크'라는 책을 보면 이러한 위험에 대해 심각하게 경고하고 있는데, 이제 국민들 각자가 노후를 어떻게 보낼 것인지 스스로 생각하고 준비하지 않으면 국가적 재앙으로까지 이어질 수 있을 것이다.

이런 현실에서 FP의 역할은 무엇일까?

비단 한 개인의 노후를 구제하는 역할로 그치는 것이 아니라 21세기 대한민국의 리스크를 줄이는 국가 경제의 견인차 역할을 하는 것이라고 필자는 강조하고 싶다. 이러한 현실을 국민들 즉, 만나는 가망 고객에게 정확히 설명하고 '스스로 준비하는 것만이 편안한 노후생활을 할 수 있는 유일한 방법'임을 설득시켜야 한다. 이것이 바로 연금을 세일즈할 때 필요한 'FP Ship'인 것이다.

■ 연금 AP 화법

연금은 누구나 다 필요성을 느끼는 상품이므로 AP 단계에서는 가망 고객의 니즈를 자극할 수 있는 몇 가지 화법에 이어 연금설계시 어떤 요소들을 고려해야 하는지에 대해 집중적으로 설명해야 한다.

▶ 연금 니즈 자극 화법

① **사오정, 오륙도 화법**

- '사십오세 정년, 오십육세까지 일하면 도둑놈' 의 이야기로 자연스럽게 언제까지 일할 것인지를 파악(한 조사에 따르면 2006년 현재 직장인들이 생각하는 평균 정년은 37세라는 결과도 있음)

② **21세기 대한민국의 2대 Risk 화법**(고령화, 저출산 설명 참조)

③ **부모님 화법**(자녀에게 용돈 받는 모습)

FP : 고객님. 혹시 부모님께 매월 생활비를 드리고 있습니까?

고객 : 아니요.

FP : 그럼 언제부터 드릴 계획입니까?

고객 : 몇 년 후면 드려야 될 것 같은데요.(대부분의 가망 고객들은 지금 당장이 아니라도 부모님에 대한 부양의무를 느끼고 있음.)

FP : 현재 고객님도 자녀 키우랴 생활하랴 빠듯하실텐데, 부모님께 생활비를 드리면 부담이 많아지겠네요.

고객 : 그래서 걱정입니다.

FP : 만약 고객님이 이번 달부터 부모님께 생활비를 보내 드린다면 그 돈을 받는 부모님의 마음은 어떠실까요?

FP : 자식에게 부담을 주는 것 때문에 아마 무척 마음이 아프실 것입니다. 그래서 아파트 경비라도 찾아보려 하실 것입니다.

FP : 그런데 고객님이 나이가 들어 부모님 연세가 됐을 때 자녀들에게 용돈을 받을 수 있다고 생각하십니까?

고객 : 못 받는다고 봐야죠.(실제 필자의 질문에 대다수의 고객들이 못 받을 것 같다고 했음)

FP : 고객님처럼 현재 30~40대에 있는 분들을 '샌드위치 세대'라고 하는데요, 부모님을 부양해야 하는 의무는 있지만 나중에 늙어서 자녀들에게 부양받는 것은 포기해야 하기 때문에 그렇게 말합니다. 지금 10대들은 기성세대와 이야기가 통하지 않을 정도로 사고방식 자체가 완전히 틀리거든요.

FP : 그런 자녀들에게 노후준비 부족에 대한 부담을 주고 싶으십니까? 생활비를 받는 것을 떠나 아마 비참한 기분이 들 것입니다. 그렇다면 지금부터라도 준비해야 늙어서 자녀들에게 손 벌리는 일 없이 풍요롭게 노후생활을 할 수 있을 것입니다. 어떻게 생각하십니까?

④ **탑골공원 화법**(노인네 *VS* 노신사)
FP : 고객님. 혹시 점심시간에 탑골공원에 가 본 적 있으십니까?
고객 : 없는데요.

FP : 탑골공원은 종로에 있는데요, 오갈데 없는 노인들로 하루종일 붐비는 곳입니다. 점심때쯤 되면 근처에서 작은 소란이 생기는데요, 공짜점심을 얻어 먹기 위해 줄을 서는 것은 물론 늦지 않으려고 신호등이 바뀌자마자 할아버지, 할머니들이 우루루 뛰어 갑니다. 식사는 한정되어 있는데 늦으면 그나마 밥도 못 먹는 일이 생기거든요.

FP : 언젠가 모 방송에서 한 아나운서가 줄 서 있는 노인 100명에게 물었습니다. "할아버지, 할머니. 혹시 젊으셨을 때 내가 늙어서 이렇게 몇 시간씩 줄서서 공짜점심을 얻어 먹게 되리라고 생각해 본 적 있으세요?" 질문을 받은 노인들이 뭐라고 했을까요?

FP : 100명이면 100명 다 한 번도 그런 생각해 본 적 없다고 했답니다. 만약 해 봤으면 그런 일이 안 생기도록 미리 준비했겠지요. 줄 서 있는 노인들 중에는 한때 잘 나갔던 사람들도 부지기수라고 합니다. 그런데 왜 이렇게 비참하게 살까요?

고객 : 무슨 일이 있었겠지요.

FP : 네. 맞습니다. 인생은 해 뜨는 날도 있고 비오는 날도 있는데, 눈 앞의 이벤트만 바라보다 보니 미래를 준비하지 못한 것이지요.

FP : 고객님은 나이 들어서 '노인네'로 살고 싶으십니까? 아니면 '노신사'로 살고 싶으십니까?

고객 : 이왕이면 노신사로 살아야죠.

FP : 네. 누구보다도 열심히 인생을 살아온 만큼 노후기에도 '노신사'로 사실 수 있는 방법에 대해 말씀 드리고 싶습니다. 이 방법은 어떤 일이 생기더라도 고객님이 탑골공원에서 줄을 서지 않아도 되는 방법입니다.(웃음)

⑤ **이벤트 화법**(그림을 그려 가면서 설명하는 것이 효과적임.)

FP : 고객님. 여기 자녀 둘을 키우는 35세 가장이 있습니다. 55세에 정년퇴직을 한다고 가정했을 때 앞으로 20년을 일할 수 있습니다. 55세부터 노후생활을 한다면 소득없이 얼마나 살아야 할까요? 75세까지만 산다고 해도 20년입니다. 평균수명이 점점 늘어나고 있다는 것은 고객님도 많이 들어보셨을 텐데요, 100세까지 산다면 무려 45년을 아무 소득없이 살아야 한다는 계산이 나옵니다.

FP : 즉, 20년 일해서 최소한 20년을, 많게는 40~50년을 먹고 살아야 한다는 뜻입니다. 고객님도 마찬가지실 텐데요, 혹시 준비하고 있으십니까?

고객 : 거의 준비 못하고 있죠.

FP : 많은 분들이 열심히 일을 해서 눈 앞의 이벤트에만 신경을 씁니다. 집도 사야 하고, 자녀 교육도 시켜야 하고, 해외여행도 가야 하고, 부모님 및 가족 경조사도 챙겨야 하고 등등. 그러다 보니 버는 족족 다 써버리고 시간만 계속 흘러가게 됩니다. 그러다 나이가 들어 정년이 눈 앞에 오면 정신이 번쩍 들게 되지요. 앞으로 어떻게 살아야 하나 걱정하면서 말입니다. 고객님도 한 번 상상해 보시겠습니까? 아무 소득없이 몇 십년을 사는 본인의 모습에 대해서요.

FP : 오늘 제가 말씀 드리고 싶은 것은 주머니를 따로 하나 마련하자는 것입니다. 인생에는 지금 당장 써야 할 돈과 중간에 써야 할 돈, 맨 나중에 써야 할 돈이 있는데요, 필요한 시기에 필요한 만큼 쓸 수 있도록 주머니를 따로 만들자는 것입니다. 맨 나중에 써야 되는 돈을 전문용어로 '노후자금'이라고 하는데요, 고객님의 경우 앞으로 20년 동안은 쓸 일이 없는 돈입니다. 그런 돈을 그냥 은행에 넣어 두면 수익률을 떠나서 중간에 흐지부지 다 써버리지 않겠습니까?

FP : 20년 벌어서 몇 십년을 써야 될 지 모르는 돈입니다. 나중에 은퇴해서 본격적으로 쓸 수 있도록 제가 장기주머니 하나를 소개해 드리겠습니다. 한 번 들어 보시겠습니까?

⑥ Sad News 화법

FP : 고객님. 가끔씩 신문이나 방송을 보면 가정주부가 어린 아이들 손을 잡고 한강에서 뛰어 내리거나 일가족이 음독자살을 하는 사건이 보도되는데요, 본 적 있으십니까?

고객 : 가끔씩 보죠.

FP : 어떤 이유로 그런 일이 생긴다고 생각하십니까?

고객 : 글쎄. 먹고 살기 힘들어서 그런 거 아닌가요.

FP : 네. 맞습니다. 전문용어로 '생활고' 라고 하는데요, 얼마나 살기 힘들면 그런 일이 생기겠습니까. 그런데 고객님. 앞으로 15년에서 20년 후에 수시로 신문기사 1면을 장식할 슬픈 소식(Sad News)이 있습니다. 어떤 종류의 기사라고 생각하십니까?

고객 : 노인문제 아닌가요.

FP : 네. 비슷한데요, 지금부터 15년에서 20년 후에 신문기사 1면을 장식할 슬픈 뉴스는 현재 30~40대의 가장들이 활동기의 모든 수입을 자녀교육과 생활비로 다 써버리고 나중에 사오정, 오륙도로 일자리를 잃어버린 사람들의 이야기입니다. 아시다시피 정년은 점점 짧아지고 있는데 노후에 대한 준비는 거의 하지 않고 있는 분들이 많습니다.

제 친구의 경우 대기업에 근무하고 있는데 분당에서 살고 있습니다. 실수령액은 월 300만 원이 조금 넘는데 큰 아이 유치원비가 80만 원, 둘째 아이가 반일반으로 50만 원 정도 된다고 합니다.(영어유치원 기준) 거기에 각종 식대와 재료비, 버스비 등과 태권도학원, 미술학원까지 합치면 자녀 교육비만 한 달에 200만 원이 들어간다고 합니다. 그래서 어떻게 사느냐고 물으니까 매월 적자라면서 연초에 나오는 보너스로 밀린 적자를 해결한다고 합니다. 이런 모습이 동시대를 살아가는 30~40대 가장들의 모습일 텐데요, 문제는 이렇게 살다가 불시에 정년을 맞게 되면 갈 데가 없다는 것입니다. 이미 청년실업이 심각한 사회 문제로 떠오르고 있는데 나이 많은 사람의 취업은 그만큼 더 힘들 것입니다.

FP : 집에서는 돈 벌어 오라고 눈치 주지, 아이들은 아빠한테 원망하지, 갈 데는 없고 지하철역에 비슷한 형편의 사람들끼리 모여서 신세한탄 하다가 '에이. 이 놈의 인생' 하며 달려 오는 지하철에 뛰어드는 일이 수시로 생길 것입니다. 이것이 앞으로 15년에서 20년 후 우리나라의 모습인데요, 고객님은 이런 일이 생기지 않을 것이라고 확신하십니까?(이 화법은 약간 흥분한 듯이 드라마틱하게 구사하는 것이 효과적임.)

FP : 제가 지금까지 수많은 고객들을 만나 보면서 느낀 점인데요, 그 많은 분들 중에 스스로의 미래를 위해 준비하는 분은 거의 없었습니다. 고객님. 가슴에 손을 얹고 한 번 생각해 보십시오. 고객님의 인생과 사모님의 인생, 그리고 자녀들의 인생, 부모님의 인생 중에 솔직히 말해서 가장 중요한 인생은 누구의 인생입니까?
고객 : 그야 물론 내 인생이겠지요.

FP : 맞습니다. 고객님의 인생이 가장 소중할 텐데요, 그렇다면 오로지 고객님의 미래를 위해서만 준비하고 있는 것이 있습니까?
고객 : 없는데요.

FP : 고객님. 저 같은 전문가를 만난 이 시점에서 준비를 시작하십시오. 이 세상 누구도 아닌 바로 고객님의 미래를 위해 매월 일정액씩 없다고 생각하시고 준비하시면 됩니다. 오늘의 고민이 나중에 고객님께 무척 큰 도움이 될 것입니다. 어떠십니까?

⑦ 은행 화법

FP : 고객님. 몇 가지 질문을 드려도 되겠습니까?

　　　주거래 은행이 어디십니까?

고객 : K은행인데요.

FP : 고객님이 오늘 제 이야기를 듣고 내일 그 은행의 지점장을 만나러 가신 겁니다. 지점장을 만난 자리에서 "지점장님. 지금부터 제가 매월 100만 원씩 앞으로 14년 동안 이 지점에 저축을 하겠습니다."라고 한다면 그 지점장이 뭐라고 할까요?

고객 : 고맙다고 하겠지요.

FP : 맞습니다. 그 지점의 수신고를 올려 준다는데 아주 고마워하겠지요. 그런데 한 마디를 덧붙이는 겁니다. "14년을 저축하는 대신에 14년 후부터 매월 죽을 때까지 100만 원씩 좀 빼서 쓰겠습니다."라고 한다면 그 지점장이 뭐라고 할까요?

FP : 아마 미쳤다고 하면서 소금을 뿌릴 것입니다. 그런데 C은행의 모 지점장이 놀러 왔다가 이 모습을 보고는 돌아서 나가는 고객님의 손을 붙잡으며, "고객님. 저희 은행은 그렇게 해 드리겠습니다. 매월 100만 원씩 14년간 저축하시면 그 다음 달부터 매월 100만 원씩 죽을 때까지 빼 쓰십시오."라고 한다면 주거래 은행을 옮기시겠습니까?

고객 : 당연히 옮겨야지요.

FP : 네. 주거래은행을 저희 회사로 옮기시면 됩니다. 은행은 그렇게 못 해 드리지만 저희 회사는 그렇게 해 드릴 수 있습니다. 좀 더 자세한 설명을 들어 보시겠습니까?

※ 은행 화법은 공시이율형 연금 4.7%를 기준으로 설명한 내용으로 공시이율이 변동됨에 따라 기간이 길어질 수도, 짧아질 수도 있다. 참고로 필자가 FP를 시작한 2000년에는 8%의 공시이율이 적용되어 이 공식으로는 8년 경과시부터 똑같은 금액을 쓸 수 있었는데, 그 이후에 금리가 계속 떨어져 현재는 14년이 경과해야 되고 만약 금리가 더 떨어지면 그 기간은 더 늘어날 전망이다.
(향후는 점진적으로 금리가 상승할 것으로 전망)

지금까지 연금 니즈 자극 화법에 대해 알아보았는데, 순서에 상관없이 가망 고객의 성향과 그때그때의 상황에 맞게 상기 화법들을 활용하면 된다. 연금은 상품 그 자체로는 풍요로운 미래를 보장해 주는 밝고 희망찬 컨셉이지만, 먹고 살기 힘든 현실에서 가망 고객들에게 준비를 시키기 위해서는 각종 어두운 이야기를 할 수밖에 없기 때문에 가망 고객의 성향이나 연령대, 수입의 정도에 따라 적절한 시나리오를 만들어서 시스템적으로 컨설팅하는 것이 가장 효과적이라고 할 수 있다.

연금의 필요성에 대해 고객이 공감하면 본격적으로 AP 단계를 진행해야 하는데 연금상품은 가망 고객의 상황에 따라 고려할 변수가 많기 때문에 '종신보험의 4가지 고려사항' 처럼 '연금설계시 고려사항' 에 입각해서 상담을 진행해야 한다.

▶ 연금설계시 고려사항

① 연금의 구성형태

연금에는 크게 두 가지의 종류가 있다. 첫번째는 전통형 연금이라고 표현하는 배당형 연금이 있고, 두 번째는 공시이율형(금리연동형) 연금이 있다. 우리나라의 보험은 일본을 모태로 시작됐기 때문에 90년대 후반까지만 해도 대부분 배당형 연금이 주종을 이루었는데, 금리가 급격히 떨어지면서 보험회사의 이익기반이 악화되자 현재는 공시이율형 연금이 주류를 이루고 있다.

배당형 연금은 확정연금, 증액연금, 가산연금의 3층 구조로 이루어져 있는데, 확정연금만 보험회사가 지급을 보장하고 증액과 가산연금은 배당에서 지급하는 식으로 구성되어 있다. 배당이란 당해년도 보험회사 이익의 일부를 고객에게 돌려주는 개념인데, 보험회사가 이익을 많이 내면 배당을 많이 받을 수 있지만 이익을 내지 못하면 배당이 거의 없다는 단점이 있다. 참고로 일본의 경우는 80년대 후반부터 시작된 제로금리로 인해 보험회사가 이익을 내지 못하자 증액과 가산연금을 제대로 지급하지 못하게 됐고, 이에 불만을 품은 고객들이 소송을 제기하여 2000년도에 지요다교에이, 다이하쿠, 다이쇼우 같은 보험회사들이 파산하는 경우도 발생했다.

그래서 우리나라의 경우도 보험회사와 고객이 상호 리스크를 분담할 수 있는 공시이율형 연금이 주류를 이루게 됐는데, 공시이율형 연금은 최저금리 보장을 통해 보험회사가 확정적으로 지급을 보장하는 확정연금과 금리변동에 따라 변동되는 변동연금으로 구성되어 있다.

연금의 속성이 은퇴 후에 받는 장기자금임을 감안할 때 배당에 따라 연금액이 변동되는 상품보다는 최저보증 및 시중금리에 따라 변동연금을 수령할 수 있는 공시이율형이 더 유리하다는 것을 설명하면 된다.

② 연금의 종류

연금은 세제의 형태에 따라 다시 두 가지로 분류할 수 있다. 소득공제를 받을 수 있는 세제적격연금과 소득공제는 없지만 10년이 경과하면 비과세혜택을 받을 수 있는 세제비적격연금으로 나눌 수 있다.

적격연금은 2010년 현재 연간 300만 원까지 소득공제를 받을 수 있는 반면 중도해지시에는 기타소득으로 분류되어 22%의 기타소득세를 납부해야 한다.

또한 연금 수령시에도 5.5%의 연금소득세가 원천징수되는 단점이 있다. 적격연금은 세제혜택을 주는 대신 반드시 노후기에 연금으로 수령하도록 법적으로 묶어 놓았다는 뜻인데, 노후자금도 준비하고 소득공제혜택도 있지만 자금이 필요할 경우 활용이 어렵고 금액 자체가 월 25만 원 수준으로 낮기 때문에 노후 대비용으로 불충분하다는 단점이 있다.

이에 반해 비적격연금은 소득공제혜택은 없지만 납입하는 금액과 상관없이 10년이 경과하면 이자소득에 대해 전액 비과세되는 혜택이 있다. 당연히 10년 이전에 인출할 경우엔 과세되며, 그렇기 때문에 목돈 마련 상품으로 적절히 활용할 수 있다. 또한 연금으로 수령시에도 연금소득세가 비과세되기 때문에 종합과세에도 해당되지 않는 장점이 있어 자산가들의 세테크 수단으로도 많이 활용되고 있다. 여기에 추가납입, 중도인출이 가능하기 때문에 가망 고객의 재정상황에 따라 탄력적으로 운용이 가능한 점도 큰 장점이라고 할 수 있다.

적격과 비적격연금은 나름대로의 장점이 있기 때문에 연금을 컨설팅할 때 우선적으로 적격연금을 가입하게 하고 나머지 여유자금을 비적격으로 유도하면 된다.

특히 자영업자들의 경우는 소득공제 받을 수 있는 유일한 상품이 적격연금이기 때문에 노후준비를 떠나 소득공제만 설명해도 얼마든지 세일즈를 할 수 있다. 아울러 비적격연금의 '10년 비과세' 규정은 세테크로 충분히 파워풀하게 컨설팅이 가능하며, 여기에 수익률을 높일 수 있는 변액보험의 장점이 가미되면 '가입하지 않으면 이상한 사람' 이 되는 분위기까지 연출할 수 있다.

③ 인플레이션

연금을 설계할 때 가장 중요한 포인트가 바로 인플레이션이다. 우리나라의 경우 매년 4% 정도로 인플레를 관리한다고 정부에서 발표하지만 실제 체감하는 인플레는 최소 5% 이상이라고 한다. 여기에 아직도 은행 금리가 3%대에 머물고 있기 때문에 장기적인 노후자금을 준비할 때는 반드시 인플레 헷지의 수단을 강구하여야 한다.

변액보험은 수익률이라는 헷지 수단이 있지만 공시이율형에는 그런 기능이 없다. 그저 국공채 금리에 연동되어 움직일 뿐이다. 하지만 안정성이 높다는 장점이 있다. 미국의 경우 IT거품이 무너졌을 때 변액보험의 수익률이 마이너스를 기록했는데, 공시이율형은 그런 일이 없으므로 노후자금의 안정적 마련을 위해 공시이율형을 선호하는 고객들도 많다.

공시이율형 연금에 있어서 인플레를 헷지하는 방법은 크게 두 가지가 있는데 첫 번째는 소득이 오른 만큼 추가납입을 하는 방법이고, 두 번째는 약관대출을 활용하는 방법이다. 인플레가 생긴다는 뜻은 그만큼 소득이 오른다는 의미이기 때문에 4~5년마다 30% 정도 연금을 추가납입하면 충분히 인플레를 상쇄하면서 연금을 준비할 수 있다. 이 방법 이외에 약관대출 이상의 수익률이 가능하다면 얼마든지 대출해서 투자할 수 있기 때문에 각종 부동산 투자나 좋은 투자기회가 왔을 때 타이밍을 놓치지 않고 투자를 해서 인플레이션을 보전할 수도 있다.

④ 연금 수령시기

연금을 설계할 때 중요한 포인트가 연금 수령시기이다. 만약 60세부터 연금을 수령한다면 매월 받는 금액은 많아지겠지만 수령기간이 짧을 것이다. 이에 반해 45세부터 연금을 수령한다면 수령금액은 적지만 장기간 받을 수 있다는 장점이 있다. 또한 연금액에 맞추어 대출을 일으켜 투자를 하면서 이자는 연금으로 납입하는 '투자와 연계된 컨셉'을 가져갈 수도 있다. 따라서 가망 고객의 연령과 직업, 소득 등의 변수를 감안하여 최적의 플랜을 설계해 주는 것이 필요하다.

⑤ 단독연금 수령시의 Risk

남녀간의 평균 수명차이는 보통 8년 정도가 된다. 여기에 대부분의 부부가 남편이 나이가 더 많으므로 확률적으로 여성이 남편 없이 살아야 하는 기간은 최소 10년 정도로 볼 수 있다. 남편이 없는 것도 서러운데 연금마저 끊어져 경제적 고통을 겪게 된다면 심각한 문제가 될 수 있다.

그래서 보통 여성 앞으로 연금을 가입하는 경우가 많은데 그런 경우는 그만큼 연금을 늦게 수령하는 일이 생기게 되고, 여성이 피보험자인 경우는 연금액도 작기 때문에 필자는 부부형 연금을 많이 권해 주었다. 48세부터 남편이 연금을 개시하고 확률적으로 남편이 먼저 사망할 경우 배우자가 50%의 연금을 평생동안 수령하는 시스템이다. 여기에 요즘은 상품이 발달되어 남편 사망시에도 100% 배우자가 평생동안 수령할 수 있는 연금상품도 선 보이고 있다.

⑥ 기타사항

가망 고객의 성향에 따라 본인 사망시 연금이 소멸되는 것을 싫어하는 경우도 있다. 그런 경우엔 상속형 연금을 권해주면 되는데, 연금액은 작지만 책임준비금이 가족들에게 상속되는 장점이 있다.

또한 대형 생보사의 경우는 납입면제특약을 운용하고 있는데 합산장해율 50% 이상의 경우가 발생하면 보험료를 납입하기 어렵다고 판단하여 회사가 대신 납입해 주고 고객은 예정대로 연금을 수령할 수 있다.

아울러 연금에 각종 보장특약을 부가할 수 있기 때문에 보장성 보험 가입을 원하지 않는 고객에게는 '연금＋보장'의 Total Life Plan을 제시할 수도 있다.

연금설계시 고려사항

1. 연금의 구성형태

※ 배당형 : 이익이 날 것을 전제로 하여 이익의 일부를 배당으로 적립

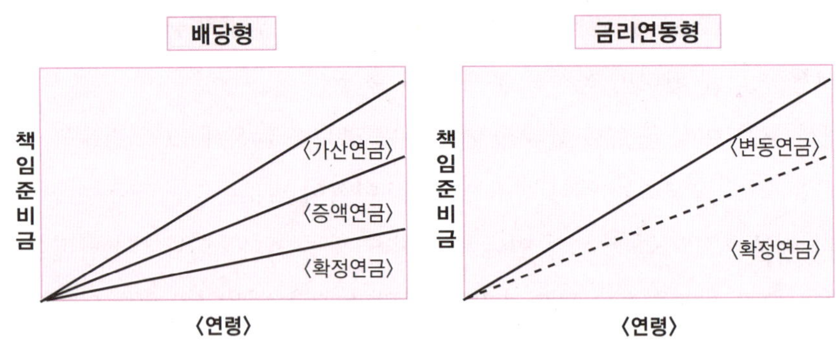

※ 금리연동형 : 시중 금리보다 높은 금리로 운용, 최저 2.5% 보장

　　　　　　　　(10년 후 최저 2%)

2. 연금의 종류

구 분	소득공제형	비과세형
주요 특징	– 1년 300만원까지 소득 공제 – 중도해약시 이자소득세 과세 및 기소득공제분에 대해 기타소득 (22%) 과세(목돈활용이 어려움) – 연금수령시 소득세/주민세 과세	– 10년 이상 납입시 이자소득세 (15.4%) 비과세 – 중도인출을 통한 자금활용 가능 – 연금 수령시 소득세/주민세 비과세

★ 30세 남자가 매월 100만 원씩 25년간 납입후 55세부터 연금을 수령하는
경우 비교

① 소득공제형 절감액

　　300만 원×18.7%×25년 = 1,402만 원 절감

　　단, 5년내 중도해지시 이자소득세 과세 및 기 소득공제분에 대해 기타소

　　득 과세)

　　※ 10년 불입 후 중도해지시 : 300만 원×10년×22% = 660만 원 추징

　　- 55세부터 매년 3,200만 원을 수령할 경우 소득세/주민세

　　: 3,200만 원×5.5% = 176만 원

　　⇒ 80세까지 수령할 경우 총 세금 : 4,400만 원

② 비과세형 절감액

　　- 55세 책임준비금

　　: (51,094만 원-원금 30,000만 원)×15.4% = 3,248만 원 절감

　　- 연금수령시 비과세이므로 80세까지의 세금 4,400만 원 절감

3. 인플레이션

▶ 현재 인플레이션 비율 : 연 4%(10년에 2배씩 화폐가치 상승)

▶ 인플레이션 보전 기능 유무 : ○○생명 연금은 소득상승에 따른 추가

　　　　　　　　　　　　　　납입 프로그램 활용 가능

4. 연금수령시기

▶ 60세부터 수령할 경우 평균수명을 감안하면 14년간 수령

(평균수명 : 2005년 기준 남자 73.8세, 여자 81.2세, 세계인구현황 기준)

▶ ○○생명 연금은 45세 이후부터 원하는 시기에 연금 수령 가능

(평균수명 감안시 29년 수령)

5. 단독연금 수령시의 Risk

▶ 남녀간 평균수명 차이는 8년이나 부부의 나이차를 감안하면 여자가 평균
10년 이상 장수

▶ 배우자의 노후생활 자금을 감안한 부부형 연금 고민 필요
(○○생명 연금은 48세부터 부부형 수령 가능)

6. 기 타

▶ 상속연금 가능 : 연금수령액을 낮추고 책임준비금(원금＋이자)을
자녀에게 상속

▶ 장해시 납입 면제 : 불의의 사고로 장해시 보험료 납입 면제
(연금은 정상 수령)

▶ 각종 특약 부가 가능 : 연금 ＋ 보장(Total Life Plan)

지금까지 연금 AP 화법에 대해 알아 보았다. 연금상품의 속성상 한 번 준비하면 쉽게 바꿀 수 없기 때문에 준비하는 시점부터 다양한 변수를 고려해서 가망 고객의 니즈를 채워 주어야 한다. 그래서 더욱 더 세심한 컨설팅 기법이 필요하고 FP 또한 해박한 금융지식과 컨설팅 스킬을 보유해야 한다.

AP가 끝나면 가망 고객의 FF를 받아야 하는데 일반적인 FF는 기본이고 추가적으로 두 가지 질문을 해야 한다.

첫째, 언제부터 연금을 수령하고 싶습니까?

둘째, 현재 가치로 매월 얼마를 받고 싶습니까?

이 두 가지 질문이 핵심 FF라고 할 수 있으며, 고객의 답변을 근거로 제안서를 만들어 PC를 하면 된다. 그런데 두 가지 질문을 할 때 유의할 점이 있다. 필자의 경험상 본인의 재정상황과 상관없이 무조건 높은 금액과 짧은 기간을 말하는 고객들이 있었는데, 이런 FF로는 도저히 해결안을 만들 수 없었다. 가장 보편적이면서도 합리적인 가이드라인은 55세부터 현재가치로 매월 200만 원을 받는 것이다. 이 때 중요한 것은 최소한의 준비기간을 20년 정도를 두는 것인데 그래야만 고객이 납입 가능한 보험료를 산출할 수 있기 때문이다. 만약 50세부터 300만 원을 말했을 경우엔 "너무 빨리 많은 금액을 받으려면 현재 감당하기 힘든 보험료를 내야 하기 때문에 많은 사람들이 선택하는 55세부터 200만 원으로 하는 것이 좋다."는 식으로 설득해서 FF를 받으면 된다.(55세부터 200만 원은 일반적인 경우이며, 가망 고객의 재정상황에 따라 탄력적으로 적용해야 함.)

■ 연금 PC 화법

AP단계에서 다양한 화법과 고려사항을 언급했지만 사실 이것은 어느 정도 세일즈맨십이 가미된 것이라고 할 수 있다. 다양한 변수와 고려사항을 충족시키면서 연금보험료를 납입할 수 있는 경제적 여력을 보유한 사람은 극소수이기 때문이다.

그럼에도 이처럼 충실하게 AP를 진행해야 하는 이유는 FP의 차별화를 위해서이다. 대다수 고객들은 지금까지 제대로 된 전문가에게 상담을 받아 본 경험이 없다. 이는 FP의 자질을 떠나 우리나라 보험업계의 문화가 그랬다는 뜻이다. 하지만 앞으로는 상황이 틀리다. 인터넷의 발달로 고객이 마음만 먹으면 얼마든지 상품비교도 가능하고 원하는 FP까지 찾아낼 수 있는 시대가 됐다.

이런 상황에서 과거처럼 연금의 필요성만 언급하고 자신이 취급하고 있는 연금상품에 대해 설명만 한다고 해서 계약으로 연결되지 않는다. 단순한 연금 상품이 아니라 고객의 미래를 책임진다는 생각으로 업무에 임해야 한다.

하지만 앞서 말한 대로 한계가 있다. FP의 한계가 아니라 고객의 납입여력 한계를 의미한다. 최소한의 삶의 질을 유지하기 위해서는 사람마다 틀리겠지만 현재가치로 최소 매월 100만 원에서 300만 원 정도가 필요하다. 이 정도의 금액을 지금 버는 것도 힘든데 노후를 위해 준비하는 것은 더더욱 힘들 것이다.

그래서 일단 시작하는 것이 중요하고 고객의 연금자산을 점점 더 키워갈 수 있도록 FP가 사후관리를 해 주는 것이 더 중요하다. 시기를 놓치면 더더욱 준비할 엄두가 안 나는 것이 연금이기 때문이다.

연금의 프리젠테이션은 의외로 간단하다. AP단계에서 충분한 정보를 제공했기 때문에 PC단계는 가망 고객에게 노후에 대한 그림을 그려 주면 된다. 거기에 강력한 클로징과 거절처리로 무장한다면 보장성 보험보다 훨씬 쉽게 계약을 체결할 수 있다.

▶ 3층 보장 이론

개인이 충분한 노후자금을 스스로 준비하기는 무척 힘들기 때문에 나온 컨셉이 바로 '3층 보장 이론' 이다. 즉, 개인의 노후를 국가와 기업, 개인의 세가지 주체가 각각 준비하자는 뜻이다. 이는 선진국에서 일반화된 내용인데 우리나라도 2005년 12월 1일부로 '근로자퇴직급여보장법' 이 시행되면서 기업의 부담을 구체화시키고 있다.

국민연금이 다소 마음에 걸리지만 어쨌든 땡전 한 푼 못 받지는 않을 것이므로 3층 보장이론을 언급하되 '국가와 기업이 약간 부실하니까 개인이 좀 더 준비하면 된다' 는 컨셉으로 고객을 설득하면 된다.

35세 남자가 55세부터 현재가치로 매월 200만 원씩 받고자 하는 경우, 먼저 200만 원을 예상 인플레 4%로 굴렸을 경우 20년 뒤에는 약 360만 원이 된다.

즉, 20년 후에는 360만 원이 현재의 200만 원 정도 된다는 뜻이다.(편의상 연 단리로 계산)

360만 원이 도출되면 3층 보장이론에 입각해서 나누면 되는데, 원래는 1/3씩 배분하면 되지만 국가와 기업의 상황을 감안하여 개인이 40% 정도 준비하는 것으로 계산하면 된다. 360만 원의 40%는 144만 원이다. 즉, 지금부터 준비해서 20년 후부터 매월 144만 원을 받으면 이 가망 고객의 노후는 안정적으로 보장된다는 뜻이다.

(실제로 20년의 기간은 다소 부족한 면이 있다. 편의상 연 단리로 계산했는데 인플레이션은 복리의 컨셉이기 때문에 실제로는 445만 원 정도가 산출된다. 이 정도 금액을 20년의 준비기간으로 채우기는 현실적으로 어렵기 때문에 세일즈맨십을 발휘해서 연 단리로 설명한다. 일단 고객으로 만든 후에 추가적 컨설팅을 통해 연금자산을 늘려 가는 방향으로 관리하는 것이 좋다.)

▶ 복수안(案) 제시

20년 후부터 매월 144만 원을 받는 것을 시뮬레이션 해 보면 35세부터 매월 약 85만 원씩 내면 된다.(공시이율형 4.7% 기준, 최저 20년 지급 보증 조건) 이렇게 도출된 85만 원은 인플레이션이 이미 반영된 금액으로 가망 고객은 더 이상의 부담없이 편안하게 매월 85만 원을 내면 된다.

하지만 매월 85만 원을 연금에 투자하는 것은 가망 고객의 상황에 따라 가능할 수도 그렇지 않을 수도 있다. 그래서 반드시 복수안을 준비해야 한다. 우선 먼저 도출된 금액 85만 원을 1안으로 준비하고, 대부분의 경우 이러한 금액에 부담을 느끼게 마련이므로 5년마다 추가납입을 하는 조건으로 두 번째 안을 제시하면 된다.

5년 마다 30% 정도 추가납입을 하면 필자의 경험상 현재의 납입금액이 절반 이하로 떨어지게 되는데 이렇게 프리젠테이션을 하면 대부분의 고객들은 두 번째 안을 선택한다. 지금 당장 부담이 적은 쪽을 선택하는 것이다. 만약 매월 85만 원의 단일안만 제시한다면 계약확률은 떨어질 수밖에 없을 것이다. 35세의 고객이 이렇게 부담을 느낄 수밖에 없는 금액인데 나이가 더 많은 고객들은 생활비 부담이 더 크기 때문에 표준안으로 제시하면 도저히 가입하기 어려운 금액이 나올 수밖에 없다.

그렇기 때문에 반드시 복수안을 준비해야 한다. 가입하느냐 마느냐를 설득하는 것보다는 비싼 것과 싼 것 중 어느 것을 선택할 것인지를 설득하는 것이 훨씬 쉽다. 또한 두 번째 안의 경우는 언젠가는 보험료를 더 내야 한다는 것을 고객이 공감하고 있기 때문에 나중에 고객의 재정적 여건을 감안해서 추가계약 쪽으로 유도할 수도 있다.

그렇다고 서너가지 안을 준비하는 것은 오히려 가망 고객이 쉽게 판단하지 못하게 만들 가능성이 있기 때문에 가장 좋은 것은 두 가지 안을 제시하는 것이다. 이는 비단 연금뿐만 아니라 모든 보장성 보험과 변액보험에서도 마찬가지다.

■ 클로징 및 거절처리

연금은 보장성 보험처럼 언제 무슨 일이 생길지 몰라서 가입하는 것이 아니기 때문에 지금 당장 시작하자는 클로징을 하기 어렵다. 그래서 많은 FP들의 경우 가망 고객이 '좀 더 생각해 보자' 라고 하면 순순히 물러서는 경우가 많은데, 필자는 오히려 연금상품(저축목적, 변액보험 포함)의 클로징을 더 강하게 해야 한다고 생각한다.

굳이 지금 당장 안 해도 큰 피해가 없기 때문에 차일피일 미루다 보면 가입에 대한 면역성이 생기게 마련이고, 그런 상태에서 속절없이 세월이 흐르면 결국은 준비할 기회조차 가져 보지 못하는 가망 고객들이 부지기수이기 때문이다.

따라서 "고객님의 인생에 연금이 반드시 필요하다고 생각하십니까?"라는 질문에 가망 고객이 "예."라고 대답한다면, "그렇다면 전문가인 저를 만났을 때 지금 시작하시죠?"라고 클로징을 시작하는 습관을 들여야 한다.(종자돈 마련 거절처리 참조)

▶ 미국 사례

FP : 고객님. 미국의 경우는 자녀가 취업을 하면 부모님이 장기 연금자산에 월급의 50%를 넣으라고 권해준다고 합니다. 또한 자녀도 거부감 없이 그렇게 많이 합니다. 왜냐하면 미국의 경우는 생산직 근로자로 30년 정도 근무하다 정년퇴직해도 노후기에는 부자가 되서 하우스 트레일러 같은 차를 사서 여생을 국내 및 해외여행을 하면서 보냅니다. 적은 금액이라도 수십년 동안 굴리면 노후자금으로 충분히 활용할 수 있기 때문입니다. 그래서 자녀들도 그러한 부모님의 모습을 보아 왔기 때문에 당연히 그렇게 해야 한다고 생각하는 것이지요.

FP : 그런데 우리나라는 이와 정반대입니다. 자녀가 취직을 해서 월급의 일정액을 연금에 넣으려고 하면 부모님은 "은행에 넣지. 미쳤다고 보험에 넣냐"며 오히려 뜯어 말립니다. 왜냐하면 우리나라의 경우 국민연금이 88년에, 개인연금이 94년에 시작했기 때문에 연금혜택을 받는 분이 거의 없기 때문입니다.

FP : 하지만 불행하게도 우리나라는 기다려 줄 시간이 별로 없습니다. 국민연금의 부실화와 더불어 고령화가 급속도로 진행되고 있기 때문에 스스로 준비하지 않으면 비참한 노후를 맞이할 가능성이 매우 높습니다.

FP : 고객님. 더 이상 늦기 전에 고객님의 인생에 이러한 연금보험이 필요하다고 생각하신다면 지금 시작하시죠?

▶ 갑돌이와 갑순이 비교(아래 내용을 그대로 설명하면 됨.)

갑돌이와 갑순이는 같은 고향에서 자란 동년배 친구입니다.

갑순이는 고등학교를 졸업한 후 19세부터 28세까지 10년동안 직장생활을 하면서 매월 20만 원씩 10년간 적금을 붓고 31년간 보험회사에 예치해 두었습니다.

이에 반해 갑돌이는 대학을 마친 후 조금 늦게 29세부터 60세까지 31년동안 대기업 생활을 하면서 매월 20만 원씩 31년간 보험회사에 적금을 했습니다.

동년배인 두사람이 같이 60세를 맞이했을 때 과연 누가 더 많은 재산을 모았을까요?(금리 7% 기준)

〈정답〉 갑순이입니다.

갑순이는 20만 원씩 10년간 즉, 원금이 2,400만 원인데 이를 31년간 보험회사에 예치하면 총 23,239만 원이 됩니다.

반면 갑돌이는 20만 원씩 31년간 보험회사에 적금할 경우 원금이 7,440만 원이 되고 이자 포함한 금액은 22,531만 원이 되어 갑순이가 갑돌이보다 708이 많아지게 됩니다.

그렇다면 원금이 더 적으면서도 나중에 더 많은 재산을 갖게 되는 이유는 무엇일까요?

이유는 단 하나. 갑순이는 대학을 졸업한 갑돌이보다 단지 저축을 일찍 시작함으로써 보다 작은 투자로 더욱 많은 재산을 모을 수 있었던 것입니다.

지금 시작하시죠?

※ 갑돌이, 갑순이 이야기는 편의상 7%의 수익률로 시뮬레이션 한 내용이며, 공시이율 또는 변액보험 수익률에 맞추어 자료를 만들면 됨.

▶ 아버지와 동시 가입 비교

FP : 고객님. 혹시 부모님이 두 분 다 계십니까?

고객 : 예.

FP : 고객님이 아버지와 동시에 주거래은행에 5년 만기 저축을 한다고 가정해 보겠습니다. 5년 뒤에 받는 돈이 틀릴까요? 똑같이 저축을 했기 때문에 동일한 금액을 받을 것입니다.

FP : 그런데, 오늘 제가 말씀 드린 연금은 전혀 다릅니다. 고객님이 아버지와 동시에 시작을 했을 때 60세, 70세 시점에 누가 더 많은 노후자금을 모았을까요? 네. 물론 고객님이 훨씬 많습니다. 일찍 시작해서 더 많은 기간동안 저축을 했기 때문에 아버지보다는 훨씬 더 풍요로운 노후를 보낼 수 있을 것입니다. 나이가 들어서 시작할수록 노후자금은 적어질 수밖에 없습니다. 지금 시작하시죠?

▶ 연령대별 가입 비교

－ 연령대별 가입 비교는 연금상품을 연령대별로 시뮬레이션 해서 늦게 시작할수록 준비할 수 있는 노후자금이 얼마나 줄어드는지, 그리고 그것을 만회하기 위해서는 얼마만큼의 금액을 추가로 납입해야 하는지를 계산한 표로 직접적인 숫자를 제시하면서 지금 시작하는 것이 유리하다는 것을 강조하는 것이 포인트임.

지금까지 연금보험의 컨셉과 니즈 환기 화법, AP화법, PC화법 그리고 클로징과 거절처리에 이르기까지 전 판매과정에 대해 알아보았다. 종신보험의 사망보험금은 고객이 받지 못하지만 연금보험은 100% 고객이 받는 돈이기 때문

<표 : 연금보험 가입설계>

○○○님 연금보험 가입설계

(단위 : 만원)

구 분	가입 연령별 수익율 비교표, 현재 4.7% 기준			
	35세	40세	45세	50세
월납입액				
총불입액 (불입년수 입력)				
60세 적립금액				
연간수령액				
총수령액(25년)				
일시금 또는 상속				
전체자산				
총차액				
월납입차				

◆ 5년 늦게 35세 가입시

1) 전체자산 규모로 볼때 만 원의 손해를 봄, 매년 ○○○만 원의 손해를 보는 것이며, 매월 ○○만 원의 손해를 보는 것임.

2) 40세에 35세 가입시와 전체 자산규모를 유사하게 맞추기 위해선 매월 ○○만 원의 추가 비용을 납입하여야 함.

에 판매 프로세스를 지키면서 성실하게 상담을 진행하면 계약확률이 종신보험보다 훨씬 높다.

하지만 연금이라는 상품의 속성이 먼 미래의 자금이기 때문에 지금의 어려운 상황에서 선뜻 투자하기가 쉽지 않는 점도 사실이다. 그래서 연금보험을 연금이라는 본연의 컨셉과 더불어 장기 비과세저축의 컨셉을 가미하는 것이 중요하고, 고객의 삶을 입체적으로 조망해서 필요한 시기마다 필요한 자금을 활용할 수 있다는 것을 보여 주면 고객은 무난하게 선택할 수 있을 것이다.

아울러 연금을 세일즈할 때 가장 중요한 것이 강력한 클로징과 거절처리이다. 우리나라 국민들의 절반은 귀가 얇다고 생각하면 된다. "어차피 필요한 연금, 전문가를 만났을 때 시작하자."라고 지속적으로 강조하고 설득하기만 해도 고객은 펜을 들어 청약서에 사인할 것이다.

변액보험을 활용한

Wealth Management

5
변액보험을 활용한
Wealth Management

종신보험이나 공시이율형 연금처럼 예정이율 또는 최저보 증이율에 의해 보험회사가 지급을 보장하는 보험을 정액보험이라 하고, 보험료에서 사업비를 차감한 부분을 채권이나 주식에 투자하여 그 손익을 고객에게 배분하는 보험을 변액보험이라고 한다.

변액보험의 역사는 1956년 네덜란드의 바르다유라는 보험회사가 자산운용 실적과 보험금을 Link하여 인플레이션에 대비한 자산의 실질가치를 보전할 수 있는 프랙션(Fraction) 보험을 세계 최초로 판매한 이래 1960년대에는 유럽에서, 76년엔 미국, 86년엔 일본에서 판매가 개시됐다.(우리나라는 2001년도에 판매 개시)

그렇다면 복잡한 구조를 갖고 있는 변액보험이 왜 나오게 됐을까?

변액보험의 탄생배경은 저금리로 인한 인플레이션 헷지의 필요성 때문이라고 정의할 수 있다. 낮은 금리로 인해 실질 자산가치가 인플레이션에도 못 미치는 일이 발생하게 되자 이를 해소할 수 있는 금융상품 개발이 절실하게 되었고, 결국 자산운용수익률을 높이는 방법으로 주식과 채권에 투자하는 변액보험이 탄생하게 된 것이다.

우리나라의 경우도 IMF 이후 사상 유례없는 급격한 저금리로 인해 은행금리가 인플레이션을 따라잡지 못하는 사태가 지속되고 있다. 이러한 현상이 중장기적으로 지속될 것으로 많은 전문가들이 예측하고 있기 때문에 향후 수년간 변액보험이 보험시장의 주류를 이룰 것으로 예상된다.

〈참고자료〉

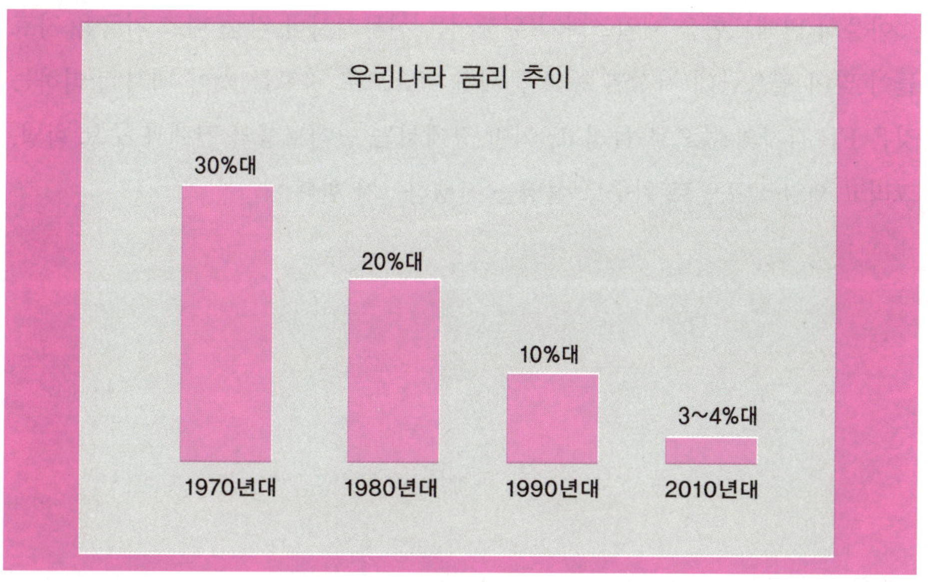

변액보험은 정액보험과는 달리 원금손실의 위험이 있다. 그럼에도 불구하고 은행의 수익률이 워낙 낮기 때문에 울며 겨자 먹기로 또는 고수익에 대한 환상으로 많은 사람들이 가입하고 있다. 이러한 적립식펀드에 대한 열풍으로 종합주가지수도 사상 최고치를 기록하고 있고, 주식시장에 대한 자금유입이 꾸준히 이어질 것으로 예상되는 바 향후 몇 년동안은 변액보험을 세일즈하기 무척 좋은 시기라고 생각된다.

이 장에서는 변액보험을 이용한 Wealth Management 기법과 각종 세일즈 기법들을 정리해 보았는데, 기본적인 컨셉은 연금보험과 동일하다. 다만 Wealth Management의 수단을 정액보험으로 할 것인지, 변액보험으로 할 것인지 고객의 성향에 따라 제안해 주면 될 뿐이다.

변액보험은 구조가 복잡하기 때문에 펀드라는 금융상품에 대한 깊은 이해가 필요하며, 특히 변액보험은 장기간에 걸쳐 운용되는 상품이므로 단순히 수익률이나 펀드로 세일즈를 할 경우 고객의 신뢰를 상실할 수 있기 때문에 완전판매를 하는 것이 매우 중요하다.

아울러 변액보험을 세일즈하기 위해서는 신문기사나 각종 니즈 자극용 자료들이 많이 필요한데 저작권 등의 문제가 있으므로 자료를 찾아 내서 정리하는 것은 FP 각자의 몫으로 돌리고, 이번 장에서는 변액보험의 컨셉과 주요 화법, 그리고 세일즈 포인트 위주로 설명을 진행하고자 한다.

1. 변액보험의 개요

변액보험의 기본적 컨셉은 연금보험과 마찬가지로 '나날이 불어나는 나만의 금고' 로 정의할 수 있다. 여기에 수익률을 가미하면 '나날이 빠른 속도로 불어나는 나만의 금고' 가 되는데 이를 고객에게 쉽게 설명하기 위해 필요한 것이 바로 '72의 법칙' 이다.(참고자료 참조)

■ 72의 법칙

'72의 법칙' 은 수학자들이 만든 것인데 '72 ÷ 수익률(이자율) = 원금이 두 배가 되는 기간' 으로 요약할 수 있다. 필자의 경우 매주 한국경제신문에서 발표하는 시중금리표를 인쇄해서 갖고 다녔는데, 모든 은행과 상호저축은행의 금리가 1Page에 다 나와 있어 시중금리를 72의 법칙에 바로 대입해서 설명하면 된다.

이 법칙을 화법으로 풀어 쓰면 다음과 같다.

FP : 고객님. 혹시 72의 법칙이라고 들어 보셨습니까? 72를 수익률로 나누면 원금이 두 배가 되는 기간이 나오는데요, 요즘 은행 금리가 3%대니까 72 나누기 3 하면 24년이라는 기간이 나옵니다. 즉, 은행에 돈을 넣어 두면 24년이 지나야 두 배가 된다는 뜻이지요.

FP : 요즘 채권수익률이 보통 5% 정도 되는데 여기에 투자하면 72 나누기 5, 약 18년 정도가 걸립니다. 그래서 많은 분들이 수익률을 높이기 위해 적립식 펀드에 투자를 하는데요, 수익률을 10% 정도 잡으면 7.2년이 걸립니다. 최근의 주가 상승으로 수익률이 좋은 펀드는 20%대를 기록하고 있는데요, 72 나누기 20 하면 3.6년이면 원금이 두 배가 될 수 있습니다.

　FP : 고객님은 어떤 상품에 투자하고 싶습니까?
　고객 : 물론 20%에 해야겠지요.

　FP : 네. 당연히 그러실 것입니다. 하지만 재테크 용어에 'High Risk, High Return' 이라는 말이 있는데요, 수익률이 높을수록 원금손실의 리스크도 크다는 뜻입니다. 20% 수익률이 나면 좋겠지만 만약 20% 손실이 나면 어떨까요? 고객님의 재테크에 치명적 손실이 올 것입니다. 앞으로 주가가 어떻게 움직일 것인지는 아무도 모르기 때문입니다. 그래서 제가 권해드리는 것은 너무 무리하지 않고 중장기적으로 10% 정도의 목표수익률을 잡아 보자는 것입니다. 오늘 말씀 드릴 내용이 바로 그런 상품에 대한 것인데요, 한 번 들어 보시겠습니까?

　필자가 변액보험을 세일즈하러 갈 때마다 항상 먼저 꺼낸 화법이 '72의 법칙' 화법이다. 가망 고객들은 금융상품의 이해가 부족하기 때문에 무조건적인 고수익을 기대하는 경향이 있는데, 상담 초기에 이러한 부분을 정리해서 수익성과 안정성을 동시에 고려해서 합리적인 수익률을 목표로 해야 한다고 교통정리를 먼저 해 줘야 한다.

　변액보험은 장기 상품인 관계로 주식의 편입비율이 30~50%(일부 더 높은 상품도 있음) 정도 밖에 되지 않기 때문에 증권회사의 일반적인 주식형펀드보다 상대적으로 수익률이 낮을 수밖에 없다. 그래서 단기적인 수익률로 비교할 경우 세일즈하기 무척 어렵고 또한 사업비가 있기 때문에 자칫 잘못하면 민원으로 이어질 소지가 많다.

그래서 변액보험의 세일즈에 있어 가장 먼저 선행해야 하는 화법이 바로
'72의 법칙' 화법인 것이다.

72의 법칙과 복리의 마술

1626년 네덜란드계 이민자들이 아메리카 인디언들로부터 맨하탄을 불과 24
달러에 사들인 거래를 두고 호사가들이 잘한 거래인지 잘 못한 거래인지를 놓
고 의견들이 분분했습니다. 산 사람이 유리했을까 판 사람이 유리했을까? 미
국의 유명한 펀드매니저 피터 린치는 당시 인디언들이 땅값으로 받은 물건을
현금으로 바꿔 연리 8%의 채권에 복리로 투자했을 경우, 360여년이 흐른
1989년에는 그 가치는 32조 달러에 이른다고 했습니다. 이것이 바로 복리의
마술입니다.

만약, 내가 가진 1억 원을 2억 원으로 만드는데 얼마나 기간이 필요할까를
계산하고 싶다면 72의 법칙을 사용하시기 바랍니다. 어려운 복리 계산을 쉽게
할 수 있습니다. 예컨대 연간 6%의 수익률로 운용하게 된다면 72를 6으로 나
눈 값, 12년이 걸린다는 것입니다.

5년 후에 현재의 돈을 두 배로 만들고 싶다면 매년 몇 %의 투자수익률을 올
려야 하는지를 알고자 할 경우에도 72를 5로 나누면 됩니다. 그 결과 매년
14.4%로 5년간 운용하면 내 돈은 2억 원이 된다는 것입니다. 따라서 자신이 원
하는 목표를 달성하기 위해서 운용하고자 하는 수익률을 계산하고 이러한 결과
가 달성되기 위한 투자설계를 하여야 합니다.

72의 법칙이 우리에게 주는 메시지는 다음과 같습니다.

1. 꾸준하게 장기적으로 투자하라.

2. 너무 높은 수익률을 위해 위험이 큰 투자 수단에 투자하기 보다는 적절한 수익률을 목표로 투자 수단을 몇 가지로 나누어 위험을 줄이는 투자를 실시하라.

3. 부자는 하루아침에 태어나지 않으며, 명확한 목표를 향해 꾸준히 재테크를 함으로써 탄생한다.

4. 남들과 절대적인 재산 규모로 비교하지 말고 자신만의 행복을 추구하라.

5. 지금은 부자가 아닐 수 있지만 10년 후, 15년 후에는 부자가 될 수 있다. 포기하지 말고 자신의 능력을 믿고 노력하라.

6. 한 번의 대박이나 신데렐라가 되어 부자가 된 이야기는 세인들의 이목을 집중시키지만 실제로는 확률적으로 거의 일어나지 않는다. 그렇기에 더욱 화제가 될 뿐이다. 부자가 될 확률이 가장 높은 방법은 자신의 일을 사랑하고 목표를 향해 꾸준하게 달려가는 것이다.

7. 부자가 되지 못한 이유를 세상 탓으로 돌리지 말라. 자신에 대한 믿음 부족이 가장 큰 원인이다.

8. 피하지 못할 일이라면 즐기면서 하라.   (매일경제 2004-08-26)

  연봉 2억! "이대로만 하면 된다"

변액보험의 필요성

1. 고령화 사회로의 진입과 노후대비 문화 확산

- 은퇴시기는 빨라지고 인간의 평균수명은 크게 증가

〈표 : 평균수명 추이〉-통계청

구분	1971	1982	1991	2000	2010	2020	2030	2050
남자	59.0	62.3	67.7	**72.1**	75.5	77.5	78.4	83.0
여자	66.1	70.5	75.9	**79.5**	82.2	84.1	84.8	86.2
평균수명	62.3	66.2	71.7	**75.9**	78.8	80.7	81.5	83.0

- 이에 따라 미국을 비롯한 대부분의 선진국들은 개인 투자자들의 투자 동기
  가 대부분 노후대비에 맞춰져 있음.(월 소득의 30~40% 투자)
  ※ 여성의 경우 남편 사후 평균 10년 정도의 독신생활을 대비하는 것이
  일반화됨.

2. 공적연금(국민연금)의 부실 및 연봉제 확산

- 수급자 증가 및 출산율 저하로 2047년경 기금 고갈 우려
- 경제활동인구(25~64세)의 노인인구(65세 이상) 부양 비율
  ▶ 1970년(12명:1명), 2000년(7.6명:1명), 2030년(2.4명:1명)
- 연봉제 도입으로 인한 퇴직금 폐지 추세 확산

3. 저금리의 정착화에 따른 장기투자의 필요성 대두

- 저금리는 목돈마련의 어려움을 가중시키고 소득의 증가 또한 억제
  (저성장시대)

- 이자생활자 증발

- 저금리의 가장 큰 리스크는 노후대책을 하루라도 빨리 그리고 체계적으로
  준비해야 함을 의미(미국의 경우 평균 30년을 준비하여 개인연금저축 + 공
  적연금으로 여생을 살아가는 것이 일반적임.)

4. 인플레이션 헷지의 필요성 증대

- 2003년부터 시장금리가 인플레이션을 따라가지 못하는 금리의 역전효과 발생
- 노후생활비나 자녀의 교육자금, 은퇴자금 등의 명백하고도 중요한 자금들
  은 인플레이션 이상의 초과수익률을 얻는 금융상품에 투자하는 것이 반드시
  필요

5. 세테크의 중요성 증대

- 투자수익률보다 이자소득세(15.4%)를 절감하는 것이 훨씬 더 유리
- 연금형 투자상품의 경우 채권 및 채권파생상품, 기타 유동성자산에 투자
  하더라도 10년 경과시 차익에 대해 100% 비과세혜택 가능
- 자산가의 경우 종합과세의 리스크 회피 가능

■ 적립식 펀드에 대한 이해

'72의 법칙'으로 수익률에 따라 자산이 어떤 속도로 불어날 수 있는지를 보
여준 후, 변액보험의 필요성에 대해서도 설명을 해야 한다.(변액보험의 필요성
참조) 어차피 저금리시대에는 이자수익이 낮다는 것을 이미 고객들도 인지하
고 있으므로 참고자료의 제목 위주로 간략하게 설명을 하고, 그 다음 순서는
어떻게 하면 수익률을 높일 수 있는지에 대한 설명이 필요하다.

〈표 : 투자수단별 비교〉

구　분	수익성	안정성	유동성	비　고
정기예금 및 적금	낮음	높음	낮음	※ 중도해지시 수익률 저하
부동산	높음	보통	낮음	※ 현금화가 어려움
주식	높음	낮음	높음	※ 고위험, 스트레스
펀드	보통	보통	낮음	※ 펀드에 따라 수익률에 차등
채권, 선물	보통	높음	낮음	※ 전문지식 필요

　　대표적인 투자상품에 대한 수익성, 안정성, 유동성을 나타낸 표인데, 전반적인 상품별 특징을 설명함으로써 FP로서 전문가의 이미지를 부각시킬 수 있다. 이러한 투자상품 중에서 일반인들이 가장 쉽게 선택할 수 있는 것이 바로 주식인데 주식은 주가상승시 어떤 투자수단보다도 수익률을 높일 수 있는 반면, 주가하락기에는 매우 큰 손실을 입을 수도 있다. 그래서 수익률을 높이면서도 안정성도 확보하는 상품으로 개발된 것이 바로 적립식펀드이다.

　　고객과의 상담에서 일방적으로 상품의 장점과 특성을 설명하는 것보다 더 효율적인 방법이 '사례와 비유'를 쓰는 것이다. 필자의 경우 직장선배인 고객의 사례를 들어 적립식펀드의 장점을 부각시키곤 했는데, 가망 고객의 이해도를 높일 수 있는 좋은 화법이라고 생각한다.

FP : 고객님. 요즘 많은 분들이 주식투자를 하고 계신데요, 투자의 방법을 크게 나누면 목돈을 한꺼번에 투자하는 방법과 매월 일정액씩 장기적으로 투자하는 방법이 있습니다. 제 고객분의 사례인데요, 퇴직금 중간정산을 받아 목돈 5천만 원이 생겼는데 친구분이 모 증권사 지점장이라서 권유를 받아 펀드에 넣었습니다. 그리고 1년 뒤에 찾게 됐는데 얼마를 받았는지 아십니까?

FP : 3천5백만 원이 나왔답니다. 주가가 높을 때 들어가서 떨어졌을 때 나온 것이지요. (그래프를 그려 가며 설명) 1년 사이에 1천5백만 원의 손해를 보

게 됐는데, 샐러리맨한테 그 정도 금액이면 엄청난 것입니다. 더구나 퇴직금을
중간정산해서 받은 돈이어서 얼마나 화가 났던지 그 친구랑 의절상태까지 갔
다고 합니다.

FP : 또 다른 사례로 브릭스 펀드라고 들어 보셨습니까? 브라질, 러시아,
인도, 중국 등 신흥개발도상국에 투자하는 펀드인데요, 몇 년전에 연간 50%
이상의 수익을 올린 적이 있습니다. 그래서 많은 분들이 그 다음해에 엄청나게
투자를 했는데요, 그 다음해 수익률은 얼마였을까요?

FP : 마이너스 수익률을 기록했다고 합니다. 그래서 투자자들이 난리가 난
적이 있는데요, 이처럼 목돈을 한 번에 투자하는 것은 시장상황에 따른 리스크
가 너무 크기 때문에 별로 권해 드리고 싶지 않습니다.

FP : 주식투자의 3요소는 언제, 어느 종목에, 얼마를 투자하느냐는 것인데
요, 종목과 금액은 고객이 결정할 수 있지만 '언제'라는 타이밍은 신의 영역이
라고 합니다. 만약 타이밍만 알 수 있다면 누구나 부자가 될 수 있겠지요. 그래
서 시장상황에 따른 리스크를 줄이면서 수익률을 높이기 위해 만들어 낸 상품
이 바로 '적립식펀드'입니다. 혹시 적립식펀드에 대해 알고 계십니까?

▶ 삼성전자 화법

적립식펀드의 수익구조를 설명하기에 가장 편하면서도 이해력을 높일 수 있
는 화법이 삼성전자를 예로 들어 설명하는것이다.(그림을 그려 가면서 설명하
는 것이 효과적임)

FP : 적립식펀드가 어떻게 수익이 나는지 제가 S전자를 예로 들어 설명 드리겠습니다. S전자는 장기적으로 주가가 계속 상승할 것으로 예상되는데요, 고객님이 매월 100만 원씩 투자했을 때 현재 주가를 50만 원이라고 가정하면 2주를 살 수 있습니다.

FP : 장기적인 주가등락을 극단적으로 비유해서 만약 둘째 달에 S전자가 25만 원까지 떨어졌다면 100만 원 나누기 25만 원, 4주를 살 수 있습니다. 셋째 달에는 몇 년 후의 상황을 가정해서 100만 원으로 올라갔다면 1주를 살 수 있을 것입니다.

FP : 이렇게 석 달을 투자하면 투자자금은 300만 원이고 보유주식수는 7주가 됩니다. 300만 원 나누기 7주를 하면 1주당 평균매입가격은 약 43만 원이 됩니다. 그런데 그 당시의 주가는 100만 원이므로 100만 원 곱하기 7주, 700만 원이 되어 있습니다. 즉, 300만 원을 투자해서 700만 원이 되어 있다는 말인데요, 수익만 400만 원이 됩니다.

FP : 이런 수익효과를 Cost Averaging, 우리 말로는 '평균매입비용 감소효과' 라고 하는데요. 장기적인 적립식 투자를 통해 주가가 비쌀 때는 조금만 사고 주가가 쌀 때는 많이 살 수 있기 때문에 1주당 매입비용을 최소한으로 줄일 수 있다는 뜻입니다. 아시다시피 우량주의 경우는 장기적으로 주가가 계속 상승할 것으로 예상되기 때문에 시간이 흘러가서 저렴하게 구매했던 주식의 가치가 올라갈 경우 기하급수적인 수익도 기대할 수 있습니다. 미국의 경우 생산직 근로자로 일하면서 매월 소액씩 장기 연금펀드에 투자한 사람들이 노후기에 풍요롭게 살 수 있는 이유가 바로 이것입니다. 이해가 되시는지요?

(투자기간에 대한 선 거절처리)

FP : 그런데 이러한 적립식펀드는 장기로 운용해야만 수익을 극대화할 수 있습니다. 주가의 등락폭은 그 누구도 예측할 수 없는데요, 주가를 경기선행지수, 부동산을 경기후행지수라고 하는데 일반적인 경기의 변동에 따라 움직인다고 볼 수 있습니다. 우리나라의 경우 평균 경기상승기간은 약 33개월, 경기하강은 약 18개월 정도를 기록하고 있는데요, 경기가 순환하는데 대략 5년 정도 걸린다고 보시면 됩니다.

〈 통계청에서 분류하는 경기변동양상 〉
· 1980년 9월 ~ 1984년 2월 : 경기상승기
· 1984년 2월 ~ 1985년 9월 : 경기하강기
· 1985년 9월 ~ 1988년 1월 : 경기상승기
· 1988년 1월 ~ 1989년 7월 : 경기하강기
· 1989년 7월 ~ 1992년 1월 : 경기상승기
· 1992년 1월 ~ 1993년 1월 : 경기하강기
· 1993년 1월 ~ 1996년 3월 : 경기상승기
· 1996년 3월 ~ 1998년 8월 : 경기하강기

FP : 적립식펀드의 구조상 고점과 저점을 찍고 다시 고점으로 올라가야 제대로 수익을 발휘할 수 있는데요, 그런 효과를 내려면 경기변동 사이클 즉, 5년 이상을 투자해야만 합니다. 요즘 많은 분들이 1년 혹은 2년 짜리 적립식펀드를 많이 하시는데요, 이런 펀드는 만기가 짧기 때문에 주가하락기에 만기가 될 경우 큰 손실을 입을 수 있습니다.

FP : 그래서 미국의 경우 적립식펀드에 대해 이런 격언이 있습니다. "은행

이상의 수익을 내는 것을 성공이라고 보았을 때 적립식펀드는 5년을 투자했을 때 성공과 실패의 확률은 반반이다. 10년을 투자하면 성공이 확실시 되고, 20년을 투자하면 노후가 해결된다."

FP : 은행금리는 너무 낮아서 인플레이션조차 커버하지 못하고 있는데요, 이런 저금리 현상은 앞으로 상당기간 지속될 것으로 전망됩니다. 따라서 수익률을 높이기 위해 적립식펀드에 투자하는 분들이 갈수록 늘어나고 있는데요, 최소 5년 이상의 투자를 계획해야 안정적인 수익을 얻을 수 있습니다. 고객님도 아시다시피 은행이나 증권회사는 일반적으로 5년 이하의 단기 금융상품에 강하고, 보험회사는 5년 이상의 장기상품에 강합니다. 보험회사에서 적립식펀드로 운용하는 상품을 '변액보험'이라고 하는데요, 한 번 들어 보시겠습니까?

〈적립식펀드의 컨셉〉

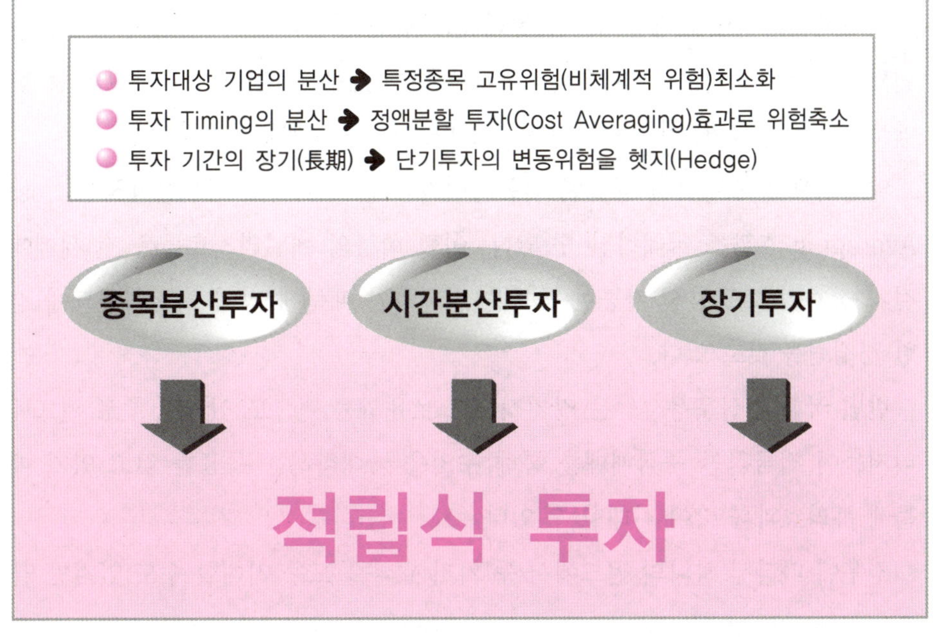

▶ 적립식펀드의 수익구조

적립식펀드의 수익구조는 크게 두 가지로 나눌 수 있다. 첫째, 삼성전자의 예를 든 것처럼 Cost Averaging(평균매입비용 감소효과)가 있으며, 둘째 Compound Interest(복리효과)가 있다.

복리효과란 이자에 이자가 붙는 것처럼 적립식펀드에서도 주식매매를 통한 차익이 계속 재투자되어 수익에 수익이 붙게 되는 효과를 말한다. 한 국내 자산운용사의 경우 수시로 변하는 주가에 대응하기 위해 '상승 5%, 하락 15%'의 기준을 두고 컴퓨터가 자동적으로 시스템 매매를 하도록 운용하고 있다. 즉, 펀드에 편입된 주식의 주가가 5% 상승할 때까지 구간별로 주식을 매도하고, 주가가 15% 하락할 때까지 구간별로 주식을 매입하는 식이다.

이를 알기 쉽게 설명하면 첫 번째 달에 100만 원을 투자해서 매매차익이 10만 원이 발생한 경우 그 다음부터는 110만 원이 재투자 되는 형태인데, 주식매매차익을 환매하지 않고 계속 재투자를 하기 때문에 잘만 운용하면 상당한 복리효과를 얻을 수 있다.

이러한 두 가지 효과를 고객들한테 설명하면 되는데 펀드 운용사별로 또는 펀드별로 운용철학에 따라 수익효과가 틀리기 때문에 FP가 취급하고 있는 변액보험의 운용사별, 펀드별 운용철학을 반드시 숙지해야 한다.

일반적으로 프랭클린 템플턴이나 피델리티 같은 외국계 자산운용사는 Cost Averaging 효과를 극대화할 수 있다. 이런 회사의 애널리스트들은 전 세계에 걸쳐 장기적으로 성장 가능한 종목을 발굴하기 때문에 장기 적립식펀드에 강한 경쟁력을 갖고 있다.

반면 국내 자산운용사들은 장기적으로 보유하는 펀드도 있지만 주로 펀드매니저들이 적극적인 주식매매를 통해 수익을 극대화하는 목표를 갖고 있기 때문에 복리효과를 많이 기대할 수 있다.

경우에 따라서 하나의 펀드에서 두 가지 효과를 모두 기대할 수도 있지만 일반적인 운용형태를 설명한 것이므로, 고객의 성향에 맞추어 펀드를 권해야 변액보험의 완전판매에 근접할 수 있을 것이다.

〈적립식펀드의 수익구조도〉

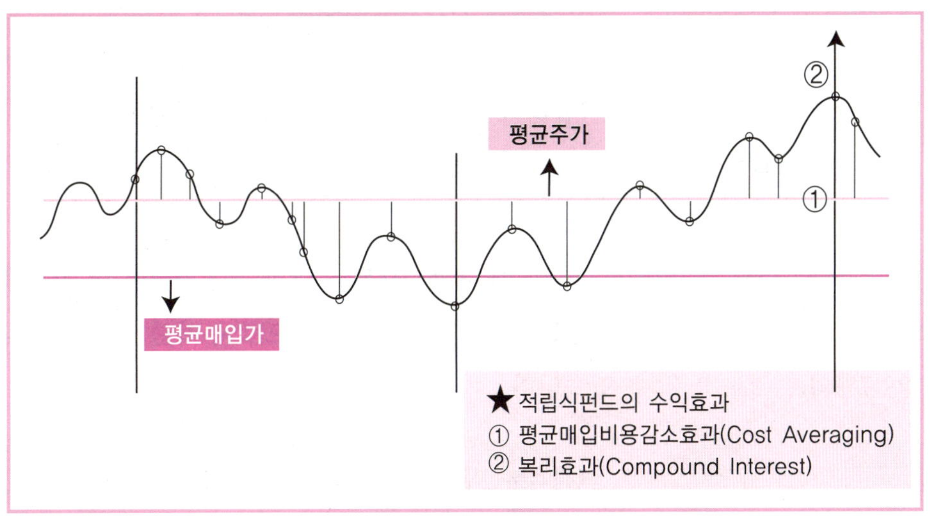

▶ 적립식펀드의 안정성

적립식펀드의 투자결과는 고객에게 귀속된다. 즉, 원금손실의 위험성이 있다는 뜻인데, 많은 사람들이 이러한 막연한 리스크에 부담을 느낀다. 하지만 적립식펀드의 구조를 잘 살펴보면 과학적인 시스템으로 되어 있기 때문에 장기간 투자할 경우 손실을 입을 확률이 매우 낮다는 것을 알 수 있다.

아래의 표는 주가변동에 따른 적립식펀드의 수익을 시뮬레이션한 것인데, 이 자료를 보면서 설명하면 고객이 쉽게 이해할 수 있다.

FP : 고객님. 주가의 변동에 따라 적립식펀드의 수익이 어떻게 발생하는지 설명드려 보겠습니다. 첫 번째는 보합의 경우인데요, 주가지수 500에서 시작해서 5년 후에도 역시 500이라면 일시금을 투자했을 때는 수익이 '0' 일 것입니다. 하지만 적립식은 약 23%의 수익을 올리게 되는데요, 중간에 주가가 떨어졌을 때 사둔 주식들이 있기 때문에 보합장에서도 수익을 얻을 수 있습니다.

FP : 두 번째는 주가지수 500에서 5년 후에 400으로 떨어진 경우인데요, 일시금을 투자했다면 20% 손실을 입었을 텐데, 적립식으로 투자했기 때문에 9.3%의 수익을 얻을 수 있었습니다. 주가가 300으로 떨어졌을 때 산 주식들이 있기 때문입니다.

FP : 세 번째는 주가지수가 500에서 200으로 폭락한 경우입니다. 일시금을 투자했다면 60%의 손실을 입었을 텐데, 매월 적립식으로 투자했기 때문에 약 28.7%의 손실로 막을 수 있습니다.

〈정액분산투자방식 검증〉

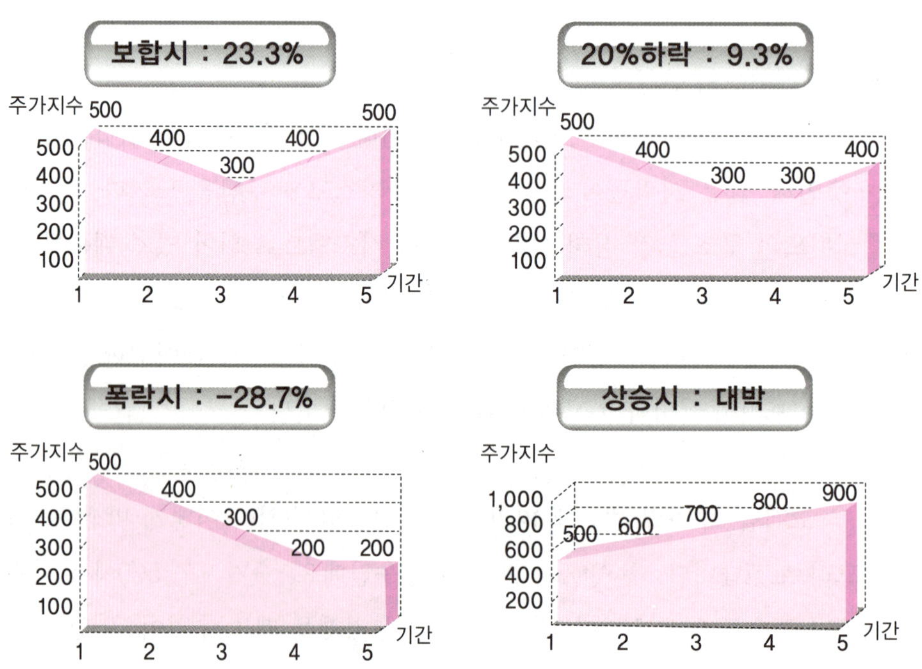

FP : 마지막은 주가지수가 500에서 900으로 계속 상승한 경우입니다. 계속 상승만 한다면 적립식도 큰 수익을 내겠지만 이 경우는 일시금 투자가 훨씬 더 큰 수익을 기록할 수 있습니다. 하지만 주가의 움직임은 그야말로 '신의 영역'이라고 하는데요, 이 네 가지 상황이 혼재되어 움직이기 때문에 매월 적립식으로 투자해야만 일시금 투자의 리스크를 줄이고 안정적인 수익을 기대할 수 있는 것입니다.

▶ 적립식펀드의 수익 예시

적립식펀드가 장기적으로 어떤 수익을 낼 수 있는지를 예시한 표이다. 대표 우량주의 경우는 종합주가지수와 상관없이 그동안 꾸준히 상승해 왔기 때문에 만약 85년부터 20년 동안 투자했다면 엄청난 수익을 기록했을 것이다.

우량주는 앞으로도 지속적으로 상승할 것으로 전망되기 때문에 지금 투자를 시작한다면 20년 후에도 마찬가지로 기대 이상의 수익을 얻을 수 있다고 설명하면 된다.

〈참고자료〉

대표우량주 주가변동표

구 분	삼성전자	신세계	롯데칠성	태평양	농 심
1985년	8,000	6,000	10,000	7,000	5,000
1987년	50,000	25,000	15,000	20,000	18,000
1995년	100,000	53,000	100,000	18,000	18,000
1997년	60,000	12,000	60,000	20,000	40,000
1999년	250,000	50,000	70,000	33,000	60,000
2002년	300,000	150,000	650,000	120,000	90,000
2004년	450,000	320,000	900,000	220,000	250,000
연 상승률	22.3%	22%	25.2%	18.8%	21.7%

▶ 향후 증시 전망

변액보험을 클로징하는데 있어서 가장 필수불가결한 것이 바로 향후 증시전망이다. 적립식펀드는 기본 전제가 장기적으로 주가가 상승할 것이라는데 있다. 만약 주가가 장기적으로 떨어진다면 변액보험으로 자녀교육이나 노후를 준비하려는 고객들에게 치명적인 손실을 입힐 수 있기 때문에 우선적으로 FP부터 대한민국의 장기적 증시 전망에 대해 연구하여야 한다.

자본주의는 '수요와 공급의 논리'가 지배하는 시장이다. 강남 아파트의 값이 천정부지로 치솟는 것도 팔려는 사람보다 사려는 사람이 훨씬 많기 때문이다. 주식시장에도 이 논리는 철저하게 적용되는데 2006년 4월에 경기가 좋지 않음에도 불구하고 종합주가지수가 사상 최고치를 기록한 배경에는 막강한 구매력이 버티고 있었기 때문이었다.

한국증시의 주요 구매력은 외국인과 기관 그리고 개인으로 나눌 수 있다. 우리나라의 경우는 증시규모가 작기 때문에 외국인의 동향에 민감할 수밖에 없는데, 2000년대 초반부터 간접투자의 열풍이 불면서 기관의 구매력이 갈수록 높아지고 있다. 여기에 각종 연기금(국민연금 등)이 가세하고 있어 외국인의 구매력을 제외하고라도 국내 증시의 수급기반은 시간이 갈수록 탄탄해질 것으로 전망된다.

미국의 경우는 60년대부터 20여 년간 우리나라처럼 주가지수가 1천포인트 내외를 기록했었는데, 80년대부터 본격적인 주가 상승이 시작되어 1990년대 말엔 대망의 1만포인트 시대를 열었다. 국가의 경제규모가 커지고 경기가 호황을 보이는 등의 기본체력이 바탕이 됐지만 주가상승의 견인차 역할을 했던 것은 81년도부터 시작된 401K 법안이라고 한다. 401K 법안이란 근로자 퇴직연금에 대한 세제혜택을 주는 법안을 의미하는데 이러한 연금자산이 증시로 본격 유입되면서 주가 상승의 견인차 역할을 한 것이다.

우리나라도 2005년 12월 1일부로 근로자 퇴직연금이 도입됐는데, 이러한 퇴직연금의 자금들이 상당 부분 주식시장으로 유입될 것으로 예측되기 때문에 향후 대한민국의 증시도 80년대의 미국처럼 장기 상승할 것이라는 논리가 지배적이다. 이것은 수요와 공급의 법칙에서 볼 때 공급은 일정한데(또는 소폭 증가) 수요는 대규모로 증가하기 때문에 상승할 수밖에 없다는 논리이며, 한국 증시가 저평가되어 있다는 시각도 많기 때문에 필자가 예상하기에는 현재 30~40대의 국민들이 변액보험의 혜택을 가장 많이 볼 수 있을 것으로 생각된다.

〈표: 미국사례(401K)〉

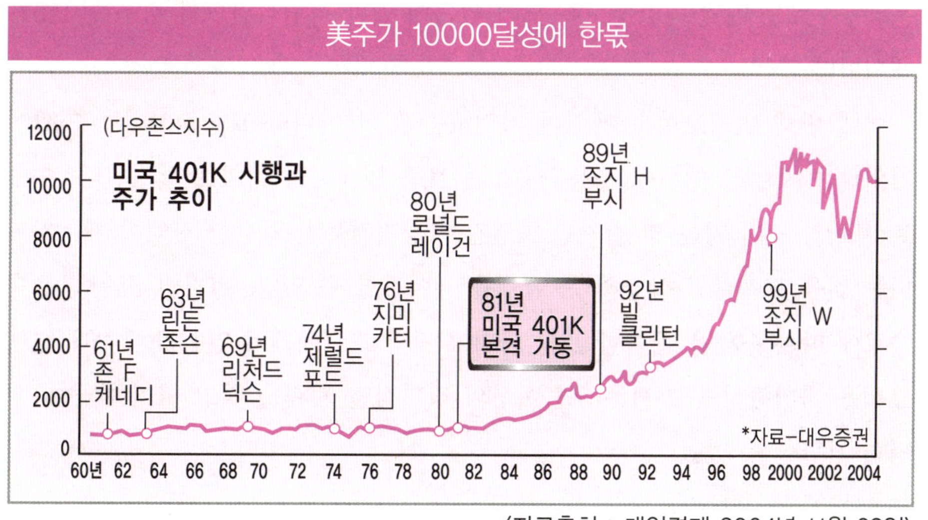

〈자료출처 : 매일경제 2004년 11월 28일〉

▶ 변액보험 주요 세일즈포인트

변액보험은 펀드에 투자하는 보험이다. 그래서 펀드에 대해 자세히 알아야 하지만 그렇다고 펀드로 세일즈해서는 절대 안 된다. 펀드의 구성형태가 틀리고 보험상품이기 때문에 사업비로 빠져 나가는 부분이 있어서 조기 해약시 손실을 입을 수 있기 때문이다. 그래서 변액보험은 반드시 장기적으로 투자해야 한다고 강조해야 한다.

하지만 변액보험은 나름대로의 장점을 보유하고 있다. 5년 이상 장기투자의 경우에는 이런 장점들이 매우 큰 위력을 발휘할 수 있는데, 일반 적립식펀드와 비교해서 장단점을 명확히 알고 있어야 고객을 보다 쉽게 설득할 수 있을 것이다.

① 운용수수료

적립식펀드의 수수료는 크게 3가지로 구성되어 있다. 투입수수료, 운용수수료, 환매수수료인데 이 중 가장 많은 부분을 차지하는 것이 운용수수료이다. 운용수수료는 매일 차감하도록 되어 있는데 일반 적립식펀드의 경우 연 2.5% 내외이다.

이에 반해 변액보험은 개인이 가입하는 것이 아니라 보험회사라는 기관이 가입하는 것이기 때문에 운용수수료는 보통 연 0.6% 내외로 책정한다. 수수료 차이가 크지 않은 것 같지만 매일같이 장기간동안 차감한 잔액이 재투자된다는 것을 고려하면 상당히 큰 금액을 세이브할 수 있다. 필자의 경우 운용수수료에 따른 수익을 계산한 표를 가지고 가망 고객에게 설명하곤 했는데 변액보험을 가입하려는 고객은 5년 이상의 장기적인 계획을 갖고 있기 때문에 상당히 어필할 수 있었다.

② 펀드 구성형태

일반적인 적립식펀드는 대부분 주식형이다. 고수익 창출이 목표이기 때문에 당연히 주식의 비중이 높을 수밖에 없는데, 이에 반해 변액보험은 일부 회사의 펀드를 제외하고는 대부분 주식비중이 50% 이내로 구성되어 있다. 미국의 경우는 주식 비중이 30%만 넘어도 주식형펀드라고 표현하는데 그만큼 주가등락에 대한 리스크를 의식하기 때문이다.

주식비중이 높으면 주가 상승에 따라 큰 수익을 얻을 수 있지만 반대로 주가가 하락할 경우는 큰 손실을 입을 수 있다. 'High Risk, High Return'을 회피하면서 장기적으로 안정적 수익을 얻기 위해 적립식펀드에 가입하는 것이라면 주식을 50%이내로 설정하고 있는 변액보험이 여러모로 안정적이라고 할 수 있다.

주식의 수익에 채권의 수익까지 보텔 수 있기 때문인데 만약 주식이 예상보다 수익이 떨어진다 해도(또는 원금손실이 발생한다 해도) 채권이 버티고 있어서 안정성이 뛰어나다.

따라서 고객의 가입목적이 향후 몇 년내 큰 수익을 목표로 하는 것이 아니라면 장기적인 관점에서는 주식의 편입비중을 50% 이내로 유지하는 변액보험이 더 큰 도움이 된다는 것을 설명하면 된다. 왜냐하면 주식의 향방은 아무도 모르기 때문이다.

③ 펀드 변경

변액보험이 갖고 있는 장점 중 가장 큰 장점이라고 할 수 있는 것이 바로 펀드 변경이다. 필자가 변액보험의 서두에서 언급한 것처럼 주식시장은 경기에 따라 움직이게 마련인데, 10년, 20년 동안 투자하는 변액보험의 경우 반드시 주가하락기를 경험할 수밖에 없다.

이런 경우가 생긴다면 일반 장기 적립식펀드는 환매를 해서 안전자산에 보관하다가 다시 주가상승이 시작될 시점에 재투자를 하는 방법 밖에 없다. 그런데 증권회사나 펀드매니저들은 자산운용수수료가 가장 큰 수입이기 때문에 고객의 이익을 생각해서 환매를 권유하는 경우는 거의 없다. 환매를 할 경우 수수료가 줄어들기 때문이다. 환매 타이밍을 놓치게 되면 그동안 애써 모아 놓은 수익이 한 순간에 날라갈 수도 있는데, 이런 점이 증권회사의 가장 큰 리스크라고 할 수 있다.

그래서 적립식펀드에 투자하려면 변액보험에 해야 한다고 강하게 어필할 수 있다. 왜냐하면 변액보험은 사업비만 있을 뿐 운용자산에 대한 수수료를 FP에게 주지 않기 때문이다. 또한 펀드변경이 가능하기 때문에 환매하는 일 없이 채권형으로 펀드를 옮기면 된다.

펀드 변경 시점에 대해 FP가 정보를 제공하는 것은 어렵겠지만 주식시장의 상황에 대해서는 매일같이 신문에서 상세히 보도하고 있기 때문에 고객의 불안감을 적절하게 해소시켜 줄 수 있다. 이것이 장기적으로 고객의 자산을 관리해 주는 변액보험의 가장 큰 장점인 것이다.

④ 추가납입, 중도인출

인생을 살아가면서 재정상황은 수시로 변하기 마련이다. 보너스를 받거나 연봉이 올라가는 등 생각보다 수입이 늘어날 수도 있고, 집안의 경조사나 주택마련 등 갑자기 돈이 필요한 경우도 수시로 발생한다.

일반 적립식펀드는 은행의 저축처럼 약정된 기간동안 의무적으로 납입을 해야 하기 때문에 돈이 생겨서 추가로 납입하거나 돈이 필요해서 중간에 찾아 쓰기는 힘들다. 하지만 변액보험의 경우는 연금형태로 운용되기 때문에 추가납입과 중도인출이 자유롭다. 여기에 변액유니버셜보험은 의무납입기간 2년이 경과하면 월 대체공제를 통해 납입유예까지 가능한 장점도 있다.

필자의 경험상 많은 사람들이 저축을 하다가 돈이 필요해 중도에 해약하는 경우도 있었고, 보너스 같은 여윳돈을 재투자하고 싶은데 마땅히 할 방법이 없어서 그냥 흐지부지 쓰는 경우도 많이 목격했다. 이런 구체적인 사례들이 대다수 일반인들이 변액보험에 가입해야 하는 이유 중에 하나라고 할 수 있다.

⑤ 세제혜택

2006년 현재 세법은 주식매매차익에 대해 비과세를 인정해 주고 있다. 그래서 주식형펀드의 경우 수익에 대해 비과세혜택을 누릴 수 있는데, 주식과 채권이 혼합되어 있는 펀드의 경우(혹은 주식편입비율 이외의 금액)에는 주식 이외의 유동자산수익에 대해 이자소득세를 부과한다.

즉, 채권투자수익이나 배당수익, 이자수익에 대해서는 세금을 내야 하는데 세금의 많고 적음을 떠나 금융소득종합과세 산정기준에 포함되는 불이익이 있다. 여기에 장기간의 투자를 통해 수익이 많아진다면 실제로 내야하는 세금도 크게 불어날 수 있다.

자산가들한테는 물론이고 일반인들도 세금 부분만큼 손해를 입게 되는데 변액연금과 변액유니버셜보험은 비적격연금의 형태를 띠고 있기 때문에 10년 경과시 전액 비과세혜택을 받을 수 있다. 비과세혜택은 금융소득종합과세를 걱정하는 자산가는 물론 일반인들도 변액보험에 가입해야 하는 강력한 이유이다.

⑥ 연금전환

일반 적립식펀드에서 만기환급금은 물론 임대소득처럼 일정 시점부터 매월 일정액씩 죽을 때까지 자본이익을 받을 수 있는 상품이 있다면 어떠할까? 아마 가입하겠다는 사람들이 줄을 설 것이다.

나이가 들수록 근로소득이나 사업소득을 발생시키기 힘들다 보니 40대만 돼도 월세 같은 임대소득에 대한 욕구가 많아진다. 만약 10년 전에 시작했던 적립식펀드에서 이런 비활성소득을 매월 받을 수 있다면 반응이 어떨까? 아마 매우 만족해하며 받으려고 할 것이다.

하지만 일반 적립식펀드는 불행하게도 그런 옵션이 없다. 오로지 변액보험만 갖고 있는 것이다. 스위스산 다목적 칼 하나로 일상생활과 레저생활을 두루 즐길 수 있는 것처럼 변액보험의 연금전환옵션은 인생을 살아가는데 있어서 다목적으로 활용할 수 있는 좋은 도구가 될 수 있다.

⑦ 사망보험금 및 할인제도

변액보험은 펀드에 투자하는 보험이기 때문에 일정금액의 사망보험금이 담보되어 있다. 그러나 이러한 사망보험금은 주계약이 아니라 특약으로 부과되어 있기 때문에 보험료는 거의 미미하다고 할 수 있다. 실제로 장기간의 펀드 운용기간 중 이런 일이 발생하지 않으리라고 보장할 수는 없는 게 인생이기 때문에 일반 적립식펀드 대비 장점으로 부각시킬 수 있다. "만약 그런 일이 생기면 저희 회사에서 조의금으로 얼마를 추가로 드립니다." 라는 식으로 부드럽게 설명하면 된다.

또한 '할인'이라는 단어에 익숙한 우리나라 국민들에게 어필할 수 있는 것이 '고액할인제도'이다. "변액연금과 변액유니버셜보험 가입시 100만 원 이상은 1%, 200만 원 이상은 1.5% 할인해 드립니다."

사망보험금과 할인제도는 일반 적립식펀드에는 없는 변액보험만의 장점이라고 할 수 있는데, 말하기에 따라서 얼마든지 어필할 수 있다. 50만 원 하려고 했던 고객이 1% 할인이라는 말에 100만 원을 가입한 사례가 그것을 증명해 준다.

지금까지 변액보험의 전반적인 구조와 내용에 대해 알아 보았다. 변액보험은 정액보험 대비 복잡한 구조를 갖고 있는 것이 사실이지만 그렇기 때문에 보다 다양한 컨셉을 만들어 낼 수 있다. 가망 고객의 니즈가 다양한 것 같지만 막상 찾아내서 정리를 해 보면 몇 가지로 압축할 수 있는데 변액보험으로 대부분의 니즈를 채워 줄 수 있다.

변액보험은 크게 변액연금, 변액유니버셜, 변액유니버셜종신의 3가지로 나눌 수 있는데 각각의 변액보험을 실제 세일즈에 어떻게 적용하는지, 가망 고객의 니즈를 어떻게 채워줄 수 있는지 구체적인 컨셉에 대해 알아 보자.

2. 변액연금보험 세일즈 기법

변액연금은 '펀드에 투자하는 연금보험'이라고 간단히 정의할 수 있다. 따라서 연금보험의 모든 컨셉을 고스란히 응용할 수 있는데 종자돈 마련, 교육비 마련, 비자금 마련, 기타 목적자금 마련 등의 저축 컨셉과 노후 대비 연금의 컨셉에 '72의 법칙'을 적용하면 훨씬 파워풀하게 세일즈를 할 수 있다.

변액연금이라고 해서 특별한 상품이 아니라 기존의 연금보험에 '변액'이라는 포장을 했다고 생각하면 된다. 판매 프로세스상의 모든 화법과 거절처리도 '연금보험'을 참고하면 되며, 변액연금에 특화된 몇 가지 컨셉과 화법만 소개하기로 한다.

▶ 변액연금 니즈 환기 화법

변액연금은 펀드에 투자하는 보험이므로 수익률과 밀접한 상관관계가 있다. 이러한 수익률을 구체적인 그림으로 그려 주는 것이 고객의 니즈를 끌어올릴 수 있는데, 대표적인 Ice Breaking용 화법으로는

① 가장 인기 있는 책 질문

FP : 고객님. 요즘 서점에서 가장 인기 있는 책이 무엇인지 아십니까?

고객 : 글쎄요. 재테크 서적 아닌가요?

FP : 네. 맞습니다. 좀 더 구체적으로 말씀 드리면 '10억 만들기'에 관한 내용입니다. 고객님도 혹시 이런 분야에 대해 관심이 있으십니까?

고객 : 당연히 관심이 있죠.

FP : 오늘 제가 말씀 드리고 싶은 내용이 '목돈 만들기'에 대한 정보입니다. 한 번 들어 보시겠습니까?

고객 : 네.

FP : 서점에 가 보면 '300만 원으로 10억 만들기', '이렇게 해서 10억을 모았다' 등 다소 황당한 내용의 책들이 많이 있는데요, 많은 사람들이 관심은 있지만 실제로 어떻게 해야 10억을 모을 수 있는지는 잘 모르고 있습니다.

FP : 만약 고객님이 1년에 1억씩 모을 수 있다고 가정하면 원금 기준으로 10억을 모으려면 얼마나 걸릴까요?

고객 : 10년 아닌가요.

FP : 네. 맞습니다. 원금 기준으로 10년이 걸립니다. 그런데 만약 1년에 4천만~5천만 원씩 투자해서 10년에 10억을 모을 수 있는 투자 프로그램이 있다면 한 번 검토해 보시겠습니까?(가망 고객의 재정상황에 따라 1년에 4백~5백으로 10년에 1억 만드는 화법으로 바꾸어 사용해도 무방함)

고객 : 그런 상품이 있나요?

FP : 네. 오늘 제가 말씀 드릴 상품이 바로 그런 상품입니다.
(수익률을 '10억 만들기'라는 그림으로 그려 주는 화법임)

② 내가 돈을 모으지 못한 이유

FP : 고객님. 본격적인 재테크 정보를 말씀 드리기 전에 몇 가지 질문을 해도 되겠습니까?

고객 : 네.

FP : 경제활동을 하신지는 얼마나 되셨습니까?

고객 : 한 10년 정도 됐지요.

FP : 실례지만 현재 연봉은 어느 정도 되십니까?

고객 : 4천만 원 정도 되는데요.

FP : 그렇다면 현재 통장잔고는 어느 정도 있으십니까?

고객 : 몇 백만 원 정도 되는데요.(또는 마이너스 통장을 쓰고 있는데요.)

FP : 10년 동안 일하셨다고 하셨는데 평균연봉을 3천만 원만 잡아도 대략 3억 원 정도를 버셨을 것입니다. 그런데 현재 통장잔고는 그 정도 밖에 되지 않으신데요, 주택 마련 등의 자금을 감안하더라도 대부분의 수입을 다 써 버렸다고 할 수 있는데 어떠십니까?

고객 : 많이 썼지요……

FP : 지금까지 수입의 30%만 모으셨어도 현재 1억 원의 투자자금을 만드셨을 텐데요, 그 동안 저축은 하지 않으셨습니까?

고객 : 저축은 그럭저럭 계속 했는데 이상하게 돈이 모이지 않더군요.

FP : 그래서 제가 서두에 말씀 드리고 싶은 것이 바로 '내가 돈을 모으지 못한 이유'를 분석해 보자는 것입니다. 10년을 일하셨는데도 통장 잔고가 거의 없다면 분명히 어떤 이유가 있을 것입니다.(참고자료 설명)

FP : 지금 현 상태로 계속 간다면 앞으로 3년 후, 5년 후에도 통장잔고는 비슷하게 유지될 텐데요, 어떠십니까? 통장잔고를 획기적으로 늘려 나갈 방법에 대해 한 번 들어 보시겠습니까?(이후 종자돈 마련 컨셉으로 상담 진행)

내가 돈을 모으지 못한 이유는?

1. 금리가 너무 낮아서?

- 우리나라 금리 추이
  - ▶ 1994년 : 평균 12.96%
  - ▶ 1995년 : 평균 13.69%
  - ▶ 2000년 : 평균 9.92%
- 10년간 매월 100만 원을 세후수익률 10%로 투자시 2억7백만 원, 20년간
  투자시 7억7천만 원 마련 가능

(금리가 5% 이하로 내려간 것은 200년대 들어서임)

2. 부동산 가격이 오르지 않아서?

- 서울 및 수도권 주변의 아파트의 경우 4년 전 대비 평균 3배 상승
  (전국 평균 1.3배 상승)

3. 주식이 오르지 않아서?

- 99년 10월에 설정한 템플턴그로스 주식신탁 4호의 투자수익률
  ⇒ 2004년 4월 1일 현재 연평균 54.22% 기록
- 오르고 내린 것과 상관없이 종합주가지수펀드에 적립식으로 투자할 경우
  연 10% 이상의 투자수익률 실현 가능

4. 저축률이 낮아서?

- 2000년부터 2002년까지의 평균저축률
  (한국:29.3%, 대만:27.1%, 홍콩:32.1%)

- 2002년 가구당 연간평균소득은 2,150만 원, 연간저축액은 645만 원 기록.

⇒ 645만 원을 10년간 10%로 투자시 1억1천3백만 원 마련.

★ 나는 왜 돈을 모으지 못했을까?

⇒ 종자돈(1억)이 되기 전에 저축한 돈을 사용했기 때문임.

★ 홍길동 FP가 제안하는 재테크 성공방법

▶ 종자돈을 모으고(저축)

▶ 모든 돈을 계속 재투자하고(투자)

▶ 근로의 여부에 상관없는 비활성소득 형성(임대,연금소득 〉 월 생활비)

▶ 경제적 자유 성취(은퇴하고 싶을 때 은퇴할 수 있는 자유)

③ 삶의 질 화법(부자의 3단계)

FP : 고객님. 혹시 '한국의 부자들'이라는 책을 읽어 보셨습니까? 그 책을 보면 한국에서 부자 소리 들으려면 부동산 20억에 금융자산 10억, 합쳐서 30억 정도 있어야 한다고 합니다. 우리나라에는 이런 부자들이 약 5%가 있다고 하는데요, 고객님은 5%의 부자에 속한다고 생각하십니까, 아니면 95%의 일반인에 속한다고 생각하십니까?

고객 : 일반인에 속하겠지요.

FP : 네. 그래서 많은 분들이 부자가 되려고 노력하고 있는데요, 그렇다면 고객님은 삶의 질을 상, 중, 하로 나누었을 때 어디에 속한다고 생각하십니까?

고객 : '중' 또는 '하' 겠지요.(대다수의 고객들이 이렇게 답변함)

FP : 앞으로 10년 정도 지나면 어떨 것 같으십니까? 20년 후는 어떨 것 같으십니까?

고객 : 글쎄요……

FP : 고객님이 지금까지 해 오신 재테크로는 아마 앞으로 10년, 20년 후에도 현재의 삶의 질을 벗어나기 어려우실 것입니다. 왜냐하면 향후 소득의 증가속도보다는 지출의 증가속도가 더 빠를 것이기 때문입니다. 동의하십니까?

고객 : 그렇겠지요.

FP : 로버트 기요사키의 '부자 아빠, 가난한 아빠'라는 책을 보면 부자로 가는 3단계가 있다고 합니다. 첫단계는 목돈을 모으는 단계구요, 두번째 단계는 목돈을 굴리는 단계, 세번째 단계는 임대소득이나 연금처럼 일을 하지 않아도 매월 발생되는 비활성소득을 만드는 것이라고 합니다. 매월 창출되는 비활성소득이 현재의 생활비를 초과하는 수준부터 부자라고 하는 것이지요. 즉, 일을 하고 싶으면 일하고, 하기 싫으면 일하지 않아도 되는 수준이 부자의 기준이라는 것입니다.

FP : 고객님은 이 세 단계 중 어느 단계에 있다고 생각하십니까?

고객 : 첫 번째 단계겠지요.

FP : 네. 그렇습니다. 고객님은 무려 10년 동안 첫 단계에 머무르고 계시는 것입니다. 지금까지 해 오신 방법대로 앞으로도 한다면 앞으로 10년 동안, 아니 그 이상의 기간 동안에도 계속 첫 단계에 머무르실 수밖에 없을 것입니다. 그래서, 오늘 제가 드리고 싶은 말씀은 최대한 빨리 두 번째 단계로 가는 방법에 관한 것입니다. 최대한 빨리 두 번째 단계에 들어서야 마지막 세 번째 단계로도 빨리 가실 수 있을 것입니다. 어떠십니까? 한 번 들어 보시겠습니까?

▶ 나만의 금고 컨셉

'나만의 금고' 컨셉은 연금보험이 갖고 있는 컨셉을 가장 알기 쉽게 그리고 가망 고객의 니즈를 어떤 화법보다도 크게 자극할 수 있는 컨셉이다. '연금'이라는 단어는 돈을 모으는 컨셉도 포함하고 있지만 결국은 인생의 어느 시점부터 평생동안 편안하게 돈을 쓸 수 있다는 의미가 절대적이라고 할 수 있다. 그래서 손해보험이나 은행권의 확정형 연금보다는 생명보험의 종신형 연금이 고객들에게 더 어필할 수 있고 연금 본연의 기능에 충실한 것이다.

하지만 대다수의 가망 고객들은 지금 당장 돈을 쓰는 방법엔 관심이 많지만 먼 미래에 쓰는 방법에 대해서는 별다른 관심이 없다. 왜냐하면 지금 당장 쓰기에도 부족한 형편이기 때문에 20년, 30년 후는 그때 가서 생각해 보자는 식이기 때문이다. 많은 사람들이 이렇게 인생을 살다 보니 젊었을 때는 풍족하게 살던 사람도 막상 나이가 들어서는 탑골공원에 가 있는 자신의 모습을 보게 될 수도 있는 것이다.

연금은 '필요하다고 생각할 때는 이미 늦은' 상품이다. 최소 준비기간이 10년이 필요하기 때문이다. 사실 10년의 기간은 연금소득세가 비과세되는 기간일 뿐이며, 실제로 노후생활비로 쓸 정도로 준비하려면 최소 20년 이상이 필요하다. 그래서 한 살이라도 젊을 때 연금을 시작하는 것이 그 어떤 재테크보다 가망 고객의 인생에 훨씬 더 도움이 된다.

이런 컨셉이 바로 '나만의 금고' 컨셉인데, 이 화법을 실제로 어떻게 풀어 가는지 알아 보자.

FP : 고객님. 몇 가지 질문을 드려도 되겠습니까? 고객님은 돈을 잘 모으는 것과 돈을 잘 쓰는 것 중에 어느 것이 더 중요하다고 생각하십니까?

고객 : 돈을 잘 모으는 것 아닌가요?

FP : 네. 그렇습니다. 돈을 잘 모으는 것이 중요하지요. 하지만 언젠가는 쓸 돈 아니겠습니까? 아무리 많은 돈을 모아도 저승갈 때 차비로 쓸 게 아니기 때문에 언젠가는 다 쓰고 싶을 것입니다.

FP : "돈을 잘 버는 것은 기술이고 돈을 잘 쓰는 것은 예술이다"라고 독일의 사회철학자 에리히 프롬이 말했는데요, 그래서 모아둔 돈을 다 쓰지도 못하고 죽는 부자가 제일 불쌍하다고 하는 것입니다.

FP : 저는 돈을 잘 쓰는 방법에 대한 전문가입니다. 돈을 잘 버는 것은 제 분야가 아닙니다. 그것은 고객님 각자의 몫입니다. 어떤 분들은 열심히 사업해서 돈을 버시고, 어떤 분들은 부동산 투자를 잘 해서 벌 수도 있습니다. 샐러리맨은 열심히 노력해서 임원이 되면 됩니다. 이렇듯 돈을 버는 것은 각자가 가진 노하우를 활용하면 되는데요, 하지만 많은 분들이 돈을 어떻게 쓰는 것이 제일 좋은지는 잘 모르고 있습니다.

FP : 돈을 쓰려면 어딘가에는 담아 놓고 쓰셔야 할 텐데요, 참고로 우리나라에는 돈을 담아 놓고 쓸 수 있는 그릇이 4가지 있습니다. 금고, 은행, 부동산, 연금의 4가지인데요, 첫 번째는 금고입니다. 집안의 벽을 파서 금고를 설치해서 돈을 넣어 놓고 꺼내 쓰시면 됩니다. 금고의 장점은 무엇일까요?

FP : 네. 아무도 모른다는 것입니다. 즉, 국세청에서 고객님의 집에 얼마가 들어 있는지 파악할 길이 없다는 것이지요. 그래서 세금이 겁나는 분들은 실제로 집 안에 금고를 설치해서 사용하고 있습니다. 하지만 이 방법은 큰 단점이 두 가지 있습니다. 첫째는 수익률이 제로라는 것입니다. 은행이나 부동산은 일정 수준의 수익을 얻을 수 있지만 금고는 수익이 없기 때문에 꺼내 쓰다 보면 쌀독의 쌀처럼 다 없어지게 됩니다. 두 번째는 불안감입니다. 집에 10억 원을 넣어 두었다고 생각해 보십시오. 도둑이 들까봐 불안해서 여행도 제대로 다니지 못할 것입니다. 이처럼 금고는 익명성이 보장되지만 이런 단점들로 인해서 실제로 활용하는 분들은 많지 않습니다.

FP : 두 번째 방법은 은행을 활용하는 것입니다. 절대 다수의 분들이 실제로 은행을 이용하고 있는데요, 은행의 장점은 편리성과 안전성을 꼽을 수 있습니다. 인터넷 뱅킹을 통해 편하게 돈을 꺼내 쓸 수 있구요, 금고처럼 도둑맞거나 하는 일이 없습니다. 하지만 은행에도 단점이 있습니다. 첫 번째는 수익이 낮다는 것입니다. 일반 입출금통장의 경우는 연 수익률이 보통 0.1%에 불과하고 정기예금의 경우도 4% 정도로 인플레를 따라 가지 못하고 있습니다. 두 번째는 세금인데요, 세금의 많고 적음을 떠나 세금이 발생했다는 사실 자체가 국세청에 통보되기 때문에 내가 가진 자산이 얼마나 되는지 정확하게 알려질 수밖에 없습니다. 아울러 세금이 많아지게 되면 금융소득종합과세 같은 중과세의 부담도 떠 앉게 됩니다. 그래서 돈이 많아질수록 은행을 기피하는 현상이 생기는 것입니다.

FP : 세 번째는 부동산입니다. 아파트나 상가 등에 투자해서 매월 월세를 받아서 쓰는 방법인데요, 은행보다는 수익률이 높고 부동산의 가치 또한 올라갈 것으로 기대하기 때문에 많은 분들이 활용하고 있습니다. 하지만 부동산은 유동성 측면에서 심각한 단점이 있습니다. 부동산 경기가 좋을 때는 매매를 해서 현금으로 전환이 가능하지만 부동산 경기가 나빠지면 원금은 커녕 큰 손실을 입을 수도 있습니다. 장기적으로 볼 때 우리나라의 부동산 경기는 점점 후

퇴할 것으로 생각되는데요(고령화, 저출산의 리스크로 인한 수요감소 설명),
부동산에 대한 세금 압박도 나날이 강해질 것으로 판단됩니다. 또한 부동산에
는 여러 가지 부대비용이 많이 발생합니다. 부동산 취등록세는 물론이고, 중개
수수료도 발생하고 각종 보유세(재산세, 종합부동산세)에 대한 부담과 양도소
득세도 만만치 않습니다. 게다가 임대소득도 일정액 이상이면 매년 임대소득
세도 별도로 납부해야 합니다. 여기에 부동산의 노후화에 따른 각종 유지보수
비용도 감안해야 합니다. 부동산 전문가들이 임대수익률이 연 8% 이상이면
투자성이 있다고 하는데요, 이런 각종 부대비용을 생각하면 생각보다 수익이
떨어질 가능성이 높습니다. 거기에 만약 임대가 잘 안 되거나 부동산의 가치가
하락하는 일이 생기게 되면 임대수입으로 돈을 쓰는 계획에 큰 차질을 빚을 수
도 있습니다.

FP : 마지막 네 번째 방법은 연금입니다. 연금은 보험회사에 돈을 넣어 두
고 매월 꺼내 쓰는 방법인데요, 2006년 현재 약 5% 내외의 수익으로 쓸 수 있
습니다.(공시이율형 기준) 은행보다는 높고 부동산보다는 조금 낮은데요, 어
떠십니까? 고객님이 만약 어딘가에 돈을 담아 놓고 쓰고 싶은데, 각종 세금부
담이나 임대와 유지보수에 관련돼서 골치 아픈 부동산을 활용하시겠습니까?
아니면 그냥 편안하게 이 달에 다 써도 다음 달에 또 나오는, 그래서 죽을 때까
지 아무 신경 쓰지 않고 풍요롭게 쓸 수 있는 연금을 선택하시겠습니까?
고객 : 연금이 더 좋겠지요.

FP : 네. 그러실 겁니다. 그래서 미국이나 유럽 같은 선진국에서는 사회생
활을 시작하자마자 이러한 연금에 소득의 일부를 투자합니다. 일찍 준비할수
록 그만큼 많이 꺼내 쓸 수 있기 때문입니다.

FP : 지금까지 제가 돈을 잘 쓰는 방법으로 금고, 은행, 부동산, 연금 4가지를 설명 드렸는데요, 돈을 담아 놓고 편안하게 쓰기에는 연금이 가장 좋다고 말씀 드릴 수 있습니다. 하지만 이 연금에도 큰 단점이 있습니다. 바로 준비기간이 필요하다는 것인데요, 연금소득세(5.5%)가 비과세 되려면 최소 10년이 필요합니다. 즉, 한 달이라도 일찍 시작해야 그만큼 빨리 꺼내 쓰실 수 있다는 뜻입니다.

FP : 요즘에는 펀드에 투자하는 연금보험이 일반화되어 있는데요, 장기적인 적립식펀드에 투자를 하기 때문에 수익률이 높아지면 그만큼 넉넉하게 매월 꺼내 쓰실 수 있습니다. 한 번 들어 보시겠습니까?

▶ 재테크 컨셉(브로셔 활용)

재테크 컨셉은 Push Marketing으로 가망 고객에게 들이 대는 컨셉이다. 많은 사람들이 평소 재테크에 대한 관심은 있지만 어디서 재테크에 대한 정보를 얻어야 되는지 잘 모르고 있다. 시간적인 여유가 있어서 인터넷을 통해 정보를 검색하는 방법이 있지만 너무나 많은 정보가 널려 있기 때문에 취사선택을 하기 힘들고, 은행이나 증권회사 창구를 방문해서 정보를 얻으려면 번호표를 뽑고 기다려서 몇 분 정도 상담하는 것이 고작이다.

재테크는 자신이 보유하고 있는 자산과 매월 창출되는 수입의 효율적 운용을 통해 자산을 늘려 나가는 것인데, 결국은 수익성이 관건이라고 할 수 있다. 인생을 살다 보면 단기적인 투자를 통해 매우 운좋게 큰 수익을 올린 사례를 접하게 되는데 그러다 보면 너도나도 고수익의 환상에 빠져 버리게 된다. 하지만 현실은 고수익을 올린 경우보다 그렇지 못한 경우가 더 비일비재하다.

그렇기 때문에 재테크는 적정수익률을 목표로 하는 것이 무엇보다 중요하고 수익성 못지 않게 안정성과 유동성을 점검하는 것이 필수적이다. 여기에 종자돈을 모을 수 있도록 투자기간을 여유롭게 장기간으로 가져가고, 재테크 계획 전반에 걸쳐 전문가에게 수시로 점검을 받고 보완할 수 있다면 금상첨화일 것이다.

그래서 필자가 보기에 변액연금이나 변액유니버셜보험이야말로 대다수 일반인들이 할 수 있는 가장 좋은 재테크라고 생각하며, 이런 상품을 재테크 차원에서 알기 쉽게 브로셔로 만들어 Push Marketing으로 세일즈하는 컨셉이 바로 '재테크 컨셉'이다.

브로셔는 변액연금과 변액유니버셜의 두 가지 형태로 만들면 되는데 가망고객의 재정상황과 성향에 따라 즉석에서 꺼내서 브리핑하면 된다.(또는 두 상품 모두 설명한 후 고객에게 선택하도록 해도 됨) 변액연금과 변액유니버셜은 옵션의 차이만 있기 때문에 브로셔는 상품설명자료만 제외하고 내용과 순서는 거의 유사하다.

브로셔는 대부분 신문자료와 개인적으로 만든 자료로 제작하는데 저작권법의 문제가 있기 때문에 내용 위주로 설명하고 어떻게 브로셔를 만들 것인지는 FP 각자의 몫으로 한다.(인터넷 검색을 통해 자료를 확보하면 됨.)

첫 번째 페이지는 상품의 제목과 순서를 기록하면 되고 다음 페이지부터는 현재의 금융환경에 대한 신문자료를 편집해서 만들면 된다. 주요 내용으로는 은행에 1억을 맡겼을 때 인플레이션으로 인해 실제로는 손실을 본다는 신문자료, 한국경제의 현재 금리비교표, 저금리시대에는 세금을 줄이는 것이 더 필요하다는 내용, 부동산 임대수익률이 떨어지고 있다는 자료 등이다. 이런 자료들을 통해 은행의 저축과 예금으로는 더 이상 재테크에 도움이 되지 않음을 암시하고 부동산 투자의 리스크를 설명함으로써 자연스럽게 적립식펀드로 유도한다.

그 다음으로는 적립식펀드에 대한 각종 신문자료를 편집해서 붙이면 되는데 적금 대신 적립식펀드로 갈아타자, 미국 백만장자들은 장기투자자, 적립식펀드 하락장서 더 빛난다, 적립식펀드 큰 위험 없이 목돈 만든다, 적립식펀드 가입 지금이 적기, 샐러리맨 재산 불리려면 펀드 10년 이상 투자해야 등등의 자료들이 있다. 이렇게 연속해서 몇 페이지를 보여 주면 눈으로 본 것이 마음속에 각인되는 효과가 있는데 필자의 경험상 강하게 설명하거나 설득하는 방법보다 때로는 훨씬 더 효과가 좋았다.

다음으로는 인생의 7대 필수지출항목(자녀 교육비, 주택마련자금, 자녀 유학자금, 노후생활비, 자녀 결혼비, 긴급의료비, 은퇴자금)의 필요성에 대해 언급하고 인플레이션의 리스크에 대해 설명함으로써 가망 고객의 공포감을 유발시킨다.(아무리 은행에 저축을 많이 해도 필요자금을 해결하기 어려움을 암시)

이어서 자연스럽게 72의 법칙을 통해 수익률을 높일 수 있는 상품에 투자하는 것이 필요하다고 설명한다. 다음으로 적립식펀드에 대한 설명을 진행하는데 S전자 화법을 통해 Cost Averaging효과와 Compound Interest효과를 언급하고, 장기간 투자하는 부분에 대한 당위성과 적립식펀드의 안정성 등에 대해 집중적으로 설명한다.

그리고 선 거절처리로 은행에서 보험상품을 취급하듯이 보험회사에도 이러한 펀드상품을 취급하는데(브로셔에 따라 변액연금 또는 변액유니버셜 설명), 탄생배경으로 변액연금의 필요성을 간단하게 언급하고, 재테크 일반론의 차원에서 은행, 주식, 채권, 부동산, 변액보험의 차이점에 대해 설명한 후, 변액연금(변액유니버셜)의 특징과 장,단점에 대해 집중적으로 설명하면 된다.(변액보험 주요 세일즈포인트 참조)

여기까지 설명을 진행한 후 가망 고객의 반응을 살펴보아야 하는데 가망 고객마다 재정적 여건과 니즈가 다르기 때문에 이런 상품에 대한 필요성 여부를 체크해 보아야 한다.(고객님의 인생에 이런 상품이 필요하다고 생각하십니까?)

　브로셔 세일즈의 클로징은 실제로 적립식펀드가 장기적으로 어떤 도움이 되는지를 보여주는 것인데 갑돌이와 갑순이의 투자이야기, 현대모비스 투자 사례, 대표 우량주 주가 변동표 등을 보여 주면서 강하게 권유해야 한다.(만약 10년 전에 이렇게 적립식으로 투자했다면 지금쯤 어느 정도의 자산을 모을 수 있었는지를 시뮬레이션해서 보여 줌.)

　이어 선 거절처리로 향후 증시 전망에 대해 미국의 401K 사례를 들어 설명하고, 10억 만들기 사례를 통해 빨리 시작하는 것이 유리하다는 것을 강조해야 한다.

　마지막 클로징으로 "보통 고객님 정도의 사회적 위치와 연봉이면 월 100만 원 정도를 많이 시작하시는데, 그 정도면 괜찮으시겠습니까?"로 끝을 맺으면 된다.

　브로셔 세일즈는 보통 30분 정도 소요되는데, 필자의 경험상 상당히 효과가 좋았다. 왜냐하면 가망 고객들은 공식적으로 보도된 자료를 신뢰하기 때문인데, 그래서 브로셔 세일즈는 고도의 심리게임으로 보면 된다. TA를 통해 재테크 정보를 제공하러 간다고 약속을 잡으면 되고, I/B 단계에서 가망 고객의 재정상황을 파악해서 그 정도 수준으로는 미래가 불확실하다며 가망 고객의 아픈 곳을 찌르고, "더 나은 방법에 대해 들어보겠습니까" 라며 호기심을 자극한 후, 본격적인 AP 단계에서 전반적인 금융상황과 적립식펀드에 대한 설명, 변액보험의 장단점과 특징, 그리고 실제 사례, "마지막으로 이런 상품을 선택하면 가망 고객의 인생에 많은 도움이 되니까 빨리 시작하자."라는 Flow로 상담을 진행하면 된다.

　가망 고객의 입장에서는 공식적인 자료를 통해 FP에게 신뢰감을 느끼게 되고 체계적인 설명을 들으면서 신뢰감이 더 높아지게 된다. 지금까지 이렇게 자세하게 재테크 전반에 걸친 상담을 받아 본 적이 없기 때문에 FP의 노력 여하에 따라 만족도를 크게 끌어올릴 수 있다. 이런 식의 세일즈가 전형적인 Push Marketing 인데, 재테크에 대한 지식의 수준이 낮은 가망 고객들에게 대단히 효과적이다.

▶ 10억 만들기 컨셉

'10억 만들기 화법'을 구체적인 자료로 구현한 것이 '10억 만들기' 컨셉이다. 10억이라는 돈은 로또가 당첨되지 않는 한 대부분의 사람들에게 있어 꿈의 숫자라고 할 수 있다. 하지만 누구나 투자기간만 확보되면 얼마든지 10억을 모을 수 있다. 72의 법칙을 응용하면 의외로 적은 금액으로도 충분히 만들어 갈 수 있는데, 문제는 기간이다. 단기에 10억을 모은다는 것은 거의 불가능에 가깝지만 20년, 30년동안 모으면 얼마든지 가능하다.

그래서 10억이라는 숫자에 의미를 부여해야 한다. 지금 당장 로또에 당첨돼서 10억이 생겨서 인생을 럭셔리하게 사는 것도 좋지만 10억이라는 돈이 인생을 편안하게 살아갈 수 있는 종자돈으로 활용될 수 있다면 '진정한 10억의 가치'를 느낄 수 있을 것이다. 그래서 단기적으로 10억을 만드는 것은 가망 고객의 운과 노력에 맡기고 FP로서 필자가 고객에게 제안해 주고 싶은 것은 노후 자금으로서의 10억이다. 인플레이션을 펀드의 수익률과 추가납입으로 해결한다고 가정하면 10억이라는 돈은 노후생활을 하기에 충분한 돈이다. 매월 200만 원씩 빼서 쓴다고 해도 원금 기준으로 41년 6개월을 쓸 수 있고, 10억을 굴리면서 빼서 쓸 경우 150세까지 살아도 평생동안 쓸 수 있다. 여기에 국민연금과 퇴직금(퇴직연금)을 더하면 오히려 젊었을 때보다 훨씬 더 럭셔리하게 노후생활을 보낼 수 있다. 10억만 모을 수 있다면……

이런 컨셉을 고객들에게 전달하면 된다. FP가 코치하는 대로 10억짜리 장기주머니를 따로 가져가기만 하면 인생의 가장 큰 시름 한 가지를 덜 수 있다고 설명만 하면 된다. 지구상 그 어떤 재테크보다 가망 고객에게 필요하고 도움이 되는 것이 변액연금을 가입하는 것이라고 설득하면 되는 것이다.(가망 고객의 연령대별로 필요한 금액은 세일즈자료를 참고해서 설명하면 됨. 10년납 기준이며 납입기간을 늘리면 투자금액을 줄일 수 있음.)

〈 참고자료 〉

홍길동 FP의 10억 만들기 제안

1. 10억 만들기 Life Fund란?

- 초고령화 사회 속에서 안정적 노후생활을 영위할 수 있는 최소한의 자금 (60세 시점 10억)
- 노후생활비 이외에 자녀교육비, 내집마련자금, 자녀결혼비, 은퇴후 창업자금 등의 용도로 활용 가능

2. 72의 법칙을 활용한 Life Fund 계산

- 72의 법칙 : 72 ÷ 수익률＝두 배가 되는 경과기간(예: 72÷7.2＝10년) 즉, 연간 7.2%의 복리로 10년간 운용시 투자금액이 두 배가 됨.

  ※ 60세 10억 Life Fund 만들기(10년에 두 배씩 상승 가정)

연　령	10년간 투자금액	목표금액	비　　고
60세		10억원	
50세	667만원	5억원	
40세	334만원	2억5천만원	연수익률
30세	167만원	1억2천5백만원	7.2% 가정
20세	84만원	6천2백5십만원	
10세	42만원	－	

3. Life Fund 투자시 고려사항

- 수익률 : 최소 연 수익률 7.2% 이상 운용 필요

  (현재 은행 평균 예금금리 : 3%)

- 이자소득세 : 비과세 상품 가입 필요(은행,증권사 과세)

- 인플레이션 : 연간 4%의 인플레를 감안, 보다 높은 수익률의 투자 필요

4. 홍길동 FP의 60세 10억 만들기 제안

구 분	Ⅰ案(안정적 투자)	Ⅱ案(공격적 투자)
투자방법	일반연금(50%) + 변액연금(50%)	변액연금(100%)
특 징	원금보전과 일정수익률 동시 추구	High Risk High Return
30세 가입예시	일반연금 50만원 + 변액연금 50만원	변액연금 100만원
40세 가입예시	일반연금 100만원 + 변액연금 100만원	변액연금 200만원

▶ 우리 아이 부자자녀 만들기

'우리 아이 부자자녀 만들기' 컨셉은 변액연금을 활용해서 교육자금 충당은
물론 자녀가 경제적으로 독립할 때 든든한 밑천을 마련해 주자는 컨셉이다. 변
액보험은 장기적으로 투자할 때 가장 큰 효과를 발휘할 수 있는데, 자녀가 어
릴 때 이런 프로그램을 준비해 두면 자녀가 커서 사회생활을 시작할 때 실질적
으로 큰 도움을 줄 수 있다.

필자의 경우는 1994년부터 직장생활을 시작했는데 월급을 받아서 열심히
저축해도 나중에 결혼할 시점에 주택을 마련하는 것조차 쉽지 않았다. 결국 대
출을 받아 결혼생활을 시작하게 됐고 대출을 갚아 나가다 보니 전세에서 내 집
마련의 단계로 가는 것도 무척 어려웠다.

이에 반해 필자의 친구는 부자 아빠로부터 결혼 시점에 대치동 은마 아파트
를 선물로 받았는데, 아파트 값이 뛴 것은 차치하고라도 맞벌이의 월급을 고스
란히 저축해서 그렇게 모인 목돈을 또 재투자했기 때문에 30대 후반에 이미

부자의 반열에 올라섰다.

이제까지 낳아 주고 길러 주신 부모님의 은혜는 한량없지만 만약 우리 부모님도 그런 지원을 해 주셨으면 필자의 인생도 많이 달라졌을 것이다. 자녀가 어릴 때 이런 준비를 해 두면 자녀의 인생이 틀려질 수 있다. 자본주의 사회에서 경제적으로 궁핍한데 자녀의 능력을 제대로 발휘할 수 있을까?

계약자, 수익자를 자녀로 해서 변액연금 5년 또는 7년납으로 준비하면 사랑하는 자녀의 인생에 든든한 밑바탕을 만들어 줄 수 있다. 가망 고객을 만나서 "눈에 넣어도 안 아픈 자녀를 위해 지금 시작하시죠?"라고 한 마디만 하면 된다.(수익률을 가정해서 보여 주는 것은 공식적으로 금지되어 있기 때문에 FP가 탄력적으로 활용해야 함.)

〈 참고자료 〉

우리 아이 부자 만들기 Project

■ **우리 아이 부자 만들기 Project란?**
 - 자녀가 성장해서 경제적으로 독립하는 시기에 종자돈을 만들어 주어
   2세대, 3세대까지 명문가문으로 성장, 정착시키는 Project

■ **우리 아이 부자 만들기 Project의 필요성**
 ▶ 자녀에 대한 살아 있는 경제교육
 ▶ 튼튼한 경제적 바탕을 통한 자녀의 성공적인 인생 영위
 ▶ 3세대 증여컨설팅에 입각한 명문가문 육성

■ **우리 아이 부자 만들기 Project 방법**

- 자녀 이름으로 5년 또는 7년납 변액연금 가입 후 원하는 시기에 중도인출 또는 종자돈으로 활용(수익성, 안정성, 유동성 고려)

① 30만원 5년납 예시표 (납입원금 : 1,800만원)

(단위 : 만원)

구 분		0세	5세	10세	15세	20세
수익률 10% 가정시	30세					
	35세					
	40세					
	45세					
	50세					
수익률 15% 가정시	30세					
	35세					
	40세					
	45세					
	50세					

② 30만원 7년납 예시표 (납입원금 : 2,520만원)

(단위 : 만원)

구 분		0세	5세	10세	15세	20세
수익률 10% 가정시	30세					
	35세					
	40세					
	45세					
	50세					
수익률 15% 가정시	30세					
	35세					
	40세					
	45세					
	50세					

▶ 변액연금의 클로징

변액연금의 클로징은 기본적으로 종자돈 마련 비과세저축이나 연금보험의 클로징과 동일하다고 생각하면 된다. 여기에 추가적으로 적용할 만한 클로징은 수익률에 의한 기회손실 화법이 있다. 변액보험의 수익률 예시는 법적으로 금지되어 있지만 수익률이 높을 경우에 내 자산이 얼마나 불어날 수 있는지 궁금해 하는 것은 인지상정이다.

따라서 납입금액별, 납입기간별, 수익률별 해약환급금 예시표를 만들어서 클로징때 가망 고객에게 보여 주는 방법이 있다. 고객이 궁금해 하는 것은 FP로서 해결해 줄 의무가 있기 때문에 가망 고객에게 주지는 말고 보여 주면서 미래의 그림을 그려 주면 된다. 여기에 현재시점까지의 누적수익률과 연환산 수익률을 보여 주며 기회손실을 자극하면 된다. 즉, 늦게 시작할수록 이러한 수익을 놓치고 갈 수밖에 없음을 적극적으로 암시하며 지금 당장 시작할 것을 권유하는 컨셉이다.

고객에게 클로징하는 시점의 주가상황은 매번 틀려질 수 있다. 어떤 때는 상승하고 있을 것이고 어떤 때는 보합세, 어떤 때는 하락할 때가 있다. 변액보험은 적립식펀드의 수익률과 직접적인 관련이 있으므로 주가상황에 따라 가망 고객의 반응도 틀려지는데 필자가 생각하는 것은 변액보험은 주가와 상관없이 전문가를 만났을 때 바로 시작해야 하는 상품이라는 것이다.

주가가 상승하고 있는 시점이라면 가장 클로징하기 좋은 시기이다. "이미 시작한 많은 분들이 수익을 내고 있는데 더 늦기 전에 시작하시죠?"

주가가 보합세면 "지금 투자한 자금들이 코스트 에버리징 효과를 낼 수 있는 가장 좋은 시기입니다. 지금 시작하시죠?"

주가가 하락하고 있는 시점이라면 "주가가 올랐을 때 투자한 사람보다 지금 투자하는 사람이 주식을 보다 싸게 살 수 있고, 나중에 주가가 올랐을 때 더 큰 이익을 볼 수 있습니다. 지금 시작하시죠?"라는 식으로 클로징하면 된다.

"늦게 시작할수록 기회손실은 그만큼 커지게 마련인데요, 티코에서 그랜저로 갈아타시죠? 이 상품보다 더 좋은 상품이 있으면 소개시켜 주십시오. 제가 하고 싶습니다."

변액연금의 클로징은 당당하게 자신감 있게 해야 가망 고객이 믿고 가입한다는 것을 명심하자.

지금까지 변액연금의 컨셉과 주요 화법에 대해 알아보았다. 필자가 생각하기에 변액연금은 지금까지 나온 보험상품 중에서 가장 파워풀하며, 컨셉만 제대로 전달하면 천하무적의 금융상품이 될 수 있다.

돈이 많은 자산가들에 대해서는 수익성을 겸비한 세테크의 수단으로, 중산층에 대해서는 목돈마련과 노후보장, 그리고 재테크 포트폴리오의 일환으로, 저소득층에 대해서는 선택의 여지가 없는 유일한 투자수단으로 세일즈를 할 수 있다.

여기서 주목해야 하는 것은 변액연금은 우리나라 95%의 일반인들에게 투자의 기회를 제공하는 유일한 상품이라는 것이다. 부자를 제외하고는 먹고 사는 것과 상관없이 재투자를 할 수 있는 기회를 마련하는 것이 극히 어렵다고 볼 수 있다. 주택 마련, 자녀 교육, 창업 등 인생을 살면서 돈을 쓸 일이 부지기수로 널려 있다. 이런 상황 속에서 돈을 모으고 재투자를 할 수 있는 기회는 허리띠를 졸라 매고 변액연금을 가입하는 방법 밖에 없다고 해도 과언이 아니다. 왜냐하면 중도에 해약하면 손해를 보니까 어쩔 수 없이 돈을 모으게 되고 일정기간 후에 모여진 진 돈을 중도인출해서 투자의 기회가 왔을 때 활용할 수 있는 유일한 상품이기 때문이다.(변액유니버셜의 경우는 2년 후부터 납입유예가 가능하기 때문에 강제성을 띠기 어렵다는 단점이 있음.)

필자는 변액연금의 이런 특성을 '변액연금의 모순'이라고 부르는데 변액연금만이 절대 다수의 국민들을 현재의 삶의 질에서 탈출시켜 주는 유일한 상품이라고 다시 한 번 강조하고 싶다.

3. 변액유니버셜보험 세일즈 기법

변액유니버셜보험은 변액연금에다 자유입출금 기능과 납입유예 기능, 사망보장을 추가로 셋트한 상품으로 이해하면 된다. 저금리와 인플레이션으로 인해 변액보험이라는 상품이 나왔듯이 장기간의 투자상품을 납입을 못해서 중단되는 일이 없도록, 그리고 은행의 보통예금처럼 수시로 입출금을 하되 잔액을 계속 펀드에 투자할 수 있도록 하는 니즈로 인해 변액유니버셜이 탄생하게 된 것이다.

변액유니버셜은 보통 연(年) 12회의 추가납입과 중도인출이 가능한데 이와 유사한 상품이 증권회사의 CMA(Cash Management Account, 어음관리계좌)이다. CMA는 보통예금처럼 수시로 입출금이 가능하되 매일의 잔액을 RP(Repurchase Agreement, 환매조건부채권) 등에 투자해 정기예금 수준의 수익을 내도록 고안된 금융상품이다.

CMA는 남아 있는 잔액에 대해 매일 매일의 수익을 얻을 수 있도록 되어 있는데 은행의 보통예금은 연 이자가 0.1% 정도 밖에 되지 않기 때문에 선풍적인 인기를 끌고 있다. 변액유니버셜은 이러한 CMA를 수익률이 좀 더 높게, 그리고 비과세혜택을 받으면서 일정 시기부터는 매월의 연금소득으로도 받을 수 있는 옵션이 추가되어 있는 투자통장상품으로 이해하면 된다.(고객에게 이런 컨셉으로 설명)

인생을 살아가면서 재무상황은 수시로 변하게 마련이고 이런 이유 때문에 많은 사람들이 은행에 일정한 잔고를 유지한 채 살아가고 있다. 공과금 납부나 카드대금 납부 등과 같은 일상적인 입출금은 은행을 통해서 하되 은행의 잔고에 해당하는 금액들은 변액유니버셜에 옮겨서 관리하는 것이 훨씬 더 유리하다고 설명한다. 거기에 보험회사의 상품이기 때문에 납입보험료당 일정금액의 사망보장을 강제적으로 세팅하므로 기존에 가입한 보험과 함께 사망보장을 더 많이 받을 수 있다고 설명하면 된다.(피보험자 사망시 해약환급금 + 사망보험금 지급)

변액유니버셜은 상품의 구조상 사망보험금이 반드시 포함되는데 이런 사망보험금을 싫어하는 고객도 있지만 설명하기에 따라 오히려 장점으로 활용할 수 있다. 대한민국에서 가족들이 필요로 하는 금액만큼 사망보장을 갖고 있는 사람이 얼마나 될까? 거의 없다고 보면 될 것이다. 굳이 사망보장을 다른 보장상품을 통해 늘리는 것보다 변액유니버셜이라는 투자통장을 통해 투자도 하면서 보장도 받으면 일석이조가 아닐까? 거기에 기존 가입보험에서 부족한 부분들, 즉 암보장, 성인병, 입원 및 수술비, 재해보장 등을 약간의 보험료로 보완할 수 있다면 더욱 금상첨화일 것이다. 변액유니버셜은 FP가 바라보는 시각에 따라 얼마든지 완벽한 금융상품으로 포장할 수 있다는 사실을 유념하자.

▶ 평생 투자통장

개인의 재정상황은 수시로 변하기 마련이다. 생각지도 않은 여윳돈이 생길 수도 있지만 예기치 않은 비용이 생겨서 대출을 받아야 하는 일도 수시로 생긴다. 실제로 우리나라 95% 대다수의 국민들은 소득 대비 빠듯한 생활을 영위하고 있다고 보면 된다. 이런 상황에서 더욱 심각하게 생각해야 되는 부분은 향후 소득의 증가속도보다 지출의 증가속도가 훨씬 빠르다는 것이다. 나날이 올라가는 물가, 자녀 교육자금, 주택자금, 창업자금 등 지출의 증가속도를 추월해서 소득을 벌어들이는 경우는 많지 않기 때문이다.

그래서 전문가의 상담을 받는 시기가 이런 부분들을 해결할 수 있는 절호의 기회라고 할 수 있다. 어차피 시간이 흘러갈수록 소득 대비 지출을 맞추기 힘들다면 그나마 지출을 적게 하고 있는 이 순간이 미래를 대비할 수 있는 가장 여유로운 시기이기 때문이다. 풍요로운 미래를 영위하려면 현재를 희생해야 한다. 선진국처럼 국가에서 많은 부분들을 해결해 준다면 몰라도 적어도 21세기 대한민국에 사는 국민이라면 스스로 준비해야만 한다. 스스로 준비해야 지금은 중산층인데 10년 후, 20년 후에 하류층으로 전락하지 않을 수 있다.

앞으로의 미래를 준비하는데는 은행, 증권, 부동산 등 여러 가지 방법이 있지만 Life Cycle에 입각해서 본다면 변액유니버셜이 가장 좋은 방법이다. 일단 미래를 위해 저축을 시작하되 주가 상승에 따른 수익을 기대할 수 있고, 필요한 시기에 필요한 자금 활용은 물론 쓰다 남은 자금은 노후기의 연금으로도 활용할 수 있기 때문이다.

여기에 여유자금의 추가납입과 재정상황 악화시 납입유예가 가능하기 때문에 금상첨화라고 할 수 있다. 변액유니버셜은 재테크 3요소의 측면에서 주식과 채권에 투자하는 수익성을, 적립식투자와 펀드변경을 통한 안정성을, 저축하는 과정에서 필요한 시기에 필요한 자금을 활용할 수 있는 유동성을 골고루 갖춘 만능 종합금융상품이라고 할 수 있다.(이런 컨셉을 CMA와 비교해서 가망 고객에게 설명, 다음페이지 참고자료 참조)

▶ 경제적 독립 컨셉

변액연금은 납입기간 만료 이후에 연금으로 받기 위해서는 일정기간의 거치기간을 필요로 한다. 안정적인 연금재원을 만들기 위해 필요한 기간인데, 그러다 보니 납입을 하다가 고객이 원하는 시기에 즉각적으로 연금을 받기는 힘들다. 변액연금인데 내가 원하는 시기에 바로 연금을 받기는 힘들다? 연금을 원하는 고객들에게 오히려 세일즈하기 힘든 것이 변액연금이다.

그런데 변액유니버셜은 45세 이후부터 언제든지 연금으로 전환이 가능하다. 즉, 거치기간이 필요없다는 말인데 그래서 오히려 연금컨셉으로 세일즈하기 쉽다. 이러한 연금컨셉에 투자수익을 통한 풍요로운 노후를 가미한 것이 '경제적 독립' 컨셉이다.

변액 유니버셜 보험 활용 사례

LIFE CYCLE

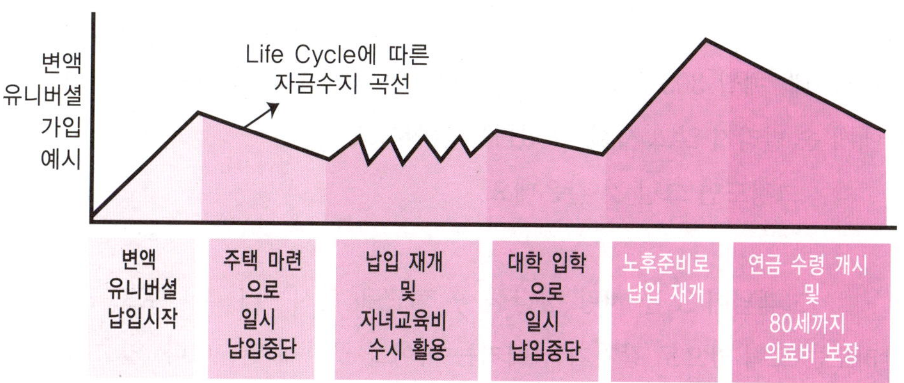

▶ 경제적 독립 화법

FP : 고객님. 오늘 제가 말씀 드릴 재테크 정보에 앞서 몇 가지 질문을 해도 되겠습니까?

고객 : 예. 해 보세요.

FP : 고객님도 평소 재테크에 관심이 많으실 텐데요, 고객님도 돈을 많이 벌고 싶다는 생각이 있으십니까?

고객 : 당연하죠.

FP : 네. 많은 사람들이 돈을 많이 벌어서 부자가 되고 싶어 하는데요, 사실은 돈이 좋아서라기보다는 돈이 싫어서 그렇다고 할 수 있습니다. 인생을 살아가면서 돈 때문에 신경 쓰고 돈 때문에 스트레스 받기 싫어서, 그래서 아예 돈을 많이 벌면 돈으로부터 자유로워질 수 있기 때문입니다. 이렇게 돈으로부터 자유로워지는 상태를 전문용어로 'Economic Freedom', 우리말로는 '경제적 독립' 이라고 하는데요, 고객님은 매월 어느 정도의 돈이 있다면 굳이 일을 하지 않는다 하더라도 주변 사람들에게 손 벌리지 않고 사실 수 있겠습니까?

고객 : 글쎄요. 한 300만 원 정도.

FP : 네. 매월 300만 원 정도 있으시면 일을 하지 않아도 부모님이나 지인들에게 손 벌리지 않고 사실 수 있다는 말이시죠.

고객 : 그정도면 그럴 것 같은데요.

FP : 고객님이 오늘 저랑 상담한 후 퇴근을 하시는데, 횡단보도 근처에서 달려오는 트럭 앞으로 갑자기 넘어지는 아이를 구하게 됐습니다. 알고 보니 그 아이는 재벌집 손자였는데요, 그 재벌 회장이 너무 고마워서 가진 건 돈 밖에 없으니까 이번 달부터 매월 300만 원씩 고객님께 평생 동안 드리고 싶다고 제안을 했습니다. 그래서 당장 이번 달부터 매월 300만 원이 고객님의 통장에 입금이 되는데요, 이 달에 다 써도 다음 달에 또 들어옵니다. 그런 식으로 평생동안 매월 300만 원이 입금되는 것이지요. 만약 이런 일이 생긴다면 고객님의 인생에 도움이 되시겠습니까?

고객 : (다소 황당하기는 하지만) 도움이 되지요.

FP : 300만 원이 들어온다면 무엇을 제일 먼저 하고 싶습니까?
고객 : 글쎄요. 여행부터 가고 싶은데요.

FP : 예. 많은 분들이 여행을 가고 싶어 하시는데요, 그 밖에 또 어떤 도움이 되시겠습니까?
고객 : 저축도 하고 가족들에게 맛있는 것도 사주고, 할 건 많겠지요.

FP : 네. 그러실 것입니다. 매월 300만 원이 들어온다면 굳이 일을 하지 않아도 되실텐데요, 여러모로 고객님에게 많은 도움이 되겠지만 궁극적으로 돈에 대한 부담감이 많이 줄어들 것입니다. 어떠십니까? 그렇게 매월 돈이 들어오길 바라십니까?
고객 : 그렇게 되면 좋겠지요.

FP : 매월 300만 원을 받아쓰는 모습을 상상해 보십시오. 그렇게 되길 간절히 바라십니까?
고객 : (웃으며) 바랍니다.

FP : 그러면 재벌집 손자를 구하는 것은 거의 불가능하다고 보고 고객님이 직접 준비하는 방법이 있습니다. 은행에는 월 이자 지급상품이 있는데요, 1억을 넣어 두면 매월 얼마나 나오는지 아십니까?
고객 : 잘 모르겠는데요.

FP : 현재 금리(4%)로 세후 약 30만 원 가량 됩니다. 300만 원을 받으시려면 10억 원을 은행에 넣어 두면 됩니다. 그렇다면 10억 원을 만들기 위해 지금부터 매월 300만 원을 저축해 볼까요? 10년이면 원금 기준으로 3억6천만 원, 대략 25년 정도 걸리시겠네요. 어떠십니까? 간절히 원한다고 하셨으니까 한 번 시작해 보시겠습니까?

　　고객 : ……

　　FP : 만약 고객님이 25년간 매월 300만 원씩 저축하셔서 25년 후부터 매월 300만 원이 나온다고 하더라도 지하철 티켓이 만 원이고, 자장면값이 3만 원이면 얼마나 쓰실 수 있을까요?

　　FP : 로버트 기요사키의 '부자 아빠, 가난한 아빠'라는 책을 보면 매월 창출되는 비활성소득(임대소득, 연금소득 등)이 생활비를 초과하는 수준부터 부자라고 표현 하는데요, 이렇게 일을 하지 않아도 나오는 수입을 만든다는 것은 무척 어려운 일입니다. 그래서 많은 분들이 평생동안 경제적 독립을 성취하지 못하는 것이지요.

　　FP : 그런데 고객님. 만약 25년이 아니라 10년 전후로 기간을 줄이고 매월 투자하는 금액이 300만 원이 아니라 고객님이 낼 수 있는 금액 정도로 투자해서 경제적 독립이 가능한 금융상품이 있다면 한 번 검토해 보시겠습니까?

　　고객 : 그런 상품이 있나요?

　　FP : 네. 제가 오늘 말씀 드릴 상품이 바로 고객님의 경제적 독립을 최대한 빨리 가능하게 만들어 주는 상품입니다.

　　(은행의 이자지급식 상품은 원금을 보존하고 이자만 지급하지만 보험회사의 연금상품은 원금과 이자가 같이 지급되기 때문에 10억보다 훨씬 적은 금액으

로도 수익률에 따라 매월 300만 원을 지급할 수 있음.)

　이상으로 변액유니버셜의 세일즈 기법에 대해 알아 보았는데 컨셉이나 화법은 공시이율형 연금 및 변액연금과 대동소이하다. 변액유니버셜은 변액연금에 자유입출금 기능과 납입유예기능을 추가한 정도로 이해하면 되는데 사실은 변액유니버셜이 대한민국의 95% 일반인들에게 가장 적당한 상품일지도 모른다. 왜냐하면 한 금융상품에 7년 이상 꾸준히 납입을 하는 것이 매우 어렵기 때문이다.

　인생을 살다 보면 내집 마련이나 긴급 의료비, 창업 등 예기치 않은 변수들이 생기게 마련인데 그런 일이 발생하면 당장 돈이 아쉽기 때문에 큰 고민없이 연금상품을 해약하는 경우가 생길 수 있다. 필자가 FP 시절에 종종 그런 고객들을 볼 수 있었는데 손해를 무릅쓰고 해약하다보니 다시 연금을 시작하기란 쉽지 않다. 그렇게 시간이 흘러가면 노후를 준비하기 점점 어려워진다. 바로 이런 이유 때문에 성질 급한 대한민국의 국민에겐 장기적으로 꼭 불입해야 하는 상품보다는 2년 이후부터 납입유예 및 중도인출, 추가납입이 가능한 변액유니버셜이 여러모로 딱 맞는 상품이 아닐까.

4. 변액유니버셜 종신보험 세일즈 기법

　보험료를 산출하는 방식은 자연식보험료와 평준식보험료의 두 가지가 있다. 보험 본연의 목적은 여러 사람이 돈을 모아서 리스크가 발생한 사람에게 주자는 취지인데, 나이가 들어갈수록 리스크가 발생할 확률이 높기 때문에 동일한 위험에 대한 보험료는 계속 올라가게 된다. 이러한 방식으로 보험료를 내는 것을 자연식보험료라고 하는데, 예를 들어 30세인 사람이 사망할 확률보다 60세인 사람이 사망할 확률이 훨씬 더 높기 때문에 30세가 내야 하는 보험료보다 60세가 내야 하는 보험료가 더 많아지게 된다.

　이론적으로는 자연식보험료 방식으로 보험료를 내야 하지만 종신보험은 평생동안 보험금 지급이 보장되는 보험인 관계로 노후기, 즉 근로능력이 끊어진 다음부터는 현실적으로 그렇게 많은 보험료를 납입하기 힘들다. 그래서 경험생명표를 기준으로 모든 사람이 사망하는 시기(제 5회 경험생명표는 남자 104세, 여자 110세임)까지 내야 하는 총 자연식보험료를 산출한 후 예정이율로 할인해서 일정 납입기간 동안 균등한 보험료를 내게 하는 방식이 바로 평준식보험료이다.

　일정시기까지 균등한 보험료를 내고 평생동안 보장혜택을 누릴 수 있기 때문에 모든 종신보험이 평준식보험료 방식을 택하고 있다. 하지만 확률적으로 본다면 대다수의 사람들이 큰 리스크 없이 노후기를 맞이하게 되는데 그렇게 되면 사정이 달라 진다. 일반적으로 노후기가 되면 사망보험금 보다는 노후자금에 대한 욕구가 커지기 때문이다. 평준식보험료 방식은 가입 당시의 예정이율에 따라 해약환급금이 정해져 있는데 30세인 사람이 종신보험을 가입해서 60세가 되면 보통 납입보험료 수준의 해약환급금이 쌓이게 된다.(특약보험료는 해약환급금이 거의 없음) 5천만 원을 납입했다면 5천만 원 정도의 해약환급금을 받을 수 있다는 뜻인데 이 정도의 자금으로는 노후기에 쓰기에는 턱없이 부족하다. 특히 우리나라처럼 인플레이션이 높은 나라에서는 더더욱 그럴 것이다.

아울러 종신보험을 해약해서 일시금으로 쓰게 되면 기존의 상당수 종신보험은 주계약과 특약이 분리되지 않기 때문에 80세까지 보장받을 수 있는 각종 건강특약(암, 성인병, 의료비 등)의 혜택도 같이 사라지게 된다.

이런 이유 때문에 자연식보험료 방식을 적용하는 변액유니버셜에 사망보험금을 필요한 만큼 설정해서 활동기의 리스크를 관리하고, 사망보험금이 필요 없다고 판단되는 노후기에는 그 동안 쌓인 해약환급금을 노후자금으로 쓰자는 컨셉이 만들어 졌다. 변액유니버셜은 납입보험료에서 사업비를 차감한 금액을 주식과 채권으로 구성된 펀드에 투자하기 때문에 수익률에 따라 상당한 노후자금을 만들어 갈 수 있고, 주계약과 특약의 분리가 가능하기 때문에 특약의 납입이 끝나면 주계약을 해약해서 쓰더라도 각종 특약들은 80세까지 보장 받을 수 있다.

이처럼 변액유니버셜은 사망보험금과 각종 특약들을 얼마든지 부가할 수 있기 때문에 기존의 종신보험을 대체할 수 있는 강력한 보장성보험으로 포장할 수 있다. 여기에 추가납입 기능을 충실히 활용할 경우 변액유니버셜 한 가지로 활동기의 리스크 관리는 물론 노후기의 노후자금으로 충분히 쓸 수 있기 때문에 Total Life Plan 컨셉으로도 세일즈가 가능하다.

하지만 변액유니버셜은 최소 납입금액이 정해져 있고 상품의 개념이 연금형 장기투자통장 컨셉이라 가망 고객에게 종신보험으로 세일즈 하기에는 여러 가지 어려움이 있다. 그래서 일반 종신보험에 변액유니버셜 기능을 결합해서 만들어 낸 상품이 바로 변액유니버셜 종신보험이다.

변액유니버셜 종신보험은 평준식보험료 방식의 종신보험과 동일한 틀을 유지하되 주계약 보험료에서 사업비를 차감한 금액을 펀드에 투자해서 수익률에 따른 해약환급금을 노후자금으로 활용하고 각종 특약들은 보장기간동안 계속 보장받을 수 있는 보험이다.

일반 종신보험과 동일한 상품이므로 최소 납입금액의 제한이 없고 변액유니버셜(추가납입, 중도인출, 납입유예 등)의 기능이 동일하게 적용되므로 필자가 보기에 향후 우리나라 증시의 상승을 전제로 했을 때, 기존의 모든 종신보험을 대체할 수 있는 가장 강력한 보장성 보험이라고 할 수 있다.

▶ 변액유니버셜 종신보험 AP 화법

FP : 고객님. 종신보험에 대해 들어 보셨습니까?

고객 : 예. 알고 있습니다.

FP : 종신보험은 평생동안 보장을 받을 수 있는 보험인데요, 금융상품이 빠른 속도로 발전하다 보니까 기존의 종신보험보다 훨씬 더 많은 혜택을 볼 수 있는 선진형 종신보험이 개발됐습니다. 한 번 들어 보시겠습니까?

고객 : 예. 말해 보세요.

FP : 그 전에 몇 가지 질문을 드리고 싶은데요, 고객님이 60세가 되셨을 때 1억 원의 사망보험금과 노후자금 중 어느 것이 더 필요하다고 생각하십니까?

고객 : 노후자금이 더 필요하겠지요.

FP : 네. 맞습니다. 고객님이 60세 정도 되시면 이미 자녀분들도 다 키우셨을 것이고 은퇴 이후의 노후기를 풍요롭게 보낼 노후자금이 더 필요하실 것입니다. 확률적으로 볼 때 우리나라 남성 5명 중 4명이 60세 이상을 살게 되고, 의학기술의 발전에 힘입어 평균수명 또한 계속 증가하는 추세에 있습니다.

FP : 아마 고객님도 특별한 리스크가 없다면 오래 사실 가능성이 높을 텐데
요, 기존의 종신보험은 해약환급금이 정해져 있기 때문에 1억 원의 종신보험
을 가입했을 때 60세 시점에 약 6천만~7천만 원 정도의 해약환급금이 쌓이게
됩니다.(종신보험 해약환급금 예시표 설명)

FP : 이 시점에서 고객님이 사망보험금이 필요없다고 판단되면 노후자금으
로 쓰실 수 있는데요, 사실 지금의 6천~7천만 원도 큰 금액이 아닙니다. 그런
데 20~30년 후의 6천~7천만 원은 노후자금으로 쓰기에는 아마 많이 부족하
실 것입니다. 만약 지하철 티켓이 만 원이고 자장면 값이 3만 원이라면 6천~7
천만 원으로 얼마나 쓰실 수 있을까요? 게다가 기존의 종신보험은 주계약과
특약이 분리되지 않는 상품이 많아서 해약환급금을 노후자금으로 써 버리면
암이나 성인병, 의료비 등 각종 특약들도 다 사라지게 됩니다. 그래서 실질적
으로 노후자금으로 쓰기 힘들다고 말씀 드릴 수 있습니다.

FP : 이런 이유 때문에 변액유니버셜 종신보험이 탄생하게 됐는데요, 변액
유니버셜 종신보험은 고객님이 납입하는 주계약 보험료에서 사업비를 차감한
금액을 주식과 채권의 펀드에 투자합니다. 아시다시피 장기적으로 주가가 상
승할 것이라고 많은 전문가들이 말하고 있는데요(적립식펀드의 수익구조 설
명), 고객님이 1억짜리 변액유니버셜 종신보험에 가입해서 수익률이 일정 수
준 이상 났다고 가정하면 60세 시점에 몇 억 원의 해약환급금이 쌓이게 됩니
다. 이 정도면 인플레이션이 있다 해도 노후자금으로 충분히 활용할 수 있을
것입니다.

FP : 여기에 변액유니버셜 종신보험은 주계약과 특약의 분리가 가능해서
특약의 납입이 끝나면 노후자금으로 쓰더라도 각종 건강특약들은 보장기간 동

안 계속 보장받을 수 있습니다. 또한 가입 후 2년 경과시부터 납입유예가 가능하고 여유자금의 추가납입과 필요자금의 중도인출이 가능하기 때문에 변액유니버셜 종신보험 하나로 고객님의 다양한 재정적 니즈를 충족시켜 드릴 수 있습니다.

FP : 어떠십니까? 고객님의 인생에 종신보험이 필요하다고 생각되시면 일반 종신보험과 변액유니버셜 종신보험 중 어느 것을 선택하시겠습니까?

변액유니버셜 종신보험은 활동기의 리스크 관리와 노후기의 노후자금을 동시에 충족시킬 수 있는 종합보장상품이라고 할 수 있다. 여기에 일반 종신보험은 장기간의 납입기간동안 의무적으로 납입해야 하는 반면에 변액유니버셜 종신보험은 가입 후 2년 경과시부터 납입유예가 가능하다. 인생을 살다 보면 가끔씩 보험료를 못낼 정도로 쪼들리는 경우가 발생하는데 이런 경우에 일반 종신보험은 실효가 되어 보장을 못 받지만 변액유니버셜 종신보험은 월대체공제가 가능한 기간 동안 계속 보장받을 수 있다. 필자도 FP 시절에 실효된 고객이 사고를 당해서 보험금을 못 받는 일이 생기는 통에 마음이 무척 아팠던 기억이 있다. 자동차보험이 없는 사람이 사고를 내는 것과 마찬가지인데 재정상황이 악화되더라도 계속 보장혜택을 받을 수 있는 변액유니버셜 종신보험이야말로 FP Ship에 입각한 이상적인 보장상품이라고 생각한다.

또한 중장기적으로 우리나라의 증시는 꾸준히 상승할 것으로 전망되기 때문에 현재 30~40대에 있는 사람이 변액유니버셜 종신보험의 혜택을 가장 많이 받을 수 있을 것이다. 주식과 채권의 수익률을 합쳐서 연(年) 10% 정도의 수익만 내도 노후자금으로 충분히 활용할 수 있기 때문이다. 따라서 지금이 바로 변액유니버셜 종신보험을 가입할 절호의 시기이다.

■ 변액보험을 정리하며

저금리 상태가 지속되는 한 변액보험은 FP에게 있어 최고의 세일즈 상품이다. 공시이율형 상품으로는 가망 고객들의 눈높이를 맞추기 어렵기 때문이다. 하지만 변액보험은 원금보장이 안 되고 수익률에 따라 해약환급금이 변동하는 단점이 있다. 그래서 무엇보다 '완전판매'가 전제조건이 된다. 사업비가 있기 때문에 적립식펀드로 세일즈를 하거나, 투자에 대한 결과를 고객이 책임져야 하기 때문에 현재의 수익률이 미래를 보장해줄 것처럼 과대 포장하면 안 된다.

그래서 변액보험은 '컨셉 세일즈'가 필요하다. 가망 고객들의 잠재된 니즈를 찾아 내서 그것을 해결할 수 있는 수단으로 접근해야 한다. 연금보험에서 언급된 모든 컨셉을 똑같이 활용할 수 있고 해결수단으로서의 상품만 변액보험으로 바꾸면 된다. 여기서 좀 더 나아간다면 해결수단으로 공시이율형 보험과 변액보험을 동시에 제안해서 가망 고객이 선택하도록 하는 방법도 있다. 이렇게 완전판매에 입각해서 최선을 다해야만 나중에 민원이 발생하는 일이 없게 된다.

아울러 해박한 금융지식과 앞으로의 경기 전반에 대한 깊이 있는 식견도 필요하다. 향후 부동산 경기나 증시 전망에 대해 전문가다운 식견을 보유하고 있어야 가망 고객이 왜 변액보험을 선택해야만 하는지에 대해 당위성을 부여할 수 있기 때문이다.

변액보험이건 정액보험이던 기본적인 컨셉과 판매 프로세스는 동일하다. 클로징과 거절처리도 상품의 특성에 따른 차이만 있을 뿐 대동소이하다. 왜냐하면 기본적으로 보험세일즈는 '인간의 약한 특성'에 대한 처방을 내리는 컨셉이기 때문이다. 인간은 소비의 동물이다. 유혹에 약한 동물이며, 골치 아프게 계획하거나 먼 미래를 보기 싫어하는 동물이다. 과거와 현재만 바라보고 사는 동물이며 감정의 동물인 것이다. 생명보험은 이러한 '인간'을 대상으로 하는 비즈니스이기 때문에 앞으로 수많은 상품이 나오더라도 기본적인 컨설팅은 동일할 수밖에 없을 것이다.

변액보험은 이러한 인간적 특성에 좀 더 부합되게 만들어진 상품이기 때문에 세일즈 파괴력이 높다. FP로서 "가망 고객이 평소 어떤 고민을 하며 인생을 살아갈까?"라는 연구를 많이 한다면 변액보험 세일즈에 강한 자신감을 가질 수 있을 것이다.

Financial Planning의 개념과 실제

6

6
Financial Planning의 개념과 실제

'Financial Planning(재무설계)' 란 개인의 재무목표를 달성하기 위해 재정적 자원을 획득하여 효율적으로 소비하고, 보존하고, 증대시킴으로써 개인과 가족이 기대하는 재정적 복지를 실현해 가는 일련의 과정을 말한다.

미국과 유럽, 일본 등의 선진국에서는 재무설계가 일반화되어 있는데 우리나라도 향후 국민소득이 증가하면 재무설계에 대한 니즈가 커질 것으로 전망된다. 일반적으로 종신보험시장이 형성되려면 국민소득이 1만 달러 정도 되어야 하고, 재무설계 시장이 형성되려면 국민소득이 3만 달러 정도 되어야 한다고 한다. 그래서 우리나라는 88년 서울 올림픽 이후부터 제대로 된 보장성보험 시장이 형성됐다고 할 수 있다.(그 전에는 먹고 살기 힘들다 보니까 단기 저축성보험 위주의 시장만 존재했음.)

앞으로 우리나라의 경제가 어떻게 될지는 모르겠지만 필자가 예측하기로는 향후 5년 정도면 재무설계시장이 형성될 것으로 생각된다. 2005년 기준으로 우리나라의 국민소득은 원화 환율의 급격한 하락에 힘입어 1만6천5백 달러를 기록했지만, 대한민국의 국가경쟁력을 꾸준히 살려 간다면 머지않아 선진국의 반열에 올라설 수 있을 것이다.

재무설계는 자산가들이 은행의 PB에게 받는 컨설팅과 비슷하다고 생각하면 된다. 전문가들이 고객을 자산을 관리해 주는 것이다. 은행의 PB서비스를 받으려면 금융자산이 약 10억 정도 있어야 하는데 이런 수준의 상위 5%를 제외한 상위 20~30% 정도가 현재 재무설계의 타겟이라고 볼 수 있다.

재무설계의 대상을 연수입으로 환산하면 최소 연수입 5천만 원(실수령액 기준) 이상이 되어야 가능하기 때문에 고소득 전문직이나 대기업 간부, 맞벌이 부부 등이 여기에 해당된다. 따라서 아직은 일부 계층에 한정해서 재무설계를 진행할 수밖에 없지만 향후 국민소득이 늘어날수록 '전문가에게 조언을 받아 내 재산을 관리하고 싶은 욕구'는 점점 커질 것이므로 앞으로의 금융 트렌드를 읽고 시장을 미리 선점하고 싶은 FP는 재무설계에 대해 깊이 연구할 필요가 있다.

1. 재무설계의 컨셉

　재무설계는 한 개인이 '원하는 시기에, 원하는 목표에 맞게, 원하는 수준만큼의 삶의 가치를 누리기 위한 준비'라고 할 수 있는데, 이를 필자는 '필요한 시기에 필요한 자금을 효율적으로 조달하는 기법'이라고 정의하고 싶다.

　사람은 인생을 살아가면서 소득과 상관없이 꼭 써야 되는 돈들이 있다. 주택마련비용, 자녀교육비용, 긴급의료비용, 창업비용, 부모님 관련 비용, 노후자금 등등. 이러한 자금들은 공통점이 하나 있는데 지금 당장 써야 하는 단기자금이 아니라 5년, 10년, 20년에 걸쳐 발생하는 중장기 자금이라는 것이다. 좀 더 쉽게 설명하면 인생의 필요자금은 지금 당장 써야하는 돈과 중간에 써야 할 돈, 그리고 맨 마지막에 써야 할 돈이 있다. 따라서 재무설계는 중간에 써야 할 돈과 맨 마지막에 써야 할 돈을 어떻게 준비해서 효율적으로 쓸 것인지에 대한 컨설팅이라고 할 수 있다.

　또한 재무설계는 위험설계가 반드시 포함되어 있다. 갑작스런 질병이나 사고, 사망 등의 리스크가 발생할 경우 현재까지 애써 모아놓은 자산이 한 순간에 날아가 버릴 수 있기 때문이다.

　이런 이유로 재무설계의 핵심은 생명보험 상품이 될 수밖에 없다. 위험설계와 은퇴설계, 중장기 목적자금 마련 설계는 생명보험의 고유 영역이다. 여기에 단기 자산관리에 관련된 금융상품들만 적절히 조합하면 재무설계의 뼈대를 만들 수 있다.

　그래서 필자가 보기엔 앞으로 다가올 재무설계 시장에서 생명보험의 FP들이 가장 경쟁력이 있을 것이라고 생각한다. 지금까지 다루어 온 컨셉에 다양한 금융상품만 매치하면 되기 때문이다.

　사실 변액보험이 출시되면서 현재의 생명보험 상품만으로도 재무설계에 관련된 가망 고객의 니즈 중 70~80%는 해결할 수 있다. 각종 보장성보험으로 리스크를 관리하고 변액연금과 변액유니버셜로 대부분의 중장기 자금은 물론 노후자금까지 해결할 수 있기 때문이다. 따라서 이 장에서는 생명보험의 FP가 생명보험의 상품과 서비스로 실질적으로 어떻게 재무설계를 진행할 수 있는지에 대해 다루어 보고자 한다.

▶ 재무설계의 핵심

재무설계의 핵심은 많은 돈을 모아 경제적 자유를 획득하는 것이지만 그 과정에서 일어날 수 있는 위험에 대한 대비, 급격한 변화에 대한 적응력을 높이는 과정이 반드시 포함되어야 한다.

재무설계는 '설계(Planning)'라는 단어에서 알 수 있듯이 인생 전체를 놓고 한 장의 그림을 그리는 작업이며, 재무설계에는 모든 가족의 참여와 전문가의 도움이 반드시 필요하다.

선진국의 경우 개인들이 전문가로부터 재정진단을 받고 은퇴 등을 대비한 전 생애에 걸쳐 개인 재무설계를 계획하는 것이 보편화 되어 있다. 2003년도 미국의 CFP 위원회의 조사에 따르면 재무설계를 하고자 하는 니즈는 은퇴 준비, 개인연금 대체, 상속 및 횡재, 자녀교육비용, 투자 또는 보유자산 감소, 남편 신분 변화, 자녀 출산, 부모 부양, 사업 변화, 실업 우려, 의료비용 등의 순으로 나타났다. 이는 우리나라도 크게 다르지 않기 때문에 일부 재테크에 관심 있는 젊은층을 중심으로 재무설계에 대한 니즈가 점점 커져 가고 있다.

재무설계는 가망 고객의 재무목표를 확인하고 설정하는 것에서부터 출발한다. 목표 없는 재테크는 십중팔구 실패하듯이 인생 전반에 걸친 재무목표를 수립하는 것이 첫 번째 단계인데, 중요한 것은 현실성을 감안해야 한다는 것이다. 현재 월 소득이 300만 원인 사람이 은퇴 이후에 월 500만 원 정도의 은퇴

설계를 하는 것은 아무리 허리띠를 졸라 매도 불가능하기 때문이다.

　재무목표가 설정되면 가망 고객의 재무제표, 즉 자산현황과 부채현황, 수입과 지출, 투자현황 등을 분석하여 재무위험(Financial Risk) 및 개선점을 도출한다. 이를 근거로 해결안을 제시하고 어떻게 실행할 것인지를 조언하면 된다.

　재무설계의 프로세스가 단순한 것 같지만 실제로는 상당한 시간과 준비과정을 필요로 한다. 가망 고객의 재테크 성향에 따라 Portfolio를 준비해야 하기 때문에 금융상품 전반에 걸친 폭넓은 지식도 필요하다. 그래서 재무설계 시장에 진입하고 싶은 FP는 IFP, AFPK, CFP 같은 자격증 취득이 필수적이다.

〈재무설계 진행 Flow〉

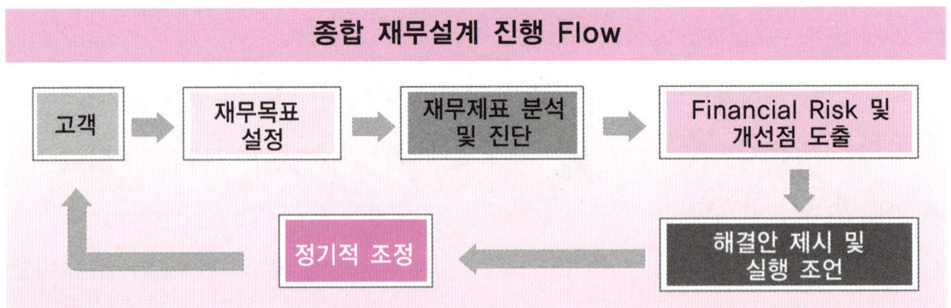

　재무설계는 지금까지 보험설계사들이 해 왔던 위험설계와 은퇴설계 등의 단편적 설계가 아니라 가망 고객의 인생에 걸쳐 재무관리를 하는 것이기 때문에 정기적 재무재조정(Annual Review) 과정이 별도로 진행되어야 한다.

　가망 고객의 재무상황은 1~2년 단위로 수시로 변하기 때문에 재무 재조정 과정을 충실히 해 주면 고객이탈현상이 거의 없다. 오히려 FP가 깜박했다 하더라도 "이번 달에 정기적금이 만기가 됐는데 어떻게 해야 할까요?"라고 고객이 문의를 하는 일이 생기는 것이다. 따라서 재무설계 전문가는 진정으로 고객과 평생을 함께 하며 서로 Win-Win할 수 있는 프로FP라고 할 수 있다.

〈재무설계 프로세스〉

■ 인생의 7대 필수자금

재무설계는 원칙적으로 전문가들의 분야이다. 위험설계와 은퇴설계뿐만 아니라 부동산, 상속 및 증여, 세테크, 금융자산 및 투자설계 등 다양한 전문지식과 실무능력을 갖추고 있어야 하기 때문이다.

하지만 현실적으로 이렇게 고난이도의 재무설계가 필요한 가망 고객은 그리 많지 않다. 이 정도 수준의 가망 고객은 이미 자산가의 반열에 올라섰기 때문에 FP가 아니더라도 재무설계 컨설팅을 받을 수 있는 루트를 많이 갖고 있다. 그래서 필자는 현실적으로 FP가 만날 수 있는 가망 고객 계층, 즉 중상층 고객을 상대로 재무설계를 어떻게 진행하는지 정리해 보았다.

재무설계를 위해 먼저 선행되어야 할 부분이 가망 고객의 인생에 있어 '필요한 시기에 필요한 자금'이 얼마나 되는지를 파악하는 것이다. 개인마다 재무상황이 틀리기 때문에 획일적으로 산출할 수는 없지만, 일반적으로 공통적인 부분이 바로 '인생의 7대 필수 지출항목'이다.(각 항목의 필요금액은 가망 고객의 재무상황을 고려하여 적절히 수정하면 됨.)

이렇게 꼭 필요한 자금을 어떻게 준비해서 효율적으로 해결할 수 있는지를 보여 주는 것이 필자가 생각하는 재무설계의 핵심이다.

<인생의 7대 필수 지출항목 >

필수 지출 항목	세 부 내 용	금 액	필요유무
① 자녀 교육비 (자녀 1인당)	▶ 사교육비 　– 중학교 : 매월 50만원 × 3년 　– 고등학교 : 매월 100만원 × 3년 ▶ 대학교육비 　– 입학금 : 1천만원 　– 등록금 : 연 1천만원 　– 생활비 : 연 6백만원	1억6천 4백만원	
② 내집 마련 자금	▶ 내집 마련 또는 확장이전 비용	2억원	
③ 자녀 유학자금 (자녀 1인당)	▶ 3년간 학자금 및 생활비	1억원	
④ 노후생활비 (55세 정년퇴직, 80세까지 25년 가정)	▶ 기초생활비 : 매월 80만원 × 25년 ▶ 여가활동비 : 매월 6만원 × 25년 ▶ 의료비 : 매월 8만원 × 25년 ▶ 경조사비 : 매월 5만원 × 25년 ▶ 외식비 : 매월 6만원 × 25년 ▶ 국내여행비 : 년 30만원 × 25년 ※ 매월 108만원, 연 1,290만원	3억2천만원	
⑤ 자녀 결혼자금 (자녀 1인당)	▶ 결혼비용(주택자금 제외)	4천만원	
⑥ 긴급의료비	▶ 중대질병 치료비	3천만원	
⑦ 은퇴자금	▶ 은퇴 후 창업자금	1억원	
합　계 (자녀 1인 가정시)		9억5천만원	

2. 재무설계 AP 화법

　재무설계는 가망 고객 인생의 전반에 걸쳐 다양한 부분을 터치해야 하기 때문에 한 차원 높은 수준의 AP화법이 필요하다. 따라서 시간도 많이 소요되고 가망 고객의 니즈를 자극할 수 있는 여러 가지 참신한 화법도 필요하다. 또한 재무설계 자체가 한 가정의 평생 동안의 자금계획이므로 가망 고객뿐 아니라 배우자도 같이 있는 자리에서 진행해야 효과가 높다.(판매 프로세스상의 질문과 자기소개 화법을 다시 정리했음)

▶ **I/B의 효율적 질문(과거에서 미래로, 먼 곳에서 가까운 곳으로)**

　- 어떻게 이 일을 시작하게 되셨습니까?

　- 앞으로 이 일을 계속하실 생각입니까?

　- 사오정, 오륙도라고 하는데 언제까지 일할 계획입니까?

　- 자녀는 어떤 것을 가장 잘 합니까?

　- 자녀를 어떻게 키우고 싶으십니까?

　- 재테크는 어떻게 하십니까?

　- 현재 하고 있는 재테크에 만족하십니까?

　- 현재의 살림살이에 만족하십니까?(상,중,하 질문)

　※ 고객에 대한 무조건적 칭찬

▶ **FP 소개(잠시 제 소개를 드려도 되겠습니까?)**

　① 암 화법
　- 고객님. 만약 고객님이 지금 암에 걸리셨다면 어떻게 하시겠습니까?

고객님은 소중한 분이기 때문에 아마 이 분야에서 가장 훌륭한 의사는 누군지, 가장 시설이 좋은 병원은 어디인지, 가장 좋은 치료방법은 무엇인지를 철저히 파악해서 최고의 병원에서 최고의 의사한테 최고의 진료를 받고 싶을 것입니다. 재테크 업계에서 제가 바로 그런 사람입니다. 가망 고객이 기분 나쁠 수 있기 때문에 당당하게 진행하는 것이 중요)

② 몸짱 아줌마 화법

- 고객님. 몸짱 아줌마 아시죠? 몸짱 아줌마는 40대지만 20대보다 더 훌륭한 몸매를 소유하고 있는데요, 몸짱이 되기 위해서 몇 번 만에 성공한지 아십니까?

네. 6번째 만에 성공했다고 합니다. 5번째 까지는 계속 도전했다 실패했는데요, 그 이유는 혼자서 해 보려고 이리 뛰고 저리 뛰고 하다 힘들어서 제풀에 지쳐 실패를 했던 것이지요. 그러다 6번째만에 제대로 된 트레이너를 만난 것입니다.

트레이너를 통해 자신의 체력에 맞는 효율적 운동 처방에 따라 꾸준히 운동을 하다 보니 오늘의 몸짱 아줌마가 될 수 있었는데요, 저는 재테크업계의 재테크짱 홍길동 FP라고 합니다.

▶ 손가락 화법

- 고객님의 손가락 한 마디와 대기업 ○○○회장의 손가락 한 마디 중에 어느 쪽이 더 소중할까요?

- 저는 고객님의 손가락이 더 소중하다고 생각합니다. 왜냐하면 ○○○회장은 시스템이 갖추어져 있어서 손가락이 없어도 충분히 생활해 나갈 수 있지만 고객님은 그렇지 못하기 때문입니다.

- 그렇기 때문에 고객님은 부자들보다 좀 더 세심하게 그리고 체계적으로

재테크 계획을 수립해야 할 필요가 있습니다.

▶ 추억화법

- 고객님이 어렸을 적에 혹시 주변에 바나나 먹고 무선조종차 가지고 노는 친구 있으셨습니까?

- 그런 친구가 부러우셨나요?

- 그렇다면 지금 현재 친구들 중에 내 집도 있고 부자로 사는 친구분 있습니까?

- 부러우세요?

- 그렇다면 과거의 부자 친구와 현재의 부자 친구 중에 누가 더 부럽습니까?

- 네. 당연히 현재의 부자 친구가 더 부러우시겠죠.

- 오늘 제가 말씀드리려는 내용은 지금 바나나 먹는 모습이 아니라 앞으로 10년 후, 20년 후에 현재의 부자친구처럼 고객님께서 인생을 살아가실 수 있는 재테크 방법에 대한 것입니다. 한 번 들어보시겠습니까?

▶ 부자화법

- 혹시 '한국의 부자들 '이라는 책을 읽어보셨습니까?

- 그 책에 보면 부자의 기준이 나오는데요, 어느 정도 자산을 모아야 부자라고 하는지 아십니까?

- 네. 부동산 20억에 금융자산 10억, 합쳐서 30억 정도 있으면 부자라고 하구요, 우리나라 인구의 5% 정도가 여기에 속합니다.

- 그런데 재미있는 사실이 하나 있는데요, 부자가 되기는 낙타가 바늘구멍에 들어가는 것보다 어렵다고 하지만 일단 부자의 반열에 올라서면 가만히 있어도 계속 재산이 늘어난다고 합니다. 왜 그럴까요?

- 일단 부자가 되면 전문가들이 달라 붙어서 점점 더 부자가 되도록 도와

주게 됩니다. "사장님. 좋은 땅이 있는데 한 번 보시죠?", "사장님. 5% 짜리 정기예금이 한 달 동안만 판매됩니다.", "사장님. 저희 은행에 수익률이 아주 좋은 해외펀드가 있습니다." 등등

- 이런 전문가들은 그러한 거래를 통해서 커미션을 받기 때문에 필사적으로 고객의 재산을 늘리기 위해 노력하는 것이지요.

- 혹시 지금까지 살아오시면서 이러한 금융서비스를 받아 본 적 있으십니까?

- 네. 없으시군요. 앞으로는 제가 해 드리겠습니다.

▶ **재무설계 서비스 소개**

- 이러한 컨설팅 서비스를 전문용어로 재무설계(Financial Planning)라고 하는데요, 혹시 들어 보셨습니까?

- 그럼, 간단하게 재무설계에 대한 정보를 드려도 되겠습니까?

- 먼저 한 가지 질문을 드리겠습니다. 고객님은 지금까지 나름대로 많은 재테크 계획을 수립해 오셨을텐데요, 재테크를 고민할 때 최장 몇 년을 내다 보고 해보셨습니까?

- 네. 일반적으로 많은 분들이 보통 3년까지 생각을 많이 하시구요, 좀 더 길게 본다 해도 5년 정도입니다.

▶ **수도꼭지 화법**

- 고객님. 한 가지 질문을 드려도 되겠습니까?

- 여기에 수도꼭지가 하나 있습니다. 일반적으로 95%의 사람들은 목이 마르면 수도꼭지를 틀어서 입을 대고 마십니다. 하지만 5%의 부자들은 어떻게 하는지 아십니까?

- 네. 수도꼭지 밑에 커다란 컵을 대고 물이 넘치기를 기다렸다가 넘치는 물만 마신다고 합니다. 이것이 바로 부자가 되는 비결입니다.

▶ 통장잔고 화법

- 고객님. 실례지만 현재 통장잔고가 얼마나 있으십니까?

- 5년 전에는 어떠셨나요?

- 앞으로 5년 후에는 어떨 것 같으십니까?

- 대부분의 분들이 지금 당장의 이벤트에만 신경을 쓰다 보니 돈을 벌고 저축은 하는 것 같은데도 통장잔고는 늘어나지 않는 것입니다. 돈을 모으는 족족 다 써버리는 것이지요.

- 그런데 이러한 짧은 재테크 계획은 인생을 멀리 내다보지 못하게 만드는 치명적 단점이 있습니다. 3년 후에는 또 다시 3년 정도만 생각하다 보니까 세월이 흘러 가는데도 재정상황이 나아지지 않는 어려움이 생기게 되는 것이지요.

- 전문가들은 이런 재테크 계획을 '하루살이식 계획' 이라고 표현하는데요, 이렇게 하루살이식으로 계획하는 사람과 5년, 10년, 20년 후를 내다보고 재테크 계획을 세우는 사람과 20년 후엔 어느 분이 재테크에 더 크게 성공하셨을까요?

- 여기에 재무설계의 핵심이 있습니다. 재무설계란 인생을 살아가면서 필요한 시기에 필요한 자금을 원활하게 조달하는 기법을 말하는데요, 인생 자체가 길기 때문에 재무설계의 기본 컨셉은 중장기계획에 맞추어져 있습니다.

즉, 3년 뒤에 집을 사거나 결혼을 하는데 필요한 자금은 재무설계의 핵심이 아니라는 뜻이지요. 이해가 되십니까?

- 재무설계에는 크게 두 가지가 있습니다. '보전' 과 '증식' 인데요, '보전' 이란 현재의 자산을 까먹지 않고 지키는 방법이고 '증식' 은 현재의 자산을 점점 늘려 가는 것을 말합니다.

▶ '보전'의 재무설계

- 고객님은 매월 어느 정도의 수입이 있다면 굳이 일을 하지 않아도 주변 사람들에게 손 벌리지 않고 사실 수 있을까요?

- 네. 300만 원 정도면 부모님이나 형제, 친구들에게 아쉬운 소리 안하고 사실 수 있다는 말씀이군요. 그렇다면 한 번 계산을 해 보겠습니다. 1년이면 3천6백만 원, 10년이면 3억6천만 원, 앞으로 30년을 가정하면 대략 현재가치로 11억 원 정도면 된다는 뜻이군요. 이 11억에는 고객님과 사랑하는 가족들의 꿈과 희망이 담겨있을 텐데요, 이 말은 다시 말해서 고객님이 아무런 문제가 없다면 무리없이 11억을 벌 수 있고 가족들을 부양할 수 있을텐데 만약 고객님이 경제적 능력을 상실한다면 어떤 상황이 벌어질까요? 수입은 없는데 지출은 그대로이니까 지금 보다 두 배의 속도로 자산을 까먹을 것입니다.

- 즉, '보전'의 재무설계는 이러한 경우를 대비해서 만약 경제적 능력을 상실하게 되는 경우가 생긴다 하더라도 필요한 시기에 가족들이 필요로 하는 금액을 조달할 수 있도록 미리 준비해 두는 프로그램을 의미합니다.

- 지금 이 순간에도 많은 사람들이 이런 리스크에 부딪히고 있는데요, 고객님도 저 같은 전문가를 만났을 때 '과연 내가 리스크 관리를 제대로 하고 있는지'를 점검해 보시면 앞으로 편안하게 인생을 살아가실 수 있을 것입니다.

※ 기존 보험 가입현황 파악

▶ '증식'의 재무설계

- 두번째는 큰 리스크 없이 인생을 살아가면서 필요한 시기에 필요한 자금을 원활하게 조달하는 '증식'의 재무설계입니다.

- 인생 전반에 걸쳐 필요한 중장기자금에는 어떠한 것들이 있을까요? 대

표적으로 자녀교육자금, 주택마련자금, 긴급의료비, 노후자금, 창업자금, 부모님자금 등이 있을 것입니다.

- 그런데 이러한 자금들의 공통점은 지금 당장 발생하지 않는다는 것인데요, 그렇기 때문에 많은 사람들이 3년 정도만 재테크 계획을 세우다 보니 시간이 흘러서 정작 이런 자금들이 필요한 시기가 되면 경제적 고통을 겪게 되는 것입니다.(아침 출근시간에 종이박스 줍는 할머니, 지하철 일간신문을 수거하는 할아버지의 모습이 내 모습이 될 수도 있다는 리스크 상기)

- 그렇다면 어떻게 이러한 자금을 조달하는 것이 가장 합리적일까요? 여기에 재무설계의 고려사항이 있습니다.

첫째는 장기와 단기를 구분하는 시기별 투자가 필요하다는 것입니다.

둘째는 내 자산을 분산해서 투자하는 것이 유리한지 집중해서 투자하는 것이 유리한지를 판단해야 합니다.

셋째는 재테크의 3요소인 수익성, 안정성, 유동성을 고려하여 직접투자와 간접투자의 비율을 적절하게 나누어야 한다는 것입니다.

넷째는 인플레이션입니다. 아무리 열심히 준비해도 인플레를 따라잡지 못하면 도로아미타불일 것입니다.

다섯째는 세금입니다. 수익률 1~2%를 높이는 것보다 세금을 줄이는 것이 훨씬 더 도움이 되기 때문입니다.

- 이렇게 수립된 재무설계는 시작으로 끝나는 것이 아니라 1년 혹은 2년 단위로 잘 되고 있는지를 계속 점검할 필요가 있고, 또한 소득과 자산의 변화에 따라 추가적인 조정을 계속 하는 것이 유리합니다. 그렇기 때문에 고객님의 재정상황을 평생동안 관리해 줄 전문가가 필요한 것이지요.

- 의사도 주치의가 있듯이 저희 회사에는 '전속 재무설계사'라는 시스템이 있는데요, 지금까지 경험해 보지 못한 컨설팅서비스를 평생동안 계속 제공해드릴 수 있습니다.

▶ Closing

- 어떠십니까? 지금까지 재무설계의 필요성과 컨셉에 대해 말씀 드렸는데
요, 고객님이 현재 하고 있는 재테크의 방법과 내용을 약간 바꿔서 5년후,
10년 후에 더 좋은 결과가 생긴다면 한 번 검토해 보시겠습니까?
- 이 신청서를 최대한 자세하게 적어주시면 고객님을 부자로 만들어 드리
는 제안을 준비해 보겠습니다.

▶ 거래 전 거래 (필요시)

- 마지막으로 세가지 말씀만 드려도 되겠습니까?
첫째, 지금 적어주신 고객님의 정보는 모두 철저히 비밀을 지키겠습니다.
둘째, 제안서를 준비하는 데는 여러 가지 자료 검토가 필요하기 때문에
2~3일의 시간이 필요하다는 것입니다. 셋째, 고객님이 제가 드리는 제안
이 마음에 들어서 여러 가지 검토 후에 이 제안을 선택하기로 결정하신다
면, 이 분야의 다른 사람이 아닌 바로 저와 계약을 맺으실 것으로 기대한
다는 것입니다.
- 세가지 조건이 괜찮으신가요?

재무설계는 인생 전반에 걸쳐 포괄적인 부분을 다루어야 하기 때문에 핵심
적인 내용만 정리해 보았다. 핵심적인 화법만 진행하더라도 AP 단계가 약 1시
간 정도 소요된다. 그래서 재무설계는 가망 고객의 집을 방문해서 진행하는 것
이 가장 효과적이다. 아울러 지금까지 언급한 내용 이외에 가망 고객의 성향과
재무상황에 따라 연금보험, 변액보험의 컨셉을 가미하면 보다 더 효율적으로
진행할 수 있을 것이다.

3. 재무설계 제안서 사례

재무설계의 FF는 일반적인 수준보다 더 치밀하게 받아야 한다. 특히 신경 써야 하는 부분이 지출내역이다. 지출내역은 만 원 단위까지 상세하게 받을 필요가 있는데, 가망 고객의 재무목표를 원활하게 달성하기 위해서는 소득 상승에 한계가 있으므로 필수적으로 지출관리가 들어갈 수밖에 없기 때문이다.

또 한 가지 재무설계 제안서를 만들 때 유념할 것은 FP가 취급하고 있는 상품과 서비스의 범위 내에서 만들어야 한다는 것이다. 대표적인 것이 단기자금의 운용인데 단기 적립식펀드 상품을 추천하는 것 정도는 괜찮지만 가망 고객의 손을 이끌고 그 회사에 가서 직접 가입시키는 것은 곤란하다는 것이다. FP가 취급하고 있는 상품이 아니기 때문에 결과를 책임질 수 없기 때문이다. 이런 맥락에서 부동산 매입을 권유한다든지 해외 펀드를 권유한다든지 하는 것도 매우 조심스럽게 접근해야 한다.

앞으로 금융환경은 매우 빠르게 변화할 것이고 FP의 수익증권 판매 허용, 생손보 교차 판매, 모기지론의 직접 취급 등 FP의 영역은 갈수록 넓어질 것으로 전망된다. 그래서 지금은 생명보험의 상품들로 제안해야 하지만 향후는 본격적인 재무설계가 가능하게 될 것이다.

▶ 재무설계 제안서 사례

다음의 사례는 필자가 직접 만들어서 제안한 것으로 맞벌이 부부의 사례이다.

〈 홍길동님 제무설계 제안서 〉

◆ 홍길동 님 재무 현황

▶ 자산 *VS* 부채 현황

자 산 현 황	부 채 현 황	백 분 율
전세자금 1억2천만원 아파트 6천만원 예금 1억4천만원(10년 5월 만기) 동양종금 CMA 1천만원 주택청약부금 5백만원	無	
자산합계 : 3억3천5백만원		

▶ 저축 / 투자 현황

- 솔로몬 상호저축은행 적금 1천 9백만 원

  ('11년 6월 만기, 월 백만 원, 3년, 7%)

- 외환은행 장마(남편) 2천 3백만 원('09.10월만기,월 50만 원, 7년, 6%?)

- 새마을금고 개인연금 120만 원('15.8월 만기.월 20만 원)

- 새마을금고 장마(부인) 150만 원('12.8월 만기.월 30만 원,7년, 5%?)

- ○○생명 변액 유니버셜 보험 9회납 월 25만 원.

※ **월 투자 합계 : 225만 원**

▶ 수입 *VS* 지출 현황

수 입 현 황	지 출 현 황	백 분 율
부부합산 月 550만원	지출 240만원	44%

※ 성과급 연 1,600만 원 별도, 매년 연봉 인상(승진시 추가 인상 예정)

※ 세부 지출내역

- 자녀 육아비용 : 월 60만 원

- 아파트 관리비 : 월 16만 원

- 남편 통신비 및 용돈 : 월 32만 원(부인 월 4만 원)

- 차량관리비 : 월 20만 원

- 경조사비 : 월 15만 원

- 아기밥 : 월 11만 원

- 기타 비용 : 월 40만 원

- 후원금 : 월 3만 원

- 보험료 : 월 33만 원

※ 기타 부모님 용돈 및 제사비, 각종 세금 등의 비용 발생

  (월 소득에서 남는 부분으로 활용, 각종 상여금에서 활용)

▶ **보험 현황**

- 본인 : ○○생명 건강보험(23,200원), ○○생명 사이버 암보험(7,190원)

          ○○화재 여성건강보험(39,511만 원), ○○생명 종신보험(58,311원)

- 남편 : ○○생명 건강보험 외 다수(150,000원)

- 자녀 : ○○화재 어린이보험(51,975원)

※ 보험료 합계 : 월 33만 원

◆ **홍길동 님 재무건전성 체크**

▶ 부채비율 : 0%

▶ 저축비율 : 월 소득의 41%

▶ 지출비율 : 월 소득의 44%

▶ 보험비율 : 월 소득의 6%

※ 재무상태는 매우 양호한 편이나 매월 여유자금이 50만 원~100만 원 정도 발생하므로 저축비율을 50% 이상으로 높일 필요가 있음.

※ 보험비율의 경우 수입 대비 평균 10% 정도를 투자해야 리스크 발생시 현재의 삶의 질을 유지할 수 있으므로 추가 검토 필요.

◆ 홍길동 님 향후 인생 계획

▶ 2011년 둘째 자녀 출산 예정(출산 후에도 계속 맞벌이 예상)

▶ 서울 강남 30평형대 아파트 구입 예정

▶ 자녀가 공부를 잘할 경우 해외유학도 검토

▶ 정년까지 부부 모두 계속 일할 계획

※ 향후 퇴직 등 돌발상황 발생시 재무설계 재조정 필요

◆ 재무설계시 고려사항

① 투자기간 : 내집마련자금은 단기 투자로 중장기자금은 장기 투자로 운용

② 투자방법 : 연말정산 관련 저축은 분산투자로 그 이외는 집중투자로 운용

③ 수익성,안정성,유동성 : 최소 은행 이상의 수익률과 안정성 및 유동성 확보

④ 인플레이션 : 자녀 교육자금, 노후자금 등 중장기 필요자금의 인플레 헷지 필요

⑤ 세금 : 세금우대 최대한 활용, 중장기자금은 비과세로 운용

◆ 홍길동 님 예상 필수자금

필수 지출항목	세부내용	금액
① 자녀 교육비 (자녀 1인당)	▶ 사교육비 – 중학교 : 매월 50만원 × 3년 – 고등학교 : 매월 100만원 × 3년 ▶ 대학교육비 – 입학금 : 1천만원 – 등록금 : 년 1천만원 – 용돈 : 년 6백만원	1억6천 4백만원
② 내집 마련 자금	▶ 평당 2천만원 예상	6억원
③ 노후생활비 (55세 정년퇴직, 80세까지 25년 가정)	▶ 기초생활비 : 매월 150만원 × 25년 ▶ 여가활동비 : 매월 20만원 × 25년 ▶ 의료비 : 매월 10만원 × 25년 ▶ 경조사비 : 매월 10만원 × 25년 ▶ 외식비 : 매월 10만원 × 25년 ▶ 국내여행비 : 년 100만원 × 25년 ※ 매월 200만 원, 년 2,500만 원	6억2천5백만원
④ 자녀 결혼자금	▶ 결혼비용	5천만원
⑤ 긴급의료비	▶ 중대질병 치료비	3천만원
⑥ 은퇴자금	▶ 은퇴 후 창업자금	2억원
합 계 (자녀 1인 가정시)		16억6천9백만원

※ 자녀 2명 기준으로 최소 18억8천3백만 원 필요(인플레이션 미 감안)

◆ 현 재무상황의 예상 문제점

– 경제활동기의 치명적 질병과 사고에 대비한 리스크 관리 미흡

(중복보장 과다, 보장금액 미흡)

- 인생의 예상 필수자금 준비 미흡으로 필요한 시기에 필요한 자금 조달 애로
- 자녀 2명의 교육자금 마련 애로
- 적립식펀드 미활용으로 주가 상승에 따른 기회손실 예상
- 주택마련계획 재검토(현 재무상태 대비 추가소요자금 조달 애로, 구입시기를 5년 후 정도로 예상하고 분양권 전매 또는 급매물 구입 추천)

◆ 홍길동 님 재무설계 방향

- 경제활동기의 리스크 관리 및 노후기의 연금 준비
- 중장기자금 마련 계획 수립(수입의 변동에 따른 자유입출금 상품)
- 30평형대 아파트 구입 준비(구입가격 6억 예상)
- 자녀 교육자금 준비

◆ ○○○ FP의 제안

① 재테크 Portfolio 일부 조정
▶ 남편 명의의 아파트는 매도하여 현금자산으로 전환하여 내집 마련 준비
▶ 주택청약부금은 수익성을 감안하여 정리(변액연금 선납으로 활용)
▶ 동양종금 CMA는 주식투자용으로 계속 활용
▶ 2010년 5월에 만기되는 예금은 수익성을 감안하여 내집마련 시기까지 ELD(주가연동예금)에 계속 재투자
※ 기타 매월 저축 및 투자는 현행 상품 유지

② 내집마련, 자녀교육, 노후자금 등 중장기자금 마련 계획 수립
▶ 매년 초 성과급을 활용하여 목돈 마련 변액연금 상품에 5년 투자

⇒ 월 100만 원, 연납 1,200만 원 투자(1억 만들기 Plan)

⇒ 5년 단위 지속적 추가 투자(필요한 시기별로 중도인출을 통해 활용)

▶ 수익성을 고려하여 변액유니버셜보험에 월 50만 원 추가 투자

⇒ 주가상승에 따른 목돈 마련 가능 (72의 법칙)

⇒ 수익률을 높일 수 있고 자녀교육 및 주택마련 등의 필요자금은 자유로운 중도인출을 통해 활용

⇒ 소득의 변동에 따른 자유로운 입출금 가능

(소득 저하시 납입유예 가능)

③ 보장성보험 리모델링 (활동기의 리스크 관리+노후기의 연금 수령)

⇒ 부부 모두 변액유니버셜 종신보험으로 전환

※ 추천 보험료 : 남편 30만 원, 부인 15만 원, 자녀 5만 원

(작은 질병과 사고에 대비하여 실손보험 추가 가입 검토)

④ 자녀 교육자금 별도 마련

▶ 자녀 명의의 변액연금 20년납 상품에 월 20만 원 투자

(고등학교, 대학교 시기에 중도인출을 통해 교육비로 활용)

※ 둘째 자녀 출산시 인상된 연봉을 활용하여 추가 가입

⑤ 연말정산 세테크 프로그램 가입

▶ 남편 명의 소득공제 연금 월 20만 원 가입

(연 300만 원까지 소득 공제 가능)

⑥ 향후 적금 만기 및 소득 증가시 중장기자금 마련 계획 보완 및 재테크 Portfolio 변경 검토 필요

■ 재무설계 전후 재테크 Protfolio 비교

재 무 설 계 이 전	재 무 설 계 이 후
상호저축은행 적금 100만 원 부부 장기주택마련저축 80만 원 부인 새마을금고연금 20만 원 ○○생명 변액유니버셜 25만 원 보장성보험료 : 33만 원	상호저축은행 적금 100만 원 부부 장기주택마련저축 80만 원 부인 새마을금고연금 20만 원 ○○생명 변액유니버셜 25만 원 변액연금 100만 원 변액유니버셜 50만 원 자녀 명의 변액연금 20만 원 남편 세테크연금 20만 원 보장성보험료 : 50만 원
월 합계 : 258만 원	**월 합계 : 365만 원**

※ 변액연금 100만원은 연초 성과급 수령시 1년치 선납

■ 재무설계 전후 자산증가 추이(해당 금융상품의 수익률 적용)

① 재무설계 이전

(단위: 만원)

구 분	34세	40세	45세	50세	55세	60세
부동산	18,000	18,000	18,000	18,000	18,000	18,000
예 금	15,500	18,600	21,747	25,426	29,728	34,757
저 축	4,705	22,989	42,537	61,398	80,121	98,817
합 계	38,205	59,589	82,284	104,824	127,849	151,574

※ 부동산은 변동성을 감안하여 자산증가 대상에서 배제
※ 예금은 연수익률 4%, 적금은 5%, 변액보험은 8%로 가정

② 재무설계 이후

(단위: 만원)

구 분	34세	40세	45세	50세	55세	60세
부동산	18,000	18,000	18,000	18,000	18,000	18,000
예 금	15,500	18,600	21,747	25,426	29,728	34,757
저 축	4,705	39,623	74,736	109,086	143,307	177,506
합 계	38,205	76,223	114,483	152,512	191,035	230,263

※ 인플레이션 감안시 예상 필수자금은 27억원이며, 향후 소득증가 및 재무설계 수시 조정을 통해 충분히 필요한 시기에 필요한 자금활용은 물론 부부가 함께 죽을 때까지 여유로운 생활 영위 가능.

상기 제안서는 7페이지 분량으로 최대한 재무설계의 프로세스에 충실하게 만든 자료이다. 필자가 앞서 언급했지만 'FP가 취급하고 있는 상품과 서비스 내에서의 해결안 제시'가 원칙이기 때문에 생명보험의 상품들로만 해결안을 만들었다. 앞으로 FP가 취급할 수 있는 상품과 서비스의 폭이 확대되면 보다 충실한 제안서를 만들 수 있을 것이다.

참고로 재무설계 전후 자산증가 추이의 계산은 재무계산기를 활용했다. 재무계산기가 없다면 은행의 홈페이지마다 재무계산 프로그램이 있으므로 그런 프로그램을 활용해도 된다.

시중에는 이미 재무설계 소프트웨어가 많이 있다. 그런 소프트웨어를 이용해도 되지만 내용이 워낙 방대하고 제안서의 분량 또한 많기 때문에 가망 고객이 진정으로 바라는 니즈 즉, '이렇게 하면 내 인생은 편안하게 살 수 있겠구나'를 집중적으로 채워줄 수 있는 FP만의 자료를 만들어 제안하는 것이 보다 효과적이라고 생각한다.

■ 재무설계 단원을 정리하며

재무설계는 'FP의 꽃'이라고 할 수 있다. 지금까지 가망 고객들이 재테크 정보를 얻기 위해서는 인터넷을 뒤지거나 은행의 창구에 방문해야만 했다. 그렇게 해도 금융상품이 워낙 많고 내용 또한 복잡하기 때문에 스스로 판단해서 계획하기란 만만치 않은 일이다. 그런데 FP는 가망 고객이 원하는 시간과 장소에 직접 방문해서 체계적으로 상담을 해줄 수 있다. 가망 고객을 대신해서 인생 전반에 걸쳐 재무목표를 세우고 현재의 재정상황 대비 리스크를 도출하고, 필요한 시기에 필요한 자금을 원활하게 쓸 수 있도록 최적의 제안서를 마련해 준다. 아울러 재무상황이 변할 때마다 지속적으로 재무 재조정까지 해 준다면 가망 고객의 입장에서는 금상첨화가 아닐까?

지금은 비록 재무설계의 대상이 적어 아직 보편화되지 않았지만 향후 국민소득이 증가할수록 재무설계의 니즈는 커질 것이다. 물론 현재도 FP가 마음만 먹으면 약식 재무설계를 통해 중하류층의 가망 고객들에게도 충분히 제안할 수 있다.(고객 계층별 접근 기법 참조)

현재 대한민국엔 생보·손보 합쳐서 약 20만 명의 FP가 있다고 한다. 숫자가 워낙 많다 보니 경쟁도 무척 치열하다. 필자가 보기엔 FP들도 향후 부익부 빈익빈이 심해질 것이다. 이런 시점에서 보험설계사로 남을 것인지 재무설계 전문가가 될 것인지는 FP 각자의 선택에 달려 있다. 경쟁이 치열한 시장상황 속에서 살아 남으려면 FP마다 차별화를 시켜야 한다. 보험업계에 각종 자격증 취득 열풍이 불고 있는 현상이 이와 무관하지 않을 것이다. 성공은 미래를 읽고 미리 준비하는 사람에게 다가오는 법이다.

고객계층별 접근 기법

7

고객계층별
접근 기법

　　FP의 시각에서 바라보면 시장은 매우 다양하게 존재한다. 성별로는 남자와 여자, 연령별로는 20대에서 60대까지, 그 밖에 직업에 따른 분류는 하기도 어려울 정도로 다양하다. 여기에 가망 고객들의 각기 다른 성향까지 생각하면 대한민국의 인구 수 만큼의 시장이 존재한다고 해도 과언이 아닐 것이다.

　　그래서 처음 시작하는 FP는 이렇게 다양한 가망 고객별로 어떻게 대응해야 하는지 혼란을 느낄 수밖에 없다. 다양한 보험상품을 수많은 가망 고객별로 어떻게 매치해야 하는지 좌충우돌하며 시행착오를 겪게 된다.

　　이번 장에서는 필자가 FP시절에 그리고 매니저 시절에 Joint Work을 통해 만났던 가망 고객들과의 수많은 경험을 토대로 고객계층별로 어떻게 접근하는 것이 가장 효율적이었는지를 정리해 보았다. 가망 고객별로 성향이 틀리고 재정적 상황이 다르기 때문에 이렇게 획일적으로 구분하는 것이 어불성설일지도 모르겠지만, FP비즈니스는 확률게임이기 때문에 보편타당한 컨셉을 습관화하면 어떤 가망 고객을 만나더라도 자신감 있게 세일즈를 할 수 있을 것이다.

■ 종신보험의 3종류

생명보험의 FP가 가망 고객에게 제공해 줄 수 있는 가장 큰 서비스는 바로 리스크 관리이다. 사람은 누구나 태어나면서부터 이미 죽음이 예정되어 있다. 하지만 대부분의 사람들이 이런 사실을 망각한 채 살아가고 있기 때문에 '리스크 관리'라는 당연히 준비해야 하는 프로그램을 본능적으로 싫어한다. 대신에 재테크나 연금 등 자신에게 살아서 도움이 되는 프로그램을 더욱 선호하기 마련이다.

하지만 마음 깊은 곳에는 '리스크 관리'에 대한 니즈가 숨겨져 있다. 매일 접하는 신문이나 방송에서 각종 리스크에 관한 내용들을 끊임없이 쏟아내기 때문에 좋던 싫던 어느 시점에는 대다수의 사람들이 준비하게 마련이다.

생명보험의 리스크 관리 상품은 다양하지만 크게 압축해서 정리하면 종신보험, 정기보험, CI보험, 건강보험, 간병보험, 어린이보험 등으로 나눌 수 있다. 필자는 이 중에서 개인적으로 종신보험을 가장 선호하는데 종신보험의 주계약은 사망보험금으로 지급되지만 해약환급금의 재원이 되어 다양하게 활용할 수 있기 때문이다.

최근 들어 가족들에게 사망보험금을 남겨 주기 싫어하는(?) 국민들이 많아서 CI(Critical Illness)보험이 인기를 많이 얻고 있지만 리스크 관리의 프로그램으로 가장 좋은 것은 종신보험이라고 생각한다.

종신보험은 크게 세 종류로 나눌 수 있다. 집중보장형과 재테크형(상속형), 그리고 의료보장형이다. 집중보장형은 소득은 적은데 가족들이 필요로 하는 보험금이 많은, 절대 다수의 가장들에게 적합한 형태이다. 소멸성 사망특약들을 활용해서 젊을 때 사망하면 많은 보험금이 지급되고, 아무 일 없이 늙어서 사망할 경우는 적은 보험금이 지급되는 식이다. 종신보험의 4가지 원칙에 가장 적합한 형태인데 저렴한 보험료로 자녀들이 어릴 때 큰 보장을 받을 수 있기 때문에 필자가 생각하는 가장 이상적인 종신보험의 형태이다.

두번째는 재테크형, 일명 상속형인데 주계약 위주로 가입하는 형태이다. 종신보험의 주계약은 평생 꼭 한 번은 지급된다. 따라서 사망보험금이 고정되어 있고 보험료 또한 가장 비싸다. 이런 유형은 종신보험으로 상속세 재원을 마련하고자 하는 부유층 가망 고객에게 적합하다.

세번째는 의료보장형으로 사망보험금은 낮게 책정하고 각종 생존특약 위주로 설계하는 형태이다. 대표적으로 미혼 가망 고객들은 사망보험금에 대한 니즈가 낮기 때문에 의료보장형을 선호하고, 연령이 높은 가망 고객들도 보험료가 비싸기 때문에 이런 형태로 제안해 주는 것이 좋다. 아울러 가정 주부들도 사망보험금에 대한 니즈가 적기 때문에 남편은 집중보장형으로, 아내는 의료보장형으로 제안해 주는 것이 가장 합리적이다.

위의 세 가지 형태는 변액유니버셜 종신보험에도 고스란히 적용할 수 있는데 펀드의 운용결과에 따른 수익을 기대할 수 있다는 측면에서 기존 종신보험을 대체하여 리스크 관리의 프로그램으로 집중적으로 세일즈하는 것을 권해주고 싶다.(참고자료는 제4회 경험생명표 기준임)

종신보험 이외에 가망 고객의 재정적 상황과 성향을 고려하여 보험료가 저렴한 정기보험이나 치명적 질병에 대해 고액의 보험금을 받을 수 있는 CI보험, 실버계층에게는 간병보험, 건강에 대한 고민이 많은 가망 고객에게는 건강보험을 추가로 제안하면 된다. 물론 자녀가 있는 경우 어린이보험은 필수적이다.

〈 참고자료 〉

재정안정보장계획(종신보험) 소개

Ⅰ. 종신보험이란?

★ 한가지 보장으로 모든 종류의 위험 보장

  (사망, 장해, 질병, 수술, 입원, 암, 사고 등 예측가능한 모든 위험 보장)

★ 종신토록 보장(살아있는 마지막 순간까지 보장)하며 꼭 1번은 보험금 지급

★ 일반사망(질병) 집중 보장(재해시 추가 보장)

★ 필요시 상황에 맞게 보장내용 조정 및 추후 자녀에게 상속자금으로 활용 가능

★ 수익자 지정(친정어머니, 부모님 등)으로 부모님께 대한 효도의 마음 실천

Ⅱ. 종신보험의 형태(30세 남자, 20년납 기준)

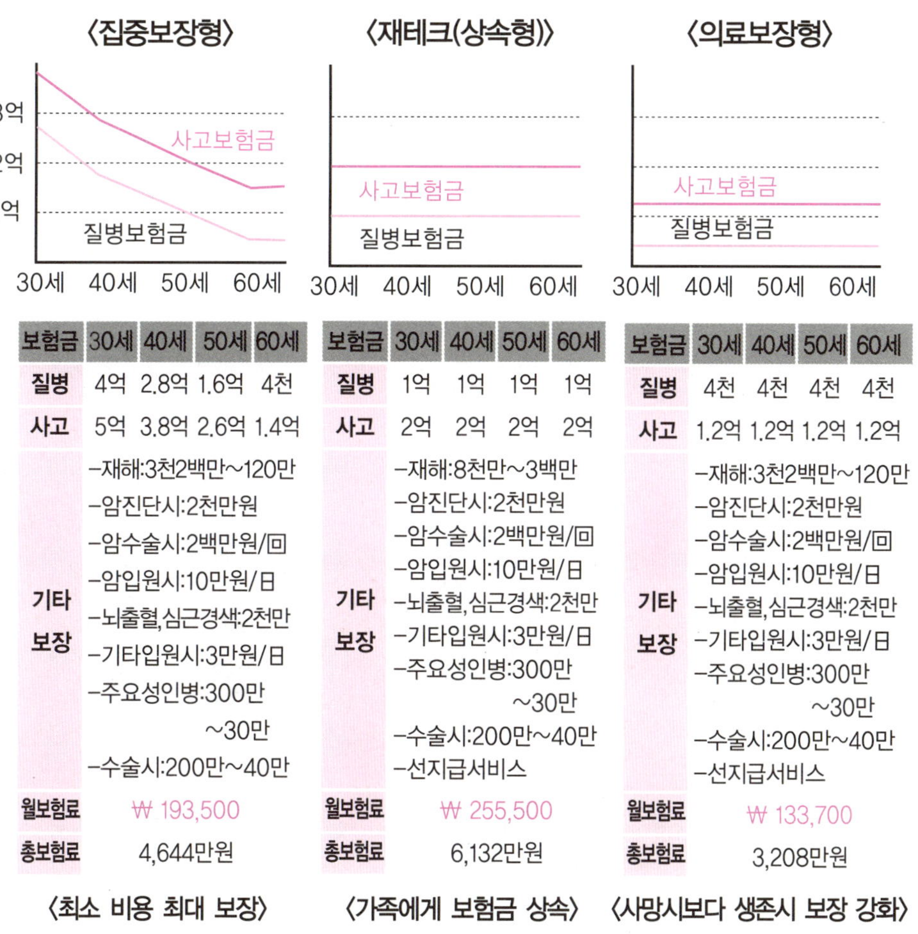

〈집중보장형〉

보험금	30세	40세	50세	60세
질병	4억	2.8억	1.6억	4천
사고	5억	3.8억	2.6억	1.4억
기타보장	−재해:3천2백만~120만 −암진단시:2천만원 −암수술시:2백만원/回 −암입원시:10만원/日 −뇌출혈,심근경색:2천만 −기타입원시:3만원/日 −주요성인병:300만 ~30만 −수술시:200만~40만			
월보험료	₩ 193,500			
총보험료	4,644만원			

〈최소 비용 최대 보장〉

〈재테크(상속형)〉

보험금	30세	40세	50세	60세
질병	1억	1억	1억	1억
사고	2억	2억	2억	2억
기타보장	−재해:8천만~3백만 −암진단시:2천만원 −암수술시:2백만원/回 −암입원시:10만원/日 −뇌출혈,심근경색:2천만 −기타입원시:3만원/日 −주요성인병:300만 ~30만 −수술시:200만~40만 −선지급서비스			
월보험료	₩ 255,500			
총보험료	6,132만원			

〈가족에게 보험금 상속〉

〈의료보장형〉

보험금	30세	40세	50세	60세
질병	4천	4천	4천	4천
사고	1.2억	1.2억	1.2억	1.2억
기타보장	−재해:3천2백만~120만 −암진단시:2천만원 −암수술시:2백만원/回 −암입원시:10만원/日 −뇌출혈,심근경색:2천만 −기타입원시:3만원/日 −주요성인병:300만 ~30만 −수술시:200만~40만 −선지급서비스			
월보험료	₩ 133,700			
총보험료	3,208만원			

〈사망시보다 생존시 보장 강화〉

Ⅲ. 종신보험 형태별 선호고객층

★ 집중보장형 : 일반 직장인 등 소득대비 보장을 많이 필요로 하는 고객층

★ 재테크형(상속형) : 전문직, 자영업 등 경제적 여건이 양호한 고객층

★ 의료보장형 : 주부, 미혼남녀 직장인, 고령자(50세 이상) 등의 고객층

1. 가망고객의 연령대별 세일즈 기법

■ Life Cycle별 재테크 포인트

구 분	기본 특성	자산운용 포인트
1 단계 (출생 ~ 29세) **재테크 준비기**	– 유치원 초. 중. 고교생 – 대학, 아르바이트학생 – 졸업 후 취업 전 – 취업 초년생 홀로서기	– 용돈모으기 (돼지저금통~적금통장까지) – 재테크의 기본소양 (부모가 자식에게) – 저축과 저축기관의 이해 – 대학생 홀로서기 (아르바이트~주택청약 저축) – 신입사원의 홀로서기 (독립~결혼)
2 단계 (25 ~ 39세) **재산 형성 및 정석 투자기**	– 취업 및 결혼으로 세대 형성 – 신혼 및 출산 자녀교육 – 전세, 이사, 내집마련 – 목돈만들기, 목돈운용 – 대출보증	– 결혼자금만들기 – 다양한 저축을 통한 목돈 만들기 – 주택 구입 자금 만들기 – 목돈 운용 등을 통한 주택 늘리기 – 대출 이용하기

3 단계
(35 ~ 49세)
**능동적 적극적
재산 증식기**
	– 승진 및 사회 활동 왕성기
	– 수입 /지출의 동시 확대기
	– 자녀성장, 자녀교육
	– 주택구입 확대
	– 노후설계시작
	– 목돈운용투자 확대 등
	  본격적인 재산 증식기
		– 주택 구입 및 늘리기
		– 다양한 투자방법으로 적극적인 재산증식
		  하기 (은행, 증권 , 부동산 등)
		– 노후생활 기초 설계 (신탁, 보험, 연금)
		– 이직, 전직, 명예퇴직 등에 대비하기

4 단계
(45 ~ 60세)
**보수적 안정적
투자기**
	– 사회 활동 원숙기
	– 형성 재산 관리기
	– 이직, 전직, 명예퇴직 및
	  정년 퇴직
	– 자녀교육 및 결혼기
		– 안정적이고 사려깊은 정확한 목돈 운용
		  하기
		– 본격적인 노후자금 운용 설계하기
		– 자녀교육 결혼자금 준비하기
		– 퇴직 후 제 2인생 준비하기 (장소, 자금)

5 단계 (55세 이후) **노후 안정 증여상속기**	– 정년퇴직기 – 제 2 인생기 – 증여상속 및 사회 환원 등 사후 대비기	– 무리하지 않는 안정적 자금 운용하기 – 재취업, 신규사업등의 제 2 인생 준비하기 – 증여, 사전상속, 상속하기 – 편안하고 보람있는 노후설계하기

1) 20대 남성

20대 남성들의 주요 관심사는 무엇일까? 필자가 20대였을 때는 주로 청춘사업과 어떻게 하면 재미있게 놀 수 있을까에만 관심을 집중했던 기억이 있다. 요즘은 20대 젊은 계층도 재테크에 관심도 많고 미래에 대한 계획을 세우는 친구들도 많지만 그래도 20대는 20대일 것이다.

20대는 남녀를 불문하고 부모님 화법이 가장 좋다. 지금까지 애지중지 눈에 넣어도 안 아프게 길러 주신 부모님의 은혜에 대해 언급하고, "만약 그런 부모님이 아프거나 다치시면 경제적 능력이 있으니까 달러빚을 내서라도 치료해 드리겠지만 반대로 가망 고객이 그런 일을 당한다면 부모님의 정신적 고통은 차지하고라도 노후를 위해 애써 준비해 놓은 자금까지 쓰게 되는 일이 생길 수 있다. 만약 그런 일이 생기면 어떻게 하겠는가? 그래서 대학생까지는 모르겠지만 사회인이 되면 가장 먼저 해야 하는 것이 스스로에 대한 리스크 관리이다. 이것은 본인을 위해서도 필요하지만 사실은 부모님께 어떤 일이 생기더라도 경제적 고통을 안겨 드리지 않기 위한, 부모님을 위해 갖추어야 하는 프로그램이다."라는 컨셉으로 종신보험을 권유하면 된다.

종신보험과 아울러 연금도 '종자돈 마련' 컨셉으로 권유해야 한다. 20대 남성에게 효과적인 화법이 '관심 화법'인데 간단하게 화법 내용을 보자.

FP : 고객님. 20대 남성들이 가장 관심을 갖고 있는 게 무엇인지 아십니까?
고객 : 글쎄요. 결혼 아닌가요?

FP : 네. 맞습니다. 하지만 물질적으로 가장 관심을 가지는 것은 자동차라고 합니다. 저도 20대 시절에는 자동차만 보면 사족을 못 쓰던 추억이 있는데요, 고객님도 그러신가요?
고객 : 저도 그렇지요.

FP : 그러면 30대는 무엇에 제일 관심이 많을까요?

고객 : 집 아닌가요.

FP : 네. 맞습니다. 30대는 주택 마련에 제일 관심이 많다고 합니다. 그러면 40대가 되면 무엇에 제일 관심이 많을까요? 40대는 노후에 대해 관심이 가장 많다고 합니다. 고객님도 '사오정, 오륙도'라는 말을 들어 보셨을 텐데요, 언제까지 일할 수 있을지 고민하다보니 당연히 노후준비에 관심이 제일 크다고 합니다.

FP : 그런데, 고객님. 오늘 제가 말씀 드리고 싶은 것은 우리나라 절대 다수의 남자들이 이런 형태의 관심사를 갖고 있다 보니 고만고만하게 사회생활을 하게 되는데, 이런 사이클을 한 단계 당겨 보자는 것입니다. 만약 고객님이 20대에 집을 마련하고 30대에 노후준비를 끝낸다면 나중에 40대, 50대가 되셨을 때 남들보다 훨씬 더 풍요로운 생활을 영위하지 않겠습니까? 어떠십니까? 그런 방법에 대해 한 번 들어 보시겠습니까?

이러한 관심화법을 통해 20대 남성에겐 의료보장형 종신보험과 종자돈 마련 변액연금을 셋트해서 권해 주면 좋다. 여기에 연말정산시 소득공제혜택을 받을 수 있는 적격연금과 일정액의 장기주택마련 저축 가입도 권유해야 한다.(모든 제안은 복수안으로 하는 것을 기본으로 함)

20대는 남녀를 불문하고 가장 어려운 거절이 "부모님과 상의 후 결정하겠다"라는 것이다. 이런 거절이 나오면 가입시킬 확률이 현저하게 떨어지는데 그 이유는 가망 고객의 부모님 세대는 대부분 보험에 대한 인식이 안 좋은 경우가 많기 때문이다. 이런 경우에 쓸 수 있는 거절처리 화법은 '부모님으로부터의 경제적 독립' 컨셉이다.

FP : 고객님. 제가 제안해 드린 프로그램에 대해 부모님과 상의해봐야 한다
고 하셨는데요, 고객님은 효자시니까 당연히 상의하셔야 할 것입니다. 그런데
혹시 로버트 기요사키의 '부자 아빠, 가난한 아빠' 라는 책을 읽어 보셨습니까?

FP : 그 책을 보면 가난한 아빠들의 공통점이 어려서부터 경제교육을 받지
못하고 부모님께 의존하는 습관이라고 합니다. 저도 대학생까지 부모님에게
용돈을 받았고 직장생활을 시작해서도 통장을 어머니에게 맡기고 용돈을 받아
썼는데요, 그러다 막상 결혼해서도 어떻게 재정을 관리해야 할지 몰라 아까운
시간과 돈을 낭비해 버린 경험이 있습니다.
고객님도 본인의 인생을 위해 재무관리는 지금부터라도 스스로 하는 것이
좋습니다. 이런 고객님의 생각을 부모님께 솔직하게 말씀 드리면 서운해 하기
보다는 아마 대견하다고 생각하실 것입니다.

FP : 그리고 종신보험은 부모님을 위해 가입하는 프로그램인데 부모님과
상의한다는 것은 다시 한 번 생각해 보셔야 할 것입니다. 부모님이 고객님의
인생을 대신 살아줄 것이 아니기 때문에 오늘 제가 제안해 드린 내용은 스스로
판단해 보셔서 꼭 필요하다고 생각되면 바로 시작하는 것이 제일 좋습니다. 지
금 시작하시죠?

지금까지 언급한 것을 정리해서 제안하는 것이 '미혼 남성을 위한 약식 재무
설계' 인데, 20대 미혼들에게 가장 적합한 포트폴리오를 구성해서 제안하는 기
법이다.

홍길동 님 재무설계 제안서

■ 홍길동 님 재무현황

▶ 월 소득 : 월 300만 원

▶ 자산현황 : 적립식펀드 월 100만 원

▶ 보험현황 : ○○생명 종신보험(월 15만 원)

■ 현 재무상황의 예상 문제점

– 중장기자금(주택자금, 자녀교육자금, 창업자금, 노후자금 등) 준비 미흡

– 재테크계획 재검토(주가 상승에 따른 수익성과 안정성 검토)

– 세테크(연말정산 절세) 보험상품 가입 검토 필요

■ 홍길동 님 재무설계 방향

– 중장기자금 마련 계획 수립(주가하락시에도 안정적 수익 가능 상품)

– 연금보험 준비(최저 45세부터 수령 가능)

– 세테크 보험상품 가입

■ ○○○ FP의 제안

① 종신보험 리모델링(활동기의 리스크 관리 + 노후기의 연금 수령)

  ⇒ 변액유니버셜 종신보험으로 전환

② 목돈 및 중장기 자금 마련을 위해 변액연금 가입(월 100만 원)

▶ 안정적 펀드 구성으로 주가하락시에도 수익 창출 가능

▶ 중장기 필요자금은 자유로운 중도인출을 통해 활용

③ 세테크 금융상품 가입

　(소득공제연금, 연 300만 원까지 소득 공제 가능, 월 10만 원)

④ 향후 결혼 및 소득증가시 재테크 포트폴리오 구성 필요

　(목돈 만들기, 주택 자금, 자녀 교육자금 등)

2) 20대 여성

필자가 만나 본 20대 여성의 가장 큰 관심사는 결혼이었다. 남성보다는 여성이 독립심이 더 강하기 때문에 이성친구가 있건 없건 결혼자금 마련을 위해 저축을 하고 있는 경우가 대부분이었고, 보험에는 큰 관심은 없으나 건강보험 정도는 알음알음 한두 가지씩 가입하고 있었다.

20대 여성은 20대 남성에 준해 부모님 화법을 구사하는 것이 가장 효과적이었고, 비자금저축은 거의 100% 가입시킨 기억이 있다.

따라서 20대 여성은 의료보장형 종신보험을 친정 어머니를 수익자로 제안하고, 비자금저축과 목돈 마련 저축, 그리고 친정 부모님을 생각하는 마음이 깊기 때문에 자녀들이 분담하여 부모님의 간병보험을 가입시켜 드리는 것도 좋은 제안이 된다. 또한 연금에 대한 니즈도 남성보다 많기 때문에 소액의 연금보험도 제안해 주는 것이 좋다.

3) 30대 남성

30대 남성은 기혼을 전제로 한다. 결혼적령기가 점차 늦어지고 있는 추세지만 결혼을 한 것과 하지 않은 것과는 많은 차이가 있기 때문에 미혼의 30대는 20대 남성에 준해서 생각하면 된다.

결혼한 30대 남성은 무엇에 제일 관심이 많을까? 첫째는 주택이다. 가장의 위치에 서게 되면서 가장 먼저 고민하는 것이 바로 '내 집 마련'인데 맞벌이의 경우는 부채를 앉고 집을 산 경우도 있지만 맞벌이가 아니면 대부분 전세로 살

고 있는 경우가 많다. 두번째는 자녀 출산과 교육문제이다. 이미 주변의 경험을 통해 자녀에 관련된 비용이 많이 든다는 것을 알고 있기 때문에 이런 자금들에 대한 니즈가 높다. 셋째는 미래에 대한 불안감이다. 샐러리맨은 언제까지 일할 수 있을지에 대해 불안해 하고 자영업자는 앞으로의 경기가 어떻게 변할지, 자신의 소득은 계속 유지될 수 있을지에 대해 불안해 한다.

이런 특성을 보유한 30대 남성에게는 집중보장형 종신보험을 제안해 주는 것이 좋고, 어린이보험에 자녀교육비 마련을 위한 저축도 포함시켜야 한다. 주택 마련과 창업을 묶어 종자돈 마련 저축도 제안해야 하고, 연말정산의 세테크도 필수적이다. 정리하면 가족 전체에 대한 보장계획과 자녀 교육 계획, 그리고 재테크 계획을 통합해서 제안하는 것이 가장 좋다.

〈참고자료 : 30대 남성 약식 재무설계 제안서〉

홍길동 님 재무설계 제안서

■ 홍길동 님 재무현황

▶ 자산 *VS* 부채현황

자 산 현 황	부 채 현 황	백 분 율
부천 아파트 9천만 원	無	부채비율 0%

▶ 수입 *VS* 지출현황

수 입 현 황	지 출 현 황	백 분 율
부부합산 월 580만 원	지출 300만 원 예상	52%

※ 매년 일정액 급여 인상 예정

▶ 보험현황 : ○○화재 건강보험 6만 원(본인), 부인 연금, 어린이보험

■ 홍길동 님 예상 필수자금

필수지출항목	세부내용	금액
① 자녀 교육비 (자녀 1인당)	▶ 사교육비 　– 중학교 : 매월 50만원 × 3년 　– 고등학교 : 매월 100만원 × 3년 ▶ 대학교육비 　– 입학금 : 1천만원 　– 등록금 : 연 1천만원 　– 생활비 : 연 6백만원	1억6천4백만 원
② 내집 마련 자금	▶ 평당 1천만원 예상	2억 원
③ 노후생활비 (55세 정년퇴직, 80세까지 25년 가정)	▶ 기초생활비 : 매월 80만원 × 25년 ▶ 여가활동비 : 매월 6만원 × 25년 ▶ 의료비 : 매월 8만원 × 25년 ▶ 경조사비 : 매월 5만원 × 25년 ▶ 외식비 : 매월 6만원 × 25년 ▶ 국내여행비 : 년 30만원 × 25년 ※ 매월 108만원, 년 1,290만원	3억2천만 원
④ 자녀 결혼자금	▶ 결혼비용	5천만 원
⑤ 긴급의료비	▶ 중대질병 치료비	3천만 원
⑥ 은퇴자금	▶ 은퇴 후 창업자금	1억 원
합계(자녀 1인 가정시)		8억6천4백만 원

※ 필요자금의 인플레이션은 미감안(소득상승분으로 보완)

■ 현 재무상황의 예상 문제점

　– 경제활동기의 치명적 질병과 사고에 대비한 리스크 관리 미흡

　– 인생의 예상 필수자금 준비 미흡으로 필요한 시기에 필요한 자금 조달 애로

　– 자녀 교육자금 준비 미흡

　– 적립식펀드 미활용으로 주가 상승에 따른 기회손실 예상

　– 주택마련계획 재검토(현 재무상태 대비 추가소요자금 조달 애로, 구입시기를
　　3년 후 정도로 예상하고 분양권 전매 또는 급매물 구입 추천)

■ 홍길동 님 재무설계 방향

　　– 경제활동기의 리스크 관리 및 노후기의 연금 준비

　　– 중장기자금 마련 계획 수립(수입의 변동에 따른 자유입출금 상품)

　　– 35평형 아파트 구입 준비(구입가격 3억 예상)

　　– 자녀 교육자금 준비

■ ○○○ FP의 제안

① 경제활동기의 리스크 관리 프로그램 가입(변액유니버셜종신 부부 각각 가입)

　　▶ 각종 질병 및 사고 발생시 보험금 수령

　　▶ 경제활동기에는 보험금 수령, 노후기에는 노후자금 또는 연금 수령

　　※ 작은 질병과 사고에 대비하여 실손보험 추가 가입 검토

② 내집마련, 노후자금 등 중장기자금 마련 계획 수립

　　▶ 비과세 장기주택마련저축은 현행 유지

　　　(부인 연금은 정리해서 변액유니버셜보험에 추가납입으로 활용)

　　▶ 수익성을 고려하여 변액유니버셜보험에 월 100만 원 투자

　　⇒ 주가상승에 따른 목돈 마련 가능 (72의 법칙)

　　⇒ 수익률을 높일 수 있고 자녀교육 및 주택마련 등의 필요자금은 자유로
　　　운 중도인출을 통해 활용

　　⇒ 소득의 변동에 따른 자유로운 입출금 가능(소득 저하시 납입유예 가능)

③ 자녀 교육자금 별도 마련(월 20만 원)

　　▶ 자녀 성장기의 리스크 관리 + 교육비 마련(자유로운 입출금)

④ 연말 세테크 관련 적격연금 가입 : 매월 10만 원

⑤ 향후 소득 증가시 중장기자금 마련 계획 보완 및 단기 저축 추가 가입 검토

4) 30대 여성

30대 여성은 20대에 비해 많이 성숙해 진다. 더불어 재테크에 대한 관심 또한 높아지게 마련인데 통계조사에서 볼 수 있듯이 대한민국 가정의 60%가 아내가 의사결정권을 갖고 있다. 그래서 어떤 면에서 보면 30대 남성보다는 그 가망 고객의 배우자를 만나서 상담을 진행하는 것이 더 효과적일 수 있다.

필자의 경험상 남성보다 여성고객이 더 꼼꼼하고 세심하다. 30대 여성의 경우는 자녀교육에 대해 관심이 많고 자산관리, 즉 부자가 되는 방법에도 큰 관심을 보인다. 아울러 미래에 대한 불안도 많이 느끼기 때문에 FP와의 상담에 적극적인 반응을 보인다. 꼼꼼하고 세심하다는 뜻은 다른 보험상품이나 금융상품과 비교, 분석하기를 좋아한다는 뜻인데 30대 여성 가망 고객을 만나게 되면 이런 특성을 미리 알고 '내가 제안하는 것이 타 금융상품보다 어떤 장점과 이점을 갖고 있는지'를 선 거절처리 형식으로 꼼꼼히 설명하는 것이 효과적이다.

30대 여성 가망 고객에게는 의료보장형 종신보험(특히 변액유니버셜 종신보험을 선호함)과 자녀 교육비 마련 변액연금, 종자돈 마련 저축 등을 셋트하여 제안해 주는 것이 좋다.

30대 여성 중에 가끔 독신주의를 표방하는 가망 고객도 만날 수 있는데 이런 경우엔 의료보장형 종신보험보다 CI보험을 제안해 주는 것이 좋고, 재테크 컨셉으로의 종자돈 마련 저축과 노후보장 컨셉의 변액연금을 함께 제안해 주면 된다.

5) 40대 남성

40대 남성은 지구상의 고민을 모두 끌어 안고 사는 가망 고객이다. 40대가 되면 보통 건강상태가 저하되기 때문에 보장에 대한 니즈가 높다. 직장생활에 대한 불안감도 많고 자영업자의 경우 소득의 안정성에 대한 걱정을 많이 한다.

40대는 자녀들도 어느 정도 성장하기 때문에 소득 대비 상당한 비용이 매월 발생한다. 즉, 경제적 여유가 없다는 뜻인데 이런 이유로 고민거리가 가장 많은 시기라고 할 수 있다.

40대 남성 가망 고객은 보장에 대한 니즈가 높지만 나이에 따른 보험료 부담으로 충분한 보장을 가입하기는 어렵다. 그래서 1안으로 집중보장형 종신보험을, 2안으로 의료보장형 종신보험을 제안해서 가망 고객이 스스로 선택하도록 하는 것이 좋다. 여기에 자녀의 대학교육자금 마련 저축과 은퇴 이후의 노후연금도 같이 제안해야 한다.

40대 남성은 한참 돈이 많이 들어가는 시기이기 때문에 현실적으로 가입여력이 낮지만 보장과 노후에 대한 니즈는 높기 때문에 강한 클로징을 통해 더 늦기 전에 준비하는 것이 좋다고 설득해야 한다.

6) 40대 여성

40대 여성은 '인생의 우울한 시기'를 보내고 있다고 해도 과언이 아니다. 여성들의 경우 40대가 되면 외모에서 현격한 노화를 경험하게 되는데(그래서 우울증이 많은 시기임), 경제적인 고민이나 자녀 교육에 대한 고민까지 하다 보니 FP가 상대하기 까다로운 고객계층이다.

40대 여성 가망 고객에게는 FP가 믿을 만한 사람이라는 것을 상담을 통해 각인시켜 주는 것이 중요하다. 불안감을 많이 느끼는 사람일수록 남에게 의지하려는 속성이 있는데 FP가 자신의 고민거리를 해결해 줄 수 있는지 여부를 수시로 확인하려고 하기 때문이다.

40대 여성 가망 고객에게는 의료보장형 종신보험과 CI보험을 제안해서 가망 고객이 직접 선택하도록 하고, 자녀교육과 노후 대비 연금을 셋트해서 제안하는 것이 좋다. 아울러 시부모님과 친정부모님에 대한 간병보험도 니즈가 많기 때문에 함께 제안해 주면 대단히 만족해 한다.

7) 50대 가망 고객

50대의 가망 고객은 인생의 전반전을 치열하게 마감하는 시기이다. 샐러리맨의 경우는 은퇴 직전의 시기이고 자영업자는 언제까지 일할 수 있을지 고민하는 시기이다. 보통 이 시기에 자녀들이 대학을 다니게 되는데 그런 경우는 경제적 여력이 거의 없다고 보면 된다. 필자도 자녀가 대학을 다니는 가망 고객을 몇 번 만난 적이 있는데 아무리 좋은 제안을 해도 대학 학비 때문에 성사시키기 어려웠다.

50대 가망 고객은 노후에 대한 니즈가 가장 높다. 아이러니컬하지만 니즈가 높은 만큼 준비하기는 무척 어렵다. 연금의 속성상 최소 10년 정도의 준비기간을 거쳐야 세제혜택과 더불어 어느 정도 쓸 수 있는 자금이 되는데 50대는 이미 너무 늦기 때문이다.

하지만 연금 개시 시기를 다소 늦춰서라도 지금 시작할 것을 권유해야 하고 50대에게는 여유자금의 추가납입과 필요자금의 중도인출이 가능한 변액유니버설보험이 가장 효과적이다.(단 건강상태가 양호해야 함) 아울러 50대가 되면 사망보험금에 대한 니즈가 많이 떨어지기 때문에 종신보험보다 CI보험이 효과적이며, 리스크 관리에 관심이 많은 가망 고객에게는 추가적으로 건강보험과 간병보험도 같이 제안해 주면 좋다.

8) 60대 가망 고객

60대가 되면 대한민국 보험업계에서는 일단 가입할 수 있는 상품이 거의 없다고 보면 된다. 또한 가망 고객의 경제능력도 끊어지는 경우가 많기 때문에 FP의 입장에서 보면 영양가가 별로 없는 고객계층이라고 할 수 있다.

하지만 앞으로는 사정이 틀리다. 2010년까지 1950년대에 출생한 베이비붐 세대가 거의 은퇴를 한다. 베이비붐 세대는 대한민국의 고도성장기를 함께 영유했기 때문에 아파트도 갖고 있고 퇴직금과 금융자산도 상당히 보유하고 있다. 여기에 국민연금도 마치 베이비붐 세대를 위해 준비한 것처럼 상당한 액수를 보장해 준다.

그래서 필자가 보기엔 앞으로 이러한 실버계층을 타겟으로 하는 비즈니스가 유망할 것으로 전망된다. 보험도 마찬가지여서 간병보험, 즉시연금 등과 같은 실버상품을 집중적으로 세일즈를 해야 한다. 60대의 경우는 보험가입율 자체가 미미하기 때문에 매우 유망한 시장이라고 생각되고 누가 먼저 선점하느냐에 달려 있다.

60대 가망 고객은 모든 면에서 보험에 대한 니즈가 최고조에 달해 있기 때문에 만나기만 해도 계약이 나올 수 있다. 경제적 여력이 낮은 계층은 자녀를 소개해 달라고 해서 자녀를 만나면 된다. 간병보험의 보험료를 자녀들이 분담해서 납입하는 것을 제안하면 무척 반응이 좋다. Pool문제로 고민하는 FP들은 기존 고객의 부모님을 만나 볼 것을 제안해 주고 싶다.

2. 가망 고객의 직업별 세일즈 기법

1) 샐러리맨

샐러리맨을 일컬어 '유리지갑'이라고 하는데 소득이 고스란히 노출되는 관계로 버는 족족 세금을 정확히 내야 하기 때문이다. 우리나라의 소득세는 누진제를 채택하고 있기 때문에 소득과표가 올라가면 2006년 기준 최고 38.5%의 세금을 내야 한다.(주민세 포함)

이런 이유로 샐러리맨 출신이 부자가 되는 것은 '낙타가 바늘구멍에 들어가는 것보다 어렵다'라고 한다. 얼마 되지도 않는 소득에서 4대 사회보장비용과 세금을 떼고 나면 남는 게 별로 없기 때문이다.

샐러리맨은 소득이 작고 세금을 많이 내는 대신 소득의 안정성이 장점이라고 할 수 있다. 출퇴근만 해도 제 날짜에 월급이 나오기 때문에 해고 등의 갑작스런 사유만 없으면 장기적으로 안정적인 생활 유지가 가능하다.

이런 특징들을 갖고 있는 샐러리맨 계층은 FP의 주요 타겟이 된다. FP에게 있어 가장 좋은 고객은 '실효되지 않고 장기간 보험상품을 유지할 수 있는 고객'인데 공무원과 더불어 샐러리맨이 이런 고객계층에 포함된다.

샐러리맨 계층은 재테크에 강한 니즈를 갖고 있다. 조직생활에 대한 피로감 때문에 좋은 건수만 생기면 창업을 하고 싶어 한다. 재테크에 니즈가 많은 이유도 부자가 되면 굳이 샐러리맨 생활을 하지 않아도 되기 때문이다.

또한 미래에 대한 두려움을 많이 갖고 있다. '사오정', '오륙도'란 신조어도 샐러리맨 계층의 불안감 때문에 만들어졌다. 나이가 들어갈수록 이러한 불안감은 커지기 마련인데 이 불안감을 조금 더 확대 해석하면 '노후에 대한 불안감'으로 요약할 수 있다. 활동기의 모든 수입을 자녀 교육과 생활비로 다 써버리게 되는 현실에서 과연 은퇴 이후의 삶은 어떻게 될 것인지 자나깨나 걱정할 수밖에 없는 것이다.

이러한 특징들을 갖고 있는 샐러리맨 계층의 공략 기법은 연령대별 세일즈 기법을 참고해서 제안하면 되는데, 필자가 샐러리맨 계층의 가망 고객들에게 집중적으로 제안하고 싶은 것은 '변액연금'이다.

연금보험은 목돈을 만들어 주는 강력한 기능이 있다. 중간에 해약하면 손해 보기 때문에 어쩔 수 없이 최악의 상황만 없으면 유지하게 된다. 그렇게 일정 기간이 지나면 복리효과와 비과세효과로 인해 은행보다 수익률이 높아진다. 이 시기까지 유지하면 해약할 바보는 없을 것이다.

이런 연금보험의 장점에 주가 상승에 따른 수익성을 추가하면 샐러리맨 계층이 선택할 수 있는 최고의 상품으로 거듭난다. 필자가 변액보험의 서두에 언급했듯이 현재 30~40대의 고객들이 변액보험의 혜택을 가장 많이 볼 세대이다. 허리띠를 졸라매고 변액보험에 투자하면 최대한 빠른 시일 내에 종자돈을 모을 수 있을 것이다.

일반적으로 부자가 되는 3단계는 '종자돈을 모으고, 불리고(재투자하고), 비활성소득을 창출'하는 것으로 요약할 수 있다. 일을 하건 하지 않건 나오는 비활성소득이 자신의 생활비를 초과하는 순간부터 부자라고 할 수 있는데, 그러기 위해서는 생활과 상관없이 투자할 수 있는 종자돈을 모으는 것이 가장 중요하다.

대한민국의 95%의 일반인들은 1단계에 머물러 있다. 3년 전에도 1단계였고, 5년 후에도 아마 1단계일 것이다. 돈을 쓸 곳은 사방에 널려 있기 때문에 종자돈으로 볼 수 없는 몇 천만 원의 돈은 금세 사라진다. 변액연금이야말로 95%의 일반인들을 현재의 삶의 질에서 탈출시켜 줄 수 있는 유일한 상품이다.

2) 공무원

FP에게 있어 공무원 가망 고객계층은 군인, 교사, 일반 공무원으로 나눌 수 있다. 공무원계층은 소위 '철밥통'이라고 표현하는 것처럼 안정적인 직장생활이 가능하다는 것이 가장 큰 장점이다. 특히 교사의 경우는 샐러리맨에 비해 훨씬 더 길게 근무할 수 있다. 사회적 존경과 더불어 정년이 길다는 것이 교사의 가장 큰 매력일 것이다.

공무원 계층은 이런 안정성 때문에 근본적으로 보장에 대한 니즈가 낮다. 리스크가 발생해도 웬만한 정도는 국가에서 해결해 주고 공무원 연금도 국가에서 지원해 주기 때문에 국민연금보다 2배 이상 수령할 수 있다.

이런 이유로 공무원 계층은 FP의 가장 좋은 고객계층이지만 쉽게 고객으로 확보하기 어렵다는 단점이 있다. 그래서 이런 공무원 계층에게 접근하기 위해서는 특별한 화법이 필요하다.

특별한 화법이란 공무원들이 무척 기대를 걸고 있는 공무원 연금을 깨는 것이다. 국민연금도 고갈될 위기에 처해 연금개혁이 논의되고 있는 상황에서 과연 국가가 공무원들에게 제공하는 혜택이 언제까지 가능할 것 같으냐고 질문하는 것이다. 필자가 보기에도 현재 50~60대가 국민연금 혜택을 가장 많이 받는 것처럼 공무원도 마찬가지일 거라고 생각한다. '만약 공무원 연금이 지금 예상하는 것보다 1/3 정도만 나온다면 어떻게 할 것인가. 미리 준비해야만 다 늙어서 비참하게 사는 것을 방지할 수 있다.'라는 컨셉으로 화두를 던지면 된다.

일단 연금을 통해 니즈를 자극하고 신뢰를 쌓으면 자연스럽게 보장성 보험으로 넘어가면 된다. 군인이나 경찰의 경우는 직업적 위험도가 높아 대부분의 보험회사는 가입에 제한을 둔다. 그래서 의료보장형 종신보험이나 CI보험을 권하는 것이 좋고, 교사나 일반 공무원의 경우는 가입에 대한 제한은 없지만 사망보장의 니즈가 낮기 때문에 사망보험금 위주의 종신보험보다는 CI보험으로 제안하는 것이 좋다.

공무원은 안정적으로 보험료를 납입할 수 있기 때문에 무척 좋은 시장인 반면에 니즈를 자극하기 어렵다는 단점이 있다. 그래서 공무원 계층이 갖고 있는 약점을 파악해서 적절히 공략하면 좋은 성과를 얻을 수 있을 것이다.

3) 자영업자

　직업별로 보았을 때 가장 많은 가망 고객 계층이 바로 자영업이다. 샐러리맨이 많은 것 같지만 거리에 나가 보면 수많은 식당과 상점들로 빽빽하다. 자영업자들은 열심히 일한 만큼 소득을 올릴 수가 있지만 미래에 대한 불안감은 어느 가망 고객 계층보다 많다. 당장 일을 못하게 되면 소득이 끊어지기 때문에 보장성 보험에 대한 니즈도 높고 언제까지 일할 수 있을지 걱정하기 때문에 노후에 대한 니즈도 매우 높다.

　자영업자는 니즈가 높은 반면에 소득의 불안정성으로 인해 계약을 하기가 쉽지 않고 계약했다 하더라도 유지에 문제가 생길 가능성이 높다. 그래서 어떠한 경우에도 납입할 수 있는 범위를 파악하는 것이 중요한데, 이런 이유로 자영업자에게는 복수안 제시가 필수적이다. 가망 고객이 '어떤 것을 선택할까' 고민하는 그 자리에서 반드시 납입할 수 있는 안을 선택하도록 유도하는 것이 중요하다.

　이런 특성을 갖고 있는 자영업자들에게 가장 좋은 상품이 바로 변액유니버셜보험이다. 변액유니버셜은 가입 후 2년 경과시부터 납입유예가 가능하므로 소득의 불안정성 때문에 고민하는 자영업자에게 딱 맞는 상품이다.

　"재정상황이 악화되어 납입을 못하더라도 보장의 혜택과 연금의 혜택을 계속 가져갈 수 있는 상품이 있다면 검토해 보시겠습니까?"

　이런 질문 하나면 일단 관심을 갖게 되고 해당 가망 고객의 니즈를 파악한 후 해결안을 제시하면 되는데 변액유니버셜 종신보험과 변액유니버셜을 셋트해서 제안해 주는 것이 좋다. 경우에 따라 납입여력이 부족한 경우는 변액유니버셜에 사망보험금과 각종 건강특약을 부가해서 Total Life Plan으로 제안하면 된다.

자영업자는 대형 자영업자와 소형 자영업자로 구분할 수 있는데, 대형 자영업자는 거의 중소기업 수준으로 자영업을 운영하는 경우이고 소형 자영업자는 식당, 편의점, 비디오방, 문구점 등 장사 수준으로 자영업을 하는 사람을 말한다. 대형 자영업자는 눈높이가 다르기 때문에 일반적인 컨셉보다는 고액마케팅 컨셉으로 진행해야 하는데 자세한 내용은 고액마케팅 단원을 참고하길 바란다.

소형 자영업자는 먹고 살기 바쁜 사람들이 많은데 이런 시장을 공략하기 위해서는 발품을 파는 것이 제일 좋다. 꾸준히 방문하면서 안면을 익혀 두다가 적절한 시기가 왔을 때 집중 공략한다. 일단 고객으로 만들면 동종업계의 소개 확보도 쉽고 인근의 친한 자영업자를 시간차로 공략할 수 있기 때문에 FP의 Pool 확대에 많은 도움이 된다.

4) 전문직

외국계 보험회사들이 한국시장에 진출해서 가장 심혈을 기울여 공략한 계층이 전문직 시장이다. 의사, 변호사, 약사 등이 대표적인데 지금도 이런 가망 고객을 만나 보면 외국계 보험회사에 보험 한두 건 가입하지 않은 사람을 찾아보기 힘들 정도이다.

전문직들은 비교적 소득이 높고 안정적이기 때문에 FP라면 누구가 진입하길 원하는 가망 고객 계층이다. 하지만 수많은 FP가 다 이런 생각을 갖고 있다 보니 전문직들의 입장에서는 여간 귀찮은 것이 아니다.

전문직들은 자신에 대한 프라이드가 남다르고 사람을 가리는 성향이 많다. 그래서 접근하는데도 신중을 기할 필요가 있는데 무턱대고 방문하는 것보다는 소개장을 활용하거나 DM을 발송해서 FP를 먼저 알린 후 찾아가는 것이 좋다.

전문직들은 대부분 자영업이므로 소득 대비 세금을 적게 내고 있다. 즉, 세금에 대한 고민이 그만큼 많다는 뜻인데 생명보험의 비과세상품을 세테크로 컨설팅하는 기법이 매우 효과적이다. 자세한 내용은 고액마케팅의 세테크 단원을 참조하길 바란다.

여기에 '경제적 독립' 컨셉도 아주 효과가 좋다. 전문직들이 기득권을 갖고 있는 것처럼 보이지만 해마다 수많은 후배들이 쏟아져 나오기 때문에 중장기적으로는 직업에 대한 불안감을 가질 수밖에 없다. 만약 매월 1천만 원씩 나오는 연금통장을 갖고 있다면 실제로 일을 그만두더라도 수준 높은 삶의 질을 영위할 수 있을 것이다. 경제적 독립을 위해 필요한 최소한의 시간은 10년, 지금 시작하자고 권유하면 된다.

전문직들은 기본적으로 고독한 직업이 많다. 늘 사람을 상대해야 하고 자신의 감정을 컨트롤하며 일을 해야 한다. 그래서 전문직들과 인간적으로 친해지면 스스럼없이 자신의 속마음을 열게 되는데, 일단 이 정도 관계까지 진전할 수 있으면 Key-man이 될 수 있다. FP가 힘들어 할 때 '내가 하나 도와 줄게'라고 할 수도 있고, '내 친구 누구에게 가 보라'며 적극적으로 밀어 줄 수도 있다. 그래서 전문직 시장의 공략 포인트는 FP부터 마음을 열고 진심으로 가망 고객을 대하는 것이다. 고객으로서가 아니라 소중한 인맥으로 생각하고 성심성의껏 관계를 유지하면 좋은 결과를 얻을 수 있을 것이다.

5) 세일즈맨

우리나라에는 유독 세일즈맨이 많다. 큰 자본금 없이 노력한 만큼 성과에 따른 보상을 받을 수 있기 때문인지 보험, 자동차, 카드, 제약, 가전제품 등 보편적인 세일즈분야 이외에도 어느 기업에나 영업사원이 있게 마련이다. 과부 사정은 홀아비가 안다고 필자도 사무실에 찾아온 세일즈맨에게 신용카드도 발급하고 가전제품도 구매한 기억이 있다.

가망 고객 계층에서 세일즈맨을 구분한 이유도 바로 이것이다. 세일즈라는 직업의 특성상 실적에 쫓기게 되고 스트레스도 많이 받는다. 그런 동병상련의 감정들이 세일즈맨에게는 있는 것이다.

'세일즈맨에게는 현재만 있고 미래는 없다' 라는 말이 있다. 매월 매월을 영업관리에 신경 써야 하기 때문에 중장기적으로 인생을 계획해볼 여유가 없는 것이다. 그래서 같은 세일즈맨의 입장에서 이러한 교감을 나누고 '당신은 세일즈에 집중하십시오. 나머지 재무관리나 은퇴계획 등은 제가 책임지겠습니다.' 라는 컨셉으로 상담을 진행하면 된다.

세일즈맨은 자영업자보다 더 소득이 불규칙하기 때문에 자영업자에 준해서 제안을 하되 수준을 좀 더 낮출 필요가 있다. 소득이 많은 달에는 추가납입을, 실적이 전혀 없는 달에는 중도인출을 해서 활용할 수 있는 변액유니버셜이 가장 좋은 제안이다.

세일즈맨을 많이 만나다 보면 가끔씩 서로 주고 받는 계약을 하게 되는 경우도 있지만 하나의 특화된 시장으로 공략하기에 아주 좋은 계층이다.

3. 기타 계층 세일즈 기법

지금까지 가망 고객의 연령대별로, 직업별로 핵심 공략포인트를 알아 보았다. FP의 입장에서 보면 시장은 언제나 존재해 왔고 앞으로도 그럴 것인데, 문제는 우리나라에 FP가 너무 많다는 것이다. 필자의 고객 중 지방에서 개원한 의사가 있는데 하루에도 서너명의 FP가 찾아온다고 한다.

그래서 일반적인 가망 고객계층은 점점 더 영양가가 떨어지고 있다. FP의 숫자가 대폭 줄어들지 않는 이상 앞으로도 계속 그럴 전망이다. 그래서 필자가 제안하는 것은 FP의 눈높이를 낮추어 보자는 것이다.

대한민국은 노조가 너무 강성이라 사업하기 힘들다고 하는 뉴스가 많은데 노조에 속해 있는 사람은 행복한 편이다. 실제로는 몇 배의 비정규직 근로자들이 많은데 이들은 임금도 낮을 뿐더러 근로조건도 매우 열악하다. 그렇다 보니 비정규직 근로자들은 다른 어떤 계층보다 미래에 대한 고민이 많은데 수입이 여의치 않다 보니 제대로 된 컨설팅을 받을 기회조차 거의 없다.

이런 중하위 계층을 필자는 '기타 계층'으로 부르고 싶은데, 미국의 경우는 장례보험(burial insurance)이라는 상품이 있다. 영화에서 종종 볼 수 있듯이 미국의 장례문화는 살아 생전에는 타 보지 못한 리무진으로 관을 운송한다. 죽을 때만큼은 품위 있게 가자는 뜻일텐데, 미국의 평균 장례비용은 약 6천 달러 정도라고 한다. 그래서 블루칼라 등 중하위계층에게 사망시 6천 달러가 지급되는 장례보험을 세일즈하는 FP가 많다고 한다.

우리나라의 FP도 경쟁이 치열한 시장보다는 눈높이를 조금 낮춰서 비정규직(식당 근로자, 자영업에 고용되어 일하는 근로자, 편의점 아르바이트, 대형마트 아르바이트 주부, 구두수선공, 일용근로자 등)에게 그 가망 고객이 부담할 수 있는 보험료 수준의 제안서를 만들어 시장을 개척하는 것을 제안해 본다. 저렴한 건강보험과 최소 금액의 변액연금 또는 변액유니버셜을 셋트하거나 10만 원 정도의 변액유니버셜 종신보험 하나로 리스크 관리 및 노후를 해결하는 정도의 제안서를 만들면 된다.

기타계층 가망 고객의 입장에서는 말쑥한 정장을 차려 입은 전문가로부터 성실한 상담을 받는 것 자체가 큰 즐거움일 수 있다. 그래서 여건만 되면 얼마든지 가입하려고 한다. 중요한 것은 FP가 가망 고객을 가리지 않는 FP Ship으로 무장되어 있느냐 없느냐의 차이다.

아울러 필자의 고객 중에는 신부님과 목사님도 있는데 죽어서 하느님의 보살핌을 받을 분들이 무슨 보험이 필요할까 싶지만, 살아서 써야만 되는 비용들이 있기 때문에 의외로 니즈가 많다. 필자가 아는 FP 중에는 목사님만 만나는 FP도 있는데 그 분들에게 맞는 적절한 컨셉만 만들면 얼마든지 시장을 창출할 수 있다.

고액마케팅 컨셉

8
고액마케팅 컨셉

고액마케팅은 FP로서 경력이 쌓여갈수록 관심을 가질 수밖에 없는 컨셉이다. 필자가 FP 시절에 한 달동안 땀을 뻘뻘 흘리면서 20~30건 계약을 했는데, 옆의 동료 FP는 한 달 동안 골프나 치고 노는 것 같은데도 1건의 고액계약을 해서 커미션을 더 많이 받는 경우가 종종 있었다.

FP 비즈니스는 프로의 세계이기 때문에 당연히 그럴 수밖에 없지만 건수 위주 표준활동을 하는 FP의 입장에서는 힘이 빠질 수밖에 없다. 그래서 필자도 고액시장으로 접근해 보기 위해 여러 가지 방법을 시도해 보았는데, 고액마케팅은 아무리 업무지식이 많고 컨셉과 화법이 훌륭해도 쉽게 계약이 나오는 시장이 아니었다. 그래서 다시 표준활동 위주로 일을 하면서 씨를 뿌리다 보니 시간이 흘러가면서 한두 건씩 고액계약이 나오게 됐는데, 고액마케팅의 서두에 이런 말을 하는 것은 아무나 쉽게 진입할 수 있는 시장이 아니기 때문에 시장 전환에 신중을 기해야 한다는 뜻이다.

필자가 생각하는 고액마케팅의 성공 조건은 크게 세 가지가 있다.

첫째, 자산가들의 눈높이를 맞출 수 있는 다양한 사회경험과 업무지식이다. 어렵사리 자산가를 만나게 됐는데 서로 대화가 통하지 않으면 무용지물이다. 그래서 고액마케팅으로 진입하려면 적어도 FP 경험이 2년 이상은 되어야 하고 연령도 30대 후반 이상은 되어야 시도해 볼 수 있다.

둘째, 자산가를 만날 수 있는 인맥이 있어야 한다. 인맥은 고액마케팅의 필수 조건인데 무턱대고 찾아가서 만날 수 있는 계층이 아니기 때문에 FP를 지원해 주고 자산가들을 소개해 줄 수 있는 인맥 확보가 필수적이다.

셋째, 차별화된 특기를 보유해야 한다. 필자가 보기에 고액계약의 절반 정도는 자산가들이 FP가 예뻐서, 해주고 싶어서 하는 계약들이다. 어차피 어딘가는 투자해야 하는데 이왕이면 마음에 드는 FP에게 밀어주고 싶은 것이다. 이렇게 자산가들에게 잘 보이려면 골프라든가 음주가무, 악기, 유머 등 가망 고객의 마음을 사로잡을 수 있는 자신만의 특기가 있어야 한다.

이 세 가지 조건이 모두 충족된다면 당장 고액시장에 진입해도 된다. 세 가지를 충족시키기 어렵다면 적어도 첫 번째 조건만큼은 노력을 통해 내공을 쌓아야 한다. 각고의 노력 끝에 자산가를 만났는데 어떻게 상담을 풀어가야 할지 모른다면 도로아미타불이기 때문이다.

고액마케팅 컨셉은 필자의 밥벌이 도구이기 때문에 상세하게 설명하기는 곤란하다. 고액마케팅에 대한 기본적인 컨셉과 힌트를 드리면 각자의 FP들이 개인적인 경험과 노하우를 더 해서 만들어 보기를 바란다.

1. 종신보험

일반적으로 고액 가망 고객의 성향은

첫째, 현재 수입이 많으므로 자신에게는 보험이 필요없다는 마인드가 강하고

둘째, 중간에 해약했을 경우 손해가 크기 때문에 보험을 기피하는 경향이 강하다. (나름대로 재테크에 대해 많이 알고 있다고 생각함)

셋째, 변호사나 회계사같은 주변의 인맥들과 나름대로 인간관계를 형성하고 있기 때문에 증여나 상속 같은 부분을 보험보다는 부동산이나 주식 등으로 해결하려는 경향을 갖고 있으며 넷째, 자신에 대한 높은 자긍심을 갖고 있어 FP를 일반 보험설계사 정도로 취급하는경우가 많으며 고집이 센 사람이 많다.

이러한 가망 고객을 상대할 때는 신선한 충격을 주는 화법이 필요한데, 몇 가지 사례를 제시하면 다음과 같다.(가망 고객을 개원의로 설정)

1)보험회사에서 자주 와서 지겨우시죠? 제가 원장님이라고 해도 무척 지겨울 것입니다. (공감대 형성 후 접근) 원장님은 사실 의사라는 직업을 갖고 계시고 수입도 많기 때문에 굳이 보험이 필요없음에도 불구하고 왜 수많은 보험회사 사람들이 원장님을 만나 뵈려 하는지 그 이유에 대해 생각해 보신 적 있으십니까?

2)얼마 전에 100억대 자산가인 모 병원의 원장님이 10억짜리 종신보험에 가입하고 8시간만에 심장마비로 사망해서 보험금을 수령한 일이 생겼는데 혹시 그 내용에 대해 알고 계십니까? 100억대 자산가라면 그야말로 보험이 필요없는 상태일텐데 그 원장님은 왜 보험에 가입하셨을까요?

3)원장님의 시계가 고장 나서 지금 시계를 하나 구입하려고 하시는데 비슷한 성능의 10만 원짜리 전자시계와 500만 원짜리 롤렉스 시계가 있다면 어느 것을 선택하시겠습니까? 원장님의 눈높이와 사회적 지위를 고려할 때 아마 전자시계보다는 롤렉스를 구입하실 것입니다. 왜냐하면 롤렉스나 BMW 같은 명품들은 소유하고 있는 사람의 자존심과 품위를 대변해 주기 때문입니다. 그렇다면 길어야 10년 정도 사용하는 물건들은 모두 명품인데 원장님의 평생을 보장해 드리는 보험은 전자시계 같은 것들만 갖고 계시다면 어떤 기분이 드시겠습니까?

제가 오늘 말씀드리고 싶은 것은 평생동안 원장님의 자존심과 품위를 지켜줄 명품보험에 대한 내용입니다.(명품화법)

4)TIS에 대해 들어보셨습니까? (보험이 아니라 세테크 컨설팅임을 강조)
비보험(급여) 많이 받으시죠? 세무조사 대비 준비는 하고 계십니까?

※ 고액 가망 고객이 종신보험을 필요로 하는 이유 (세일즈 컨셉 7가지)

① 인생의 리스크 매니지먼트
– 가족들이 원장님에게 거는 기대에 대해 생각해 보신 적 있으십니까?
부인과 자녀들의 풍요롭고 여유있는 생활, 자녀들의 교육, 유학, 사모님의 풍족한 노후생활 등 가족들의 모든 기대는 사실 원장님의 두 어깨에 달려 있습니다. 자녀들이 유치원에 갔을 때 친구들이 물어올 것입니다. "너희 아빠는 뭐하니?" 그러면 아마 이렇게 대답하겠죠. "응. 우리 아빠는 모 병원 원장님이야." 원장님의 어깨에는 자녀들의 자존심까지 걸려 있습니다. 그런데 원장님께서 자녀들이 성장하는 시기까지 아무 일이 없다면 모든 것들은 가족들이 원하는 바 대로 이루어질 수 있을 것입니다. 하지만 만약

도중에 원장님께 무슨 일이 생긴다면? 수입이 끊어지는 것은 둘째로 치더라도 가족들 특히 자녀들이 그동안 가지고 있던 장밋빛 미래는 그야말로 산산조각 날 것입니다. 만약 원장님께서 개업 때문에 빚까지 지고 있었다면 그 빚에 대한 부담 또한 고스란히 가족들에게 넘어갈 것입니다. 이러한 부분에 대해 평소에 생각해 보신 적 있으십니까?

– 원장님은 나름대로 젊어서부터 누구보다도 열심히 노력해서 오늘의 모습을 이루어 오셨을 것입니다. 즉 지금 현재의 수입에 대한 그만한 대가를 지불하셨다는 이야기입니다.

하지만 원장님의 자녀분들은 어떨까요? 태어나면서부터 제일 좋은 집에서, 좋은 옷과 좋은 음식들, 훌륭한 교육환경까지 아마 우리나라에서 최고 좋은 것들만 누리면서 자라 왔을 것입니다. 아주 당연한 부분들이라는 뜻이죠. 그러다 만약 원장님께 무슨 일이 생긴다면, 아버지가 안계신다는 상처 입은 마음에 돈은 있겠다, 경마다 주식이다 아마 흥청망청 다 써버릴지도 모릅니다. 그 다음의 인생은 어떻게 진행될까요? 아마 상상조차 하기 싫으시겠죠.

 – 부자들은 다 같은 이야기를 합니다. '돈은 벌기보다 지키기가 훨씬 어렵다' 고. 바로 이런 이유 때문에 수십억대 자산가들이 종신보험에 가입하는 것입니다. 비록 현재의 재산은 다 사라질 지 몰라도 아버지가 자녀들을 사랑하는 마음에서 남긴 보험금 만큼은 자녀들의 인생에 있어서 소중하게 쓰이길 바라는 마음에서 가입하는 것입니다. 생각해 보십시오. 세상의 그 어떤 자녀가 부모가 사망하면서 남긴 보험금을 함부로 써 버리겠습니까? 아마 부모님의 뜻을 생각하면서 그 누구보다도 열심히 성실하게 인생을 살 것입니다.

② **경제적 가치(자존심)**

- 사람의 경제적 가치를 돈으로 환산할 수는 없지만 만약 할 수 있다면 원장님은 어느 정도의 가치를 갖고 있다고 생각하십니까? 아마 수십억에서 많게는 수백억 원의 가치가 있으실 것입니다. 물론 앞으로 아무 문제 없이 몇십년간 일을 하실 경우에 해당되는 이야기입니다.

- 제가 한 가지 사례를 들어 말씀드리면 만약 오늘 원장님이 회식을 하시고 피치못하게 택시에 합승했다고 가정해 보겠습니다. 택시 안에는 운전사와 원장님, 그리고 건설현장 노무자와 실업자가 타고 있었는데 택시가 그만 중앙선을 넘어가사고가 나는 바람에 한꺼번에 하늘나라에 가게 된 겁니다. 만약 그런 일이 생겼다면 똑같이 4명의 사람이 사망했지만 그 사람들이 남긴 파장은 과연 똑같을까요? 만약 이 내용이 신문에 실렸다면 대부분의 사람들이 한결같이 이렇게 말할 것입니다. "다른 사람은 모르겠지만 그 원장님은 무척 아깝구만."이라고 말입니다.

- 수많은 사람들이 종신보험에 가입을 합니다. 또 기본적으로 건강 등 결격사유가 없다면 누구나 가입할 수 있는 게 종신보험이기도 하구요. 하지만 제가 지금 원장님께 말씀드리고 싶은 것은 오직 원장님만 가입하실 수 있는 종신보험에 대한 것입니다. 아무나 가입하지 못하는 10억 플랜. 원장님의 경제적 가치를 인정해 드리는 프로그램입니다. 이 보험은 평소에는 그 모습을 감추고 있다가 정말로 원장님께서 리스크한 상황에 처했을 때 원장님의 경제적 가치를 증명해 드릴 것입니다. 그래서 수많은 원장님들이 다 갖고 계신 이유이기도 합니다.

③ **상속 프로그램**(부동산 상속에 대한 리스크 설명) ⇒ 증여, 상속 단원 참조

417

④ 재테크 포트폴리오

- 원장님은 소득이 많은 만큼 재산을 축적하기 위한 재테크에 대해 관심이 많으실 텐데요, 그런 점에서 재테크는 어떻게 하고 계십니까?

- 제가 지금 말씀드리고 싶은 내용은 원장님께서 앞으로 10년동안 4억을 투자하시면 언젠가 한 번은 반드시 10억 이상의 재산을 확보하시는 방법에 대한 내용입니다. 즉, 10억짜리 종신보험인데요, 저희 프로그램은 반드시 보험금을 지급하도록 되어 있기 때문에 10억은 즉각 확보되는 재산을 의미합니다.

- 원장님의 재테크 포트폴리오에 10억짜리 종신보험을 편입시켜야 하는 이유는 크게 세 가지로 말씀드릴 수 있습니다.

- 첫째는 향후 10년동안 4억을 투자해서 반드시 10억 이상을 받게 되시는데 이는 은행과 객관적으로 비교할 경우 70세 이전에 사망하시면 보험이, 70세 이후까지 생존하시면 은행이 유리하다고 말씀드릴 수 있습니다. 하지만 이는 단순비교일 뿐이고 실제로 70세까지 중간에 해약하지 않고 저축하는 경우는 거의 없으므로 수익률 면에서도 보험이 훨씬 유리하다고 말씀드릴 수 있습니다.

- 둘째는 앞으로 원장님께서는 80세까지 피곤해서 입원하시더라도 하루 10만원, 각종 수술에 따른 수술비, 기타 암이나 교통사고 등으로 상해를 입으시면 수억 원에 이르는 고액의 보험금을 받으실 수 있습니다.
지금은 물론 건강에 자신이 있으시겠지만 앞으로 시간이 흘러갈수록 건강에 대한 리스크는 점점 더 커지실 것입니다. 앞으로 만약 그러한 일이 발생한다면 원장님께서는 일을 못해서 오는 손해에다 그동안 애써 모아놓은 자산을 소비하면서 치료를 하셔야 할 것입니다. 하지만 이 프로그램은 만약 원장님께 그런 경우가 발생하면 그동안 애써 모아놓은 자산을 낭비할 필요없이 모든 부분에 대해 저희 회사에서 책임져 드린다는 뜻입니다. 따라서 질병이나 상해 등의 리스크로 인해 자산손실을 보는 것을 방지해 드림으로써 훌륭한 재테크의 역할을 수행하는 것입니다.

 - 세번째는 자금의 융통성 부분인데요, 10억 프로그램은 언젠가 한 번은 원장님께 10억을 지급해 드려야 하기 때문에 보시다시피 해약환급금은 시간이 러갈수록 10억에 육박하게 쌓이는 것을 볼 수가 있습니다.(해약환급금 예시표 제시) 즉, 보험의 성격과 더불어 장기저축의 효과를 겸하고 있는 것입니다. 따라서 아무 문제 없이 나중에 노후기가 되셨을 때는 마이너스 통장(약관대출)으로 이용하시거나 사망보험금의 일부를 부분해약해서 노후자금이나 은퇴자금으로도 활용하실 수 있습니다. 물론 이 내용은 가입 후 필요시 언제든지 가능합니다. 따라서 은행과 비교해봐도 전혀 손색없이 자금을 운용하실 수 있다고 말씀드릴 수 있습니다.

⑤ 신용대출로 활용

 - 원장님께서는 향후 개업 또는 확장이전 등 보다 적극적인 사업추진계획을 갖고 있으실 텐데요, 그런 경우에 아무래도 사업자금이 많이 필요하실 것입니다.

　또한 그럴 경우 아무래도 담보대출보다는 신용대출 부분이 훨씬 더 많이 필요하실 텐데요, 그 때 지금 가입하시는 종신보험을 담보로 MD House 같은 여신전문기관으로부터 신용대출을 받으실 수 있습니다.(대출흐름 설명)

- 즉, 오직 원장님들만 가입할 수 있는 이 프로그램은 그 자체만으로도 담보의 성격을 지니고 있기 때문에 앞으로 사업자금이 필요하시면 언제든지 활용하실 수 있습니다.(가입후 최저 1년 이상 경과후 활용 가능 언급)

⑥ 스트레스 대비 심리적 만족감

- 원장님 같은 경우는 업무에서 오는 스트레스가 어느 직종보다도 높다고 알고 있습니다. 그러다보면 정신적 또는 육체적 리스크를 느끼실 경우가 있으실 텐데요,

그럴 때마다 가족들을 위해 일반인들은 가입할 수 없는 10억 보장을 하고 있다는 생각을 떠올리시면 깊은 만족감을 느끼실 수 있을 것입니다.(종신보험의 3차원적 의미 설명)

- 또한 살아가면서 언론매체를 통해서나 주변의 사람들이 그러한 일을 당하는 것을 볼 때마다도 많은 위안을 얻으실 수 있고 매월 자동이체 되는 통장을 보면서도 만족감을 느끼실 수 있습니다. 즉, 종신보험의 진정한 속성은 사고나 질병, 사망시 보장 받는 것보다는 이러한 보장을 갖고 있음으로 해서 안정감을 느끼기 때문에 아플 것도 안 아프고 다칠 것도 안 다치게 하는 미연의 예방효과에 있다고 하겠습니다.

⑦ 사회에 기여하는 프로그램

- 가끔씩 신문기사에 어렵게 돈을 모아 자수성가한 분들이 사망하면서 전 재산을 자선단체나 대학 같은 곳에 기부했다는 기사가 나오는데요, 원장님은 그런 기사를 보실 때마다 성공한 사회인으로서 당연하다는 생각을 하실 것입니다. 아마 지금 현재도 원장님께서 무료진료나 기타 기부금 등을 통해 사회에 대한 봉사를 하고 계실 텐데요, 만약 그러한 자선단체나

장학금을 받는 학생들이 있다면 얼굴도 못 본 원장님이지만 원장님께 대한 고마움은 말로 다하지 못할 것입니다.

　그런데 어느 날 갑자기 원장님께서 이 세상에 안 계시게 되어 지원이 끊어진다면 어떻게 될까요? 아마 무척 큰 정신적, 경제적 타격을 입게 될 것입니다. 제가 말씀드리고 싶은 것은 원장님께서 설혹 이 세상에 안 계시더라도 원장님의 이름과 사랑을 담은 자금은 지속적으로 지원될 수 있는 계획에 대한 것입니다.

– 모교 장학재단을 수익자로 지정한 대학교수 사례 설명

– 원장님처럼 사회적으로 성공하신 분들은 자녀에게 상속해주는 것보다 사회에 의미있는 환원을 계획하는 분들이 무척 많으신데요, 제가 지금부터 말씀드리는 종신보험은 수익자를 다양하게 지정할 수 있기 때문에 원장님께서 이 세상에 안 계신다 하더라도 원장님의 사랑을 담은 자금은 원하시는 곳에 지원해 드릴 수 있습니다.

　이상으로 고액마케팅의 종신보험 컨셉을 정리해 보았는데 의사를 가망고객으로 설정하여 화법을 진행했지만 이를 응용하면 전문직 이외의 자산가들에게도 똑같이 적용할 수 있다. 자산가들이 소형차 대신 대형차나 외제차를 타고 다니는 이유를 곰곰이 생각해 보면 종신보험도 왜 고액으로 가입해야 하는지 이해할 수 있을 것이다.

2. 연금보험

　자산가들이 연금을 필요로 하는 이유가 무엇일까? 부동산에서 나오는 월세와 금융자산의 이자수입으로도 충분히 품위 있는 삶을 영위할 수 있는데 굳이 연금을 필요로 할까?

　필자가 FP시절에 고액시장에 도전하며 심각하게 고민했던 질문이다. 실제로 고액 가망 고객을 만나 보면 연금에 대한 니즈가 매우 낮다는 것을 알 수 있다. 현재 있는 자산만으로도 먹고 살기 충분한데 굳이 사업비가 들어가는 연금을 준비할 필요가 없다는 식이다.

　하지만 다양한 계층을 만나서 내공을 쌓아 온 지금은 자산가일수록 연금을 반드시 가입해야 한다고 확신한다. 그 이유는 눈에 보이는 재산은 훅 불면 언제 날아가 버릴지 모르기 때문이다. 탑골공원에서 공짜 점심을 얻어 먹는 노인 중에서 젊을 때 잘 나갔던 사람이 적지 않다. IMF때 수많은 견실한 기업들이 한 순간에 무너졌는데 인생을 살다 보면 IMF 같은 위기가 반드시 오게 마련이다. 그래서 언제 어떤 일이 생기더라도 노후생활만큼은 품위 있게 보내기 위해서 반드시 필요한 것이 연금이다.

　필자가 만난 고객 중에 타워팰리스에 사는 분이 있었다. 타워팰리스에는 입주자들만을 위한 커피숍이 있어서 거기서 상담을 했는데, 자리에 앉자 마자 대뜸 하는 말이 자기는 타워팰리스를 두 채나 갖고 있고, 오피스텔도 있기 때문에 보험이 필요없다는 것이었다. 연금에 대해 언급하자 역모기지론을 말하면서 타워팰리스를 역모기지론으로 운용하면 노후생활자금도 충분히 해결된다고 했다.

　이 글을 읽는 FP라면 이런 경우에 어떻게 하겠는가?

그 고객에게는 그 당시에 초등학생 아들 두 명이 있었는데 필자가 구사한 화법이 자녀 폭탄 화법이었다.

▶ 자녀 폭탄 화법

FP : 고객님. 고객님은 현재 많은 자산을 보유하고 있어서 연금이 필요없다고 하셨는데, 지금까지 제가 만난 많은 자산가들이 고객님과 같은 생각을 갖고 있었지만 저와 상담을 하신 후에는 생각이 많이 바뀌셨습니다. 고객님은 현재 초등학생 아들 두 명이 있으신데요, 기분 나쁘실 지 모르겠지만 저는 고객님이 폭탄 두 개를 키우고 있다고 생각합니다.

FP : 고객님은 지금의 부를 이룩하기 위해 갖은 고생을 다해 오셨을 텐데요, 고객님의 사랑하는 자녀는 틀립니다. 친구들도 모두 타워펠리스에 살고 있고, 제일 좋은 음식에 최고의 환경에서 사는 것을 당연하게 생각한다는 뜻입니다. 아마 특별한 일이 없으면 두 아들 모두 유학을 가겠지요. 유학을 가면 눈높이가 틀려집니다. 글로벌 환경에서 교육을 받기 때문에 생각도 많이 넓어지고 인생에 대한 자신감도 커질 것입니다.

FP : 그런데 유학에서 돌아와서 국내 기업에 취직을 했는데 지방대 나온 상사가 업무 문제로 심하게 나무라는 것입니다. 이런 일이 반복되면 고객님의 자녀는 그 회사에서 뛰쳐 나오겠죠. 그리고 고객님께 와서는 직장생활은 체질에 안 맞으니까 사업을 해 보겠다며 사업자금을 달라고 할 것입니다. 자식 이기는 부모 없다고 몇 달 동안 계속 졸라 대면 어떤 부모라도 타워펠리스를 팔아 사업자금을 마련해 줄 수밖에 없을 것입니다. 만약 이런 일이 생긴다면 둘째 아이도 자기도 똑같이 해 달라며 떼를 쓸 지도 모릅니다. 고객님도 아시다시피 사업이란 열에 한 명 정도 성공할까 말까입니다. 만약 사업이 제대로 안 된다면, 그래서 애써 노후를 위해 준비해 둔 자금까지 다 털어먹게 된다면 어떻게 하시겠습니까?

FP : 제가 나쁜 쪽으로만 말씀 드려서 죄송한데요, 오늘 제가 권해 드리고 싶은 것은 셋째 아들을 하나 키워 보시라는 것입니다. 이 자녀는 다른 자녀에 비해 돈이 많이 들어 갑니다. 최소 10년 이상 매달 거금을 투자해서 키워야 하지만 이 자녀는 고객님이 노후기에 접어 들면서부터 진정한 효도를 할 것입니다. 다른 자녀는 생활비니 사업자금이니 끝없이 돈을 요구할 때, 이 셋째 아들은 부모님 생활비 쓰시라고 매월 몇 백만 원, 몇 천만 원을 돌아가실 때까지 드릴 것입니다. 셋째 아들로부터 나오는 돈은 누구도 건드릴 수 없습니다. 고객님의 인생에 어떤 일이 생기더라도 노후생활만큼은 편안하고 품위있게 사실 수 있도록 평생을 지켜 드릴 것입니다.

FP : 어떠십니까? 셋째 아들을 하나 키워야 겠다는 생각이 드십니까? 그런데 한 가지 문제가 있습니다. 이 셋째 아들을 키우는 데는 최소한의 시간, 즉 10년이 필요하다는 것입니다. 지금 시작하시면 10년 뒤부터 셋째 아들의 효도를 받으실 수 있습니다. 내년에 시작하시면 그로부터 10년이 지나야만 효도를 받을 수 있습니다. 전문가인 저를 만났을 때 지금 시작하시죠?

▶ 요구수익률 화법

필자가 아는 FP가 성형외과 개원의 선배를 만나서 말 한 마디로 계약한 사례인데, 점심을 함께 하기로 해서 그 FP가 사무실에 도착해 보니 원장은 수술 중이었다. 그래서 기다리고 있는데 수술이 끝난 원장이 사무실로 들어와서는

"어. 왔냐? 잠깐만. 오늘 주식이 어떻게 됐는지 조금만 보고 밥 먹으러 가자."
라고 하며 허둥지둥 컴퓨터를 켜는 것이었다. 그리고는 "주가가 또 떨어졌네.
환장하겠구만. 지금 팔아야 하나 말아야 하나."라며 온갖 인상을 찌푸리길래
이 모습을 물끄러미 보고 있던 FP가 촌철살인의 한 마디를 던졌다고 한다.

"형님. 형님은 매월 몇 천만 원씩 버는 분인데 왜 그렇게 피곤하게 인생을 사
십니까? 재무용어에 요구수익률이란 단어가 있는데요, 일반 사람들은 소득이
적기 때문에 노후자금을 마련하기 위해서 높은 수익률이 필요하지만 형님은
소득이 많으시니까 5~6% 정도의 수익률만 내도 인생을 편안하게 사실 수 있
습니다. 수술하랴, 병원 관리하랴 안 그래도 이것저것 신경 쓸 일이 많으실 텐
데, 매일같이 주식화면을 쳐다 보며 왜 스트레스를 더 받으십니까?"

이 말에 그 의사는 겸연쩍게 웃으며 "네가 봐도 내가 피곤하게 사는 것 같
지? 편안하게 사는 방법에 대해 밥 먹으면서 이야기 해 보자."라고 했고, 그
FP는 그 날 월납 1,500만 원의 연금계약을 체결했다.

요구수익률(Required rate of return)이란 사전적 의미에서는 투자자가 투
자한 자본에 대해 요구하는 최소한의 수익률을 의미한다. 이를 연금보험에 대
입해서 노후기에 현재 가치로 쓸 수 있는 자금을 확보하기 위해, 현재 투자하
는 자금을 어느 정도의 수익률로 운용하면 되는가를 풀어서 설명하는 화법이
요구수익률 화법이다.

상기 사례에서 알 수 있는 것처럼 소득이 많은 전문직은 굳이 위험을 감수해
가며 투자를 하지 않아도 충분히 노후자금을 확보할 수 있다. 그래서 서울 강
남에 근무하는 의사들이 매월 수천만 원의 자금을 공시이율형 연금에 투자한
다. 아무 신경 쓰지 않아도 노후가 저절로 해결되기 때문이다.

자산가들은 누구보다 열심히 인생을 살아왔기 때문에 노후를 바라보는 눈높이도 높을 수밖에 없다. 특히 여성의 경우는 늙어서까지 밥 하고, 빨래 하고, 청소하는 가사노동이 달가울 리 없을 것이다. 선진국은 이미 실버타운이 활성화 되어 있는데, 고급 실버타운은 호텔식 서비스가 제공되기 때문에 자산가들이 많이 입주하고 있다.

변액보험의 서두에 우리나라의 고령화에 대한 리스크를 언급했는데 앞으로 점점 실버계층이 많아질 것이고, 각양각색의 실버타운 또한 많이 생길 것이다. 현재 우리나라의 실버타운 중 최고급 시설은 경기도 용인에 있는 노블카운티이다. 삼성에서 운영하는 최고급 실버타운인데 만 60세 이상의 자산가나 전문직들만 입주할 수 있다.

자산가들의 눈높이 맞는 이런 시설에 대한 정보를 제공하면서 60세에 입주하기 위해 준비하자고 권유하는 것이 '실버타운 입주 플랜'이다. 노블카운티에 대한 정보는 직접 방문하거나 홈페이지를 통해 구할 수 있고, 이런 자료를 편집해서 제안서를 만들면 된다.

최고급 실버타운에 입주하기 위해서는 입주보증금과 함께 매월의 생활비를 내야 하는데 이 금액이 만만치 않다. 입주보증금은 자신이 살고 있는 집을 팔아서 낼 수 있겠지만 매월의 생활비는 인플레이션에 맞춰 매년 올라간다. 그래서 평생동안 실버타운에서 편안하게 노후를 보내려면 종신토록 연금이 지급되는 생명보험의 연금상품 가입이 필수적이다. 매월 나오는 연금을 넉넉하게 준비해 놓으면 럭셔리한 노후가 보장되는 것이다.

3. 세테크

　자산이 불어날수록 그 두 배의 속도로 커지는 고민이 바로 '세금'이다. 우리나라는 '세금 누진제'를 채택하고 있는데 이 말은 돈을 많이 벌수록 세금을 많이 내라는 뜻이다. 필자가 만난 자산가들은 모두 세금에 대한 고민을 갖고 있었는데 세금을 많이 내는 것도 고민이지만, 자신의 소득을 100% 신고하는 사람은 없기 때문에 세무조사에 대한 두려움이 더욱 컸다. 또한 일정수준을 넘는 자산가들은 금융소득 종합과세에 노출되어 있기 때문에 매년 두 번씩 세금을 내야하는 번거로움이 있다. 그래서 '세테크'는 이런 자산가들의 세금 고민을 어떻게 덜어 줄 것인지에 초점이 맞추어져 있는 컨셉이다.

　현재 국세청은 TIS(Tax Integrated System)를 운용하고 있는데, TIS란 세적관리, 징수, 신고관리, 조사관리 등 모든 개인별 세원관리를 통합한 시스템으로, 1,000만 명 이상의 납세자료를 통합관리하고 이름과 주민등록번호로 개인별 소득, 부동산, 금융자산 등 모든 재산상황 파악이 가능하다. 또한 TIS에는 추정소득 대비 세금을 적게 내는 사람을 자동으로 추출하는 첨단 기능까지 있다고 한다.

　부동산을 구입해도, 자동차를 구입해도, 심지어는 해외여행을 가도 국세청에 통보된다.(골프백 반출 횟수) 이런 시스템 하에서 어떻게 하는 것이 가장 효율적으로 세금을 관리할 수 있을까? 가장 심플한 해답은 세금을 내지 않으면 된다. 세금이 발생해야 국세청에 통보되므로 아예 세금이 발생하지 않는 상품에 투자를 하면 통보될 이유가 없기 때문에 세금에 대한 고민을 원천 차단할 수 있는 것이다.

　세금을 내지 않는 방법 중에서 자산가들이 선택할 수 있는 것은 두 가지 밖에 없다. 하나는 무기명채권이고 또 다른 하나는 생명보험의 10년 비과세 비적격연금이다. 무기명채권은 찾아보기 어려울 정도로 귀하고 무척 비싼 값으로 거래된다. 그래서 손쉽게 선택할 수 있는 것은 비적격연금 밖에 없다.

비적격연금도 10년 이상 비과세 차익분에 대해서 지급조서를 발행해야 한다. 하지만 연금으로 수령하거나 중도인출에 대해서는 그렇지 않다.(2006년 기준) 앞으로 국세청에서 보험권에 대해 칼을 들이댈 수도 있지만 생쥐도 막다른 골목으로 몰지 않는 법이라고 약간의 틈은 계속 남을 것이다.

비과세 연금상품은 금융소득 종합과세에서 제외되는 막강한 혜택이 있다. 금융소득 종합과세란 이자 및 배당 등의 금융소득이 개인별로 합산하여 연간 4천만 원 초과시 다른 소득과 합산하여 누진과세하는 제도로서 매년 5월 1일에서 5월 31일까지 관할세무서에 자진 신고해야 한다. 금융소득 종합과세 과표 기준은 점차 하향 조정될 것으로 예상되는데 이런 부분이 걱정되는 자산가라면 반드시 비적격연금을 가입할 수밖에 없다.

비적격연금의 비과세혜택도 앞으로 기간이 연장될 가능성이 높다. 과세의 투명성을 확보하기 위한 국세청의 입장에서는 당연히 그럴 수밖에 없을 것이다. 만약 비과세 기간이 연장된다 하더라도 비적격연금의 '과세의 이연효과'는 변함이 없을 것이다. 과세의 이연효과란 지금 내야 하는 세금을 재투자해서 나중에 내자는 컨셉인데, 나중에 한꺼번에 내면 세금이 많아지겠지만 그만큼 수익도 많아지므로 장기간 투자한 투자자는 세금을 늦게 낼수록 유리하다. 국가에서 시행하는 근로자 퇴직연금도 과세의 이연효과를 바탕으로 하고 있다.

세테크는 매우 민감한 부분이기 때문에 대략적인 내용만을 언급했는데 '자산가들이 선택할 수 있는 유일한 비과세상품'이라는 컨셉만 숙지하면 충분히 자신감 있게 세일즈를 할 수 있을 것이다.

4. 상속 및 증여

자산이 쌓이고 나이가 들어가면 본능적으로 사랑하는 자녀에게 주고 싶어진다. 아버지가 열심히 노력해서 모은 자산을 바탕으로 자녀가 더 크고 훌륭한 사람으로 인생을 살아가길 바라기 때문이다. 그런데 한 가지 큰 문제가 있다. 바로 세금이다. 금액에 따라 최고 50%의 세금을 증여하는 사람이 내야 한다.(상속은 상속 받는 사람이 납부) 배보다 배꼽이 더 큰 셈인데 부자는 10원도 아낀다는 말처럼 거액의 세금을 내고 싶어 하는 자산가는 없을 것이다.

상속의 경우는 문제가 더욱 크다. 대부분의 자산가들이 부동산 위주의 자산을 소유하고 있다 보니 불시에 상속이 개시됐을 경우 거액의 부동산을 급매로 처분하거나 현물로 상속세를 내야 하는 경우가 발생한다.(상속세는 6개월 이내에 납부해야 함) 급하게 처분해서 상속세를 내고 나면 남는 게 별로 없다 보니 아버지가 살아 계실 때는 부자였는데 돌아가시고 나서는 가난해 지는 경우가 생기게 된다.

이러한 상속 및 증여의 고민을 보험상품으로 해결해 보자는 것이 '상속 및 증여' 컨설팅이다.

1) 효율적 상속 컨설팅

① 상속세 재원 마련

상속세 문제를 해결하기 가장 손 쉬운 방법은 종신보험을 가입하는 것이다. 종신보험은 평생 한 번은 보험금이 지급되므로 예상 상속세 만큼의 종신보험을 가입해 두면 보험금으로 상속세를 납부하고 모든 자산은 자녀 앞으로 명의

상속세 계산표

▶ 상속세 납부 자산 : 부동산, 현금 및 유가증권 등 일체의 동산, 지적재산권, 저작권, 골동품 등 모든 유무형의 자산

▶ 납부기한 : 상속이 발생한 시점부터 6개월 이내

▶ 상속, 증여세 세율표

과 세 표 준	세 율	세 액
1억원 이하	10%	–
5억원 이하	20%	1억까지 1천만원 + 1억 초과액*20%
10억원 이하	30%	5억까지 9천만원 + 5억 초과액*30%
30억원 이하	40%	10억까지 2억4천만원 + 10억 초과액*40%
30억원 초과	50%	30억까지 10억4천만원 + 30억 초과액*50%

▶ 상속세 계산표

구 분	세 부 내 용	금 액
① 부동산	– 부모님 명의의 모든 부동산(공시지가)	
② 동산	– 현금, 예금, 주식, 채권 등 일체의 동산	
③ 기타 자산	– 지적재산권, 저작권, 골동품 등	
④ 일반공제	– 객관적인 채무 – 장례비(5백만원~1천만원) – 금융자산 : 20%(2억원 한도) – 배우자공제 : 5억원 ~ 30억원	
⑤ 일괄공제	– 기초공제 : 2억원 – 인적공제 : 자녀, 60세 이상 부모님 각 3천만원 ※ 기초,인적공제 합쳐서 5억원 공제	

▶ 상속세 계산방법

상속자산(①+②+③) – 공제(④+⑤) = 실 상속자산×상속세율 = 납부 상속세

홍길동 FP의 상속세 마련 제안 : 종신 10억 가입(총 자산 30억까지 상속 가능)

이전 할 수 있다. 또한 보험금보다는 작은 보험료를 내기 때문에 투자의 관점
에서도 매우 훌륭한 방법이라고 할 수 있다.

하지만 이 방법에는 두 가지의 문제가 있다. 첫째는 정밀 건강진단을 통과할
수 있는 건강상태가 필요하다. 그래서 한 살이라도 젊을 때 가입해야 통과할
가능성이 높고 보험료도 그만큼 저렴해 진다. 둘째는 보유자산 30억까지만 활
용할 수 있는 방법이라는 것이다. 종신보험의 사망보험금도 상속재산에 포함
되기 때문에 30억 더하기 10억, 합쳐서 40억에 대한 상속세가 약 10억 원이 된
다. 그래서 30억 미만의 자산가에게만 해당되는 방법이고, 30억을 초과하는
자산가는 차라리 해약해서 노후자금으로 쓰는 게 더욱 유리하다. 보험료는 보
험료 대로 내고 상속세는 최고 50%까지 또 내야 하기 때문이다.

② 상속세 절감 방안

상속세를 합법적으로 절감할 수 있는 방법은 연금으로 상속하는 것이다. 계
약자, 수익자는 부모로 하고 피보험자를 자녀로 하는 연금보험에 상당한 재산
을 투자한 후, 살아 있을 때는 부모가 충분한 연금을 수령하고, 부모 사망시에
는 남아 있는 연금자산에 대해 6.5%의 할인율(2010년 기준)로 대폭 할인해서
상속세를 납부하면 되기 때문이다.

이 경우 피보험자인 자녀의 나이를 기준으로 75세까지 받는 연금액만 상속
세 납부의 대상이 되기 때문에 자녀가 오래 살 경우 더욱 큰 혜택을 받을 수 있
다.(경우에 따라 최대 50%의 상속세 절감 가능) 연금보험의 종류에는 일시납
연금보험과 바로연금이 있는데 재산의 많고 적음에 상관없이 자녀의 나이에
따라 얼마든지 활용할 수 있다.

2) 효율적 증여 컨설팅(3세대 증여컨설팅)

'부자가 망하면 3대를 못 간다' 는 속담이 있다. 그만큼 부를 계속 지키기 어렵다는 뜻인데, 고생해서 성공한 아버지가 갖고 있는 돈에 대한 관념을 귀하게 자란 자녀는 가지기 어렵기 때문이다. 그래서 전통적인 부자일수록 자녀에 대한 교육을 엄하고 까다롭게 시킨다고 한다.

3세대 증여컨설팅이란 어렵사리 모은 재산을 자녀나 손자 대에 다 까먹지 말고 대대손손 부자가문으로 또한 명문가문으로 만들어 가자는 컨셉을 말한다. 대표적으로 유대인들이 지금까지 써왔던 방법인데 종신보험을 활용해서 상속자산을 만들어 주고, 자녀가 어릴 때부터 연금을 준비해서 사회생활의 기반으로 활용할 수 있도록 미리 준비해 주는 컨셉이다.

3세대 증여컨설팅의 구체적 절차로는 아래와 같은 3단계가 있다.
① 종신보험을 통한 상속자산 마련 및 상속세 절감
② 2세대(자녀)에게 사전 증여 최대한 활용(증여세 납부)
③ 3세대(손자, 손녀)에게 사전 증여

자녀나 손자에게 미리 증여한 돈으로 5년납 또는 7년납 변액연금을 가입해 두면 나중에 자녀나 손자가 사회생활을 시작할 때 든든한 후견인의 역할을 할 수 있을 것이다.

5. 법인컨셉(Business Insurance)

법인컨셉은 계약자, 수익자를 법인으로 피보험자를 CEO 및 임직원으로 하는 보험계약을 통해 법인의 리스크 관리 및 자금을 효율적으로 운용하자는 컨셉이다. 미국의 경우는 Business Insurance라는 특화된 상품까지 있는데, 법인도 사람 인(人)자가 들어가 있듯이 개인에 준해서 똑같이 관리를 받을 필요가 있기 때문이다.

법인컨셉은 임직원의 보장성보험(단체보험)과 연금보험으로 나눌 수 있는데 단체보험은 산재보험에서 보장받지 못하는 부분들을 보완해 주는 컨셉이고 연금보험은 근로자 퇴직연금 및 기여도를 고려한 CEO 및 임원들의 연금보험을 미리 준비하자는 컨셉이다.

또한 법인의 자금도 개인자금처럼 무계획적으로 운용되는 부분이 많기 때문에 연금의 목돈 마련 기능을 활용해서 경영자본금, 사업다각화자금, 재투자자금 등을 만들어 주는 컨셉도 있다. 앞으로 30년, 50년 후에도 해당 법인이 계속 살아남을 수 있을지 고민이 된다면 CEO는 선뜻 법인의 투자용 목돈 마련 계획을 승인해 줄 것이다.

법인컨셉은 개인이 아니라 회사의 유동자금을 투자하는 것이기 때문에 비교적 쉽게 고액계약이 나올 수 있는 것이 장점이지만, 회사를 상대로 다양한 사후관리 서비스를 제공해야 하기 때문에 팀을 이루어 컨설팅을 하는 것이 필요하다.(회계사, 세무사, 노무사, 변호사 등과의 공조 필요)

6. 개원의 자산관리 컨설팅

고액시장에서 의사라는 존재는 무시하지 못할 시장이다. 수입이 높고 안정적이기 때문에 빚을 내서 개원한 의사도 수 년 후면 자산가의 반열에 올라설 가능성이 높다. 의사는 특히 업종에 따라 수입의 편차가 많은데 대표적으로 치과, 안과, 성형외과, 피부과, 정형회과 전문의가 소득이 많다.

개원의 자산관리 컨설팅이란 수입이 많은 원장들을 상대로 토털 서비스를 통해 완전한 나만의 고객을 만들어 보자는 컨셉이다. 세부내용은 총 8가지로 정리할 수 있다.

1) 개원 관련 토털 서비스

일반적으로 개원을 하려면 입지선정부터 임대차계약, 인테리어공사, 기계리스, 간호원 확보, 병원 홍보 등의 절차가 필요하고 대부분의 의사는 대출을 한도 대로 받아서 개원을 하게 된다.

개원 관련 토털 서비스는 의사가 일일이 해결해야 하는 각종 프로세스를 FP가 인맥을 통해 원스톱으로 해결해 주는 것을 말하며, 대출의 경우도 일반 대출 및 엔화 대출 등 가장 좋은 조건으로 대출 받을 수 있도록 주선해 주는 것을 말한다. 이런 서비스를 제공하려면 많은 시간과 노력이 들지만 이런 과정을 통해 맺어진 의사와의 인연은 추후 막강한 부가가치를 창출할 수 있다.

2) 세테크 컨설팅

개원 후 수입이 많아지면 자연적으로 세금에 대한 고민이 시작된다. 원칙적으로는 소득에 대해 정확하게 세금을 내야 하지만 현실적으로 그렇게 하기는 힘들다. 그러므로 최대한 현실적으로 신고를 하되 세테크를 활용해서 적절히 관리해 주는 방법을 제안해 주면 된다.

3) 빌딩구입 및 대출 상환 Plan

어느 정도 금융자산이 모이면 십중팔구의 의사는 자신만의 빌딩을 갖고 싶어 한다. 이는 비단 의사뿐만 아니라 사업하는 사람들의 공통점인데, 빌딩구입 대행이란 빌딩의 매물을 파악해서 의사와 함께 보러 다니고 빌딩 구입을 확정하면 제반 매입 프로세스를 대행해 주는 것을 말한다.(취등록세 납부 및 대출 알선, 명의이전 포함)

보통 30~40%의 대출을 끼고 빌딩을 매입하게 되는데 빌딩에서 나오는 월세로 대출을 상환하는 방법까지 계획을 세워 주면 된다.(물론 상환방법은 매월 상환이 아니라 변액연금을 통해 목돈을 만들어 상환하는 것을 제안)

4) 부동산 증여 컨설팅

어느 정도 나이가 들고 자산이 모이면 자녀에게 주고 싶은 것이 인지상정이다. 우리나라는 전통적으로 부동산에 대한 선호도가 높기 때문에 부동산 증여에 대한 관심이 많다.

앞으로 부동산 시장은 부익부 빈익빈 현상이 심화될 것이다. 소위 뜨는 곳만 부동산 가격이 올라갈 텐데 이런 지역의 아파트나 상가를 골라 증여하는 것을 도와 주면 된다. 소득이 없는 자녀에게 증여하려면 반드시 증여신고를 해야 하는데 일정액을 증여해서 증여신고를 하고, 부동산에서 나오는 월세로 자녀 명의의 변액연금을 가입해서 나중에 대출을 상환하는 식으로 계획을 세워 주면 된다. 또한 부동산 가격이 올라가면 추가 대출을 일으켜서 변액연금을 더 키워 나가는 방법도 있다. 이 모든 과정을 FP가 대신해 주는 서비스가 부동산 증여 컨설팅이다.

5) 상속세 재원 마련

능력이 있는 의사들은 노후기에 접어 들면서 대부분 자산가가 된다. 부동산과 금융자산을 상당 수준 보유하게 되는데, 이 정도 수준이 되면 당연히 상속세에 대한 고민을 하게 된다.

상속 및 증여 단원에서 언급했듯이 총 자산규모가 30억 원까지는 종신보험이 상속세 재원 마련을 위한 가장 좋은 방법이다. 따라서 자산가가 됐을 때 가입하면 보험료도 비싸고 컨디션에 따라 보험 가입이 불가능한 경우도 발생할 수 있기 때문에 젊을 때 미리 준비하자는 컨셉이 상속세 재원 마련 컨설팅이다.

일단 종신보험으로 30억 원까지 상속문제를 해결하고 자산이 더 불어나게 되면 사전 증여나 다른 방법으로 상속세 문제를 해결해 주면 된다. 상속컨설팅이 진행되면 해당고객과의 장기적인 유대관계는 물론 신뢰도 깊이 쌓을 수 있다.

6) 동업보험(리스크 관리)

개원에 대한 리스크를 헷지하기 위해 상당수의 의사들이 동업을 한다. 동업을 하면 임대료나 각종 경비를 분담할 수 있고 혼자서 하는 것보다 여러모로 위험이 적기 때문이다. 그런데 만약 의사 중에 한 명에게 치명적 문제가 생길 경우 사정이 달라진다. 초기 투자자금은 임대보증금이나 인테리어 비용 등에 투자되어 있는 상황에서 갑자기 지분금액만큼의 현금을 마련하기 어렵기 때문이다.

동업보험이란 투자한 지분금액만큼의 종신보험을 가입해서 공동의 비용으로 보험료를 부담하고, 만약 보험금 지급사유가 발생하게 되면 해당 보험금을 지급하는 것으로 동업에 대한 모든 권리가 소멸된다는 계약서를 작성하는 것을 말한다. 이를테면 사업의 안전장치 같은 역할을 하는 것인데 아무 일이 없다면 각자의 보장 자산으로 가져가면 된다.

동업을 하고 있는 의사들은 알게 모르게 이러한 니즈를 갖고 있기 때문에 동업 초기에 이렇게 명확하게 선을 그어 놓는 것이 서로가 마음 편하게 일할 수 있다. 동업보험은 보험 가입과 동시 FP가 동업보험 계약서를 작성해서 법무사에게 공증을 받는 것까지 처리해 주어야 한다.

7) 증여컨설팅

의사라는 직업은 사회적 존경과 돈을 많이 벌지만 매우 고독하고 힘든 직업이다. 그래서 아이러니컬하게도 의사 아버지는 자녀가 자신처럼 의사가 되는 것을 무의식적으로 싫어한다. 자신처럼 의사가 되서 고생하기 보다는 다른 분야에서 성공하길 바라는 것이다.

그래서 증여컨설팅에 많은 관심을 보인다. 자녀가 어릴 때부터 준비해 놓으면 나중에 커서 큰 도움이 될 수 있다. 아버지의 수입이 어떻게 변하더라도 자녀는 원하는 공부를 할 수 있고, 이러한 부모님의 사랑을 바탕으로 자신이 원하는 분야에서 성공할 수 있을 것이다.(자세한 내용은 상속 및 증여 단원 참조)

8) 은퇴 Plan

내과나 소아과 같은 업종은 크게 정년을 의식하지 않고 일할 수 있지만 치과나 성형외과, 피부과 등은 의외로 정년이 짧다. 이런 과목의 병원에서 늙은 의사를 보기 어려운 현실이 이를 증명한다. 여기에 매년 엄청난 숫자의 후배들이 쏟아져 나온다. 그래서 의사들은 전공을 불문하고 언제까지 수입이 괜찮을 지 고민하고 있다고 해도 과언이 아니다.

은퇴 Plan은 생명보험 고유의 영역인 종신형 연금보험을 토대로 가망 고객이 원하는 시기에 실제로 은퇴할 수 있는 계획을 세워 주는 것을 말한다. 의사들은 눈높이가 높기 때문에 은퇴 후에도 많은 수입을 원하는데 다행히 현재 투자할 수 있는 여력도 많아서 변액연금과 변액유니버셜을 적절히 활용하면 아주 모양새 좋은 은퇴 계획을 마련해 줄 수 있다.

고액자산가 시장은 FP에게 있어서 '영원히 마르지 않는 시장'이라고 할 수 있다. 일단 관계를 맺어서 계약을 해 놓으면 시간이 흘러갈수록 더 큰 계약이 나온다. 부자는 점점 더 부자가 되기 때문이다.

고액 시장에 진입하기 위해서는 FP도 가망 고객들과 눈높이를 맞추어야 한다. 자산가는 본질적으로 외로운 존재이기 때문에 말 상대가 필요한데, 먹고 살기 힘든 수준의 FP는 그런 욕구를 채워 줄 수 없기 때문이다.

미국의 경우도 재무설계 전문가와 일반 FP, 양대 계층이 있다고 한다. 재무설계 전문가는 중상층 고객이나 자산가들을 상대하는 FP이고, 일반 FP는 중하위계층을 상대하는 보험설계사이다. 그래서 일반 FP는 유색인종들이 많다고 한다.

FP로 일을 시작하면 누구나 고액 시장으로 진입하길 꿈꾼다. 성과만 좋다면 골치 아프게 일반 고객들을 상대할 이유가 없을 것이다. 하지만 High Risk, High Return의 법칙이 여기에도 존재한다. 고액시장만을 쫓다가 소득이 떨어져 탈락하는 경우도 생기고, 고액의 계약이 실효되서 멘탈이 떨어져 탈락하는 일도 있다.

그래서 필자가 권해주고 싶은 것은 '고액시장을 포트폴리오로 생각하자'는 것이다. 고액시장에만 몰입하는 것도 좋지 않고, 굳이 고액시장을 외면할 필요도 없다. FP Ship을 바탕으로 표준활동을 하면서 나타나는 고액 가망 고객들은 그때 그때 최선을 다하면 되는 것이다. 이렇게 하는 것이 FP로서 롱런할 수 있는 최선의 방법이라고 생각한다.

성공하는 FP의
충분조건 *vs* 필요조건

성공하는 FP의
충분조건 *vs* 필요조건

　　'어떤 유형의 사람이 FP가 되면 성공할 것인가?' 필자가 매니저 생활을 시작하면서부터 현재까지도 끊임없이 고민하고 연구하는 화두이다. 지금까지 10년 여의 보험인 생활을 해오며 수많은 FP들을 목격했는데 매우 잘 할 것 같은 FP가 의외로 탈락하고, 탈락할 것 같은 FP가 롱런하며 잘 해 나가는 모습도 많이 보았다.

　　'FP는 태어나는 것인가, 만들어지는 것인가?' 매니저를 처음 시작했을 때는 열심히 트레이닝시키고 서포트를 잘 해 주면 누구든지 성공시킬 자신이 있었다.

　　그런데 1년간 해 본 결과 필자의 생각은 여지없이 무너졌다. 우리 팀의 상당수 FP가 중위권 이하를 맴도는 것이었다. 도대체 무엇이 문제일까? 성과가 부진한 FP는 금방 표준활동관리가 무너졌고 빈곤의 악순환처럼 의욕도 저하되어 결국 탈락하는 경우도 생기게 됐다.

　　매니저 생활을 8년째 경험하고 있는 지금 시점에서 필자가 내린 결론은 7 : 3

이다. 성공하는 FP는 70%의 자질이 필요하다.

이 부분은 트레이닝이나 시스템과는 상관없이 FP 본인의 몫이다. 지금까지 인생을 살아오며 맺어 온 인간관계와 스스로에 대한 생각, 영업을 바라 보는 시각, 스트레스로부터의 정신회복력, 미래에 대한 강한 확신 등이 그것이다. 나머지 30%는 해당 조직의 시스템과 매니저의 노력으로 해결할 수 있다.

이렇게 단정적으로 비율을 정한다는 것이 무리일 수 있겠지만 필자의 생각은 'FP는 태어나는 쪽에 가깝다' 는 것이다.

그래서 이번 장에서는 과연 어떤 유형의 사람이 FP라는 직업에 적합한지, 그리고 성공할 수 있는지에 대해 다루어 보고자 한다.

1. 성공하는 FP의 충분조건 *vs* 필요조건

수학에는 충분조건과 필요조건이라는 말이 있다. 이 단어를 FP Job으로 연결시키면 충분조건은 'FP로 도전해 볼 만한 충분한 조건'으로, 필요조건은 'FP로 성공하기 위한 필수조건'으로 정리할 수 있다. 이러한 충분조건과 필요조건을 토대로 이 책을 읽는 독자는 'FP로 성공할 수 있는 최대공약수'를 산출해 낼 수 있을 것이다.

1) 성공하는 FP의 충분조건

필자가 생각하는 충분조건은 외적인 변수를 말한다. 이왕이면 조건이 좋은 사람이 FP를 더 잘할 수 있을 것이다. 구체적인 충분조건은 다음과 같다.

▶ 외모 : 잘 생긴 사람은 첫인상에서 50% 점수를 따고 시작할 수 있다.

▶ 학력 : 학력이 높을수록 업무지식 습득이 빠르고 모든 것을 빨리 소화한다.
　　　　좋은 학교 출신은 주변의 Pool도 그만큼 좋은 경우가 많다.

▶ 전공 : 21세기는 금융의 시대이다. FP는 전공을 불문하지만 상경계열 전공이 업무에 더 도움이 된다.

▶ 어투 : 사투리가 너무 세거나 어눌하게 말하면 상담에서 점수를 많이 깎인다.

▶ 유머 : 유머는 처음 만나는 가망 고객과 금세 친해질 수 있는 위력을 발휘한다. 남에게 웃음을 선사할 수 있는 능력은 FP를 빛나게 만들어 줄 수 있다.

▶ Pool : 인맥이 넓고 많다는 것은 그만큼 지금까지 열심히 살아 왔다는 증거이다. 넓은 Pool은 FP의 성공을 손에 쥘 수 있는 가장 값진 자산이다.

▶ 집안 : 집안이 좋으면 집안 계약만으로도 먹고 살 수 있다. 또 소개도 비슷한 수준에서 나오기 때문에 고액시장으로의 진입에 많은 도움이 된다.

▶ 직업 : 일반적으로 중소기업보다는 대기업 출신이, 자영업보다는 샐러리맨 출신이 FP Job을 잘 수행한다. 포기한 부분이 클수록 더욱 더 도전정신이 강하기 때문이다. 최근에는 전문직 출신의 FP도 증가하는 추세이다.

▶ 결혼 : 미혼보다는 기혼자가 가족에 대한 책임감으로 더 열심히 한다. 이런 책임감이 또한 FP Ship과 연결되어 있다.

▶ 연령 : 30대 중반부터 40대 초반이 가장 적합하다. 인생에 대한 철학과 활동력을 겸비하고 있기 때문이다.

대략 10가지의 충분조건을 기술해 보았는데 이 중에서 5가지 이상이 해당되면 FP로 도전해 볼 만한 충분한 조건을 보유하고 있다고 생각한다. 이러한 외적인 변수들이 좋은 사람은 각 보험회사에서 Core Target으로 분류하는데, 그만큼 성공 가능성이 높기 때문이다.

2) 성공하는 FP의 필요조건

필요조건은 내적인 변수를 말한다. 외적인 변수가 아무리 좋아도 내적인 변수가 갖춰지지 않아 탈락하는 경우를 필자는 무수히 목격했다. FP로서 가장 경계해야 하는 부분이 바로 '일희일비(一喜一悲)'이다. 일이 잘 될 때는 한없이 올라가고, 잘 안 되면 한없이 떨어지는 현상이 일희일비 현상이다. 필자도 FP 시절에 일희일비 하지 않으려고 많이 노력했는데 사람인 이상 평상심을 유지하며 꾸준히 어떤 일을 한다는 것은 무척 어렵다고 할 것이다.

'비가 오나 눈이 오나 한결같은 모습', 이것이 필자가 생각하는 성공하는 FP의 필요조건이다.

구체적인 필요조건은 다음과 같다.

▶ 수용성

수용성이란 '변화와 충격을 받아들이는 정도'라고 정의할 수 있다. 자신의 가치관과 맞지 않는 일들이 세상에는 무수히 존재하는 법이다. 가망 고객을 만나다 보면 별의 별 사람을 다 보게 되는데, 성향이 맞지 않다고 해서 버린다면 소수의 고객만으로 먹고 살아야 할 것이다. 또한 조직 내에서의 인간관계나 조직의 각종 Rule에 대해서도 수용성이 필요하다. FP는 자영업의 컨셉이지만 실제로는 조직의 시스템과 매니저 및 동료들의 지원을 받아야 효율적으로 일할 수 있기 때문이다. 수용성이 강한 사람은 어떤 일을 해도 잘 할 수 있지만 FP Job에는 필수요소이다. 독불장군식 영업은 롱런하기 어렵기 때문이다.

▶ 긍정적 사고

매니저들이 입이 닳도록 FP에게 강조하는 단어가 있다. 이른바 PMA(Positive Mental Attitude) 사고방식인데, 일이 잘 되던 그렇지 않던 매사 긍정적 사고를 하자는 뜻이다. 영업은 사람이 하는 일이기 때문에 주가처럼 커브를 그린다. 긍정적 사고가 부족한 사람일수록 커브의 골이 깊은데 일희일비 마인드가 강하기 때문이다. 그래서 꾸준히 3W를 하는 FP를 가장 잘 하는 FP로 대우해 주는 것이다.

또한 긍정적 사고와 낙천적 사고는 구분해야 한다. 낙천적 사고는 '어떻게 되겠지' 하는 패배주의적 성향이 강하기 때문인데 프로 세일즈맨은 스스로 세운 목표를 기필코 달성하려고 노력하는 사람이다. 낙천적 사고가 팽배한 사람은 목표관리를 제대로 하기 어렵다. 그래서 스스로 세운 목표를 달성하기 위해 최선을 다 하되, 과정상에서 벌어지는 일들에 대해서는 긍정적 사고방식으로 대처하는 것이 가장 좋다.

▶ 창의력

대학의 전공 중에 'FP학'이라는 전공은 없다. FP를 잘 하기 위해 특별한 전공이 필요하지는 않다는 뜻인데, 그렇다 하더라도 기본적인 학습능력은 반드시 필요하다. 앞으로는 '보험'이 아니라 '금융'의 시대이기 때문에 학습능력이 뛰어난 사람은 각종 자격 취득 등 여러 면에서 남보다 앞서 나갈 수 있다.

하지만 학습능력보다 더 필요한 능력이 있다. 바로 '창의력'인데 '수많은 FP가 동일하게 취급하고 있는 상품과 서비스를 어떻게 차별화시켜 나만의 무기로 만들 수 있는지'가 FP로 성공하기 위한 핵심 관건이라고 생각한다. 금융환경이 변화가 가속화될수록 그만큼 복잡하고 다양한 금융상품들이 출시될 것이다. 금융환경의 트렌드를 미리 읽고 창의력을 발휘하여 얼마만큼 소화해 낼 수 있는지가 FP 경쟁력의 중요 포인트라고 생각한다.

▶ 자기관리(정신회복력)

누구나 일이 잘 될 때는 매사 긍정적이고 의욕도 높다. 하지만 생각보다 일이 잘 안 풀리면 대부분의 사람들이 얼굴에 금방 표시가 난다. 인상을 찌푸리게 되고 입을 열면 부정적인 말만 한다. 특히 FP는 업의 특성상 더욱 그런 일이 많이 발생하는데, 그래서 필자는 본질적으로 FP는 '이기적인 동물'이라고 생각한다. 자신만을 위해 모든 것이 존재한다고 생각한다.

하지만 필자는 이런 이기심이 오히려 FP를 잘 하기 위해 필요한 요소라고 생각한다. 일이 잘 안 되면 내 탓이 아니라 남의 탓으로 돌려야 빨리 회복할 수 있기 때문이다. 내가 잘못한 것이 아니라 회사의 브랜드 탓, 상품의 탓, 조직의 탓, 가망 고객의 탓으로 돌려야 차라리 마음이 편하다. 그래서 금방 잊어버리고 다시 시작할 수 있다면 이기적인 생각은 충분히 용인된다.

FP로서 필요한 이런 능력을 '정신회복력'이라고 하는데 스트레스로부터 얼마나 빠른 속도로 회복할 수 있는지에 대한 능력이다. 그렇다고 매사 이기적으로 해결하는 것은 곤란하다. 때론 이기적인 부분이 필요하다는 뜻이지 매사 이런 마인드로 똘똘 뭉쳐 있다면 영업을 할 수 없기 때문이다.

따라서 정신회복력에는 약간의 이기심과 더불어 자제력과 인내심, FP Job에 대한 책임감이 필요하다. 일희일비 하지 않고 꾸준히 할 수만 있다면 반드시 성공할 수 있는 직업이 FP Job인데, 화를 내고 싶은데 참을 수 있는 자제력과 어떤 일이 있어도 포기하지 않는 인내심, 그리고 고객과 가족을 생각하며 FP로서 Job에 대한 책임감을 갖고 있어야 중도에 탈락하는 일 없이 롱런할 수 있기 때문이다.

▶ PSD Mind

필자에게 영감을 준 메시지 중에 미국의 어느 최고경영자가 말한 'PSD Mind'라는 글이 있다. 최고경영자로서 자신의 회사에 이런 인재들이 많았으면 좋겠다며 말한 내용인데 FP Job에도 이런 성향을 가진 사람들이 잘할 수 있을 것 같아 옮겨 보았다.

P는 'Poor'의 약자이다. Poor는 가난하다는 뜻인데 좀 더 깊이 해석하면 자신의 눈높이에 비해 현재의 삶의 질이 마음에 들지 않는다는 의미이다. 물질적으로 비유하면 좋은 집에 살고 싶고, 자녀도 잘 키우고 싶고, 돈도 많이 벌고 싶은데 현재의 직업으로는 거의 불가능한 상태를 말한다. 이런 마인드가 강한 사람은 결국 자신의 눈높이를 채워 줄 직업이 필요한데 고부가가치를 창출할 수 있는 FP Job이 그런 직업 중에 하나이다.

S는 'Smart'의 약자이다. 남들과 똑 같은 식으로 해서는 남보다 앞설 수 없다. 동일한 일에 대해 자신만의 창의력과 프로세스로 더 좋은 결과를 창출할

수 있다면 그 사람은 어떤 일을 해도 성공할 것이다.

D는 'Deep Desired to be Rich'의 약자이다. Rich는 부자로 해석할 수 있지만 필자가 생각하기엔 '성공'에 더 가깝다고 본다. 성공에 대한 강한 욕구, 스스로를 끊임없이 채찍질하는 강한 정신력, 이것이 'Deep Desired to be Rich'의 마인드이다.

PSD Mind를 골고루 갖추고 있다면 FP로서 반드시 성공할 수 있을 것이다. 자본주의 사회에서는 자본을 갖고 있는 사람이 가장 존경을 받는다. 고부가가치를 창출할 수 있는 FP Job이야말로 평범한 사람이 자본가가 될 수 있는 가장 좋은 직업이다.

▶ 우달모지재(愚達謀知才)

FP로 성공하기 위한 필요조건은 많이 있다. 지금까지 언급한 요소 이외에도 여러 가지 있지만 모든 요소의 최정상에 있는 핵심 가치가 있다. 이 핵심가치는 '우달모지재(愚達謀知才)'라는 고사성어에 그대로 투영되어 있다.

'우달모지재'란 성공을 하기 위한 자질을 나열한 것이다. 먼저 재(才)는 재주를 의미한다. 평범한 사람들이 하루에 차 한 대를 조립한다면 숙련공은 2~3대를 조립할 수 있다. 재주가 많기 때문에 본인이 열심히 노력만 한다면 성공할 수 있을 것이다.

지(知)는 지식을 의미한다. 고등학교 나온 사람보다는 대학교 출신이, 대학을 나온 사람보다는 대학원 출신이 지식을 많이 보유하고 있고 확률적으로 성공할 가능성이 높다.

모(謀)는 지혜를 의미한다. 지식이 아무리 많아도 지혜로운 자를 따르지 못한다는 말처럼 동일한 일에 대해 지혜를 발휘해서 성과를 더 낼 수 있다면 남들보다 빨리 성공할 수 있을 것이다.

달(達)은 달통했다는 의미이다. 자신이 취급하고 있는 분야에 대해 모든 것을 훤히 꿰뚫고 있는 사람을 일컬어 '명장(名匠)'이라고 표현하는데, 아무리 복잡하고 어려운 일도 명장 앞에 갖다 주면 손쉽게 해결할 수 있다. 이 정도 수준이 되면 이미 성공의 반열에 올라섰다고 해도 과언이 아닐 것이다.

이상과 같이 성공하기 위해 필요한 요소는 재주가 많은 사람보다는 지식이 많은 사람이, 지식이 많은 사람보다는 지혜가 많은 사람이, 지혜가 많은 사람보다는 자신의 일에 달통한 사람이 더 성공확률이 높다고 정리할 수 있다.

마지막으로 우(愚)는 '어리석을 우' 자이다. '어리석을 우' 자가 성공의 최고봉에 있다는 말인데, 이 글자를 이해하기 위해서는 '우공이산(愚公移山)'이라는 우화에 대한 이해가 필요하다.

'우공이산(愚公移山)'이란 직역하면 '우씨 성을 가진 사람(愚公)이 산을 옮기다.'라는 뜻인데, 옛날 중국의 어떤 마을에 우씨 성을 가진 노인이 살고 있었다고 한다. 이 노인은 팔십 평생을 살아오면서 한 번 마음 먹은 일은 어떤 수단을 써서라도 반드시 해 내고 마는 것으로 유명했는데, 하루는 따사로운 오후 햇살을 즐기다가 무거운 짐을 이고 땀을 뻘뻘 흘리며 걸어가는 마을 사람들을 보게 됐다. 우공이 사는 마을과 건너 편 마을 사이에는 조그마한 산이 하나 있었는데, 마을과 마을을 왕래하기 위해서는 산을 빙 돌아서 가야만 했다. 그래서 무더운 여름날에 마을사람들이 고생하는 모습을 본 우공은 문득 이런 생각이 들었다. '저 산만 없어지면 굳이 빙 돌아가지 않고 편하게 왔다갔다 할 텐데…' 이런 생각이 들자마자 우공은 바로 삽을 손에 들고 산을 파기 시작했다.

그러자 우공이 팔십 먹은 나이에 땀을 뻘뻘 흘리며 산을 파고 있는 모습을 본 그 산의 산신령들에게 비상이 걸렸다. 산이 없어지면 어떻게 하나 전전긍긍하는 고참 산신령의 모습을 본 신참 산신령이 물었다. "저 나이에 산을 파면 얼마나 판다고 그렇게 고민하십니까?" 이 말을 들은 고참산신령 왈. "자네는 우공을 몰라서 하는 소리네. 저 사람은 태어나서부터 지금까지 한 번 마음먹은 일은 어떤 일이 있어도 반드시 이루고 말았다네. 우공이 산을 파다 죽으면 반드시 유언을 할 텐데, 그러면 자자손손 넘어가서 언젠가는 이 산이 없어지고 말 것이네."

견디다 못한 산신령들이 옥황상제 앞에 가서 우공을 말려 달라며 애원을 했다. 옥황상제는 처음에는 한심스럽게 생각했는데 막상 몇날 며칠이고 계속 땅을 파는 우공의 모습을 보고는 산을 번쩍 들어서 옆으로 옮겨 주었다고 한다.

이런 내용의 우화가 '우공이산(愚公移山)'인데, 필자는 이 이야기를 처음 접했을 때 무척 깊은 감동을 느꼈다. 얼마나 끈기가 있고 의지력이 강한 사람이길래 옥황상제가 산을 옮겨 줄까.

FP의 필요조건은 여러 가지가 있지만 FP Job은 사람이 하는 일이기 때문에 좋은 자질을 보유한 사람도 수많은 변수에 일희일비 하다 보면 롱런하기 매우 어렵다. 어떤 상황 하에서도 성공을 향해 꾸준하게 일을 할 수 있는 의지력과 끈기. 이것이 필자가 생각하는 가장 중요한 FP의 필요조건이다.

'FP Job은 열심히만 하면 세상에서 가장 쉬운 일이고, 편하게 하려고만 하면 세상에서 가장 어려운 일이다' 라는 격언이 있다. 결국 FP Job은 스스로와의 정신력의 싸움인 것이다.

2. Self Management

앞 장에서 스스로를 관리할 수 있는 정신력이 매우 중요하다고 언급했는데 이런 '자기관리(Self Management)'에도 요령이 필요하다. 그냥 마음 속으로만 '자기관리를 잘 해야지'라고 되뇌이는 것은 별 효과가 없다. 이러한 생각들을 문서로 표현하고 매일같이 쳐다 보며, 실천해 나갈 수 있도록 끊임없이 자기세뇌를 하는 것이 '효율적인 자기관리'의 기법이다.

1) 목표관리

'명확하고 구체적이지 않은 목표는 목표가 아니다.'라는 말이 있다. FP처럼 스스로 목표를 설정하고 실행하기 위해 끊임없이 노력해야 하는 직업에 딱 맞는 말이다. 목표의식이 희박하면 '낙천적 사고'에 빠지기 쉽다. '어떻게 되겠지' 하며 하루이틀 보내다 보면 일주일이 금방 지나가고, 이런 식으로 일,이 주일 보내면 또 한 달이 금방 지나간다. 그러다 보면 '될 대로 되라'라는 패배주의에 빠질 가능성이 높다.

그래서 FP는 매월의 분명한 목표를 반드시 수립해야 한다. 다행히 모든 FP의 옆에는 매니저가 있다. 스스로 관리하기 힘든 것이 목표관리이기 때문에 매니저의 도움이 필요하다.

FP로 처음 일을 시작하면 매니저의 조언을 받아 반드시 1차년도 사업계획을 세워야 한다.(참고자료 참조) 이 사업계획을 책상 앞에 붙여 두고 틈날 때마다 몇 퍼센트의 진도율로 진행이 되는지 스스로 체크해야 한다. 때로는 목표를 넘을 수도 있고 때로는 미달할 수도 있겠지만 중요한 것은 '목표관리'를 한다는 것이다.

홍길동 FP 1차년도 사업계획

■ 업적목표(단위 : 만원)

구 분	1차월	2차월	3차월	4차월	5차월	6차월	7차월	8차월	9차월	10차월	11차월	12차월	합계
건 수													
월납보험료													
지급율													
소 득													

■ 분야별 목표

REWARD 목표	자 기 계 발
■ 3W : 50주 달성 ■ MDRT 달성 : 7차월 달성 ■ 2010년 컨벤션 6회 달성, 하계컨벤션 달성 ■ 월간 MVP 12회 달성 ■ 주초 3W 계속 진행	■ 독서 : 월 2권 ■ 자기계발 : 세일즈 관련 공부 ■ 동호회(사회봉사활동) : 고민 후 시작 ■ 여가활동 : 골프 시작 ■ 가족관리 : 주 1회 가족 나들이
고객관리(13회차 목표 유지율 : 99%)	**자 금 관 리**
■ E-mail : 2주 1회 ■ 기념일 관리 : 전화 및 선물, 기념카드 ■ CRM 이용 고객관리	■ 2010년 말 유동자산 목표금액 : 1억 원 ■ 저축목표 : 월 500만 원 ■ 영업비 : 월소득의 15% 사용 　- 고객선물 : 금액별 차등 관리 　　좋은 생각 . 기타 고객의 취향에 따라

1차년도 목표관리가 지나면 그 다음부터는 매년 사업계획을 세워야 한다. 보험업계의 커미션 구조상 경력이 쌓일수록 동일업적만 기록해도 소득이 올라가게 된다. 작년과 올해, 내년의 소득이 비슷하다면 그 FP는 성장하는 것이 아니라 퇴보하고 있는 것이다. 따라서 국가의 경제개발 5개년 계획처럼 FP도 중장기적으로 어떻게 성장해 나갈 것인지 구체적인 계획이 반드시 필요하다.

가끔씩 FP의 책상 앞에 벤츠나 BMW 같은 외제차 사진이나 아름다운 전원주택의 사진이 붙어 있는 것을 볼 수 있다. 혹자는 이를 보고 고객에게 진정한 서비스를 제공해야 하는 FP가 속물근성에 물들어서 외제차에 대한 꿈만 꾸고 있다고 비난하는 사람도 있는데 필자의 생각은 다르다.

목표란 이루기 위해 끊임없이 자신을 자극하는 동기부여 요인을 말한다. 그것이 사람에 따라 외제차가 될 수도 있고, 전원주택이 될 수도 있다. 그런 사진들을 통해 일에 대한 동기부여를 받을 수 있다면 금덩어리도 훌륭한 목표가 될 수 있는 것이다. FP Ship은 FP라는 직업의 바탕에 깔려 있는 철학이지 목표가 아니기 때문이다. 그래서 FP는 자신이 꼭 이루고 싶어하고, 갖고 싶어하는 그 어떤 것도 훌륭한 목표가 될 수 있다고 생각한다.

2) 표준활동관리

목표가 세워지면 그 목표를 달성하기 위한 세부 액션 플랜을 수립해야 한다. 세부 실행계획이란 궁극적으로 활동관리를 의미한다. 1년의 목표를 12로 나누면 매월의 목표가 나오고, 매월의 목표를 4로 나누면 매주의 목표가 나온다. 이렇게 수립된 매주의 목표를 달성하기 위해 어떻게 활동할 것인가를 고민하고 실행하는 것이 활동관리이다.

1년과 1개월, 1주일, 1일 중 FP에게 가장 소중한 시간관리 단위는 무엇일까?

정답은 1주일이다. 매일의 활동이 가장 소중하겠지만 관리 차원에서 본다면 매일 관리하기는 불가능하기 때문에 1주일이 가장 좋다. FP에게 있어 가장 소중한 시간단위는 이번 주인 것이다. 지난 주는 이미 지나가 버렸고 다음 주는 다음 주에 가서 생각해 보면 된다. 영업이란 돌발변수가 많기 때문에 다음 주, 다음 달은 별 의미가 없다. 이번 주에 어떻게 활동해서 어떤 결과를 만들어 낼 것인지가 가장 중요한 것이다.

그래서 미국에는 주간 단위의 활동을 관리하기 위한 시스템으로 'Sit Plan One Card System'이라는 것이 있다. 1주일의 Sit Plan을 A4지 한 장으로 보기 쉽게 정리하는 시스템인데 한 페이지에 1주일치가 다 나와 있기 때문에 스스로의 활동관리를 체크하는데 무척 도움이 된다. 1주일치씩 4장이 모이면 한 달이 되고, 50장이 모이면 1년간의 활동을 꼼꼼히 체크할 수 있다. 각 보험 회사에는 그 회사 고유의 활동관리 노트가 있지만 쓰기에도 다소 불편하고 시간이 지날수록 분량이 많아지기 때문에 효율적인 Feed Back이 어렵다.

그래서 전통적인 'Sit Plan One Card System'에 활동결과 관리까지 일목요연하게 볼 수 있는 필자만의 'Sit Plan One Card System'을 만들게 됐다. 1주일에 한 장씩만 쓰면 되기 때문에 매우 편리하고, 활동결과는 물론 바빠서 놓치는 가망 고객이 없도록 꼼꼼히 체크하게끔 되어 있다.

필자가 만든 'Sit Plan One Card System'을 활용하기 위해서는 '진전'과 '답보'라는 단어에 대한 이해가 필요하다. 일반적으로 세일즈맨이 가망 고객을 만난 결과는 '성공'과 '실패'로 나눌 수 있다. 계약을 하면 성공이고 계약을 하지 못하면 실패라는 컨셉이다. 그런데 FP Business에 있어서는 이런 이분법적인 논리에 한계가 있다.

예를 들어 AP를 해서 FF를 받았다면 성공일까, 실패일까? PC를 했는데

9

SIT-PLAN One Card System

홍길동 FP (10. 6. 19 ~ 6. 23)

Prospecting Pool	Sit Plan	활동결과 분석		AP	
	〈月〉	성공	진전		
		실패	답보		
	〈火〉	성공	진전		
		실패	답보		
				P C	
	〈水〉	성공	진전		
		실패	답보		
	〈木〉	성공	진전		
		실패	답보		
				주간 활동결과	
	〈金〉	성공	진전	성공	진전
		실패	답보	실패	답보

"정말 내용이 좋은데 지금 결정하기는 힘들고 주말에 와이프랑 상의해서 1안과 2안 중에 하나를 선택하겠다."라고 하는 것은 어떻게 해야 할까? 또한 계약이 완전히 물 건너간 것은 아닌데 "몇 달 후에 적금이 끝나니까 그 때 다시 생각해 보자"라고 한다면 완전한 실패일까?

그래서 'SPIN 세일즈'라는 책을 보면 딱히 '성공'과 '실패'로 구분하기 어려운 활동결과를 '진전'과 '답보'라는 단어로 설명하고 있다. '진전'이란 '성공'을 위해 한 단계 나아간 것을 의미하고, '답보'란 '실패'하지는 않았지만 '실패'에 가까운 활동결과를 의미한다. 이렇게 4가지 유형의 활동결과를 토대로 매일매일의 활동을 스스로 관리하는 기법이 바로 필자가 만든 'Sit Plan One Card System'이다.

참고자료를 보면 우측 상단에 매주 월요일부터 금요일까지의 날짜를 기록하게 되어 있고, 맨 좌측에는 그 주에 만날 가망 고객의 List를 적게 되어 있다. 하루 3명을 기준으로 보통 15명 내외의 명단을 적으면 된다. Pool이 많다면 가장 계약확률이 높은 가망 고객을 우선적으로 적어서 만나면 될 것이다. 또한 영업의 특성상 만남이 연기되는 경우가 종종 생기는데 이런 경우에는 다음주 Pool List로 넘겨서 또 만나면 된다.

그 옆 Sit Plan란에는 그 주의 가망 고객들과 Telephone Approach를 해서 약속을 잡는 대로 시간과 이름을 옮겨 적으면 된다. 가장 이상적인 약속날짜는 모레이므로 원칙적으로는 매일 전화해서 약속을 잡아야 하지만 현실적으로 월요일 경에는 수요일까지, 수요일 경에는 금요일까지의 약속이 잡혀 있어야 한다. 'Sit Plan One Card System' 한 장으로 1주일치의 약속을 모두 관리할 수 있기 때문에 매일매일의 칸이 빽빽하게 채워져 있으면 마음이 든든해지고 자신감이 솟는 것을 느낄 수 있다.

그 옆 활동결과 분석란에는 매일매일의 활동에 대한 결과를 기록하면 된다.

성공과 실패, 진전과 답보의 개념은 이미 설명했으므로 자신이 활동한 결과가 어디에 속하는지 스스로 판단해서 숫자를 써 넣으면 된다. 단, 여기서 주의할 점은 반드시 가망 고객을 만난 숫자만 기입해야 한다는 것이다. 전화를 100통화 했다 하더라도 가망 고객을 만나지 않았으면 그 날의 숫자의 합은 '0'이 된다. FP Job은 가망 고객을 만나야만 성과가 나오는 직업이기 때문이다. 예를 들어 3명을 만났는데 계약을 한 건 하고, FF를 하나 받았고, 나머지 한 명은 거절당했다면 성공에 1, 진전에 1, 실패에 1을 쓰면 된다. 매일의 활동결과가 쌓이면 우측 맨 하단의 '주간 활동결과' 란에 합계를 쓰면 되는데 여기에 더해진 합의 숫자가 그 주에 만난 가망 고객의 총 합이 된다.

'Sit Plan One Card System'을 매주 기록하다 보면 이번 주에 내가 어떻게 활동했는지 일목요연하게 스스로 점검해 볼 수 있고, 매주 한 장씩 쌓이는 자료를 통해 FP로서 성장하고 있는지 아니면 정체하거나 후퇴하고 있는지 객관적이고 냉정하게 체크해 볼 수 있다.

마지막으로 맨 우측의 'AP' 란은 'AP'가 끝난 가망 고객을, 'PC' 란은 'PC'가 끝난 가망 고객을 적는 칸이다. 이 칸을 만든 목적은 정신없이 바쁘게 활동하다 가망 고객에 대한 클로징 시점을 놓치지 않기 위한 것이 첫째이고, 둘째는 이 칸에 적혀 있는 가망 고객들은 계약확률이 높기 때문에 계약에 대한 기대감 즉, '자신감'을 고취시켜 준다. 이 두 칸에 이름이 많이 채워져 있으면 있을수록 더욱 왕성하게 활동할 수 있다.

지금까지 'Sit Plan One Card System'을 활용한 표준활동관리 기법에 대해 알아 보았다. 필자는 지금까지 수 년 동안 이 시스템을 사용하고 있는데 1년치를 하나로 묶어서 현재까지도 계속 보관하고 있다. 'Sit Plan One Card System'은 다음 장에서 설명할 기록관리와도 밀접한 관련이 있는데 꾸준하게 표준활동관리를 한다는 것은 FP로 성공하기 위한 필요조건 중 가장 핵심조건이라고 생각한다.

아울러 주간 단위의 표준활동관리로 주초 유실적의 개념이 있다. 1주일은 주 초반, 주 후반으로 나눌 수 있는데 월요일부터 수요일까지를 주 초반, 목요일과 금요일을 주후반으로 분류한다. 주 초 유실적이란 주초반에 PC 위주로 활동을 해서 그 주의 목표를 달성하고, 주 후반에는 다음주의 목표를 위해 AP 위주로 활동하는 것을 말한다. 쉬워 보이긴 해도 매주 이런 식으로 활동을 정형화하는 것은 매우 어렵다. 예를 들어 3W를 진행하는 FP는 주초반에 이미 3건을 달성해야만 원활하게 3W를 진행할 수 있다. 그래서 3W를 오래 진행한 FP는 모든 것을 떠나 철저한 자기관리와 표준활동관리로 무장된 프로 FP라고 말할 수 있고, 보험인들에게 존경을 많이 받는 것이다.

3) 기록관리

기록관리는 자영업자가 매일, 매주, 매월의 단위로 매상을 기록하는 컨셉와 유사하다. 각 시간단위로 기록된 매상을 통해 무엇이 문제인지 그리고 어떻게 하면 매상을 올릴 수 있는지 고민하는 것처럼, FP도 자신의 활동결과를 소득과 연결시켜 스스로의 강·약점을 분석하고 성공하기 위해 어떤 노력을 기울여야 하는지를 파악할 수 있다.

프랭크 베트거의 '실패에서 성공으로' 라는 책에 이러한 기록관리의 중요성이 잘 언급되어 있다. 프랭크 베트거는 소득을 각 활동단위로 나누어 PC 한 번에 얼마의 가치가 있는지, AP 한 번에 얼마의 가치가 있는지, 심지어 전화 한 통화당의 생산성까지 계산해 내서 스스로의 활동에 대한 모티베이션으로 활용했다.

이렇게 스스로 활동결과를 분석하는 것을 'Performance Review' 라고 부르는데 FP는 영업에 전념해야 하기 때문에 일반적으로 매니저가 분석하는 것을 도와주곤 한다. FP의 활동결과를 분석하기 위해 필수적인 것이 바로 '기록관리'인데, 어떻게 활동했는지를 알 수 없으면 분석을 할 수 없기 때문이다.

그래서 필자가 보기엔 전화까지는 그렇고 'Sit Plan One Card System'을 통해 6개월 혹은 1년동안의 AP숫자와 PC숫자를 파악한 후 소득과 연결시키면 FP 스스로도 쉽게 활동결과를 분석할 수 있다. 예를 들어 6개월간 소득의 합이 5천만 원이고 AP를 50번, PC를 25번 했다면 단위생산성은 AP 한 번에 100만 원, PC 한 번에 200만 원의 가치를 나타내게 된다. 그렇다면 매우 심플한 해답이 나온다. AP를 한 번 할 때마다 100만 원을 벌게 되는데 수단과 방법을 가리지 않고 AP를 늘리고 싶지 않겠는가?

단위 활동당 생산성으로 모티베이션을 할 수 있다면 월별 활동량으로는 표준활동관리를 체크할 수 있다. 어느 달에 부진했다면 스스로 원인을 파악할 수 있을 것이고, 다음 번에는 그런 일이 생기지 않도록 미연에 방지할 수 있을 것이다. 또한 확보된 고객을 분류하면 자신이 어떤 고객계층에 강점이 있는지, 어떤 고객계층을 발굴해야 하는지도 알 수 있다. 이처럼 기록관리는 FP의 지속적인 성장을 위해 꼭 필수적이며, 'Sit Plan One Card System'은 기록관리의 훌륭한 도구가 된다.

4) 슬럼프 탈출 방법

FP로 활동을 계속 하다 보면 누구나 슬럼프를 겪게 된다. 특히 신입 FP의 경우는 보통 X시장이 소진될 때쯤 슬럼프가 오게 되는데, 그래서 이런 슬럼프를 겪지 않으려면 FP 시작과 동시에 Y시장에 진입해야 한다.

슬럼프에 빠졌는지 아닌지는 주관적으로 판단하기 어렵다. 인간의 속성상 '잘 되겠지' 하는 생각이 지배적이기 때문이다. 그래서 막상 FP 본인이 슬럼프에 빠졌다는 생각이 들면 이미 헤어나기 어려운 경우가 많다. 이런 이유 때문에 슬럼프를 체크하는 차원에서도 기록관리가 중요하다. 매일의 활동결과란에 '0'이란 숫자가 많아지면 객관적으로 보았을 때 슬럼프로 가는 과정이라고 판단할 수 있기 때문이다.

슬럼프를 탈출하느냐, 마느냐는 전적으로 FP에게 달려 있다고 해도 과언이 아니다. 일단 슬럼프에 빠지게 되면 부정적인 생각이 머릿속을 지배하게 되는데, 옆에서 아무리 자극을 줘도 본인의 '정신회복력'이 없으면 좋은 생각보다 나쁜 생각이 더 빨리 전염되는 것처럼 스스로 푹 가라앉게 된다. 그래서 필자가 생각하는 슬럼프를 관리하는 가장 좋은 방법은 '슬럼프에 빠지지 않는 것'이다. 아예 슬럼프에 빠지지 않으면 굳이 이런 고민을 할 필요가 없기 때문이다.

필자가 FP 시절에는 어떻게 해서든지 스트레스를 덜 받으려고 무척 노력했던 기억이 있다. 영업이란 직업 자체가 스트레스인데, 일 이외의 다른 부분에서 스트레스를 받으면 슬럼프에 빠질 가능성이 높기 때문이다. 그래서 FP는 개인적으로 스트레스 해소책을 마련해야 한다. 운동을 통해서, 노래방을 통해서, 취미생활을 통해서 그때 그때의 스트레스를 해소하고 넘어가야 한다. 요즘에는 요가학원이나 참선을 할 수 있는 시설도 많이 생기는데 활동적인 것이 싫다면 내면의 자기 수양을 통해 스트레스를 관리하는 것도 좋은 방법이다.

각고의 노력을 해도 슬럼프는 오기 마련이다. 입사 후 6차월과 13차월에 온다는 '6,13의 법칙'도 있고, 3년, 6년, 9년 마다 온다는 '3,6,9의 법칙'도 있다. 이유야 어찌 됐던 본인이 슬럼프에 빠졌다는 결론이 나오면 빨리 탈출해야 한다. 슬럼프 기간이 길어질수록 헤쳐 나오기 어렵기 때문이다.

슬럼프란 '일할 의욕이 떨어지고, 일이 잘 안 되는 상태'를 의미한다. 슬럼프를 FP의 입장에서 정리해 보면 '만날 사람'이 없는 상태이다. 만날 사람이 있다면 슬럼프가 오지도 않을 것이다. 결국 Pool의 고갈이 슬럼프의 가장 큰 원인이라고 볼 수 있는데, 슬럼프의 탈출 방법으로 필자는 '소개도'를 만들어 보는 것을 제안한다.

　우선 자신의 고객을 하나하나 이름을 적어 본다. 그 중에는 X시장도 있을 것이고, Y시장, Z시장도 있을 것이다. Y시장은 X시장으로부터 소개를 받았을 것이고, Z시장은 Y시장으로부터 소개를 받았을 것이다. 이런 식으로 X시장을 가운데 놓고 소개도를 그려 보는 것이다.

<참고자료 : 소개도>

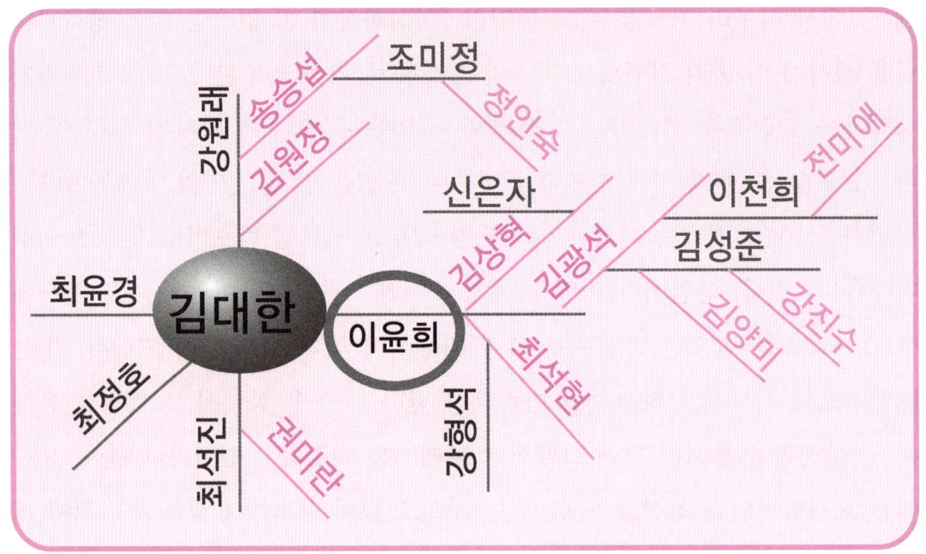

　그렇게 그리다 보면 문득 영감이 떠오르게 된다. '이 고객은 소개해 준다고 했는데…', '이 고객은 추가계약에 대한 니즈가 있었는데…', '이 고객은 일이 힘들면 찾아오라고 했는데…' 여러 가지 생각이 떠오를 때마다 바로 기록한다. 그리고는 정리가 끝나는 대로 수화기를 들고 고객과 통화를 하면 된다.

　소개도의 가장 강력한 위력은 '한 번 소개해 준 사람은 계속 소개해 준다' 는 것이다. 조 지라드의 법칙처럼 고객의 뒤에는 수많은 지인들이 있게 마련인데, 소개를 많이 해 준 고객일수록 또 소개를 해 줄 확률이 높다. 큰 종이를 한 장 구해서 반나절만 투자를 하면 소개도를 만들어 볼 수 있다. 가망 고객 Pool만 다시 창출하면 슬럼프를 극복하기는 그리 어렵지 않을 것이다.

▶ 활동 패턴 진단

소개도와 더불어 스스로의 활동 패턴을 진단하는 방법이 있다. 아래의 세 가지 질문을 던져 슬럼프의 원인을 파악하는 방법인데, 심플하면서도 금방 원인을 파악할 수 있다.

① 당신은 가망 고객을 만나고 있습니까?

안 만나고 있다면 해답은 간단하다. 다시 Pool List를 만들어 만나면 된다. 그런데 문제는 하루에 1~2명씩 꾸준하게 만나고 있는데도 성과가 나오지 않을 때이다.

② 당신은 만나기 쉬운 사람을 만납니까? 아니면 만나기 어려운 사람을 만납니까?

꾸준히 사람을 만나는데 그 사람들이 기존 고객이거나 아니면 친구같은 X시장이라면 문제가 있다. 그냥 만나서 편하게 이야기하고 형식적인 소개 요청으로 활동을 끝내면 무슨 도움이 되겠는가. 이런 경우엔 만나기 어려운 사람을 만나면 된다. 소개받은 가망 고객, 동문주소록을 통한 Cold Call, 아니면 개척이라도 해야 한다. 만나기 어려운 사람을 만나야 성과가 나올 수 있다. 그런데 이렇게 만나기 어려운 사람을 만나는데도 성과가 좋지 않은 경우가 있다.

③ 당신은 납입능력이 있는 가망 고객을 만나고 있습니까?

만나기 어려운 사람을 만나는데도 성과가 좋지 않다면 결국은 납입능력의 문제이다. 아무리 좋은 상품과 서비스도 '경제적인 능력'이 있어야만 구매할 수 있다. 열심히 만나고 최선을 다해 상담을 했는데 계약이 안 나오면 무척 힘이 빠진다. 이런 경우에는 조속히 시장전환을 해야 한다. 다시 원점으로 돌아가 일정 수준 이상 납입능력이 있는 고객에게 다시 소개를 요청해야 한다. 결국 FP에게 있어 가장 좋은 고객은 '납입능력'이 있는 고객이기 때문이다.

3. 각종 활동 기법

  필자가 생각하는 FP로서 롱런할 수 있는지 없는지에 대한 판단기간은 2년이다. 2년을 잘 할 수 있으면 무리없이 롱런할 수 있고, 2년을 못 버티면 탈락할 확률이 높다. 미국은 3년 동안을 신입 FP로 취급하는데 우리나라는 보통 2년을 기준으로 한다.

  일차적으로 2년을 잘 보내면 FP로서 롱런할 수 있는 채비는 갖추었다고 말할 수 있다. 이 정도 기간이 지나면 어느 정도 내공이 쌓이고 기존 고객들도 확보되어 있기 때문에 보다 수월하게 일을 할 수 있다.

  이 책의 마지막장인 이번 장에서는 성과를 높일 수 있는 각종 활동 기법에 대한 아이디어를 제공하고자 한다.

1) 질문 화법

  '보신(保神)'이라는 단어가 있다. '보험의 신'이라는 뜻인데, 보신의 경지에 올라서면 보험의 'ㅂ'자도 이야기 하지 않고 계약을 할 수 있다고 한다. 그저 가망 고객의 살아가는 이야기를 들어 주며 적절한 질문만 던지면, 상담의 끝부분에 가서 가망 고객이 "제가 무엇을 하면 될까요?"라고 한다는 것이다.

  우스갯소리 같지만 이 이야기에는 '영업을 잘 하기 위한 진리'가 숨어 있다. 대부분의 FP들은 자신이 취급하고 있는 상품과 서비스가 얼마나 좋은지 침을 튀겨 가며 이야기를 한다. 마치 보리쌀을 먹지 않는 사람에게 보리쌀이 얼마나 몸에 좋은지에 대해 떠드는 것과 같다.

  일반적인 보험의 이미지는 '슬프고, 괴롭고, 우울한' 이미지이다. 연금보험은 예외이기는 하지만 조기 해약시 손해를 보기 때문에 좋은 이미지만 있다고는 할 수 없다. 이러한 보험상품을 주력으로 취급하는 FP는 상담을 할 때 오히려 말을 아껴야 한다. 가망 고객은 이미 부담감과 선입관을 갖고 있는 상태이기 때문에 스스로 마음을 오픈할 때까지 꾹 참고 기다려야 한다.

'대화의 3대1 원칙'이라는 것이 있다. 가망 고객이 세 마디 말을 할 때 FP는 한 마디 말만 하라는 것이다. 그만큼 잘 말하기 보다는 잘 들으라는 뜻인데, 보신의 경지에 가장 가까이 다가갈 수 있는 활동기법이 바로 '질문 화법'이다. 가망 고객보다 말을 적게 하고 많이 들으려면 천상 질문하는 방법 밖에 없다. 질문도 '예', '아니오'의 폐쇄형 질문이 아니라 '최소한 몇 줄의 문장으로 대답할 수밖에 없는' 개방형 질문을 해야 한다. 이러한 질문 화법에 대해 잘 정리해 놓은 책이 'SPIN 세일즈'이다. 필자도 이 책을 읽고 질문의 내공을 한 차원 끌어올릴 수 있었고, 지금까지 설명해 온 화법 중간중간에 이런 질문들이 스며들어가 있다.

하지만 질문 화법은 신입 FP가 활용하기에는 여러 가지 어려움이 있다. 처음 만나는 사람과 상담하는 것이 익숙치 않고 각종 컨셉도 부족하기 때문이다. 하지만 무의식적으로 질문하는 습관을 들여야 한다. 질문하는 습관만 몸에 배어도 상담의 질을 끌어 올릴 수 있다. 단, 주의해야 할 점은 호구조사식 질문은 오히려 역효과가 난다는 것이다.

그래서 필자가 FP 시절에 나름대로 효과가 좋았던 질문 List를 정리해서 소개하고자 한다.(Ice Breaking 질문은 판매 프로세스에서 다시 발췌했음)

▶ Ice Breaking 질문 화법

① 지금 어떤 일을 하고 계십니까?

② 어떻게 이 일을 시작하게 되셨습니까?

③ 제일 갖고 싶은 것이 있다면 어떤 것입니까?

④ 재테크는 어떻게 하고 계십니까?

⑤ 지금 무엇이 제일 걱정되십니까?

⑥ 지금부터 10년 전에는 어디에 서 계셨나요?

그 때 지금 여기에 계실 것으로 알고 계셨습니까?

10년 후에는 어디에 서 계실 것 같습니까?(미래에 대한 리스크 관리 언급)

※ 후보질문

- 부인과는 어떻게 만나게 되셨습니까?

- 미래에 대한 준비는 어떻게 하고 있으십니까?

- 앞으로 자녀를 어떻게 키우겠다는 계획이 있으십니까?

- (미혼의 경우) 결혼계획은 어떻게 세우고 있습니까?

- 제일 기뻤을 때가 언제신가요?

- 큰 아이는 무엇을 제일 잘 합니까?

- 현재 가입하고 있는 보험이 고객님의 가정에 보탬이 된다고 생각하십니까?

▶ 변액보험 질문 화법

◆ 1차 질문

- 현재 은행금리가 얼마인지 아십니까?

- 노후준비는 어떻게 하고 있습니까?

- 저축은 어떻게 하고 있습니까?

- 지금의 수입을 어디에 어떻게 관리하고 있습니까?

- 흔히 투자라고 하면 목돈을 운용하는 것으로 알고 있는데 적은 돈으로
매월 투자해서 목돈을 만들어 가는 방법에 대해 들어보셨습니까?

◆ 2차 질문

- 은행의 수익률에 만족하십니까?

- 열심히 노력해서 1억 원을 모았는데 5천만 원의 가치밖에 안 된다면 어떻게 하시겠습니까?

- 여러 가지 방법으로 투자를 하고 계시는데 어려움은 없으십니까?

- 사업이 어려워져서 보험료 납입이 힘들게 된다면 어떤 문제가 생기시겠습니까?

- 자녀학자금 등 돈이 많이 들어가는 시기에 일을 못하게 된다면 어떤 문제가 생기시겠습니까?

- 고객님의 소중한 돈이 은행에서 잠자고 있다면 어떤 문제가 생기시겠습니까?

- '저축통장' 말고 '투자통장' 이라고 들어보셨습니까?

◆ 3차 질문

- 지금보다 갈수록 지출이 많아질텐데 자녀교육비 마련이 힘들어서 자녀가 충분히 교육을 받지 못하게 된다면 자녀의 미래가 어떻게 되겠습니까?

- 노후기가 됐을 때 돈이 없어서 계속 일을 해야만 한다면 자녀에게 부담을 주지 않겠습니까?

- 인터넷으로 주식 투자시 하루종일 모니터를 보고 주가의 오르내림에 스트레스를 많이 받는데 그런 경험이 있으십니까?

- 단기상품 위주의 투자로 목돈을 못 모았을 경우 다른 사람들은 좋은 투자기회를 통해 투자를 하는데 옆에서 지켜볼 수밖에 없다면 기분이 어떠시겠습니까?

- 노후자금을 준비하지 못한 상태에서 중대질병에 노출된다면 얼굴도 모르는 며느리에게 부담을 주지 않겠습니까?

◆ 4차 질문

- 기존의 은행보다 높은 수익률로 그래서 이자의 이자가 붙듯이 복리로 자산이 불어난다면 도움이 되시겠습니까?

- 앞으로의 내 수입과 상관없이 자녀의 교육을 충분히 시킬 수 있다면 도움이 되시겠습니까?

- 죽어야 나오는 보험이 종신보험인데 그러한 보험금을 노후기에 노후자금으로 활용할 수 있다면 도움이 되시겠습니까?

- 갑자기 수입이 줄어드는 경우가 생기더라도 계속 유지할 수 있는 재테크 상품이 있다면 어떤 도움이 되시겠습니까?

- 한 가지 금융상품으로 돈이 필요할 때마다 수시로 활용하고 노후기가 됐을 때 자녀에게 부담을 주지 않고 노후자금으로까지 쓸 수 있다면 어떤 도움이 되시겠습니까?

- 왼쪽 주머니에서 오른쪽 주머니로 옮겨서, 즉 잠자고 있는 은행의 잔고를 활용해서 투자통장을 만들어 두 배 이상의 수익을 올릴 수 있다면 검토해 보시겠습니까?

질문의 종류와 컨셉에 대해서는 'SPIN 세일즈'를 참고하길 바라고, 질문 화법에서 가장 중요한 포인트는 가급적 설명을 줄이고 가망 고객에게 궁금증을 유발시켜 가망 고객이 질문을 하게 만듦으로써 자연스럽게 대답하는 형식을 취하는 것이다. 질문 화법이 어렵게 생각될 수도 있지만 꾸준하게 질문하는 습관을 들이면 상담스킬이 쑥쑥 늘어나는 것을 느낄 수 있을 것이다.

2) FP의 연령대별 세일즈 스킬

가망 고객과의 상담에서 가장 중요한 것이 얼마나 빠른 시간 내에 그 가망 고객의 마음을 오픈할 수 있느냐는 것이다. 대부분의 가망 고객은 선입관과 부담감으로 마음의 벽을 치고 있는 상태이기 때문에 상담 초기에 이런 부분들을 해소하는 것이 성공적인 상담의 필수 조건이다.

그래서 필자의 경험상 FP는 자신의 이야기를 하는 것이 가장 효과적이다. '솔직함'은 언제 어디서나 강한 호소력을 발휘할 수 있다. 일단 자신의 경험과 생각으로 가망 고객의 마음을 오픈시킬 수 있다면 그 다음은 '비유'와 '사례'의 화법으로 가망 고객의 마음을 무너뜨려야 한다. "고객님처럼 대한민국의 20대 후반의 분들이 가장 많이 선택하는 상품입니다.", "고객님처럼 우리나라 30대 중반에 있는 분들에게 제일 필요한 상품입니다.", "소개해 주신 분도 처음엔 정보 차원으로 생각하셨다가 내용을 들어보시고는 바로 선택하셨습니다." 남들이 다 하는 상품을 자신이 마다할 이유가 없는 것이다.

필자도 FP 시절에 가망 고객의 마음을 오픈시키기 위해 각종 아이디어를 짜냈던 기억이 있는데, 그래도 잘 안 되는 경우가 많았다. 사람들 사이에는 소위 '코드'라는 게 있는데, 코드가 안 맞는 사람은 아무리 노력해도 고객으로 만들기 어려웠다. 핵가족화가 심화되고 개인주의적 경향이 강해지면서 '코드문화'는 점점 확산될 것으로 보이는데, 그래서 FP는 자신과 잘 통하는 고객계층을 발굴해야 한다.

우리나라는 전통적으로 나이를 따지는 '서열문화'가 팽배하다. 그래서 20대 후반의 FP가 40대의 가망 고객을 만나서 성공적인 상담을 하기는 매우 어렵다. 또한 가망 고객의 연령대별로 니즈가 틀리기 때문에 이런 종합적인 부분을 감안해서 필자가 제안하고 싶은 것이 바로 'FP의 연령대별 세일즈 스킬'이다.

'FP의 연령대별 세일즈 스킬'은 FP의 연령대별로 주력 가망 고객계층을 발굴해서 집중 공략해 보자는 컨셉이다. 아무래도 가망 고객과 연령대가 비슷하면 공감대를 형성하기 쉽고, 삶의 질이나 고민하는 내용도 비슷하므로 Input 대비 Output이 높다. 구체적인 내용은 참고자료를 참조하기 바란다.

FP의 연령대별 Sales Skill

FP 연령	주요 타겟 고객계층	주요 AP 컨셉	주력 세일즈 상품
20대 후반	20대 후반 ~ 30대 초반 고객 미혼여성 샐러리맨 비정규직(아르바이트)	의료보장형 종신보험 건강보험 결혼자금 마련 종자돈 마련 비자금 마련 주택 마련	변액유니버셜 종신보험 건강보험 변액연금 변액유니버셜 장기주택마련저축
30대 초, 중반	20대 후반 ~ 30대 후반 고객 미혼여성 샐러리맨 세일즈맨 공무원	집중보장형 종신보험 종자돈 마련 교육비 마련 주택 마련 창업자금 마련 경제적 독립(연금) 재무설계 연말정산	변액유니버셜 종신보험 건강보험 어린이보험 변액연금 변액유니버셜 공시이율형 연금 소득공제형 적격연금
30대 후반	30대 중반 ~ 40대 초반 고객 가정주부 샐러리맨 전문직 자영업자 고액시장	집중보장형 종신, CI 보험 종자돈 마련 교육비 마련 경제적 독립(연금) 재무설계 고액마케팅 연말정산	변액유니버셜 종신보험 변액CI보험 건강보험 어린이보험 변액연금 변액유니버셜 공시이율형 연금 소득공제형 적격연금
40대 초반	30대 후반 ~ 40대 후반 고객 가정주부 전문직 자영업자 실버시장 고액시장	의료보장형 종신, CI 보험 나만의 금고(연금) 은퇴 후 창업자금 마련 고액마케팅 세대마케팅(증여컨설팅)	변액유니버셜 종신보험 변액CI보험 간병보험 변액연금 변액유니버셜 공시이율형 연금 일시납 연금
40대 중, 후반	40대 초반 ~ 50대 이상 고객 전문직 자영업자 실버시장 고액시장	의료보장형 종신, CI 보험 나만의 금고(연금) 은퇴 후 창업자금 마련 고액마케팅 세대마케팅(증여컨설팅) 실버계층 자산관리	변액유니버셜 종신보험 변액CI보험 간병보험 변액연금 변액유니버셜 일시납 연금 바로연금

3) 돌입방문

돌입방문은 한 지역을 정해 놓고 꾸준히 찾아 가는 세일즈 기법이다. 걸어서 다녀야 하기 때문에 반나절 정도의 시간 범위 내에서 방문 가능한 지역을 선택하는 것이 중요하다. 아울러 업종도 서너 가지 정도로 미리 정해 놓는 것이 좋다. 자영업자들은 각자의 사업내용이 틀리기 때문에 일일이 응대하기 어렵기 때문이다.

돌입방문은 사전 예고없이 방문하는 것이기 때문에 확률이 매우 낮다. 하지만 외모에 자신 있는 FP라면 도전해 볼 만한 방법이다. 소형 자영업자들은 전문가들을 만나 본 경험이 적기 때문에 핸섬한 FP에게 많은 호감을 가진다.

돌입방문을 통해 성과를 내려면 사전에 계획을 잘 세워야 한다. 차가운 반응을 보이는 가망 고객들이 많기 때문에 굳은 심지의 소유자가 아니면 애초에 하지 않는 것이 좋다.

우선 돌입방문을 할 지역과 업종, 시간대를 정해야 한다. 지역은 반경 1~2킬로미터 정도면 적당하고, 업종은 FP가 비교적 많이 알고 있는 업종을 선택한다.(약국, 병원, 식당, 비디오 대여점, 수퍼마켓, 편의점, 이동통신 대리점, 치킨점, 소주방, 카페, 가든, 부동산중개소, 문구점 등등) 업종이 정해지면 시간대를 잘 고민해야 한다. 한참 바쁠 때 방문하는 것은 거의 실패할 확률이 높기 때문이다. 보통 업종을 불문하고 오후 2~4시 정도가 가장 무난하다.

다음으로는 짧은 시간 내에 강하게 호기심을 자극할 수 있는 자료를 준비해야 한다. 내용이 많으면 가망 고객이 부담을 느끼기 때문에 A4지 한두 페이지 정도로 제안하고 싶은 핵심내용을 정리하면 된다. 돌입방문은 한 번 해서는 성과가 거의 없기 때문에 꾸준히 하는 것이 중요한데, 매번 방문할 때마다 새로운 자료를 제공할 수 있도록 시리즈물로 만드는 것이 좋다.

자료가 완성되면 다음 순서로 시나리오를 만들어야 한다. 첫인사는 어떻게 할 것이며, 짧은 시간 내에 핵심적인 질문을 어떤 순서로 던질 것인지 만들어 본다. 시나리오 분량은 5분 내외로 하는 것이 좋으며, 반응이 좋다면 임기응변으로 계속 진행하면 된다. 시나리오가 완성되면 완벽한 수준으로 암기해야 한다. 돌입방문은 짧은 시간 내에 FP의 이미지를 각인시키는 세일즈 기법이기 때문에 어리버리 하면 효과가 없다.

여기까지 준비되면 실행에 옮기는 일만 남았다. 돌입방문은 다양한 업종보다는 한두 가지 업종에 집중하는 것이 효과적인데 해당업종에 대해 많이 알수록 대화를 풀어 나가기 쉽기 때문이다. 하지만 돌입방문은 예고하지 않은 방문이기 때문에 최선책이 아니라 차선책이다. Pool을 넓히는 가장 좋은 방법은 영향력이 스며 들어 있는 '소개' 라는 것을 잊지 말자.

4) 거점영업

거점영업은 돌입방문을 좀 더 구체화해서 자신이 살고 있는 지역을 위주로 활동하는 기법이다. 같은 동네 사람이라면 50점은 먹고 들어 갈 수 있기 때문에 도전해 볼 만한 방법이다. 거점영업은 꾸준하게 진행하는 것이 효과가 좋은데 매주 일정한 요일을 정해서 반복 방문하는 것이 좋다.

거점영업은 FP가 살고 있는 동네에서 영업을 하는 것이기 때문에 좀 더 신중한 접근이 필요하다. 필자가 제안하는 것은 방문에 앞서 사전에 DM을 보내는 것이다. FP의 간단한 프로필과 DM을 보내는 목적, 이왕이면 같은 동네의 전문가에게 상담을 받는 것이 유리하다는 등의 내용을 정중한 편지로 먼저 보내는 것이다. 거점영업은 자영업자가 타겟이므로 상호만 알면 주소는 금방 파악할 수 있다.

DM을 보낼 때 주의할 점은 내용은 워드로 작성해도 되나 편지봉투에는 반드시 자필로 주소를 써야 한다. 주소마저 워드로 되어 있으면 열어 보지 않을 가능성이 높기 때문이다. 요즘은 자필로 된 편지가 거의 없기 때문에 FP가 정성 들여 쓰면 호기심에서라도 열어 볼 수밖에 없다.

DM이 도착한 시점에서 하루, 이틀 정도 후에 방문하는 것이 좋다. 편지와 동시에 방문하거나 편지를 받고 너무 오랜 기간이 경과하면 DM의 효과가 많이 떨어지기 때문이다.

방문시부터 진행되는 과정은 돌입방문과 거의 유사하다. 정중하게 자기 소개를 한 후 편지를 받았느냐고 물어 보고 방문의 목적을 말하면 된다. 가망 고객은 이미 편지를 통해 방문을 예감하고 있기 때문에 돌입방문보다 반응이 훨씬 좋다. 거기에 같은 동네 사람이기 때문에 공감대도 금방 형성된다.

이런 식으로 꾸준히 방문하면 계약이 나올 확률이 매우 높다. 일단 계약이 나오면 주변의 가게들도 계약이 쉽게 나온다. 서로들 매일 같이 보는 사이이기 때문에 "옆집 편의점 사장님도 계약하셨습니다." 라는 한 마디만 하면 된다.

자신이 살고 있는 동네가 어느 정도 정리가 되면 거점을 다른 곳으로 확대해도 된다. 이사를 가는 방법도 있고, 가족들이 살고 있는 지역을 선택해서 똑 같은 방법으로 진행하면 된다. 거점영업은 FP의 Pool을 확대하는데 많은 도움이 되며 돌입방문 보다 더 확률이 높은 활동기법이다.

5) E-mail 컨설팅

개인주의의 확산과 인터넷의 발달로 FP를 직접 만나는 것을 기피하는 가망 고객들이 점점 늘어나고 있다. 이미 상당한 수준의 정보가 인터넷에 올려져 있기 때문에 FP만큼 상품에 대해 잘 알고 있는 가망 고객들도 있다.

필자도 FP 시절에 소개 받은 가망 고객에게 전화를 하면 상당수의 사람들이 이메일로 보내 달라는 경우가 많았다. FP 비즈니스는 일단 사람을 만나야 진행이 되기 때문에 처음에는 어떻게든 만나려고 전화기를 붙잡고 각종 거절처리를 했다. 그래도 못 만나는 경우가 많았는데 이메일 컨설팅을 하고 나서부터는 직접 만나는 것보다 때로는 이메일로 정보를 전달하는 것이 더 효과적이라는 사실을 알게 됐다.

이메일 컨설팅이란 FP가 전달하고자 하는 내용이나 가망 고객의 니즈에 대한 해결안을 이메일로 보내는 것을 말한다. 말을 하다 보면 실수할 때가 있지만 이메일은 심사숙고해서 쓰는 내용이기 때문에 설득력이 높다. 여기에 가망 고객은 혼자서 편한 시간에 집중해서 읽어 보기 때문에 내용을 잘 쓰면 계약확률도 높아진다.

이메일은 정성 들여서 써야 한다. FP의 자신감이 전화선을 타고 가망 고객에게 전달되는 것처럼, 고민해서 세심하게 써서 보낸 이메일은 가망 고객에게 감동을 줄 수 있다. 참고로 필자가 FP 시절에 보낸 이메일을 정리해 보았는데, 종신과 연금, 변액보험의 3가지로 나누어 보았다.

■ 종신보험 이메일 컨설팅

고객님. 안녕하세요?

보험가입 건으로 고민 중이시라는 말을 듣고 대한민국 최고의 보장프로그램을 소개해 드리고자 합니다.

현모양처인 부인과 눈에 넣어도 안 아픈 두 따님과 오손도손 행복하게 사신다고 들었는데요, 행복한 가정생활을 영위하기 위해 반드시 필요한 부분이 리스크 관리라고 생각합니다.

그런 차원에서 옷을 입으실 때 첫단추를 잘 꿰어야 하는 것처럼 고객님과 가족분들의 평생동안을 지켜줄 보험으로 제가 근무하는 ○○생명의 종신보험을 권해 드립니다.

먼저 종신보험에 대해 간단히 설명 드리겠습니다.

최근 사회가 갈수록 리스크해지면서 많은 분들께서 보험에 대한 관심이 높아지셨는데요, 종신보험은 기존의 보험 대비 많은 장점을 갖고 있습니다.

작년에 제 친구 장인어른께서 당뇨로 돌아가셨는데요, 암보험과 상해보험 두 가지를 가입하고 계셨습니다. 그래서 유족들이 장례를 치른 후에 보험금 신청을 했는데, 보험금이 얼마나 나왔을 것 같으십니까?

300만 원이 나왔다고 합니다. 낸 돈만 되돌려준 것입니다.

왜냐하면 암보험은 암에 걸리지 않으면 하나도 보험혜택을 받을 수 없고 상해보험은 사고를 당해야만 보상해 주기 때문에 이와는 상관없는 당뇨의 경우 전혀 보험혜택을 받을 수 없었던 것입니다.

우리나라에는 질병의 종류만 2,400여 가지가 있다고 합니다.

따라서 많은 분들께서 암보험이라던가 건강보험, 상해보험 등을 가입하고 계시지만 보장범위가 극히 제한적이기 때문에 무슨 일이 발생했을 때 보험혜택을 받지 못하는 경우가 다반사입니다.

이러한 문제점을 해결하고 평생동안 모든 종류의 질병과 사고에 대해 모두 보장받을 수 있는 프로그램이 바로 종신보험인 것입니다.

종신보험은 재테크 차원에서도 장점을 가지고 있는데요,

첫째는 어떠한 경우에도 반드시 보험금을 지급해 드리기 때문에 평소 저렴한 보험료를 내시다 유사시 큰 보험금을 수령하실 수 있습니다.

(가입후 2년이 경과하시면 자살도 보장해 드립니다.)

둘째는 앞으로 평생동안 사시면서 아프거나 다치게 되시더라도 굳이 그동안 애써 모아놓은 재산을 쓰시지 않아도 됩니다. 저희 ○○생명이 각종 수술비와 입원비, 암치료자금, 성인병치료금, 장해급여금 등을 지급해 드리기 때문에 재산을 낭비하지 않고 지킬 수 있으므로 재테크의 의미가 있는 것입니다.

종신보험의 특징을 간단하게 말씀드리면 아래와 같습니다.

① 종신보험 한 가지로 고객님께 생길 수 있는 모든 종류의 위험에 대해 모두 보장 받으실 수 있습니다.(사망, 장해, 질병, 수술, 입원, 암, 사고 등 발생가능한 모든 위험 보장)

② 평생동안 보장받으실 수 있으며 꼭 1번은 보험금을 지급해 드립니다.

③ 확률이 높은 일반사망(질병)을 집중적으로 보장해 드리고 재해시 보험금을 추가로 지급해 드립니다.

④ 가입 후 필요시 상황에 맞게 보장내용 조정이 가능하며 사망보험금은 추후 가족들에게 남겨주는 상속자금으로도 활용이 가능하고, 오래 사실 경우 노후자금으로도 활용하실 수 있습니다.

이해가 되셨는지요?

그럼, 제가 판단해 보았을 때 가장 적정하다고 생각되는 고객님의 종신보험 설계내용을 말씀드리겠습니다.

★ 고객님 종신보험 설계내용 ★

▶ 질병으로 인해 사망하거나 1급 장해시 : 2억 원＋매월 100만 원씩
55세까지 지급

※ 주계약 보험금 4천만 원은 평생 지급이 보장됩니다. 1억6천만 원은 정기보험으로 가족들이 가장 돈을 많이 필요로 하는 시기 20년 동안 지급이 보장되며, 주계약으로도 전환이 가능합니다. 정기보험은 저렴한 보험료로 큰 보

장을 받기 위해 설정한 보험금입니다. 아울러 일 시금의 보험금도 필요하지만 가족들의 최소한의 생계를 보전하는 차원에서 매월 100만 원씩 향후 21년간 지급되며, 이를 합하면 2억5천2백만 원의 보험금이 추가로 지급됩니다.(현재시점 기준)

▶ 사고로 인해 사망하거나 1급 장해시 : 3억 원＋매월 100만 원씩 55세까지 지급 (재해사망보험금 1억 원은 80세까지 보장됩니다.)

▶ 장해시 등급에 따라 장해급여금이 지급됩니다.
또한 경제적 능력을 상실했다고 판단되는 합산 장해율 50% 이상부터는 보험료 납입이 면제됨으로써 모든 보장을 평생동안 무료로 받을 수 있습니다.

▶ 가장 돈이 많이 드는 질병인 암에 대해서 80세까지 진단시 2천만 원(1회), 입원시 매일 10만 원(120일 한도), 수술시 400만 원(무제한)을 지급합니다. 일반암, 특정암 구분없이 무조건 지급되며 상피내암의 경우는 치료비 400만 원, 입원비 20만 원, 수술비 80만 원이 지급됩니다.(암의 경우 아래 의료비보장의 입원비가 추가하여 지급됩니다.)

▶ 또한 나이가 들수록 의료보장의 필요성이 커지는 것을 감안하여 80세까지 종류를 불문하고 3일 이상 입원시 매일 입원비 5만 원을 지급해 드립니다.(120일 한도)

치과와 성형을 제외한 모든 종류의 수술비를 수술시마다 1종부터 5종으로 나누어 지급합니다.(맹장, 제왕절개 등 가벼운 수술부터 심장, 뇌, 간질환 등 큰 수술까지 모두 보장, 일부 수술 제외)

▶ 우리나라 40대 사망원인 1위인 뇌출혈, 뇌경색, 심근경색 진단시 치료비로 2천만 원을 추가로 지급해 드립니다.

▶ 마지막으로 고객을 위한 서비스로 잔여수명이 6개월 이내라는 의사의 진단시 사망보험금의 50% 이내에서 최고 1억 원까지 선지급 해 드립니다.

결론적으로 ○○생명의 종신보험은 가입하시는 순간부터 한 가지 보장으로 발생가능한 모든 종류의 위험(사망, 장해, 질병, 수술, 입원, 암, 사고 등 예측가능한 모든 위험)을 평생동안 보장해 드립니다.

※ 취미활동 중 사고도 모두 보장되며, 가입 후 2년이 경과하면 자살도 보장됨.
※ 종신보험은 가입할 때 건강검진을 해야 하는 등 다소 까다롭지만 확실한 지급을 보장해 드리기 때문에 보험분쟁이 없습니다.
(고객님은 간호사가 방문하여 검진 후 통과하셔야만 가입 가능합니다.)

이에 따른 종신보험의 총 보험료는 월 211,900원이며 자동이체 1%가 추가로 할인됩니다. 상세 가입내역은 다음과 같습니다.

※ 상세 가입내역 기재
   (주계약과 특약의 명칭, 보장기간, 납입기간, 보험료 등)

납입기간은 55세이며, 보험의 특성상 최대한 길게 납입하는 것이 확률적으로 유리하고, 매년 수입이 조금씩은 증가하게 되므로 점점 부담이 줄어들게 됩니다.

주계약은 종신토록 보장되며, 꼭 1번은 보험금을 지급합니다. 그외 재해사망, 재해상해, 의료비 보장, 암치료 보장은 80세까지 사유 발생시 지급해 드립니다.

아울러 ○○생명의 종신보험은 고객의 재정상황에 따라 탄력적으로 설계가 가능하기 때문에 보험료, 납입기간, 납입방법 등 종신보험 전반에 걸쳐 고객께서 원하시는 내용으로 컨설팅이 가능합니다.(실직, 사업부진, 파산시와 같은 극단적 상황속에서도 보장 유지 가능)

제가 고객님의 입장이면 어떻게 할 것인가 하고 고민해 본 결과 적정한 보험료 대비 제일 좋은 안을 만들어 보았습니다.(보장내역을 더 크게 할 수도, 반대로 줄일 수도 있다는 점을 참고하시구요.)

이해가 되셨는지요?

원래 서로 대화를 통해 설명해야 하지만 이메일이라는 관계로 두서없이 글을 썼습니다.

제가 마지막으로 말씀드리고 싶은 것은 종신보험은 건강검진을 통해 가입하는 보험이기 때문에 일단 가입 후에는 어떠한 위험에도 무조건 보장해 드린다는 것입니다. 그래서 많은 분들이 선호하고 있다는 사실입니다.

보험이라는 속성상 무척 중요한 문제지만 급하지는 않기 때문에 많은 분들이 망설이다 기회를 놓쳐버리는 경우가 많은데요, 심사숙고 하셔서 현명한 결정을 내리시길 기원하겠습니다.

앞으로 언제인지 모르겠지만 만에 하나 불행한 일이 닥칠 경우 저희 회사의 종신보험 프로그램이 고객님과 가족분들을 지켜드릴 것입니다.

그리고 종신보험은 평생보장 프로그램이기 때문에 두 분께서 노후기로 접어

들어 각종 질병에 시달릴 경우에도 충분한 보험혜택을 받을 수 있고, 해약환급금이 쌓이기 때문에 노후기에 마이너스 통장 또는 연금으로 전환하여 활용하실 수도 있습니다.

제 설명에 궁금한 점이 있으시면 언제라도 이메일이나 핸드폰으로 연락주시구요, 가입을 원하실 때는 제가 직접 찾아가 계약을 체결해 드리겠습니다.

물론 사후관리도 국내 어느 컨설턴트보다 더욱 확실히 해 드릴 것입니다.

그럼, 이만 줄이겠습니다.

행복한 하루 보내세요.

○○생명 홍길동 FP 드림 

■ 연금보험 이메일 컨설팅(주요 내용만 기재, 2006년 6월 대한생명 기준)

고객님께서 문의하신 연금보험에 대해 설명 드리겠습니다.

① 저희 회사 연금은 기존 배당형 연금과는 달리 금리연동형으로 설계되어 있습니다. 즉, 시중 정기예금보다 높은 금리를 그대로 반영하고 있기 때문에 발생할지 안할지 모르는 배당형에 비해 보다 안정적이고 확실한 연금 지급을 보장하고 있습니다.

아울러 향후 금리가 하락하더라도 향후 10년간 최저 2.5%의 확정이율을 보장합니다.(10년 후 최저 2% 보장)

▶ 14년간 매월 100만 원 납입시 14년 후부터 매월 100만 원을 평생동안 수령 (현 4.6% 공시이율 기준)

② 타 상품과는 달리 고객의 상황에 맞게 매년 수시로 기본불입액의 200% 범위 내에서 추가납입이 가능합니다.(인플레이션에 따른 화폐가치 보전 가능)

③ 매년 해약환급금의 50% 범위 내에서 연 4회까지 적립금을 인출하여 긴급자금으로 활용할 수 있습니다.(인출수수료 0.1%)

④ 기존 소득공제를 받는 개인연금의 경우 중도해지시나 만기 일시금 수령시 이자소득세(현 15.4%)를 납부해야 하나, 저희 회사의 연금보험은 가입 후 10년이 경과하면 피치 못할 사정으로 중도해지시에도 이자소득세가 면제됩니다.(연말 소득공제는 없음)

⑤ 연금수령시기를 자유롭게 선택할 수 있으며 최저 가입 후 11년 이후(거치형은 10년), 45세부터 연금수령이 가능합니다.

⑥ 연금수령방법(일시금, 연금, 월금)과 수령기간(종신형, 확정형), 수령형태(개인형, 부부형) 등을 고객이 자유롭게 선택하실 수 있습니다.

⑦ 납입기간 중 불의의 사고로 장해지급율이 50% 이상인 장해상태가 됐을 경우에는 차회 이후의 보험료 납입이 면제됩니다.

⑧ 피보험자 사망시 책임준비금과 별도로 600만 원의 사망보험금이 지급되며, 그외에 고객이 원하시는 경우 별도의 특약(재해, 정기, 암치료, 성인병, 수술, 입원 등)을 부가할 수 있습니다. ⇒ 연금 + 보장(한 가지로 활동기의 Risk 관리 및 노후기 연금 수령 가능)

⑨ 상속형 연금보험 선택시 연금수령 중 사망하더라도 남은 연금(책임준비금)을 사랑하는 자녀에게 상속할 수 있습니다.

⑩ 연금보험료가 100만 원 이상일 경우는 1.0%, 200만 원 이상일 경우는 1.5%를 할인하여 드립니다.(고액할인제도)

이상의 내용을 요약해서 말씀드리면 고객님이 지금 50만 원의 연금을 시작하시면 17년 후인 46세부터 매월 연금을 받으실 수 있으며, 예상연금액은 월 ○○○만 원입니다.(현 공시이율 기준)

준비기간이 다른 사람에게 비해 길기 때문에 50만원을 내시고도 ○○○만 원 수령이 가능하며, 만약 현재의 경제적 상황이 여의치 않을 경우 추가납입 프로그램을 활용하시면 30만 원으로 시작하시더라도 나중에 ○○○만 원 이상을 수령하실 수 있습니다. 이외에 가장 기본적인 형태의 55세 수령 연금을 설명드리면 아래와 같습니다.

★ 월 50만 원 불입시 55세 예상 월 수령액 : ○○○만 원

★ 월 30만 원 불입시 55세 예상 월 수령액 : ○○○만 원

불입기간은 최저 7년만 내시면 그 이후 계속 거치할 수 있으며 45세 이후부터 언제든지 원하시는 시기에 수령하실 수 있습니다.

제 설명에 궁금한 점이 있으시면 언제라도 이메일이나 핸드폰으로 연락주시구요, 가입을 원하실 때는 제가 직접 찾아가 계약을 체결해 드리겠습니다.

물론 사후관리도 국내 어느 컨설턴트보다 더욱 확실히 해 드릴 것입니다.

그럼, 이만 줄이겠습니다.

홍길동 FP 드림

■ 변액보험 이메일 컨설팅

평소에 재테크에 나름대로 관심이 많으실텐데 바쁘신 고객님을 대신해서 전화로 말씀드린 변액보험에 대해 소개를 드리고자 합니다.

이 금융상품은 최근 의사, 변호사, 자영업자 등에게 선풍적 인기를 끌고 있는데요, 아시다시피 3%대의 금리를 유지하고 있는 현재의 상황에서는 마땅히 투자할 만한 금융상품이 거의 없다시피 하고, 부동산의 경우 강남의 부자들은 이미 부동산 경기전망에 대한 정보를 입수해서 올해 초부터 부동산들을 매도하고 있다고 합니다.

따라서 지금의 재테크 화두는 '현금화' 라고 말씀드릴 수 있으며, 이를 통해 향후 투자의 기회를 지켜보는 것이 가장 바람직하다고 판단됩니다.

현금화의 방법 중에서 시중 금리보다 높은 수익을 복리로 얻을 수 있는 상품이 바로 적립식펀드인데요, 증권회사에 이어 요즘에는 은행들도 취급하고 있으며 이 적립식펀드에 비과세혜택과 연금으로 전환할 수 있는 옵션을 부여한 금융상품이 바로 변액보험입니다.

대부분의 적립식 펀드는 최저 5년에서 최장 20~30년까지 운용되고 있는데요, 이러한 장기 적립식 펀드의 필요성에 대해 먼저 말씀드리겠습니다.

1. 저금리의 정착화에 따른 장기투자의 필요성 대두
   - 저금리로 인한 목돈 마련의 어려움이 가중됨
2. 인플레이션 헷지의 필요성 증대
   - 2003년부터 시중금리가 인플레이션을 따라가지 못하는 금리의 역전
     효과 발생
3. 세테크의 중요성 증대
   - 투자수익률보다 이자소득세(15.4%)를 절감하는 것이 훨씬 유리함

이러한 환경에서 가장 합리적이며 높은 투자수익을 얻을 수 있는 상품이 바로 변액보험인데요, 변액보험은 기존의 금융상품 대비 많은 장점을 갖고 있습니다.

첫째로는 매월 일정한 날짜에 일정한 금액을 투자함으로써 주식이나 채권이 비쌀 때는 적게 매입하게 되고, 쌀 때는 많이 매입하게 됨으로 평균매입비용을 감소시키는 효과(Cost Averaging)가 있습니다. 이러한 효과가 누적될수록 기하급수적인 투자이익을 기대할 수 있습니다.

둘째로는 복리효과(Compound Interest)인데요, 이자의 이자가 붙듯이 투자수익이 계속 재투자되면서 마찬가지로 시중금리보다 훨씬 높은 수익을 기대할 수 있습니다.

셋째로는 향후 소득이 어떻게 변할지 모르므로 소득의 증감에 따라 자유롭게 입출금할 수 있습니다.(추가납입, 중도인출 가능)

넷째로는 금융환경의 변화에 따라 펀드 변경이 가능합니다.(리스크 헷지 기능)

다섯째로는 변액보험의 경우 주식과 더불어 채권에도 투자를 하기 때문에 주식의 수익률에 문제가 생기더라도 채권에서 보전할 수 있어 장기적 안정

성과 수익성을 동시에 가져갈 수 있습니다.

　이외에 10년 경과시 투자수익에 대해 100% 비과세 혜택을 받을 수 있는 점과 고객이 원할 경우 매월 투자수익을 지급받는 연금소득으로 전환할 수 있는 장점 등이 있습니다.

　이해가 되셨는지요?

　상품구조가 다른 금융상품보다 복잡하다 보니 다소 장황하게 설명을 드렸습니다만, 지금의 금융상황이 앞으로 상당기간 지속될 것으로 예상되는 관계로 가장 좋은 투자수단으로 부상하고 있습니다.

　일례로 한 증권회사에서 1995년부터 2003년까지 투자수단별 누적수익률을 조사한 결과 블루칩주식이 6배, 채권이 4.3배, 아파트는 전국평균이 1.3배, 강남이 2.2배를 기록했다고 합니다. 즉, 95년도에 부동산에 투자할 자금을 적립식 펀드에 투자했다면 최소 3배 이상의 수익을 얻을 수 있었다는 분석입니다.

　요즘 제가 고객분들을 만나보면 대부분의 분들이 3~4%대의 은행적금에 별 고민 없이 투자하고 있는 경우가 많으신데요, 발상의 전환을 통해 장기적인 변액보험에 투자하시면 나중에 더 좋은 결과가 있을 것입니다.

〈 매월 100만 원 투자시 투자수익률 예시표, 단위 : 만 원 〉
(수익률에 따른 해약환급금을 시뮬레이션해서 보여 줌)

　변액보험의 유일한 단점은 사업비가 공제되기 때문에 조기에 해약하시면 손해를 입을 수 있다는 것입니다. 또한 주식시장이 갑자기 안 좋아지면 역시 손실을 입을 수 있는데 이 부분은 펀드변경이 가능하기 때문에 고객님이 수시로 리스크 헷지를 하실 수 있습니다.

아울러 변액보험은 위험보장기능이 부가되어 있어 일정액의 사망보험금과 암, 뇌출혈, 심근경색, 수술비, 입원비, 재해보장 등의 특약들도 부가할 수 있음을 참고하시기 바랍니다.

참고로 저희 회사에서 운용하는 펀드의 종류는 아래와 같습니다.(펀드 설명)

보다 자세한 설명이 필요하시면 언제든지 이메일 또는 휴대폰으로 연락주시면 직접 찾아 뵙고 설명 드리겠습니다.

저는 이러한 펀드를 취급하기 위해 얼마 전에 변액보험 판매관리사 자격을 취득했으며, 앞으로도 고품질의 재테크 상품을 계속 소개시켜 드릴 수 있도록 최선을 다하겠습니다.

그럼, 환절기 건강에 유의하시고 행복한 한 주 보내십시오.

홍길동 *FP* 드림 

FP의 비전

10
FP의 비전

필자는 철이 들면서부터 딱 한 번 사는 인생인데 멋지게 살고 싶었다. 부모님의 살림살이가 넉넉한 편이 아니었기 때문에, 돈을 많이 벌어서 영화 속에서 나오는 멋진 집에서 예쁜 와이프와 토끼 같은 자식들과 함께 부모님도 모시고 3대가 럭셔리하게 살고 싶었다. 일에 치이고 삶의 무게에 눌려서 한 번 뿐인 인생을 볼품없이 살고 싶지 않았다. 그래서 유독 여행에 대한 니즈가 많은지도 모르겠다.

FP 시절에는 시간적 자유와 경제적 자유를 누리고 살았는데 매니저가 되고 나서는 경제적 자유는 있지만 시간적 자유가 없다. 제일 불쌍한 사람이 '돈은 많은데 쓸 시간이 없는 부자' 라는데 필자도 그렇게 되지 않을까 겁이 날 정도이다. 그래서 필자의 꿈인 CEO를 해 보고 나서는 다시 FP로 돌아가고 싶다. 미국에 있는 93세의 FP처럼 평생동안 고객들과 함께 하며 행복한 노후생활을 하고 싶다. 늙어서 연금이 아무리 많이 나와도 아무 할 일이 없다면 무슨 소용이겠는가.

필자가 생각하는 FP의 비전은 경제적 자유와 시간적 자유를 동시에 가져갈 수 있는 직업이라는 것이다. 주변의 직업을 잘 살펴 보면 돈은 많은데 쓸 시간이 없거나, 돈은 없는데 시간이 많은 직업이 대부분이다. 사실은 돈도 없고 시간도 없는 직업이 가장 많다. 그래서 필자는 FP가 좋다. 마음만 먹으면 '월화수목일일일' 또는 '월화수일일일일'로 일할 수도 있다.

미국이나 유럽사람들은 보통 휴가기간이 한 달 이상 된다고 하는데 휴가를 잘 보내기 위해 나머지 기간을 열심히 일한다고 한다. 11개월 동안 휴가에 대한 꿈을 꾸며 열심히 일을 하고 휴가기간에는 모든 것을 잊고 즐긴다고 한다. 이에 반해 우리나라 사람들은 며칠간의 여름휴가 기간에 콩나물시루 같은 인파 속에서 시달리다 다시 일터로 복귀해야 하는게 현실이다. 필자가 FP시절에 꾸었던 꿈은 8개월 일하고 4개월을 쉬는 것이었다. FP는 프로의 세계이기 때문에 마음만 먹으면 얼마든지 그렇게 할 수 있다. 일할 때는 열심히 집중해서 일하고 쉴 때는 편안하게 쉬면 된다. 똑 같은 인생을 살면서 이렇게 삶의 여유를 누릴 수 있는 직업, 원하는 대로 자기시간을 활용할 수 있는 직업이 바로 FP Job이다.

아울러 FP는 정년이 없기 때문에 원하는 시기까지 일할 수 있다. 보험업계의 커미션 구조는 경력이 쌓여 갈수록 보수가 높아지는 구조이기 때문에 표준활동관리만 되면 소득 걱정 없이 얼마든지 재미있게, 언제까지나 일할 수 있다. 필자가 FP 시절에 40~50대 분들을 많이 만났었는데 한결같이 하는 고민이 바로 '언제까지 일을 할 수 있을까' 였다. '사오정', '오륙도'가 남의 일이 아닌 시대에 40~50대가 다시 직장을 구하기란 하늘의 별따기이다. 비록 지금은 대기업에 다니는 친구보다, 공무원인 친구보다 FP라는 직업이 못할 수도

10
FP의 비전

있지만 나이가 들어갈수록 상황은 바뀌어진다. 친구들이 잘릴 걱정을 하는 시기에 프로 FP로서 경제적 자유와 시간적 자유를 누릴 수 있고, 친구들이 은퇴해서 탑골공원에 가 있는 시기에도 얼마든지 원하는 대로 일을 할 수 있다. 핵심고객 400명만 확보하면 대를 이어 할 수 있는 직업이 FP Business이다. 아버지 고객을 물려 받아 자녀가 대를 이어 FP를 한다면 정말 멋지지 않을까.

지구상의 대부분의 직업은 친구를 잃는 직업이라고 한다. 일에 쫓기다 보면 소중한 친구조차 만나기 힘들기 때문이다. 하지만 FP는 사람을 만나는 직업이다. FP는 마음만 먹으면 얼마든지 소중한 사람들을 만날 수 있다. 고객의 경조사를 챙기는 일이 FP의 주요 업무이기 때문에 고객으로 만난 사람도 소중한 관계로 만들어 갈 수 있다. 나이가 들어 갈수록 사람이 그리워지게 마련이라고 한다. FP는 가족과 소중한 친구들과 고객들로 둘러싸여서 행복한 인생을 보낼 수 있는 무척 좋은 직업이다.

이러한 이상적인 장점 이외에도 FP의 비전은 FP가 하기에 따라 얼마든지 만들어 갈 수 있다. 모든 보험회사는 FP를 오래 할수록 더 많은 혜택을 부여한다. 일명 Pro-FP 제도인데, 동일한 업적을 해도 보수를 더 많이 받고 각종 복지혜택도 많아진다. FP로서 일정 수준 이상에 도달하면 개인비서를 채용해 잔무를 시키고 중요한 업무만 하는 경우도 많다. 중소기업 사장이 부럽지 않은 수준이다. 능력이 뛰어난 FP의 경우 보통 5년 정도면 이런 수준에 도달할 수 있는데 이때부터 경제적 자유와 시간적 자유를 평생동안 누릴 수 있다.

명예에 대한 욕구가 큰 FP는 매니저 코스가 있다. 필자도 그런 경우인데, 부지점장과 지점장의 Field Manager 코스를 거치면 임원과 CEO까지 올라갈 수 있다. 현재 대한민국 보험회사의 모든 CEO는 영업 경험이 없다고 봐도 무방하다. 영업을 해 보지 않은 사람이 영업조직을 이끌고 있는 셈이다. 그래서 필자는 대한민국 최초로 FP 출신의 CEO가 되고 싶은 꿈을 갖고 있다.

이와 더불어 해외진출의 비전도 있다. ING나 프루덴셜 같은 글로벌 보험회사가 우리나라에 들어와서 보험문화를 성숙시킨 것처럼 이제는 우리가 해외로 나갈 시점이다. 국내 대형 생보사들 모두가 중국과 동남아에 진출할 계획이 있는데 당연히 FP 경험이 있는 사람들을 우대할 것이다. 21세기 대한민국의 국가경쟁력은 '금융, 서비스, IT' 분야이다. 금융과 서비스가 결합되어 있는 FP Business를 해외로 수출할 때가 온 것이다.

'수많은 금융정보의 홍수 속에서 고객에게 적합한 상품과 서비스를 찾아 내 고객들을 재정적으로 성공시키는 금융전문가.'
필자가 생각하는 FP Job의 본질이다. 이런 직업을 통해 평생동안 경제적 자유와 시간적 자유를 누릴 수 있고, 마음먹기에 따라 매니저 코스를 밟을 수도 있으며, 세계보험시장으로 진출할 수도 있는 직업. 이 정도면 FP로 도전해 볼만 하지 않은가. '

'변화와 도전이란 단어에 두려움을 느끼면 그 사람은 이미 죽은 사람이다.' 〈필자의 좌우명〉

책을 쓴다는 일이 이렇게 힘든 일인지 미처 몰랐습니다. 왜 수많은 소설가들이 줄담배를 입에 물고 머리카락을 잡아 뜯어 가며 창작의 고통을 겪는지 조금은 알 것 같습니다. 소설 같은 창작이 아니라 제 머릿속에 들어 있는 경험과 아이디어를 글로 옮기는 것 뿐인데도 펜을 잡은 지 무려 1년여의 시간이 경과했습니다.

현재 대한민국의 보험업계는 보험설계사의 시대에서 전문가의 시대로 넘어가는 과도기라고 생각합니다. 제가 생각하는 전문가란 풍부한 금융지식과 폭넓은 경험, 그리고 창의력과 도전정신으로 무장한 FP를 말합니다. '인생에 대한 이해'와 '사람에 대한 이해'를 할 수 있는 전문가야말로 '고령화, 저출산'이란 21세기 대한민국의 Risk 앞에서 수많은 국민들을 구원해 줄 수 있다고 생각합니다.

제 주변을 둘러 보면 연봉 4천~5천만 원이 넘는 데도 저축도 못 하고 사는 사람들이 수두룩합니다. 그만큼 살기 어렵다는 뜻이겠지요. 이런 분들에게 허리띠를 졸라 매고 미래에 대한 투자를 하도록 설득할 수 있는 사람은 FP 밖에 없습니다. 서서히 다가 오고 있는 대한민국의 2대 Risk는 은행도, 증권도, 부동산도 해결해 줄 수 없습니다. 따라서 FP는 양떼를 이끄는 목자처럼, 환자를 치료하는 의사처럼, 학생을 가르치는 교사처럼 투철한 FP Ship이 필요합니다. 진정으로 고객의 앞날을 걱정하는 FP만이 앞으로의 경쟁 속에서 살아남을 수 있을 것입니다.

또한 FP Job은 인생에 대한 깊은 이해가 필요합니다. '동 시대를 살아가는 사람들은 어떤 고민을 하며 인생을 살아갈까?' 라는 화두가 늘 머릿속을 지배해야 합니다. 'FP Business' 를 '경험 Business' 라고 부르는 이유가 바로 이것입니다. FP 스스로가 경험해 보고 고민해 본 내용들이 곧 고객의 인생과 일맥상통하기 때문입니다. 따라서 '인생에 대한 이해' 와 '사람에 대한 이해' 를 할 수 있는 FP는 언제 일을 시작하더라도 반드시 성공할 수 있다고 생각합니다.

일반적으로 직업의 선택기준에는 적성, 보람, 소득, 비전의 4가지가 있다고 합니다. 지구상의 어떤 직업도 이 4가지 기준을 모두 충족시켜 주지는 못할 것입니다. 하지만 FP Job은, 그것도 전문가의 시대로 전환하는 과도기에 있는 지금의 FP Job은 본인의 노력여하에 따라 이 4가지 기준을 얼마든지 충족시킬 수 있다고 생각합니다. 제가 쓴 책을 읽고 FP Job에 매력을 느끼는 분은 과감히 도전해 보십시오. 지금 이 시기야말로 FP로 성공할 수 있는 절호의 기회입니다. 전문가의 시대가 완전히 정착되면 미국처럼 진입장벽이 높아질 것이기 때문입니다.

FP Business는 컨셉게임입니다. 이 책에 언급되어 있는 수많은 컨셉은 인생의 보편적 가치에 바탕을 두고 있습니다. 따라서 앞으로 사회가 어떻게 변하고 금융환경이 복잡해져도 컨셉을 이해하면 얼마든지 성공할 수 있다고 생각합니다. 또한 FP Business는 확률게임입니다. 일희일비 하지 않고 꾸준히 표준활동을 할 수 있다면 반드시 성공할 것입니다.

제가 1년여의 시간 동안 주말과 밤 시간을 이용해서 완성한 이 책이 현재 활동하고 있는 FP분과 앞으로 FP로 도전할 수많은 분들께 미력하나마 성공을 향한 길잡이의 역할을 할 수 있기를 기원 드립니다. 또한 앞으로도 훌륭한 분들의 경험과 노하우를 공유할 수 있는 좋은 책들이 많이 나와 주길 바라면서 끝을 맺고자 합니다.

대한민국의 모든 FP분들이 성공하는 그 날을 기원하며…

종합 금융인 이창원 배상